1 MONTH OF
FREE
READING

at
www.ForgottenBooks.com

By purchasing this book you are eligible for one month membership to ForgottenBooks.com, giving you unlimited access to our entire collection of over 1,000,000 titles via our web site and mobile apps.

To claim your free month visit:

www.forgottenbooks.com/free993016

ISBN 978-0-364-21177-9
PIBN 10993016

Victor Hugo's

sämmtliche Werke,

übersetzt von Mehreren.

Zwölfter Band.

Dritte revidirte Auflage.

Stuttgart:

Rieger'sche Verlagsbuchhandlung.

(A. Benedict.)

1859.

Buchdruckerei der Rieger'schen Verlagshandlung in Stuttgart.

Ruy Blas.

Drama in fünf Aufzügen.

Uebersetzt von

F. W. Dralle.

Zum ersten Mal aufgeführt am 8. November 1838,
zur Eröffnung des Renaissance-Theaters.

Drei Klaſſen von Zuſchauern bilden das, was man das Publikum zu nennen pflegt: erſtens die Weiber, zweitens die Denker, drittens der ſogenannte große Haufen. Der große Haufen begehrt in einem dramatiſchen Werke faſt ausſchließlich Handlung; die Weiber wollen vor Allem Leidenſchaft darin; die Denker ſuchen darin vornehmlich Charaktere. Studirt man dieſe drei Klaſſen von Zuſchauern aufmerkſam, ſo bemerkt man Fol= gendes: der große Haufen iſt für die Handlung ſo eingenom= men, daß er ihretwegen ſich um Charaktere und Leidenſchaften * wenig kümmert. Die Weiber, welche die Handlung übrigens auch intereſſirt, ſind durch die Entwickelung der Leidenſchaften ſo in Anſpruch genommen, daß ſie ſich wenig mit der Charakter= zeichnung beſchäftigen; die Denker endlich haben eine ſolche Vorliebe, Charaktere, d. h. Menſchen auf der Bühne leben zu ſehen, daß ſie, dabei die Leidenſchaft als natürliche Zugabe in dramatiſchen Werken gern mitnehmend, durch die Handlung faſt genirt werden. Der Grund davon iſt, daß der große Haufen im Theater vor Allem Eindrücke, die Weiber Rührung, die Denker Stoff zum Nachdenken verlangen: alle wollen Ver= gnügen, aber die Einen für's Auge, die Andern für's Herz, die Letztern ·für den Geiſt. Daher gibt es auf unſerer Bühne

* D. h. um den Stil, denn wenn die Handlung in vielen Fällen ihren Ausdruck durch die Handlung ſelbſt finden kann, ſo finden ihn die Leiden= ſchaften und Charaktere mit wenigen Ausnahmen nur durch das Wort. Auf der Bühne iſt das Wort, das beſtimmte, nicht ſchwankende Wort, der Stil.

Die Perſon rede, wie ſie reden muß, sibi constet, ſagt Horaz. Darin liegt Alles.

drei bestimmt unterschiedene Arten von Werken, eine gemeine, untergeordnete, zwei edle, angesehene, die aber alle drei ein Bedürfniß befriedigen: das Melodram für den großen Haufen; für die Weiber die Tragödie, welche die Leidenschaft analysirt; für die Denker die Komödie, welche die Menschen malt.

Wir maßen uns, beiläufig gesagt, durchaus nicht an, hier etwas Unumstößliches aufzustellen, und wir bitten den Leser, selbst unsern Gedanken so weit als nöthig zu beschränken. Allgemeine Regeln lassen immer Ausnahmen zu; wir wissen wohl, daß der große Haufen auch etwas Großes ist, in dem man Alles findet, den Instinkt des Schönen wie die Neigung zum Mittelmäßigen, die Liebe zum Ideal wie den Geschmack am Gemeinen; wir wissen ebenso, daß jeder Denker durch die zarten Seiten des Herzens Weib sein muß, und es ist uns nicht unbekannt, daß durch das geheime Gesetz, welches die Geschlechter sowohl im Geist wie im Körper verbindet, in einem Weibe oft ein Denker steckt. Dies angenommen und den Leser noch einmal bittend, einigen Worten, die uns noch zu sagen übrig bleiben, keine zu strenge Bedeutung zu geben, nehmen wir den Faden wieder auf.

Für Jeden, der einen ernsten Blick auf die drei Klassen von Zuschauern wirft, von denen wir so eben gesprochen haben, ist es augenscheinlich, daß sie alle drei Recht haben. Die Weiber haben Recht, daß sie gerührt, die Denker, daß sie belehrt, der große Haufen, daß er belustigt sein will. Aus dieser Thatsache entspringt das Gesetz für das Drama. In der That jenseit dieser Feuerbarrière, Proscenium genannt, welche die wirkliche Welt von der idealen trennt, nach den vereinten Bedingungen der Kunst und der Natur Charaktere, d. h. Menschen zu schaffen und leben zu lassen; in diese Menschen, diese Charaktere Leidenschaften zu legen, die diese enthüllen und jene näher bezeichnen; und endlich aus dem Zusammenstoß dieser Charaktere und Leidenschaften mit den großen Gesetzen der Vorsehung das menschliche Leben, d. h. große, kleine, traurige, lustige, schreckliche Ereignisse, die für das Herz das Vergnügen, welches man Interesse, und für den Geist die Lehre, welche man die Moral nennt, hervorbringen; das ist der Zweck des Dramas. Man sieht, das Drama grenzt durch die Schilderung der Leidenschaften an die Tragödie und durch die Schilderung der Charaktere an die Komödie. Das Drama ist die dritte große Form der Kunst, welche die beiden ersten in sich begreift und befruchtet. Corneille und Molière würden unabhängig von einander existiren, wenn Shakspeare nicht zwischen ihnen stände, der Corneille die linke und Molière die rechte Hand reicht. So stoßen die beiden entgegengesetzten Electricitäten der Komödie und Tragödie auf einander, und der Funke, der dadurch hervorspringt, ist das Drama.

Indem der Verfasser wiederholt erklärt, wie er das Princip, das Gesetz und den Zweck des Dramas versteht, ist er weit entfernt, sich die Aermlichkeit seiner Kräfte und die Kurzsichtigkeit seines Geistes zu verheimlichen. Er definirt hier — damit man ihn nicht mißverstehe — nicht, was er geleistet hat, sondern was er hat leisten wollen. Er zeigt seinen Ausgangspunkt; weiter nichts.

Wir können nur wenige Zeilen diesem Buch vorausschicken, und es fehlt uns der Raum für die nothwendigen Erklärungen. Man erlaube uns also, daß wir, ohne uns sonst den Uebergang schwer zu machen, von den allgemeinen Ideen, die wir aufgestellt haben, und die unserer Meinung nach, indem übrigens alle Bedingungen des Ideals geltend bleiben, die ganze Kunst beherrschen, zu einigen speciellen Ideen übergehen, welche das Drama Ruy Blas in aufmerksamen Gemüthern wecken kann.

Was ist also zuerst, um die Frage nur von einer Seite

aufzufaſſen, die Bedeutung dieſes Dramas unter dem Geſichts-
punkt der Philoſophie und Geſchichte? — Erklären wir uns.

In dem Zeitpunkt, wo eine Monarchie zuſammenſtürzen
will, können mehrere Erſcheinungen beobachtet werden. Zunächſt ſucht der Adel ſich aufzulöſen. Wenn er ſich auflöst,
theilt er ſich, und zwar auf folgende Weiſe:

Das Königthum wankt, die Dynaſtie erliſcht, das Geſetz
verfällt; die politiſche Einheit verſchwindet vor den Angriffen
der Intrigue; die höchſte Geſellſchaft entartet; eine tödtliche
Krankheit zeigt ſich außen wie innen; die großen Staatsge-
ſchäfte ſind geſunken, nur die kleinen ſtehen noch aufrecht; ein
trauriges, öffentliches Schauſpiel; keine Polizei, keine Armee,
keine Finanzen mehr; Jeder ahnt, daß das Ende herannahe.
Daher in allen Gemüthern Aerger über den geſtrigen, Furcht vor
dem morgigen Tag, Mißtrauen in Jedem, überall Muthloſigkeit,
tiefer Ekel. Da die Krankheit des Staats im Kopfe ſitzt, ſo iſt
der Adel, der daran grenzt, ihr am erſten ausgeſetzt. Was
wird alſo aus ihm? der am wenigſten ehrenwerthe und edle
Theil bleibt am Hofe. Alles wird verſchlungen, die Zeit drängt,
man muß ſich eilen, muß ſich bereichern, vergrößern und die
Umſtände benützen. Man denkt nur noch an ſich. Jeder ſchafft
ſich, ohne Mitleid für das Land, ein eigenes, kleines Glück in
einem Winkel des großen öffentlichen Unglücks. Man iſt Hofmann, man iſt Miniſter, man will raſch glücklich und mächtig
ſein. Man hat Geiſt, wird ſchlecht und gelangt zum Ziele.
Staatsorden, Würden, Aemter, Geld, Alles nimmt, Alles
will, Alles plündert man. Man lebt nur noch durch Ehrgeiz
und Habſucht. Man verbirgt geheime Unordnungen, welche die
menſchliche Geſellſchaft unter viel äußerer Würde erzeugen
kann. Und da dieſes den Eitelkeiten und Genüſſen des Stolzes
preisgegebene Leben als erſte Bedingung das Vergeſſen der
natürlichen Gefühle hat, ſo wird man grauſam darin. Kommt

mächtig ist; er wird Philosoph und vergleicht die Diebe mit
den Hofleuten. Uebrigens ist er eine gute, brave, loyale und
verständige Natur; eine Mischung von Poet, Bettler und Prinz;
über Alles lachend; die Wache jetzt durch seine Kameraden, wie
früher durch seine Bedienten prügeln lassend, aber selbst nicht
Hand anlegend; in seiner Manier anmuthig die Unverschämtheit des Marquis mit der Zudringlichkeit des Lazzarone ver-
bindend; äußerlich schmutzig, inwendig gesund und vom Edelmann nur noch die Ehre habend, die er bewahrt, den Namen,
den er verbirgt, und den Degen, den er zeigt.

Wenn sich das doppelte Bild, das wir so eben entworfen
haben, in der Geschichte aller Monarchien in einem gegebenen
Zeitpunkte zeigt, so tritt es uns besonders schlagend in Spanien
am Ende des siebzehnten Jahrhunderts vor die Augen. Wäre
es dem Verfasser also geglückt, diesen Theil seines Gedankens
in diesem Drama auszuführen — von welcher Behauptung er
weit entfernt ist — so würde die erste Hälfte des spanischen
Adels dieser Zeit durch Don Salluft und die zweite durch Don
Cäsar repräsentirt; beide sind Neffen, wie es sich ziemt.

Wie überall, so auch hier, behalten wir uns, indem wir
den castilianischen Adel um 1695 schildern, wohlverstanden einzelne ehrenwerthe Ausnahmen vor. — Doch weiter.

Indem wir noch weiter diese Monarchie und diese Zeit
prüfen, sieht man unter dem so getheilten Adel, der bis zu
einem gewissen Punkt durch die beiden Männer, die wir genannt haben, personificirt werden könnte, sich im Dunkeln etwas Großes, Düstres und Unbekanntes regen. Es ist das
Volk. Das Volk, das eine Zukunft und keine Gegenwart hat;
das verwaiste, arme, kluge und starke Volk; tief stehend und
nach Hohem strebend; auf dem Rücken die Zeichen der Knechtschaft und im Herzen die Ahnungen des Genies; das Volk;
das Volk, der Bediente der großen Herren, und in seinem

Elend und seiner Verworfenheit in die einzige Person verliebt, die mitten unter dieser zerfallenen Gesellschaft für ihn in göttlichem Lichte die Macht, Barmherzigkeit und Fruchtbarkeit repräsentirt. Das Volk wäre Ruy Blas.

Jetzt steht über diesen drei Männern, die so betrachtet vor den Augen des Zuschauers drei Fakta und in diesen drei Fakten die ganze spanische Monarchie am Ende des siebzehnten Jahrhunderts leben und sich bewegen ließen, ein reines, helles Geschöpf, ein Weib, eine Königin. Als Weib unglücklich, denn es ist, als hätte sie keinen Gemahl; als Königin unglücklich, denn es ist, als hätte sie keinen König; aus königlichem Mitleid, und vielleicht auch aus weiblichem Instinkt den unter ihr Stehenden zugeneigt und herabschauend, während Ruy Blas, das Volk, hinaufschaut.

In den Augen des Verfassers würden, ungerechnet was die übrigen Personen zu der Wahrheit des Ganzen beitragen können, diese vier so gestellten Menschen die Hauptgesichtspunkte vertreten, welche die spanische Monarchie dem Geschichtsphilosophen vor 140 Jahren böte. Diesen vier Menschen hätte man vielleicht noch einen fünften hinzufügen können, den König Karl II. Aber Karl II. von Spanien ist in der Geschichte wie im Drama keine Figur, sondern ein Schatten.

Wir sagen noch rasch, daß das, was man so eben gelesen hat, keine Erklärung des Ruy Blas ist. Es ist einfach eine seiner Seiten. Es ist der besondere Eindruck, den dies Drama, wenn es sich der Mühe lohnt, es zu studiren, bei dem ernsten und gewissenhaften Geist, der es z. B. unter dem Gesichtspunkte der Philosophie, der Geschichte studiren wollte, hinterlassen könnte.

Aber dies Drama hat, so gering es auch sei, wie alle Dinge in der Welt noch andere Gesichtspunkte und kann noch auf viele andere Arten betrachtet werden. Man kann von einem

Gedanken wie von einem Berge mehrere Ansichten aufnehmen.
Das hängt von dem Platz ab, auf den man sich stellt. Man
erlaube uns nur, um unsere Gedanken klar zu machen, einen
viel zu stolzen Vergleich. Der Montblanc gleicht, von Croix
de Fléchères angesehen, nicht dem Montblanc von Sallenches
aus gesehen, und doch ist es immer der Montblanc.

. Ebenso würde, um von einer sehr großen Sache zu einer
sehr kleinen herabzusteigen, dies Drama, dessen historische Bedeutung wir eben gezeigt haben, ein ganz anderes Bild darbieten, wenn man es von einem noch weit höheren Gesichtspunkte, dem rein menschlichen, betrachtete. Dann wäre Don
Salluft der absolute Egoismus, die ruhelose Sorge; Don
Cäsar, sein Gegenstück, die Uneigennützigkeit und Sorglosig-
keit; man sähe in Ruy Blas das durch die Gesellschaft nie-
dergedrückte Genie und die Leidenschaft, die um so höher steigt,
je stärker der Druck ist; die Königin endlich wäre die durch die
Langeweile untergrabene Tugend.

Unter bloß literarischem Gesichtspunkt würde die Gestalt
des Ruy Blas betitelten Gedankens noch anders erscheinen:
die drei souveränen Formen der Kunst könnten darin personificirt und zusammengefaßt erscheinen. Don Salluft wäre das
Drama, Don Cäsar die Komödie, Ruy Blas die Tragödie.
Das Drama knüpft den Knoten, die Komödie verwickelt ihn,
die Tragödie haut ihn durch.

Alle diese Anschauungen sind recht und wahr, aber keine
von ihnen ist vollständig. Die absolute Wahrheit liegt nur in
dem Ganzen des Werks. Jeder finde das darin, was er sucht,
und der Dichter, der sich übrigens nicht damit schmeichelt, hat
seinen Zweck erreicht. Der philosophische Gegenstand des Ruy
Blas ist das nach höhern Regionen strebende Volk, der menschliche ein Mann, der ein Weib liebt; der dramatische ein Lakai,
der eine Königin liebt. Der große Haufen, der sich jeden Abend

vor diesem Werke drängt, denn in Frankreich hat die öffentliche Aufmerksamkeit den Bestrebungen des Geistes, wie sie auch seien, nie gemangelt; der große Haufen, sagen wir, sieht in Ruy Blas nur den letzten, den dramatischen Gegenstand, den Lakaien; und er hat Recht.

Was wir eben über Ruy Blas gesagt haben, scheint uns für jedes andere Werk geltend. Die ehrwürdigen Werke der Meister haben sogar das Auffallende, daß sie dem Studium noch mehr Seiten bieten, als die übrigen. Tartüffe macht die Einen lachen und die Andern beben. Tartüffe ist die häusliche Schlange, oder vielmehr der Heuchler, oder noch vielmehr die Heuchelei. Er ist bald ein Mensch, bald ein Gedanke. Othello ist für die Einen ein Schwarzer, der eine Weiße liebt; für die Andern ein Emporkömmling, der eine Patrizierin geheirathet hat; für die ein Eifersüchtiger; für jene die Eifersucht. Und diese verschiedenen Anschauungen nehmen der Grundeinheit, der Composition, nichts. Wir haben sonst schon gesagt, tausend Aeste und ein Stamm.

Wenn der Verfasser dieses Buchs besondern Werth auf die historische Bedeutung von Ruy Blas gelegt hat, so that er es, weil durch sie und allein durch sie Ruy Blas sich an Hernani knüpft. Das große Faktum, der Adel, zeigt sich in Ruy Blas wie in Hernani neben dem großen Faktum, genannt Königthum. Nur kämpft in Hernani, da das absolute Königthum noch nicht da ist, der Adel gegen den König, hier mit dem Stolz, dort mit dem Degen, halb feudal, halb revolutionär. 1519 lebte der Edelmann fern vom Hof im Gebirge, als Bandit wie Hernani, oder als Patriarch wie Ruy Gomez. Zwei Jahrhunderte später hat sich die Frage umgewandt. Die Vasallen sind Höflinge geworden. Und wenn der Edelmann seinen Namen noch verbergen muß, so will er nicht dem König, sondern den Gläubigern entgehen. Er wird nicht zum Banditen, er wird zum Zigeuner. — Man fühlt, daß das absolute Königthum lange Jahre über diese edlen Häupter hingezogen ist, die Einen beugend, die Andern brechend.

Und dann sind — man erlaube uns noch dies letzte Wort — zwischen Ruy Blas und Hernani zwei Jahrhunderte Spaniens eingerahmt; zwei große Jahrhunderte, in denen es der Nachkommenschaft Karls V. gegeben war, die Welt zu beherrschen; zwei Jahrhunderte, welche die Vorsehung sonderbarer Weise nicht um eine Stunde hat verlängern wollen, denn Karl V. wird 1500 geboren und Karl II. stirbt 1700. Im Jahre 1700 erbte Ludwig XIV. von Karl V., wie Napoleon 1800 von Ludwig XIV. erbte. Die großen Erscheinungen der Dynastien, die hie und da die Geschichte erhellen, sind für den Verfasser ein schönes, wehmüthiges Schauspiel, auf welches er oft seine Augen heftet. Er versucht, bisweilen etwas davon in seine Werke zu übertragen. So hat er Hernani mit dem Strahl der Morgenröthe erfüllen und Ruy Blas mit der Finsterniß der Dämmerung bedecken wollen. In Hernani geht die Sonne des Hauses Oesterreich auf, in Ruy Blas geht sie unter.

Paris, 25. November. 1838.

Perſonen.

.

Bazan.

äſar   Bazan.

tan.

al.

von   Cruz.

iß   ʒ ſto.

iego.

1 l ías.

Abilla.

.ade.

ria b   Königin von Spanien.

, Räthe, Pagen, Duennen, Alguazils, Garden,
und Hofbediente.
Madrid 169..

Erster Akt.

Don Salluſt.

Perſonen.

Ruy Blas.

Don Salluſt von Bazan.

Don Cäſar von Bazan.

Marquis del Baſto.

Marquis von Santa Cruz.

Graf Alba.

Gudiel.

Ein Thürſteher.

Die Königin.

Herren, Damen, Duennen, Pagen.

Der Danaesaal im königlichen Palast zu Madrid. Prächtiges Ameublement in dem halb flamändischen Geschmack der Zeit Philipps IV. Links ein großes Fenster mit vergoldeten Rahmen und kleinen Scheiben. Auf beiden Seiten eine niedrige Thüre, die in innere Gemächer führt. Im Hintergrund eine große Glasthüre mit vergoldetem Rahmen, die durch eine zweite große Glasthüre auf eine lange Galerie geht. Diese Galerie, die das ganze Theater durchschneidet, ist durch ungeheure Vorhänge verdeckt, die an der Glasthüre hängen Ein Tisch, ein Fauteuil und Schreibzeug.

Don Salluft tritt durch die kleine Thüre links herein, begleitet von Ruy Blas und Gudiel, der ein Kästchen und verschiedene Reiseeffekten trägt. Don Salluft hat ein schwarzsammtnes Hoftleid aus der Zeit Karls II. Er ist mit dem goldenen Bließ decorirt. Ueber dem schwarzen Kleide trägt er einen reichen Mantel von hellgrünem Sammt, mit Gold gestickt und mit schwarzem Atlas gefüttert. Degen mit großem Korbe. Hut mit weißen Federn. Gudiel ist schwarz gekleidet und trägt einen Degen an der Seite. Ruy Blas ist in Livree. Weste und Beinkleider braun; galonnirter, roth und goldener Ueberrock, ohne Hut und Degen.

———

Erste Scene.

Don Salluft von Bazan, Gudiel, bisweilen **Ruy Blas.**

Don Salluft. Die Thür mach' zu, Ruy Blas, das Fenster
auf!

(Ruy Blas gehorcht, dann geht er auf ein Zeichen Don Salluft's durch die
Thüre im Hintergrunde ab. Don Salluft geht ans Fenster.)

Sie schlafen alle noch, und schon wird's Tag.

(Er wendet sich rasch gegen Gudiel.)

Ein Blitzstrahl, ha! — Mein Reich ist jetzt vorbei;
In Ungnad' und verbannt — o Gudiel!

In einem Tage Alles hin! — Geheim
Ist's noch, sprich nicht davon. — Für eine Liebschaft —
In meinem Alter thörichtes Beginnen! —
Mit einer Magd, mit einem Ding von gestern!
Das Unglück, daß ich sie verführt! und weil
Sie mit der Königin aus Neuburg kam,
Weil diese Kreatur geheult, ihr Kind
In das Gemach der Königin geschleppt,
Soll ich sie freien, oder man verbannt mich!
Verbannt mich! Zwanzig Jahre harter Arbeit,
Und ehrgeizigen Strebens Tag und Nacht;
Der Hofaltaden hoher Präsident,
Deß Namen man mit Schrecken nur genannt;
Des Hauses Bazan Chef und Aeltester;
Mein Ansehn, meine Macht, was ich geträumt,
Was ich gethan und was ich hier besessen,
Amt, Ehren, Würden — Alles ist dahin,
Und höhnisch lacht die Menge bei dem Sturze!

    Gudiel. Noch weiß es Niemand, edler Herr.

                  Don Sallust. Doch morgen!
Sie wissen's morgen! — Aber wir sind fort;
Ich will nicht fallen, nein, ich will verschwinden.

         (Er knöpft heftig seinen Rock auf.)

Du schnürst mich stets wie einen Priester ein,
Daß ich ersticke; ah! Luft, Luft! mein Lieber. (Er setzt sich.)
O, aber ich will, ohne daß ihr's ahnet,
Euch eine tiefe, dunkle Mine graben!
— Verbannt! —   (Er steht auf.)

    Gudiel. Wer spielt' den Streich?

                 Sallust. Die Königin!

Haft Du mir treu in Jeglichem gedient;
Du weißt, wie tief mein Denken stets gegangen,
Sowie mit sicherm Blick ein Architekt
Des Brunnens Tiefe kennt, den er gegraben.
Ich reise fort, nach Finlas in Castilien,
Auf meine Güter, dort zu sinnen — um
Ein Mädchen! — Du, rüst' Alles schnell zur Reise,
Ich will ein Wort noch mit dem Burschen reden;
Wer weiß, ob er mir nützt? ich weiß es nicht.
Ich bin noch Herr bis heute Abend hier.
Ich räche mich, weiß ich auch noch nicht wie;
Doch gräßlich soll es sein! — Geh, Gudiel,
Mach' Alles fertig, eile Dich und schweige.
Du gehst mit mir. (Gudiel verbeugt sich und geht.)

  Don Sallust. Ruy Blas!

  Ruy Blas (erscheint an der Thüre im Hintergrunde). Hier, Excellenz.

  Don Sallust. Ich schlaf' nicht länger hier im Schloß und lasse
Die Schlüssel Dir; verschließ' die Läden gut.

  Ruy Blas (verbeugt sich). Wie Ihr befehlt.

    Don Sallust. Ein Wort noch! hör', ich bitte;
Die Königin geht durch die Galerie,
Wenn aus der Messe sie in ihre Zimmer
Zurückkehrt; in zwei Stunden bist du dort!

  Ruy Blas. Nach Eurem Willen.

    Don Sallust (am Fenster). Siehst Du auf dem Platz
Den Mann, der das Papier der Wache zeigt?
Mach' ihm ein Zeichen, daß er kommen darf
Durch jene Treppe.

(Ruy Blas gehorcht. Don Sallust fährt fort, indem er ihm die kleine Thüre
   rechts zeigt.)

    Eh' Du aber gehst,
Sieh nach, ob in dem Wachezimmer auch

Die drei Alguazils, die den Dienst versehn,
Wach sind.

Ruy Blas geht an die Thüre, öffnet sie halb und kehrt zurück.
Sie schlafen, Herr.

   Don Salluft. So sprich doch leise.
Ich brauch' Dich noch, geh' nicht zu weit von hier,
Gib Acht, daß Bittende mich nicht beläst'gen.

Don Cäsar Bazan kommt herein mit einem eingedrückten Hut und großem
zerlumptem Mantel, der von seiner Kleidung nur zerrissene Schuhe und
Strümpfe sehen läßt; einen Raufdegen an der Seite. Als er hereintritt,
erblicken er und Ruy Blas sich und machen jeder eine Bewegung der
Ueberraschung.
   (Don Salluft beobachtet sie; beiseit.)
Sie sehn sich an? Sie kennen sich doch nicht? (Ruy Blas geht.)

Zweite Scene.

   Don Salluft. Don Cäsar.

Don Salluft. Ei, seid Ihr da, Bandit?

   Don Cäsar. Ja wohl, Herr Vetter.

Don Salluft. 'S ist hübsch, 'nen Bettler, so wie Euch, zu
      sehn.

Don Cäsar (verbeugt sich). Ich bin erfreut .....

   Don Salluft. Ich weiß, Herr, was Ihr treibt.

Don Cäsar (höflich). Gefällt's Euch?

   Don Salluft. O, Ihr macht Euch sehr verdient.
Don Karl von Mira wurde jüngst bestohlen,
Man nahm ihm seinen reichen Degen und
Sein Büffelwamms. Es war die Nacht vor Ostern.
Nur ließ ihm, weil er Jakobsritter ist,
Die Bande seinen Mantel.

Don Cäsar. Großer Gott,
Warum?

Don Salluft. Weil drauf der Orden war gestickt.
Was sagt Ihr zu dem Ueberfall?

Don Cäsar. Beim Teufel!
Wir leben jetzt in einer schlimmen Zeit.
Was soll es werden, wenn die Diebe noch
Den heil'gen Jakob also respektiren?

Don Salluft. Ihr wart dabei.

Don Cäsar. Nun ja denn, wenn es muß;
Doch rührt' ich Euren Don Karlos nicht an,
Ich gab nur guten Rath.

Don Salluft. Das ist noch besser.
Als auf der Plaza Mayor gestern sank
Der Mond, griff eine Schaar, baarhäuptig und
Baarfüßig, aus 'ner Schenke wild sich stürzend,
Die Wache an. — Ihr wart dabei.

Don Cäsar. Herr Vetter,
Ich schlug mich niemals mit der Polizei.
Ich war dabei und macht', indeß sie wacker
Sich klopften, Verse unter den Arkaden.
Es floß viel Blut.

Don Salluft. Das ist nicht Alles.

Don Cäsar. Nun?

Don Salluft. In Frankreich klagt man außer Anderm Euch
An, daß Ihr mit rebellischen Genossen
Der Salzgefälle Kasse habt erbrochen.

Don Cäsar. Ich läugn' es nicht. Frankreich ist Feindesland.

Don Salluft. In Flandern habt Ihr Don Barthelemy,
Der eines Weinberges Ertrag nach Mons
Dem edelen Kapitel dorten brachte,
Das Geld genommen für die Klerisei.

Don Cäsar. In Flandern? möglich; ich bin viel gereist.
Ist das jetzt Alles?

      Don Sallust. O, der Schweiß steigt mir
Ins Antlitz, denke ich an Euch, Don Cäsar!

      Don Cäsar. So laßt ihn steigen.

             Don Sallust. Die Familie.

                   Don Cäsar. Still!
Nur Ihr kennt meinen Namen in Madrid;
Schweigt drum von der Familie.

             Don Sallust. Gestern ging
Mit einer edlen Dam' ich aus der Kirche;
— Wer ist denn, fragte sie, der Räuber, der
Hochnasig dort mit seinem Degen schlenkert,
Zerlumpt wie Hiob, stolzer wie Braganza,
Mit seinem Stolz sein Bettelthum verbergend,
Und der aus dem zersetzten Aermel seinen
Raufdegen, der am Boden klirret, fassend,
Mit stolzer und schulmeisterhafter Miene
Den arg zerrissenen Mantel führt spazieren?

      Don Cäsar (seine Kleidung betrachtend). Ihr sagtet: 's ist der
                liebe Zafari?

      Don Sallust. Ich wurde roth.

             Don Cäsar. Recht sol die Dame lachte.
Ich gebe gern den Damen Stoff zum Lachen.

      Don Sallust. Ihr geht nur noch mit schlechtem Volke um.

      Don Cäsar. Studenten, Vetter, sanfter als die Lämmer.

      Don Sallust. Ihr laufet stets nur feilen Dirnen nach.

      Don Cäsar. Lucinden! süße, holde Isabellen!
O hörtet ihr's, wie man hier von euch spricht!
Schelmäugige, euch macht man's also, denen
Ich Abends Lieder lese, die ich Morgens dichte!

      Don Sallust. Dann ist Matalobos, der Räuber aus

Galizien, der troß der Polizei
Madrid verheeret, Euer Freund.
               Don Cäsar. Vernehmt,
Wär' er nicht, ging ich nackt; das wär' nicht hübsch.
Da er mich Winters ohne Kleider sah,
Ward er gerührt, und der Pommadengeck,
Der Graf von Alba, dem gestohlen ward
Sein schönes seidnes Wamms....
                Don Sallust. Was ist damit?
    Don Cäsar. Matalobos gab's mir.
             Don Sallust. Das Kleid des Grafen!
Ihr schämt Euch nicht?
          Don Cäsar. Ich schäme niemals mich,
Ein schöngesticktes seidnes Wamms zu tragen,
Das Winters warm und Sommers stattlich sißt.
Seht nur, es ist ganz neu.
(Er schlägt seinen Mantel aus einander und läßt einen kostbaren Rock von
Rosaatlas, mit Gold gestickt, sehen.)
           Die Taschen waren
Noch voll von Liebesbriefen an den Grafen.
Bin ich verliebt und habe Nichts zu beißen,
So such' ich einer Küche glüh'nden Schlot,
Woraus der Dampf mir in die Nase steigt;
Da setz' ich mich, les' in den Liebesbriefen,
Und so den Magen und das Herz betrügend,
Hab' ich doch Festgeruch und Liebesschatten!
    Don Sallust. Don Cäsar...
           Don Cäsar. Keine Vorwürfe, Herr Vetter.
Ich bin ein großer Herr, mit Euch verwandt,
Ich heiße Cäsar, Graf von Garofa.
Die Thorheit kriegte früh mich bei dem Kragen.
Ich war einst reich, ich hatte Schlösser, Güter,

Ich konnte reichlich von den Renten leben,
Doch zwanzig Jahre waren nicht vorbei,
Fort war mein Geld; mir blieb nichts mehr
Von meinen Gütern, falschen oder ächten,
Als Gläubiger, die meinen Fersen folgten.
Da floh ich und veränderte den Namen.
Jetzt bin ich nur ein lust'ger Kamerad,
Bin Zafari, den Niemand kennt, als Ihr.
Ihr gebt mir keinen Kreuzer Geld, Herr Vetter;
Laßt's nur! des Abends leg' ich mich aufs Pflaster
Vor dem Palast der Grafen von Teve,
— Schon seit neun Jahren bleib' ich dort die Nacht —
Und schlafe ruhig unter'm blauen Himmel.
So bin ich glücklich, und weiß Gott! 's ist schön.
Man glaubt, ich sei in Indien oder todt.
Der Brunnen dort hat Wasser, das ich trinke,
Dann schlendr' ich so mit selbstzufried'ner Miene.
Mein Palast, daraus einst mein Geld verflog,
Gehört dem Nuntius Espinola;
Gut; komm' ich jetzt aus Zufall mal dahin,
So rathe ich den Arbeitern des Nuntius,
Die einen Bacchus an der Thüre meißeln.
Doch könnt Ihr jetzt mir nicht zehn Thaler leihen?
    Don Sallust. Hört mich . . .
        Don Cäsar. Jetzt kommt nun also Eure Rede.
  Don Sallust. Ich will Euch helfen, drum ließ ich Euch
           kommen.
Cäsar, ich habe keine Kinder und
Bin reich; mich schmerzt's, daß Ihr Euch selbst verderbt,
Ich will Euch retten. Ob Ihr jetzt auch prahlt,
Ihr seid nicht glücklich. Ich will Eure Schulden
Bezahlen, Eure Paläste Euch geben

Und einen edlen Herren aus Euch machen.
Fort mit dem Zafari, Don Cäsar lebe!
Ich geb' Euch meine Börse gänzlich frei;
Greift immer zu und sorgt nicht für die Zukunft.
Hat man Verwandte, muß man sie erhalten
Und für die Seinen, Cäsar, hülfreich sein.

(Während Don Salluft spricht, nimmt das Gesicht Don Cäsars immer
mehr einen Ausdruck des Staunens, der Freude und Zuversicht an, endlich bricht er aus:)

      Don Cäsar. Ihr waret stets gescheiter als der Teufel,
Und Eure Reden machen mich verwundern.
— Fahrt fort!

          Don Salluft. Cäsar, ich knüpfe nur daran
Eine Bedingung. — Gleich erfahrt Ihr sie;
Nehmt erst den Beutel.

      Don Cäsar (nimmt den Beutel, der voll Gold ist). Ha! das ist
           prächtig.

      Don Salluft. Fünfhundert Stück Dukaten kriegt Ihr ...
               Don Cäsar. Marquis!

  Don Salluft (fortfahrend). Noch heute.

      Don Cäsar. Ha, beim Teufel, ich bin Euer!
Was die Bedingungen betrifft, befehlt.
Mein Schwert ist Euer, ich bin Euer Sklave,
Und wenn Ihr wollt, so kreuz' ich meine Klinge
Mit Don Spavento, mit dem Fürst der Hölle.

      Don Salluft. Nein, nein, Don Cäsar, ich will Euer Schwert
Aus Gründen nicht.

      Don Cäsar. Was denn? sonst hab' ich nichts.

      Don Salluft (nähert sich ihm und spricht mit gedämpfter Stimme).
Ihr kennt — und das ist jetzt für mich ein Glück —
Die Bettler in Madrid?

      Don Cäsar. Ihr habt es gut vor.

Don Salluft. Euch folgt ein Haufen immer auf dem Fuß;
Ihr könntet einen Auflauf leicht bewirken,
Ich weiß es, und das kann vielleicht uns nützen.
Don Cäfar (lacht laut auf). Auf Ehrenwort! wollt Ihr 'ne
Oper machen?
Wo ist die Rolle denn für mein Genie?
Im Werke selber? in der Ouverture?
Befehlt. So 'n Katzenlärm ist mein Geschmack.
Don Salluft (ernst). Don Cäfar will ich und nicht Zafari.
(Seine Stimme immer mehr dämpfend.)
Hör' an! Ich brauch' zu einem düstern Zweck
Noch Einen, der für mich im Dunkel schafft
Und mir ein groß Ereigniß bauen hilft.
Ich bin nicht schlecht, doch der Moment ist so,
Daß selbst der Beste, jede Scham vergessend,
Sich aufgeschürzet an die Arbeit macht.
Ich mach' Dich reich, doch mußt Du erst mir helfen,
Wie Nachts die Vogler, auch ein Netz zu stellen,
Ein gutes Netz, das blanke Spiegel decken,
'Ne Lerchen- oder eine Mädchenfalle.
Ich muß durch einen fürchterlichen Plan,
— Ich denk', Du bist kein Mann, der Skrupel macht —
Mich rächen!
Don Cäfar. Rächen?
Don Salluft. Ja.
Don Cäfar. An wem?
Don Salluft. An einem
Weib.
Don Cäfar (erhebt sich und sieht Don Salluft stolz an). Halt!
Nichts weiter rede! Meiner Treu,
Hört, Vetter, meine unumwundne Meinung.
Wer sich auf krummen, dunkeln Wegen rächt,

Und darf doch offen einen Degen tragen,
Durch List ein Edler, und ein Mann am Weibe;
Wer adelig wie ein Alguazil handelt,
Der — sei er Grand von Spanien, sei er
Von hundert Zinkenbläsern stets begleitet,
Mit Orden und mit Ketten ganz bedeckt,
Sei Marquis, Graf und Sohn der Paladine —
Ist nur für mich ein jämmerlicher Schuft,
Den ich zum Lohn für seine Feigheit gern
Am höchsten Galgen möchte hängen sehn.

    Don Sallust. Cäsar!

      Don Cäsar. Kein Wort, Ihr mehret sonst die Schmach!

         (Er wirft Don Sallust den Beutel vor die Füße.)

Behaltet Euer Geld und Eu'r Geheimniß.
Ja, ich begreife, daß man stiehlt und mordet,
Daß man in dunkler Nacht die Kerker stürmt,
Die Faust am Schwert, mit hundert Spießgesellen,
Und daß wir Henker, Wache, Polizei
Ermorden, hau'nd und heulend, wir Banditen;
Stets Aug' um Auge; recht! Mann gegen Männer!
Doch langsam eine Frau verderben! ihr
'Ne Grube graben, gegen sie mißbrauchen
Vielleicht ihr eignes, unbefangnes Thun;
Den armen Vogel an dem Leime fangen!
O, eh' zu solcher Schmach ich niederstiege,
Eh' ich um den Preis wieder vornehm würde,
— Ich sag's vor Gott, der mir ins Herze sieht, —
Wö   lieber ich, als solch ein Schurke werden,
   nd, gemein, verdorben und geschändet
Sein, daß ein Hund am Galgen mich benagte.

    Don Sallust. Hört, Vetter! . . .

        Don Cäsar. Nein, ich mag nicht Euer Gold

So lange ich in meiner Freiheit lebend,
Im Brunnen Wasser, Luft im Felde finde,
In meiner Brust Vergessen frühern Glücks,
Vor Euren Schlössern breite Thore, Herr,
Wo ich des Mittags ohne Furcht, den Kopf
Im Schatten, in der Sonn' die Füße, noch
Kann schlafen! — Lebet wohl! — Gott weiß, wer der
Gerechte ist. Mit Euresgleichen, Don
Salluft, laß' ich Euch, bleib' bei Meinesgleichen.
Ich leb' mit Wölfen, aber nicht mit Schlangen.

  Don Salluft. Ein Wort . . .

  Don Cäsar. Hört, Herr, macht's kurz und wollt Ihr mich
Einstecken lassen, so beeilet Euch.

  Don Salluft. Ich hielt Euch für verstockter schon, Don
          Cäsar.
Ihr habt die Probe gut und brav bestanden,
Ich bin zufrieden, gebt mir Eure Hand.

  Don Cäsar. Wie?

   Don Salluft. Nur zum Scherze hab' ich so gesprochen.
Euch zu erproben, sagt' ich Alles nur.
'S war weiter nichts.

   Don Cäsar. Ihr macht mich staunen, wie?
Das Weib, der Anschlag und die Rache . . .

       Don Salluft. Ja,
War Alles nur Erfindung!

    Don Cäsar. Was Ihr sagt.
Und daß Ihr meine Schulden zahlt? war's Fabel?
Fünfhundert Stück Dukaten? Phantasie?

  Don Salluft. Ich will sie holen.

(Er geht auf die Thüre im Hintergrunde zu, und gibt Ruy Blas ein Zeichen,
    wieder hereinzutreten.)

A.

Don Cäsar (beiseit, vorn auf dem Theater und Don Salluft schief ansehend). Ha! das Schelmgesicht!
Der Mund sagt: ja, der Blick sagt nur: vielleicht!
Don Salluft (zu Ruy Blas). Ruy Blas, bleib' hier!
(Zu Don Cäsar.)
Ich komme gleich.
(Er geht durch die kleine Thüre links ab. Sobald er fort ist, gehen Ruy Blas und Don Cäsar rasch auf einander zu.)

———

Dritte Scene.

Don Cäsar. Ruy Blas.

Don Cäsar. Weiß Gott,
Ich irr' mich nicht, Du bist's, Ruy Blas!
Ruy Blas. Und Du,
Hier, Zafari, im Schloß?
Don Cäsar. Ich geh' nur durch,
Dann fort; das Weite lieb' ich wie ein Vogel.
Doch du? Livree? warum bist du verkleidet?
Ruy Blas (bitter). Ich bin verkleidet, wenn ich anders bin.
Don Cäsar. Was sagst Du?
Ruy Blas. Laß mich Deine Hand noch drücken,
Wie in den schönen Tagen unsres Elends,
Wo ohne Obdach Tags ich hungerte,
Wo Nachts ich fror, wo aber frei ich war!
Als Du mich kanntest, war ich noch ein Mann.
Wir beide aus dem Volk — o es war schön!
Wir glichen uns, daß man für Brüder stets
Uns hielt; wir sangen von der Morgenröthe,
Und Abends schliefen wir vor Gott, der unser
Vater und Wirth war, unter'm Sternenzelt;

Wir theilten Alles. Endlich kam die Stunde,
Wo Jeder von den Andern Abschied nahm.
Vier Jahr' sind jetzt vorbei, ich find' Dich wieder,
Froh wie ein Kind und frei wie der Zigeuner,
Stets Zafari, in seiner Armuth reich,
Der nie was hat und nie sich auch was wünscht.
Doch ich — welch' Wechsel! Bruder, wie es sagen?
Ein Waisenkind, im Kloster aufgezogen,
Macht' man mich klug und stolz — das große Glück! —
Und einen Denker statt 'nen Handwerksmann.
Du kennst mich ja. Ich warf mein heißes Wünschen
In glüh'nden Versen zu dem Himmel hin.
Mit hundert Gründen griff ich an Dein Spotten,
Ich hatte tiefen Ehrgeiz in der Brust.
Was Arbeit? Nach 'nem unbekannten Ziel
Trieb's rastlos mich, ich glaubte Alles möglich,
Hofft' es von meinem Glück! — Dann bin ich so,
Daß einen ganzen Tag ich träg verbringe
Vor einem reichthumstrotzenden Palaste,
Um Herzoginnen drinnen geh'n zu seh'n.
So daß ich einst, vor Hunger beinah sterbend,
Nach Brod griff, Bruder, wo ich's immer fand; —
Durch Nichtsthun und durch jämmerliche Schmach.
O als ich meinem Genius trauend noch
Mit zwanzig Jahren baarfuß ging im Sand,
Und dachte so dem Loos der Menschheit nach!
Ich baute Pläne — ein Gebirge von
Projecten — Spaniens Elend schmerzte mich;
Ich Armer dacht', ich fehlte noch der Welt!
Das Resultat sieh jetzt, mein Freund: Lakai!

    Don Cäsar. Der Hunger ist traun eine niedre Thür,
Und zwingt die Noth uns, drunter herzugehn,

So muß der Größte sich am tiefsten bücken.
Das Schicksal aber hat stets Ebb' und Flut,
Drum hoffe!

Ruy Blas (den Kopf schüttelnd). Marquis Finlas ist mein
Herr.

Don Cäsar. Ich kenn' ihn. — Lebst Du hier in dem
Palast?

Ruy Blas. Nein; noch bis heute, bis zu dieser Stunde
Betrat ich niemals diese Schwelle.

Don Cäsar. So!
Dein Herr wohnt doch in seinem Amte hier?

Ruy Blas. Ja, denn der Hof braucht ihn in jeder Stunde.
Doch hat er sonst ein unbekanntes Haus,
Wohin er nie bei Tage wohl noch kam.
Ein hundert Schritt von dem Palast. Ein stilles
Haus, drin ich wohne. Durch geheime Thüren,
Zu denen er nur Schlüssel hat, kommt oft
Bei Nacht der Marquis mit vermummten Männern,
Die immer leise mit einander reden,
Und Keiner weiß, was heimlich drin sie thun.
Da wohne ich mit zweien stummen Schwarzen.
Ich bin ihr Herr, deß Namen sie nicht wissen.

Don Cäsar. Als Chef der Hofalkaden sieht er die
Spione dort und stellt dort seine Netze.
Es ist ein allgewalt'ger, mächt'ger Mann.

Ruy Blas. Er sagt' mir gestern: morgen komm' ins Schloß,
Eh's dämmert; geh' nur durch das goldne Gitter.
Dann hieß er die Livree mich hier anziehn,
Denn dies fatale Kleid, das Du jetzt siehst,
Trag' ich zum ersten Male heute hier.

Don Cäsar (drückt ihm die Hand). Drum hoffe!

Ruy Blas. Hoffen! Ja, Du weißt noch Nichts.
In diesem schimpflichen Habite stecken,
Lust und den Stolz verloren haben, das
Ist Nichts. Ein Sklave sein? — nun gut! Doch höre:
Ich fühle nicht die schimpfliche Livree,
In meiner Brust wohnt eine Flammenhyder,
Die glühend mir das Herz zusammenpreßt.
Das Aeußre macht' Dir Furcht? sähst Du das Innre!

   Don Cäsar. Was soll das heißen?

                Ruy Blas. Sinne, denk', erfinde.
Quäl' Deinen Geist. Such' etwas Sonderbares,
Wahnsinniges und Unerhörtes auf!
Ein Unglück, das man staunend nur vernimmt!
Mische ein böses Gift, grab' einen Abgrund,
Tauber als Thorheit, schwärzer als die Sünde,
Du streifst noch nicht an mein Geheimniß hin.
— Du ahnst es nicht? — Wer sollte es auch ahnen! —
Schau', Zafari, den Schlund, wohin mein Schicksal
Mich zieht und schleppt: — Ich lieb' die Königin!

   Don Cäsar. Mein Gott!

            Ruy Blas. Hör', unter einem Baldachin
Lebt in Aranjuez, im Escurial —
Ja hier bisweilen — Bruder, lebt ein Mann,
Den kaum man sieht, den bange man nur nennt,
Vor dem wir alle gleich sind, wie vor Gott;
Den man mit Zittern sieht und knie'nd bedient;
Vor dem es Ehre ist, sich zu bedecken;
Er winkt, und unsre beiden Köpfe fall'n;
Deß Launen immer werden zum Ereigniß;
Der stolz und einsam lebt eingeschlossen,
In seiner fürchterlichen Majestät,
Und deß Gewicht man in der halben Welt

Jetzt fühlt.* Verstehst Du mich, mich den Lakai?
Auf diesen König bin ich eifersüchtig!

* Ich kann nicht unterlassen, hier einige treffliche Verse anzuführen, die Theophil Gautier im Escurial dichtete und welche die einsame Größe der spanischen Könige — freilich nicht eines Karls II., aber Philipps II. — meisterhaft schildern.

Der einsame König.

In meiner Seele leb' ich eingeschlossen,
Den Menschen ferne; ohne Freund, allein
Wie Gott, sind ebenbürtige Genossen
Nur meine Ahnen unter'm Grabesstein.
Weh! Größe will nur Einsamkeit bedeuten.
Wie ein Idol bin ich dahingestellt
In majestät'scher Haltung vor den Leuten,
Im Purpurmantel, in der Hand die Welt.

Ich trage auch der Dornenkrone Zacken;
Mit scharfen Spitzen drückt das Diadem;
Mein königliches Blut tropft in den Nacken,
Wie an dem Kreuze Christo ehedem.
Des Wappengeiers scharfgekrümmter Schnabel
Frißt meine wunde Brust mit bitterm Hohn,
Prometheus auf dem Felsen in der Fabel,
War nur ein König, sitzend auf dem Thron.

Von meinem Stuhl, umgeben mit Mysteren,
Hör' ich nur Schmeichlerstimmen Tag für Tag,
Der einz'ge Ton, der aus den niedern Sphären
Zu solcher stolzen Höhe bringen mag.
Und spielen schlimmer sie mit meinem Volke,
Das rasselnd oft an seine Ketten fährt,
So heißt's. Schlaft, Herr! 's ist eine Wetterwolke;
Harrt nur, bis sich der Himmel aufgeklärt!

Nichts kann ich thun, Nichts bleibt mir zu erstreben.
Ha! wär' ein Wunsch nur le in meiner Brust!
Fühlt' ich nur einmal heißen Drang im Leben!
Könnt' ich nur einmal theilen frische Lust!

Don Cäsar. Du auf den König?

        Ruy Blas. Ja gewiß, ich liebe
Sein Weib ja!

    Don Cäsar. Weh Dir, Unglücklicher!

        Ruy Blas. Höre!
Ich harre täglich, wo sie nur vorüber
Geht; ich bin närrisch. Ha! das arme Weib!
Ihr Leben ist nur Langeweile! — Ja, bei Nacht
Denk' stets ich dran! — An diesem Hof zu leben!
Des Königs Weib, der immer fern von ihr
Auf Jagden weilt — ein dreißigjähr'ger Greis,
Zum Leben wie zum Herrschen ungeschickt!
Ein abgestorb'ner Stamm! — Schwach war der Vater,
Daß er kein Pergament mehr halten konnte.
Und sie, so schön und gut, gab ihre Hand
Dem Karl dem Zweiten! Sie! o Elend, Elend!
Abends geht sie zu den Rosarienschwestern,
Du weißt es, durch die Straße Ortaleza.
Nicht weiß ich, wie der Wahnsinn in mein Herz
Gedrungen! — Höre, sie liebt eine Blume
Aus Deutschland; — täglich mach' ich eine Meile
Bis Caramanchel, um sie dort zu holen;
Umsonst sucht' ich bis jetzt sie anderwärts.
Die schönsten nehm' ich und wind' einen Strauß...
— Doch laß! ich spreche Dir da Thorheit vor! —
Um Mitternacht dann schleich' ich wie ein Dieb
Mich in den Park und lege diese Blumen

      Die Sonne muß allein sich weiterwälzen,
      Und kälter wird's, je höher himmelwärts;
      Kein heißer Sommer kann den Schnee zerschmelzen
      Auf den Sierren und im Königsherz!

                Der Uebersetzer.

Auf ihre Lieblingsbank. Ja, gestern wagt' ich
Sogar ein Brieflein in den Strauß zu schieben!
Nachts muß ich, um zur Bank zu kommen, über
Des Parkes Mauern steigen und da sind
Dort oben spitze Eisenstacheln. Einst
Werd' ich mein Fleisch daran noch hängen lassen.
Ich weiß nicht, ob sie Brief und Blumen findet.
Nicht wahr, Du siehst es, Bruder, ich bin närrisch.

  Don Cäsar. Zum Teufel, ja; das Kunststück ist gefährlich.
Der Graf Onate, der sie gleichfalls liebt,
Wahrt sie als Majordom und als Verliebter.
Ein aufmerksamer Söldner könnte mal,
Eh' noch Dein Strauß verwelkte, Bruder, ihn
An's Herz Dir mit der Partisane nageln. —
Doch die Idee! die Kön'gin lieben! Sag',
Wie hast Du das gemacht?

  Ruy Blas (eifrig). Weiß ich's denn selber!
Dem Teufel, ha! verkauft' ich meine Seele,
Wär' ich ein Junker, so wie jene, die
Ich dort jetzt sehe, wie lebend'gen Hohn,
Am Hut die Feder, Stolz auf dem Gesichte!
Wär' ich verdammt, bräch' ich nur meine Ketten,
Und könnt' wie sie der Königin mich nähern
In einem Kleid, das nur nicht schimpflich ist!
Doch, Teufel! so vor ihr und ihnen steh'n!
Lakai! Für sie Lakai, Lakai zu sein!
Erbarm' Dich meiner, Gott! (Nähert sich Don Cäsar.)

      Jetzt fällt's mir ein,
Du fragtest, wie, seit wann ich sie so liebe?
Sieh! eines Tags — doch wozu willst Du's wissen? —
'S ist wahr, Du bist von jeher so gewesen;
Stets Fragen, um zum Wahnsinn mich zu bringen!

Stets wo? wie? wann? warum? Mein Blut
Kocht! — Sieh, ich liebe sie! und das ist Alles.

   Don Cäsar. Gib Dich zufrieden!

          Ruy Blas. Nein. Ich duld'. Verzeih',
Nein, flieh' mich, Bruder, geh', verlasse mich,
Den Thoren, welcher im Bedientenrock
Die Leidenschaften eines Königs trägt!

   Don Cäsar (legt die Hand auf seine Schulter). Dich flieh'n! Ich,
       der nie litt, der Niemand liebt,
Ich, eine Glocke, drin der Klöpfel fehlt,
Ein Bettler, der nach Liebe immer sucht,
Dem selten gibt das Schicksal einen Kreuzer,
Ein todtes Herz, aus dem die Seele floh,
Ein schmutz'ges Anschlagblatt des Stücks von gestern!
Um diese Liebe, die aus Deinen Augen
Strahlet, beneid' ich und beklag' ich Dich!
— Ruy Blas! —

(Pause. Sie drücken sich die Hände, indem sie sich gegenseitig mit dem
Ausdruck der Traurigkeit und vertrauungsvollen Freundschaft ansehn.

   Don Sallust tritt herein. Er nähert sich mit langsamen Schritten, einen
durchbringenden aufmerksamen Blick auf Don Cäsar und Ruy Blas heftend,
die ihn nicht sehen. Er trägt in der einen Hand einen Hut und einen
Degen, die er im Hereintreten auf einen Sessel legt, und in der andern
einen Beutel, den er auf den Tisch stellt.)

   Don Sallust (zu Don Cäsar). Da ist das Geld!

(Bei der Stimme Don Sallusts erhebt sich Ruy Blas, wie ein aus dem
Schlaf Gestörter, und steht aufrecht, mit gesenkten Augen in ehrfurchts-
voller Stellung.)

   Don Cäsar (beiseite Don Salluft scharf ansehend). Bei meiner Treu,
Der Schurke lauschte an der Thür.
Was thut's am Ende! (Laut zu Don Salluft.)

       Don Salluft, habt Dank!

(Er öffnet den Beutel, leert ihn auf den Tisch und wühlt voll Vergnügen
unter den Dukaten, die er auf dem Sammtteppich in Rollen aufstellt. Während

er sie zählt, geht Don Salluſt nach dem Hintergrund des Theaters, indem
er rückwärts ſchaut, ob er nicht Don Cäſars Aufmerkſamkeit auf ſich ziehe.
Er öffnet die kleine Thüre rechts. Auf ein Zeichen, das er gibt, treten drei
Alguazils mit Degen und ſchwarzgekleidet heraus. Don Salluſt zeigt ihnen
heimlich Don Cäſar Ruy Blas ſteht unbeweglich, wie eine Statue, neben
dem Tiſch, ohne etwas zu ſehen oder zu hören.)

Don Salluſt (leiſe zu den Alguazils). Dem Mann, der dort
                  das Geld zählt, folgt, ſobald
Er dieſes Haus verläßt. — In aller Stille
Bemächtigt ihr euch ſeiner. Schifft ihn dann
Raſch auf dem kürzeſten Weg, den ihr wißt,
Ein nach Denia. (Er gibt ihnen ein verſiegeltes Pergament).
        Hier iſt mein Befehl.
Dann, ohne ſeiner Klagen viel zu achten,
Verkauft ihr ihn in See an die Korſaren,
Ihr krieget tauſend Thaler. Jetzt macht ſchnell!
      (Die drei Alguazils verneigen ſich und gehen.)

Don Cäſar. Es gibt doch kein ergötzlicheres Spiel,
Als wenn man eigne Thaler ſorgſam theilt.
   (Er macht zwei gleiche Theile und wendet ſich zu Ruy Blas.)
Da, Bruder, iſt Dein Theil!

Ruy Blas. Wie!

Don Cäſar (zeigt ihm einen der Goldhaufen). Nimm! ſei frei

Don Salluſt (der ſie aus dem Hintergrunde des Theaters beobachtet,
          beiſeit). Der Teufel!

Ruy Blas (ſchüttelt den Kopf zum Zeichen der Verneinung) Nein.
          Das Herz mußt Du befrei'n.
Hier iſt mein Schickſal und hier will ich bleiben.

Don Cäſar. Gut, wie Du willſt. Gott weiß, wer von uns
          beiden
Der Klügſte iſt.
(Er rafft das Geld zuſammen und wirft es in den Beutel, den er einſteckt.)

Don Salluſt (im Hintergrunde des Theaters, beiſeit, und ſie immer
      beobachtend). Derſelbe Wuchs und Anſtand!

Don Cäsar (zu Ruy Blas). Leb wohl!

Ruy Blas. Die Hand!

(Sie drücken sich die Hand. Don Cäsar geht, ohne Don Salluft zu sehn,
der sich in der Ecke hält.)

Vierte Scene.

Ruy Blas. Don Salluft.

Don Salluft. Ruy Blas!

Ruy Blas (sich rasch umwendend). Herr!

Don Salluft. Diesen Morgen,
Als Du hieher kamst, ich weiß nicht gewiß,
War's da schon Tag?

Ruy Blas. Nicht ganz noch, Excellenz.
Stillschweigend gab den Paß ich dem Portier
Und stieg herauf.

Don Salluft. Du trugst den Mantel da?

Ruy Blas. Ja, Herr!

Don Salluft. So hat noch Niemand im Palast
In der Livree Dich hier erscheinen sehn?

Ruy Blas. Auch in Madrid noch nicht.

Don Salluft (zeigt auf die Thüre, durch die Don Cäsar gegangen
ist) Gut. Geh und schließ'
Die Thür da. Zieh' den Rock aus.
(Ruy Blas zieht seinen Livreerock aus und legt ihn auf einen Sessel)

Nicht, Du hast
Die schöne Handschrift? — Setz' Dich hin und schreib';
(Er macht Ruy Blas ein Zeichen, sich an den Tisch zu setzen auf dem Feder
und Dinte ist. Ruy Blas gehorcht.)
Du sollst als Sekretär mir heute dienen.
Zuerst ein Billet doux — ich sag' Dir Alles —
Für meine Herzenskönigin, für Donna

Praxedis — o ein Engel und ein Teufel!
Schreib' jetzt: „Mein Leben schwebet in Gefahr.
„Nur meine Kön'gin kann den Sturm beschwören,
„Wenn sie heut Abend in mein Zimmer kommt.
„Wo nicht, bin ich verloren: Leib und Seele
„Und Herz leg' Alles ich zu ihren Füßen."

(Er lacht und unterbricht sich.)

Gefahr! die Wendung ist nicht schlecht, um sie
Hieher zu locken, da sie mir ja droht.
Wer sie verdirbt, den retten gern die Weiber.
— Füg' noch hinzu: „Ihr könnet durch die Thür
„Des Abends unerkannt erscheinen,
„Ein treuer Diener öffnet sie."   Bei Gott,
Gelungen! Unterschreib'.

Ruy Blas.   Herr, Don Salluft?

Don Salluft.   Nein. Schreib' Don Cäsar nur. Sie kennt
den Namen.

Ruy Blas (nachdem er so gethan). Die Dame wird die Schrift
indeß nicht kennen.

Don Salluft. Mein Siegel gnügt. Ich schreibe oftmals so.
Ruy Blas, ich reise heut und laß Dich hier.
Ich hab' es gut mit Dir jetzt vor.   Es soll
Sich Deine Lage ändern, doch Du mußt
Gehorsam mir in Allem sein.   Ich habe
Als treuen Diener immer Dich erfunden.

Ruy Blas (verneigt sich).   Herr!

Don Salluft (fortfahrend). Einen weiten Kreis will ich Dir
geben.

Ruy Blas (zeigt das Billet, das er geschrieben). Wie die Adresse?

Don Salluft. Die besorge ich (nähert sich Ruy Blas zutraulich).
Dein Glück will ich nur.

(Pause. Er macht Ruy Blas ein Zeichen, sich wieder an den Tisch zu setzen)

Schreib': — „Ich, Ruy Blas,

„Lakai des edlen Herrn Marquis von Finlas,

„Verspreche hier in jeglichem Geschäft

„Als treuer Diener meinem Herrn zu dienen!" (Ruy Blas gehorcht.)

Jetzt Deinen Namen und das Datum.   So.

(Er schiebt den Brief und den Zettel, die Ruy Blas geschrieben, in sein
Portefeuille.)

Man brachte einen Degen.   Ah! sieh da,

Dort auf dem Sessel.

(Er zeigt auf den Sessel, auf den er Hut und Degen gelegt hat; dann geht
er hin und nimmt den Degen.)

Sieh, von feiner Seide,

Nach neuestem Geschmack ist diese Schärpe.

(Er läßt ihn die Feinheit des Gewebes bewundern.)

Nimm sie. — Was sagst Du von der Blume, Ruy Blas?

Der Korb hier ist von Gil, von dem berühmten

Schmied, der am besten in den Degenknopf

Kann eine Bonbonnière künstlich graben.

(Er hängt die Schärpe, an welcher der Degen befestigt ist, Ruy Blas um
den Hals.)

Nimm, daß ich sehe, wie sie steht.

Du stehst vollkommen wie ein Herr ja aus! (Horcht.)

Man kommt. 'S ist Zeit, daß jetzt die Königin erscheint.

— Marquis del Basto! —

(Die Hinterthür nach der Galerie öffnet sich.   Don Salluft macht seinen
Mantel los und wirft ihn rasch Ruy Blas um die Schultern, eben als
der Marquis del Basto erscheint; dann geht er gerade auf den Marquis los,
indem er den verbutzten Ruy Blas mit sich zieht.)

Fünfte Scene.

Don Salluſt. Ruy Blas. Don Pamfilo d'Avalos. Marquis del Baſto. — Dann der **Marquis von Santa Cruz.** — Dann der **Graf von Alba.** — Zuletzt der ganze Hof.

Don Salluſt (zum Marquis del Baſto). Euer Gnaden ſtell'
Ich meinen Vetter hiemit vor, Don Cäſar,
Graf von Garofa und von Velalcazar.

Ruy Blas (beiſeit). O Himmel!

    Don Salluſt (leiſe zu Ruy Blas). Schweig'!

Marquis del Baſto (Ruy Blas grüßend). Erfreut, Herr Graf....
(Er ergreift ſeine Hand, die ihm Ruy Blas verlegen überläßt.)

        Don Salluſt (leiſe zu Ruy Blas). Laß mich
Und grüß' ihn! (Ruy Blas grüßt ihn.)

Marquis del Baſto (zu Ruy Blas). Ich liebte Eure edle Mutter.
    (Leiſe zu Don Salluſt, indem er auf Ruy Blas zeigt.)
Ich hätt' ihn nicht erkannt, er iſt verändert.

        Don Salluſt (leiſe zum Marquis). Zehn Jahre fort!

M. del Baſto (ebenſo). Ja freilich!

    Don Salluſt (klopft Ruy Blas auf die Schulter). Da iſt er!
Erinnert Ihr Euch des Verſchwenders noch?
Wie mit Piſtolen um ſich er geſchleudert!
Des Abends Ball, auf dem Apolloſee
Die wunderſchönſten Serenaden! Stets
Concerte, Maskenbälle und Gelage,
Madrid mit Neuigkeiten immer blendend!
— In dreien Jahren hin! — ein wahrer Löwe!
Aus Indien kommt er mit der Gallione.

    Ruy Blas (verlegen). Herr ...

    Don Salluſt. Nennt mich Vetter, denn wir ſind es ja.
Die Bazan ſind, ich meine, ächte Edelleute,

Und unfer Ahn ift Iniguez b'Jviza,
Sein Enkel, Pedro Bazan, freite drauf
Marianne von Gor, die Johann ihm
Gebar, der unter König Philipp war
Großadmiral. Zwei Knaben hat Johann;
In unferm Stammbaum ftehen ihre Wappen.
Ich bin Marquis von Finlas, Ihr Graf von
Garofa; Einer adlig wie der Andre.
Auch durch die Mütter, Cäfar, find wir gleich.
Ihr feid ein Aragon, ich Portugal.
Und Euer Stamm ift hoch, fowie der meine,
Ich bin des einen Frucht, Ihr feid des andern Blüte.

  Ruy Blas (beifeit). Worin verftrickt er mich?

(Während Don Galluft fpricht, hat fich der Marquis von Santa Cruz, Don
Alvar de Bazan y Benavides, ein Greis mit weißem Schnurrbart und
großer Perrücke, ihnen genähert.)

  Marquis von Santa Cruz (zu Don Galluft)   Ihr fprecht
ganz recht,
Und ift er Euer Neffe, ift er auch der meine.

  Don Galluft. 'S ift wahr, wir ftammen aus demfelben Haus,
Marquis von Santa Cruz.   (Er ftellt ihm Ruy Blas vor.)
    Don Cäfar.

  Marquis von Santa Cruz. Hm!
'S ift der, den man fchon lange todt geglaubt.

      Don Galluft. Ja, ja.

  Marquis von Santa Cruz. So ift er denn zurück?

      Don Galluft. Aus Indien.

  Marquis von Santa Cruz (Ruy Blas betrachtend). Ja.
Don Galluft. Erkennt Ihr ihn?

  Marquis von Santa Cruz. Ich kann' ihn ja als Kind.
Don Galluft (leife zu Ruy Blas). Der gute Mann ift blind und
will's nicht fein,

Drum kennt er Dich, damit's den Schein gewinnt,
Als könnte er mit seinen Augen seh'n.

   Marquis von Santa Cruz (reicht Ruy Blas die Hand). Die
         Hand, mein Vetter.

      Ruy Blas (sich verbeugend). Herr . . .

   Marquis von Santa Cruz (zu Don Salluft auf Ruy Blas zei-
          gend). Noch ganz der Alte.

(Zu Ruy Blas.) Ich freue mich.

    Don Salluft (leise zum Marquis, den er beiseit nimmt). Ich
        zahl' ihm seine Schulden.

Ihr könnt in Eurem Amt ihm herrlich nützen.
Wär' jetzt am Hof 'ne Stelle grad' nicht frei,
Beim König — bei der Königin —

   Marquis von Santa Cruz (leise). Ich will
Dran denken, er ist ja mit mir verwandt.

    Don Salluft (leise). Ihr geltet Alles jetzt im Rath und Euch
Empfehl' ich ihn.

(Er verläßt den Marquis von Santa Cruz und geht zu andern Edelleuten,
denen er Ruy Blas vorstellt. Darunter ist der Graf Alba in prächtiger
        Kleidung.)

    Don Salluft (stellt ihnen Ruy Blas vor). Ein Vetter von mir,
         Cäsar,
Graf von Garofa und von Velalcazar.

(Die Edelleute wechseln ernste Complimente mit dem staunenden Ruy Blas.)

    Don Salluft (zum Grafen Ribagorza). Ihr war't nicht beim
         Ballet der Atalante?
Und Lindamire tanzte wie ein Engel.

      (Er bewundert das Kleid des Grafen von Alba.)

Sehr schön, Graf Alba!

     Graf von Alba. Ah! ich hatte noch
Ein schöneres von Rosaatlas, das
Matalobos mir stahl.

Ein Kammerdiener (im Hintergrunde des Theaters). Die
Königin!

Nehmt Eure Plätze, edle Herrn!

(Die großen Vorhänge der Glasgalerie öffnen sich. Die Edelleute ordnen
sich an der Thür, die Garden bilden eine Hecke. Ruy Blas stürzt außer
sich, als wollte er sich flüchten, in den Vordergrund. Don Salluſt folgt ihm.)

Don Salluſt (leiſe zu Ruy Blas). Nimmt, wenn
Sich Dein Schickſal hebet, Dein Geist denn ab?
Erwach', Ruy Blas! Ich reiſe von Madrid.
Das kleine Haus, darin Du jezo wohnest,
— Nur die geheimen Schlüſſel will ich wahren —
Geb' ich Dir, Ruy Blas, zuſammt den Stummen.
Bald ſollst Du andere Befehle haben.
Thu' meinen Wunſch, ſo mache ich Dein Glück.
Steig', fürchte nichts, die Zeit ist günstig jezt.
Am Hofe geht man, ohne hell zu ſehn;
Trag' nur die Binde, ich will Dich ſchon führen.

(Neue Garden erſcheinen im Hintergrunde des Theaters.)

Kammerdiener (mit lauter Stimme). Die Königin!

Ruy Blas (beiſeit). Die Königin!

(Die Königin erſcheint prächtig gekleidet, von Damen und Pagen umgeben,
unter einem Baldachin von Scharlachſammt, den vier Kammerherren mit
entblößtem Haupte tragen. Ruy Blas ſieht ſie verwirrt an, ganz verſenkt
in dieſe prächtige Erſcheinung Alle Granden von Spanien bedecken ſich, der
Marquis del Basto, Graf von Alba, Marquis von Santa Cruz, Don Salluſt. Don Salluſt geht raſch nach dem Seſſel, nimmt den Hut und bringt
ihn Ruy Blas.)

Don Salluſt (ſezt Ruy Blas den Hut auf). Mein Vetter,
Bedeckt Euch, Ihr ſeid Grand von Spanien.

Ruy Blas (verlegen und leiſe zu Don Salluſt). Und was befehlt Ihr mir jezt, Excellenz?

Don Salluſt (zeigt ihm die Königin, die langſam durch die Galerie
ſchreitet). Das Weib Dir zu gewinnen und zu lieben.

Zweiter Akt.

Die Königin von Spanien.

Perſonen.

Die Königin.
Ruy Blas.
Don Guritan.
Caſilda.
Herzogin von Albuquerque.
Ein Thürſteher.
Duennen, Pagen, Garden.

Ein an das Schlafkabinet der Königin stoßender Saal. Links eine kleine, dies Kabinet führende Thüre. Rechts in einer stumpfen Ecke eine andere Thüre, die in die äußern Gemächer führt. Im Hintergrunde große offene Fenster. Es ist ein schöner Sommernachmittag. Großer Tisch. Fauteuils. Ein Heiligenbild in prächtigem Rahmen lehnt an der Wand; darunter liest man: Santa Maria Esclava. An der entgegengesetzten Seite hängt eine Madonna vor der eine goldene Lampe brennt. Neben der Madonna ist ein Bild des Königs Karl II., Kniestück.

Beim Aufziehen des Vorhangs sitzt die Königin Donna Maria von Neuburg in einer Ecke, neben einer ihrer Frauen, einem hübschen jungen Mädchen. Die Königin ist in weißen Silberstoff gekleidet. Sie sitzt und hört zuweilen auf, um zu plaudern. Auf der entgegengesetzten Seite sitzt in einem Lehnstuhl Donna Juana de la Cueva, Herzogin von Albuquerque, Oberhofmeisterin, eine Stickerei in der Hand haltend, eine alte, schwarzgekleidete Dame. Neben der Herzogin an einem Tisch mehrere Damen, mit weiblicher Arbeit beschäftigt. Im Hintergrunde steht der Majordomus Don Guritan, Graf von Onate; ein großer, hagerer Fünfziger mit grauem Schnurrbart; sein Aeußeres ist das eines alten Militärs, obwohl er mit ausgesuchter Eleganz gekleidet ist und Bänder bis auf die Schuhe trägt.

Erste Scene.

Die Königin. Herzogin von Albuquerque. Don Guritan. Casilda. Duennen.

Königin. Jetzt ist er fort! Ich könnte ruhig sein
Und bin's doch nicht. Der Marquis Finlas, ja,
Der Mann haßt mich.

      Casilda. Ist er nach Eurem Wunsch
Denn nicht verbannt?

Königin. Was hilft's? der Mann haßt mich.

Casilda. O Majestät ....

         Königin. 'S ist sonderbar, Casilda,
Der Marquis aber ist mein böser Dämon.
Als neulich, an dem Morgen, eh' er reiste,
Er wie gewöhnlich zu dem Handkuß kam,
Da nahten sich die Granden all dem Thron,
Gleichgültig ließ ich ihnen meine Hand
Und blickte traurig in dem dunklen Saal
Nach einem Schlachtgemäld' auf der Tapete,
Bis plötzlich ich mit tiefgesenktem Blick
Den fürchterlichen Menschen kommen sehe!
Wie ich ihn sah, sah ich nur ihn allein.
Er kam mit leisem Schritt, er spielte lässig
Mit seinem Dolch, der hell bisweilen blitzte;
Sein Flammenauge blendete mich fast.
Dann buckte er sich plötzlich, und ich fühlte
Auf meinen Fingern seinen Schlangenmund.

    Casilda. 'S war seine Pflicht; wir machen's auch ja so.

    nigin. Nicht wie die andern waren seine Lippen.
Das r das letzte Mal, daß ich ihn sah,
Di denk' ich seiner oft. Ich habe viel
rdruß, allein in dieser Seele liegt
Die Hölle; ich bin nur ein Weib vor ihm.
In meinen Träumen schau' ich immer ihn,
Wie mir der Teufel meine Finger küßt;
Den Haß seh' ich aus seinen Augen leuchten,
Und wie ein Gift durch alle Adern schleicht,
So fühl' ich oft, daß mir das Herz erstarrt,
Mich von dem kalten Kuß durchschauern. Sprich,
Was sagst Du dazu?

    Casilda. Träume, gnäd'ge Frau!

Königin. Ja freilich drückt mich andrer Kummer noch.
(Beiseite.)

O meinen Schmerz muß ich vor ihnen bergen! (Zu Casilda.)
Casilda, sag', die Bettler, die vorhin nicht wagten...

Casilda (geht an's Fenster). Ich weiß schon, sie sind noch
dort auf dem Platz.

Königin. Wirf' ihnen meine Börse zu.
(Casilda nimmt die Börse und wirft sie ihnen zu.)

Casilda. O Ihr,

Die gütig Allen stets Almosen spendet,

(Zeigt der Königin Don Guritan, der schweigsam im Hintergrunde des
Zimmers steht und den still anbetenden Blick auf die Königin heftet.)

Werft Ihr denn nichts dem Graf Onate zu?
Ein Wort nur dem verliebten Ritter, der
So zärtlich ist, als seine Schale hart.

Königin. Er langweilt mich.

Casilda. Ich geb' es zu, doch redet.

Königin. Graf, guten Tag.

Don Guritan (nähert sich der Königin mit drei tiefen Verbeugungen
und küßt seufzend ihre Hand, was sie mit gleichgültiger Miene geschehen
läßt. Er zieht sich dann wieder auf seinen Platz in der Nähe der Oberhofmeisterin zurück und sagt im Vorübergehen zu Casilda). Die Königin
ist heute

Doch wieder himmlisch.

Casilda (ihm nachsehend zur Königin). O der arme Storch!
Er wartet einen ganzen Tag am Wasser,
Hascht dann 'nen guten Tag, 'nen guten Abend,
Und trägt's zufrieden stets im Schnabel fort.

Königin (mit traurigem Lächeln). O schweig'!

Casilda. Er ist schon glücklich, sieht er Euch!
Die Kön'gin sehn, bedeutet ihm das Glück.
(Sie sieht ein Kästchen auf einem Gueridon.)

Das schöne Kästchen, das!

Königin. Ich hab' den Schlüssel!

Casilda. Dies Aloeholz ist köstlich.

Königin (gibt ihr den Schlüssel). Oeffne es.
Ich that Reliquien hinein und will
Nach Neuburg es an meinen Vater schicken;
Er wird sich freu'n.
(Sie versinkt in ein kurzes Nachsinnen, woraus sie bald lebhaft emporfährt.)
Ich will auch nicht mehr sinnen!
Könnt' ich nur den Gedanken von mir treiben. (Zu Casilda).
Hol' mir ein Buch aus dem Gemach — ich Thörin! —
Kein deutsches, nein, ein spanisch Buch. Der König
Ist auf der Jagd. Stets fort! o Langeweile!
Ich sah ihn kaum zwölf Tag' im halben Jahr.

Casilda. Freit einen König auch, um so zu leben!
(Die Königin versinkt wieder in Gedanken, denen sie sich abermals mit
aller Macht entreißt.)
Königin. Ich will ausgehen!
(Bei diesem im befehlenden Ton gesprochenen Worte der Königin hebt sich
die Herzogin von Albuquerque, die bisher stumm auf ihrem Sessel gesessen,
in die Höhe, steht dann ganz auf und macht der Königin eine tiefe
Verbeugung.)
Herzogin von Albuquerque (mit strenger, trockener Stimme).
Es sagt das Hofgesetz,
Daß, will die Kön'gin ausgehn, jede Thür
Ein Grand von Spanien ihr öffnen soll.
Zu dieser Stund' ist Keiner im Palast.

Königin. Man schließt mich also ein! Soll ich denn sterben,
Frau Herzogin?

Herzogin von Albuquerque (wieder mit einer tiefen Verbeugung).
Ich thu', was meines Amts
Als Oberhofmeist'rin. (Sie setzt sich wieder).
Königin (drückt den Kopf verzweifelnd in beide Hände, für sich).
Kommt denn, Gedanken! —
Nein! —

(Laut.) Kommt! wir wollen Landsknecht spielen. Kommt!
Schnell einen Tisch!

    Herzogin von Albuquerque (zu den Damen). Die Damen
bleiben sitzen.
Die Majestät kann nur nach alter Sitte
Mit Kön'gen oder den Verwandten spielen.

    Königin (heftig). Laßt die Verwandten kommen!

    Casilda (beiseit, die Herzogin ansehend). O Duenna!

    Herzogin von Albuquerque (sich bekreuzend). Gott hat dem
Könige sie nicht beschieden;
Er ist allein, seitdem die Kön'gin Mutter todt.

    Königin. So soll man mir zu essen bringen.

                            Casilda. Recht so.

    Königin. Du bist mein Gast.

    Casilda (beiseit, die Herzogin ansehend). Was wird die Base
sagen?

    Herzogin von Albuquerque (sich verbeugend). Die Königin
speist immer nur allein.
(Sie setzt sich wieder.)

    Königin (höchst aufgebracht). Mein Gott, was aber soll ich
denn? Ich darf
Nicht ausgeh'n, spielen, essen, wie ich will!
Ein halb Jahr bin ich Königin und sterbe.

    Casilda (beiseit, sie mitleidig ansehend). O arme Frau! In
solchem Zwang zu leben
An diesem Hof und keinen Zeitvertreib,
Als an dem Rande dieses Sumpfes einen
Verliebten alten Grafen, der stets auf
'Nen Handkuß eifrig lauert, stehn zu sehn!
(Sie sieht Don Guritan an, der immer unbeweglich im Hintergrunde des
Zimmers steht.)

    Königin (zu Casilda). Was fang' ich an? Sinn' doch auf
etwas.

Cafilda. Ah!
Ihr seid Regentin, wenn der König fort ist.
Zum Zeitvertreib laßt die Minister kommen.

  Königin (zuckt die Achsel). 'Ne schöne Lust! Acht finstere Gesichter,
Die mir von Frankreichs schwachem König sprechen,
Von Rom und vom Porträt des Erzbischofs,
Den man in Burgos unter goldenem
Traghimmel durch die Straßen führt. Nein, nein.
Sinn' auf was Andres.

  Cafilda. Nun, so lasset denn
'Nen Kammerjunker zu Euch her bescheiden.

  Königin. Cafilda!

  Cafilda. Ach! Ich säh' 'nen Junker gern.
Die alten Herrlichkeiten sind zu lästig.
Ich glaube, man wird selber alt, wenn man
Die Alten immer nur vor Augen hat.

  Königin. Scherz' nur! Die Zeit kommt überdies, mein Kind,
Wo wie den Schlaf man auch die Lust verliert. (Nachdenklich.)
Mein Glück ist noch der Park, darin allein
Ich gehen darf.

  Cafilda. Das Glück! der schöne Ort!
Stets hinter den Statuen tiefe Gruben,
Und Mauern, höher als die Bäume rings!

  Königin. Ach! könnte ich hinaus!

    Cafilda (leise). Hinaus? o hört
Mich, laßt uns leise reden. Ich weiß Euch
In diesem finsteren und traurigen
 Gefängnisse ein wunderbares Kleinod —
Den Schlüssel, der ins Freie führt, ich hab' ihn.
Und wenn Ihr wollt, gehn wir den Brummigen
Zum Trotz des Nachts hinaus und wandeln durch
Die Stadt.

Königin. Mein Gott, schweig still!

              Casilda. Es ist ganz leicht.

    Königin. Still!

(Sie geht etwas von Casilda fort und versinkt wieder in Träume.)

          Wär' ich doch, statt unter diesen Granden,

In meinem lieben Deutschland bei den Meinen!

Wie lief ich mit den Schwestern durch die Auen!

Dann kamen Schnitter mit den Garben und

Wir plauderten mit ihnen. Ach! und einst

Da kam ein Mann, von Kopf zu Füßen schwarz —

Ich hielt die Schwester grade bei der Hand, —

„Prinzessin, Ihr seid Königin von Spanien!"

Sprach er. Der Vater freute sich, die Mutter

Weinte. Sie weinen beide jetzt. — Geheim

Will ich dies Kästchen meinem Vater schicken,

Er wird sich freu'n. — Sieh, Alles macht mich traurig,

Auch meine deutschen Vögel sind gestorben.

(Casilda macht die Pantomime des Halsumdrehens und deutet auf die Oberhofmeisterin.)

Nicht einmal deutsche Blumen darf ich haben.

Ein Liebeswort schlägt nimmer an mein Ohr.

Jetzt bin ich Kön'gin, früher war ich frei.

'S ist wahr, des Abends ist der Park so düster

Und jede Aussicht hemmt der Mauern Höhe.

— O Kummer! (Man hört einen entfernten Gesang.)

          Was ist das für ein Gesang?

    Casilda. Die Wäschermädchen kommen singend von der Haide.

(Der Gesang kommt näher; die Königin hört gespannt zu; man vernimmt
folgende Worte.)

          Stimmen von draußen.

        Wozu den Vögeln lauschen,

        Die singen in dem Wald,

        Da doch der schönste Vogel

        Aus deiner Stimme schallt!

Mag auch der Sternenhimmel
Mit Dunst bedeckt sein,
Die schönsten Sterne leuchten
Doch in den Augen dein.

Ob Mai auch überschüttet
Mit Blüten rings die Flur,
Die allerschönste Blume
Blüht dir im Herzen nur.

Der buntgefiederte Vogel,
Der Sterne heller Blick,
Die wundersame Blume,
Das ist der Liebe Glück

(Die Töne verklingen allmählig.)

Königin (träumerisch). Die Liebe? o die Glücklichen! Es thut
Ihr Sang mir weh und wohl zugleich.

Herzogin von Albuquerque (zu den Damen). Man jag' die
Mädchen fort, da ihr Gesang
Die Kön'gin stört.

Königin (lebhaft). Ich höre sie ja kaum,
Und will, daß man sie hier in Ruhe lasse.

(Zu Casilda, auf ein Fenster im Hintergrunde zeigend.)

Hier ist der Wald doch nicht so dicht,
Durch dieses Fenster sieht man in das Freie,
Und ihnen nach. (Sie geht mit Casilda auf das Fenster zu.)

Herzogin von Albuquerque (steht auf und verbeugt sich). Die
Königin von Spanien
Darf niemals aus dem Fenster sehn.

Königin (kehrt um). So komme!
Die Abendsonne, die die Thäler röthet,
Der goldne Duft, der auf den Wegen liegt,
Die fernen Lieder, denen Jeder lauscht,
Sind nicht für mich. Der Welt sagt' ich leb wohl!
Ich darf die Schöpfung Gottes nicht, ich darf
Die Freiheit Andrer nicht einmal mehr sehn.

Herzogin von Albuquerque (giebt allen Anwesenden ein Zeichen, sich zu entfernen). Geht! 's ist heut der Tag der heiligen Apostel.

(Casilda geht auf die Thüre zu; die Königin hält sie zurück.)

Königin. Auch Du verlässest mich!

Casilda (auf die Herzogin deutend). Wir müssen gehn.

Herzogin von Albuquerque (mit einer sehr tiefen Verbeugung vor der Königin). Man muß die Kön'gin ihrer Andacht lassen.

(Alle unter tiefer Verbeugung ab.)

––––––––

Zweite Scene.

Die Königin (allein).

Der Andacht? — den Gedanken will sie sagen.
Wie soll ich ihnen jetzt entfliehn! Ich bin
Allein. Kein Licht auf diesem dunklen Pfade! (In Gedanken.)
O, auf der Mauer diese blut'ge Spur
Der Hand! — verwundet also? — er ist's schuld.
Wozu die hohe Mauer übersteigen?
Um Blumen mir zu bringen, die man hier
Mir weigert, um so Weniges sich opfern!
Die Eisenstäbe haben ihn verwundet,
Ein Stück von seinen Spitzen hing daran.
Der Tropfen Blut wiegt alle meine Thränen auf!

(Schwärmerisch fortfahrend.)

So oft ich von der Bank die Blumen hole,
Versprech' ich meinem Gott, der mich verläßt,
Nicht wieder hinzugehn, und gehe doch.
— Drei Tage aber ist er nicht gekommen.
Verwundet? — wer du seist, o fremder Jüngling,
Du, der allein und ungeliebt mich wissend,
Mir ohne Wunsch naht, ach! und ohne Hoffen,

Und selbst vor den Gefahren nicht zurückbebt,
Du, der sein Blut vergießt, sein Leben opfert,
Der Königin die Blumen zu verschaffen;
Wer du auch bist, o Freund, der mich als Schatten
Begleitet, mag auf dir, da sich mein Herz
Nicht darf aus seinen starren Fesseln regen,
Mein Segen ruh'n und deiner Mutter Liebe!
    (Die Hand hastig ans Herz drückend.)
Wie brennt sein Brief mich hier!
    (Sie versinkt wieder in Träumerei.)
        Der Andre dann,
Der unversöhnliche Sallust! — Mein Schicksal
Gibt stille Freuden mir und Schreck zugleich.
Ein Engel hier, dort ein Gespenst: sie folgen
Mir beide unsichtbar und drängen mich
Vielleicht an einen Schreckensort, wo ich
Den, der mich liebt und jenen, der mich haßt,
Sich gegenübersehe. Ob der Freund
Vom Feinde mich befreit? Ich weiß es nicht.
Zwei Winden folgt mein Nachen her und hin:
Wie klein und schwach ist eine Königin!
— Ja, ich will beten!
    (Sie kniet vor dem Madonnenbilde nieder.)
    Heil'ge, rette du mich,
Das Auge wag' ich nicht zu dir zu heben,
    (Sie unterbricht sich.)
O Gott, das Stück von seinem Kleid, die Blumen,
Der Brief, wie brennt das Alles hier so sehr!
(Sie fährt in den Busen und zieht ein zerknittertes Blatt Papier, welk
Blumen und ein Stückchen weißer Spitzen, woran Blutflecken sind, hervor
  legt Alles hastig auf den Tisch und sinkt dann wieder auf ihre Kniee.)
O Jungfrau, Stern des Lebens, Hoffnung der
Betrübten, rette mich! (Sie unterbricht sich wieder.)

Sein Brief! (Halb gegen den Tisch zugekehrt.

Es zieht

Unwiderstehlich mich dahin! (Abgewendet.)

Ich will

Ihn nicht mehr lesen! — Heil'ge Gnadenmutter;

Du milde Schwester aller Leidenden,

Erhöre mich, ich fleh' zu dir. —

(Sie steht auf, geht einige Schritte auf den Tisch zu, hält wieder inne und

stürzt endlich auf den Brief zu, als wiche sie einem unwiderstehlichen Drange.)

Ich muß

Ihn nochmals lesen; ja zum letzten Mal —

Und dann zerreiß ich ihn. (Mit einem wehmüthigen Lächeln.)

Seit einem Monat

Sag' ich das alle Tage! (Sie entfaltet den Brief rasch und liest.)

„Hohe Frau!

„Tief unter Euren Füßen, in der Nacht,

„Da steht, in tiefes Dunkel eingehüllt,

„Ein Mann, der Euch anbetet, leidend wie

„Ein Erdenwurm, der einen Stern verehrt;

„Der gern für Euch sein Leben gibt, und der

„Hier unten stirbt, indeß Ihr oben leuchtet.“

(Sie legt den Brief auf den Tisch.)

Wenn Durst die Seele quält, so muß sie trinken,

Und sei's auch Gift.

(Sie birgt Brief und Spitzen wieder in ihrem Busen.)

Ich habe Nichts auf dieser Welt, — und Jemand

Werd' ich doch auch wohl lieben müssen! — Hätte

Der König es gewollt, ich hätte ihn

Geliebt. So aber läßt er mich verzweifeln.

Allein und lieblos!

(Die beiden Flügel der großen Thüre öffnen sich und ein Thürsteher in

vollem Costüm tritt herein.)

Thürsteher (mit lauter Stimme). Ein Brief vom König!

Königin. (Wie aus einem Traum erwachend, mit einem Freudenschrei).
Vom König! Himmel, Dank, ich bin gerettet!*

Dritte Scene.

Die Königin. Herzogin von Albuquerque. Casilda. Don Gurttan. Damen und **Pagen** der **Königin. Ruy Blas.** Alle treten mit Zeichen der Ehrfurcht ein; die Herzogin zuerst, die Damen hinter ihr. Ruy Blas bleibt im Hintergrunde stehen. Er ist prachtvoll gekleidet. Sein Mantel verhüllt seinen linken Arm. Zwei Pagen, die auf einem Kissen von Goldsammt den Brief des Königs tragen, lassen sich in einiger Entfernung vor der Königin auf die Kniee nieder.)

Ruy Blas (im Hintergrunde). Wo bin ich? — Gott, wie
schön ist sie! — Und wer
Schickt mich!

Königin (bei Seite). Die Hülfe kam vom Himmel.
(Laut.) Rasch!
(Wendet sich nach dem Porträt des Königs.)
Dank, Herr! (Zur Herzogin.)
Woher kommt dieser Brief denn?

Herzogin von Albuquerque. Von
Aranjuez, wo heut der König jagt.

Königin. Ich dank' ihm herzlich; er begriff, daß mir
In meiner Oed' ein Liebeswort von ihm
Noththäte. Gott!
(Herzogin von Albuquerque verbeugt sich und zeigt auf den Brief.)
Die Etikette will,
Daß ich den Brief vorher erbrech' und lese.

* Bei diesem Monolog der Königin, sowie in der vierten Scene habe ich
die sehr gelungene Uebersetzung Drärler-Manfred's benutzt.   F. W. D.

Königin. Auch das noch? — Lest!

(Die Herzogin nimmt den Brief und entfaltet ihn langsam.)

    Casilda (bei Seite). Was wird das sein?

Herzogin von Albuquerque (liest). „Madame! Es ist sehr
         windig heut. Ich habe
„Sechs Wölfe schon erlegt." — Gezeichnet „Carlos."

  Königin (für sich). O weh mir!

   Don Guritan (zur Herzogin). Ist das Alles?

    Herzogin von Albuquerque. Ja, Herr Graf.

  Casilda (bei Seite). Er hat sechs Wölf' erlegt. Das ist etwas
Für's Herz. Seid Ihr noch eifersüchtig, krank
Und voller Gram? — Er hat sechs Wölf' erlegt!

  Herzogin von Albuquerque (präsentirt der Königin den Brief).
Beliebt vielleicht.....

  Königin (ablehnend). Nein.

   Casilda (zur Herzogin). Ist das Alles?

    Herzogin von Albuquerque. Freilich
Wozu noch mehr? Der König jagt und auf
Dem Weg schreibt er, was er bis jetzt erlegt.
Das ist sehr gut. (Betrachtet den Brief genauer).
    Schreibt? nein, diktirt.

  Königin (reißt ihr den Brief aus der Hand und betrachtet ihn selbst).
        Bei Gott,
Nicht seine Hand, nur seine Unterschrift!

(Sie sieht den Brief genauer an; im höchsten Erstaunen für sich.)

Ist's Täuschung? Gott, dieselben Züge, wie
In diesem Brief.

(Sie zeigt mit der Hand auf den Brief, den sie in ihrem Busen verborgen.)

    Was ist das? Wie erklär' ich's? (Zur Herzogin.)
Wer brachte dieses Schreiben?

  Herzogin von Albuquerque (auf Ruy Blas zeigend). Der dort steht.

  Königin (wendet sich halb nach Ruy Blas um). Der junge Mann?

Herzogin von Albuquerque. Er brachte es persönlich.
Ein neuer Kammerjunker ist es, den
Die Majestät der Königin verleiht,
Es ist ein Ritter, welchen mir im Namen
Des Königs der Marquis von Santa Cruz
Gar sehr empfahl.
      Königin. Wie ist sein Name?
        Herzogin von Albuquerque. 'S ist
Cäsar von Bazan, Graf auch von Garofa,
Der wohlgesittetste von allen Junkern.
      Königin. Gut, ich will mit ihm reden. (Zu Ruy Blas.)
               Herr . . .
      Ruy Blas (zitternd bei Seite). Sie sieht
Mich an! Sie spricht mit mir! O Gott, ich zittre!
      Herzogin von Albuquerque (zu Ruy Blas) So tretet näher,
               Graf!
      Don Guritan (für sich, Ruy Blas von der Seite ansehend). Der
               Kammerjunker!
Der Bursch! Das ist ein Strich durch meine Rechnung.
      (Ruy Blas kommt langsam, bleich und verlegen näher.)
      Königin (zu Ruy Blas). Ihr kommet von Aranjuez?
        Ruy Blas (verbeugt sich). Ja, Majestät.
   Königin. Der König ist doch wohl?
    (Ruy Blas verbeugt sich; sie zeigt ihm den Brief des Königs.)
               Dictirte er
Den Brief für mich?
      Ruy Blas. Er war zu Pferde und
Dictirte . . . . (Er stockt einen Augenblick)
         Jemanden aus dem Gefolge.
      Königin (für sich, Ruy Blas ansehend). O wie sein Auge auf
          mir ruht! Ich wage
Ihn nicht zu fragen: wem!

(Laut.) 'S ist gut so, geht!

Hört!

(d Blas, der sich schon einige Schritte entfernt hat, kehrt zur Königin zurück.)

- Waren viele Herren um den König? (Für sich.)
ie bin ich so verwirrt, wenn ich ihn sehe!

(Ruy Blas verbeugt sich, sie fragt weiter.)

r denn?

Ruy Blas. Ich kenne ihre Namen nicht,
a ich sehr kurze Zeit nur dort verweile.
rei Tage sind's, seit ich Madrid verließ.

Königin (beiseite.) Drei Tage!

(Sie beobachtet Ruy Blas mit ängstlichem Blick.)

Ruy Blas (für sich). Sie ist eines Andern Weib!
Höllenqual! Und wessen? — Es gähnt
in eignes Herz mich wie ein Abgrund an.

Don Guritan (nähert sich Ruy Blas). Ihr seid der Kön'gin
Junker? — Auf ein Wort!
r kennt doch Euren Dienst? — Ihr müßt heut Nacht
Nebenzimmer warten, um dem König
t öffnen, sollt' die Königin er besuchen.

Ruy Blas (zittert, für sich). Wie, ich? dem König öffnen! (Laut.)
Er ist nicht
aheim.

Don Guritan. Kann er nicht unversehens kommen?

Ruy Blas (beiseit). Wie?

Don Guritan (beiseit, Ruy Blas beobachtend). Was ist ihm?

Königin (die Alles angehört hat und den Blick fest auf Ruy Blas
heftet). Gott! wie er bleich wird.

(Ruy Blas wankt und stützt sich auf einen Lehnstuhl.)

Casilda (zur Königin). Seht,
junge Mann ist unwohl.

Ruy Blas (sich kaum aufrecht haltend). Ich — o nein!
Nur sonderbar; die Luft ... Die Sonnenhitze,
Der rasche Ritt ... (Beiseit.)
Dem König öffnen! — ich!
(Er sinkt ohnmächtig auf einen Lehnstuhl; sein Mantel schlägt sich zurück, und man sieht seine linke Hand in ein weißes Tuch gewickelt, das Blutflecken zeigt.)

Casilda. O Gott! er ist an einer Hand verwundet.

Königin. Verwundet!

Casilda. Sein Bewußtsein läßt ihn schon.
Schnell nur Essenzen, daß er zu sich kommt.

Königin (sucht in ihrem Halstuch). Hier ist ein Fläschchen mit
heilsamem Saft.
(In diesem Augenblick trifft ihr Auge auf die Manschetten an Ruy Blas' rechter Hand; beiseit.)

Dieselben Spitzen!
(Wie sie das Fläschchen aus dem Busen zieht, reißt sie sorgfältig das Stückchen Spitzen, das sie dort verborgen, mit heraus. Ruy Blas, der sie mit den Augen stets verfolgt, sieht dies Stückchen am Busen der Königin.

Ruy Blas (außer sich). O!
(Der Blick der Königin und seiner begegnen sich. Kurze Pause.)

Königin (beiseit). Er ist's!

Ruy Blas (beiseit). An ihrer Brust!

Königin (beiseit). Er ist's!

Ruy Blas (beiseit). O Gott! jetzt laß mich sterben!
(In der Verwirrung, in der sich alle Frauen um Ruy Blas drängen, merkt Niemand, was zwischen ihm und der Königin vorgeht.)

Casilda (ihm das Fläschchen vorhaltend). Wie habt Ihr Euch
verwundet nur? Geschah
Es jetzt erst? oder brach Euch unterwegs
Die Wunde wieder auf? Warum hat man
Zur königlichen Botschaft Euch gewählt?

Königin (zu Casilda). Bist Du noch nicht mit Deinen Fragen
fertig?

Herzogin von Albuquerque (zu Casilda). Was kümmert das
die Königin, mein Kind?

Königin. Da er den Brief geschrieben, konnt' er ihn
Auch überbringen; nicht?

Casilda. Er sagte aber
Ja gar nicht, daß er ihn geschrieben.

Königin (für sich). Ah! (Zu Casilda)
Sei still!

Casilda (zu Ruy Blas). Ist's Euch jetzt besser?

Ruy Blas. O vollkommen.

Königin (zu ihren Damen). 'S ist Zeit, daß wir uns jetzt
zurückziehn. Sorgt,
Daß man in sein Gemach den Grafen bringe.
(Zu den Pagen im Hintergrunde des Theaters.)
Ihr wißt, der König kommt heut Nacht nicht mehr.
Er bleibt die ganze Zeit noch auf der Jagd.
(Sie zieht sich mit ihrem Gefolge in ihre Gemächer zurück.)

Casilda (ihr nachsehend). Die Königin hat was im Sinn.
(Nimmt das Reliquienkästchen und geht nach der Thür, durch welche die
Königin gegangen, ab.)

Ruy Blas (allein).
(Er scheint noch entzückt den letzten Worten der Königin zu lauschen. Er
träumt. Das Stückchen Spitzen, das neben ihm auf dem Teppich liegen
geblieben, hebt er auf, blickt es zärtlich an und bedeckt es mit Küssen.
Dann sieht er gen Himmel.)
O Gnade, Gott!
O schütze mich vor Wahnsinn jetzt!
(Er sieht das Stückchen Spitzen an.) Es lag
An ihrem Herzen!
(Er verbirgt es in seiner Brust. Don Guritan tritt aus der Thüre, in welche
er der Königin gefolgt war, und geht langsam auf Ruy Blas zu. Vor ihm
stehend, entblößt er, ohne ein Wort zu reden, seinen eigenen Degen zur
Hälfte und vergleicht ihn augenscheinlich mit dem des Ruy Blas. Die
Degen sind ungleich. Er steckt seinen wieder in die Scheide. Ruy Blas sieht
Allem mit Erstaunen zu.)

Uns beide. Einer von uns beiden ist
Zuviel hier im Palaste. Kammerjunker
Seid Ihr, ich Majordomo: gleiche Rechte;
Doch ungleich ist das Spiel. Mein ist das Recht
Des Aelteren, und das des Jüngern Euer.
Der Jüng're macht mir bang. Zur Tafel, d'ran
Ich esse, einen jungen Nimmersatt
Mit blanken, weißen Zähnen kommen seh'n,
Mit Feuerblicken und sieghafter Miene —
Das muß mich ängstigen. Zum Wettkampf in
Der Lieb', wo Sturm gelaufen werden muß,
Taug' ich nicht mehr, mich plagt die Gicht. Auch bin
Ich nicht so eitel, zu verlangen, daß ein Weib
Mich einem jungen Mann vorziehe, der
Ein solcher Meister ist im Ohnmachtfallen.
Drum weil Ihr mir zu schön seid und gefährlich,
Zu graziös und zart und int'ressant —
So brech' ich Euch den Hals.

     Ruy Blas. Gut, wir versuchen's.

  Don Guritan. Graf von Garofa, morgen, wie es tagt,
An der bewußten Stelle, ohne Zeugen
Und Diener, wollen wir, wenn's Euch
Beliebt, mit allem Anstand aus der Welt
Uns schaffen mit dem Degen, wie sich's ziemt
Für Cavaliere unsres Ranges.

   (Er bietet Ruy Blas die Hand, der sie annimmt.)

    Ruy Blas. Kein Wort
Davon und gegen Niemand!

   Don Guritan (gibt ein bejahendes Zeichen). Also morgen!
      (Ruy Blas ab.)
   Don Guritan (allein). Ich fühlte seine Hand nicht zittern,
     nein!

Mit Gold beschlagen ließ. Ich tödtete
Don Tirso Gamonal.

       Ruy Blas. Was aber soll
Das Alles heißen?

     Don Guritan. Das soll heißen, Graf,
Daß, pumpt man, Wasser aus dem Brunnen steigt,
Daß Morgens früh um fünf die Sonne aufgeht,
Daß ein entlegen stilles Plätzchen für
Beherzte dicht an die Kapelle stößt;
Daß Ihr — Don Cäsar, mein' ich, heißt, und ich
Don Caspar Guritan auf Taffis und
Guevarra, Graf Onate.

     Ruy Blas (kalt). Gut, mein Herr,
Ich werde dort sein.

(Vor wenig Augenblicken ist Casilba leise an der Seitenthüre erschienen und
hat die letzten Worte gehört, ohne gesehen zu werden.)

     Casilda (beiseit). Ein Duell! das wisse
Die Königin! (Sie verschwindet wieder leise in der Thür.)

     Don Guritan (fährt immer ungestört fort). Mag es zur Wissen=
             schaft
Euch dienen — nur um Euch bekannt mit meinem
Geschmack zu machen, — daß mir nichts so sehr
Verhaßt, als jene Stutzer, die den Bart
Sorgfältig pflegen, Weiberknechte spielen,
Damit die Frauen gern nach ihnen schielen,
Die bald übermüthig sich, bald leidend zeigen,
Sturm mit den Augen laufen, die im Armstuhl
Sich schön und malerisch gruppiren, oder
Um einen Ritz der Haut in Ohnmacht fallen.

     Ruy Blas. Und doch versteh' ich Euch nicht!

                   Don Guritan. O, Ihr
Versteht mich schon! — Dasselbe Kleinod lockt

Des Todes morgen ficher fein, und fo
Die Hand mir drücken, wadrer junger Mann!

(Geräuſch eines Schlüſſels an der Thüre der Königin; Don Guritan wendet
ſich um.)

Man öffnet dieſe Thür, wer kann es fein?

(Die Königin erſcheint und geht raſch auf Don Guritan zu, der ſie voll
frohen Staunens anſieht. Sie hat das kleine Käſtchen in der Hand.)

- - - - - -

Fünfte Scene.

Don Guritan. Die Königin.

Königin (lächelnd). Ich ſuchte Euch.

Don Guritan (entzückt). Wem dank' ich dieſes Glück?

Königin (ſetzt das Käſtchen auf den Gueridon). Ein nichts, zum
wenigſten nicht viel, iſt ſchuld.

(Sie lacht.)

So eben ſagte unter andern auch
Caſilda — Mädchen, wißt Ihr, ſind oft närriſch —
Ihr würdet Alles für mich thun, was ich
Nur wollte.

Don Guritan. Sie hat Recht.

Königin (lachend). Ich ſagte aber,
'S ſei nicht ſo.

Don Guritan. Ihr habt Unrecht, Majeſtät.

Königin. Sie ſprach, Ihr würdet Euer Leben für
Mich wagen.

Don Guritan. Ja, Caſilda ſprach die Wahrheit.

Königin. Ich aber ſagte, nein.

Don Guritan. Ich ſage, ja!
Ich thue Alles für die Königin.

Königin. So, Alles?

Don Guritan. Alles!

Königin. Nun, so schwöret mir,
Zu thun, was ich Euch jetzt befehlen werde.

Don Guritan. Beim heiligen Caspar, meinem Schutz-
patron,
Schwör' ich, Euch zu gehorchen oder sterben!

Königin (nimmt das Kästchen). Gut. So verlasset eilig denn
Madrid
Und bringet dieses Kästchen meinem Vater,
Dem Herzoge von Neuburg.

Don Guritan (beiseit). Weh! ich bin
Gefangen.
(Laut.) Nach Neuburg?

Königin. Nach Neuburg.

Don Guritan. 'S sind
Dreihundert Meilen.

Königin. Nur zweihundertsiebzig
(Auf den Ueberzug des Kästchens deutend.)
Beachtet mir die seidnen Franzen wohl,
Sie reißen leicht.

Don Guritan. Und wann denn soll ich reisen?

Königin. Noch diese Stunde.

Don Guritan. Morgen bitt' ich.

Königin. Heute.

Don Guritan (beiseit). Ich bin gefangen.
(Laut.) Aber ...

Königin. Reiset!

Don Guritan. Wie? ....

Königin. Ihr schworet.

Don Guritan. Ein Geschäft ...

Königin. Geht mich nichts an.

Don Guritan (auf das Kästchen weisend).

Die Kleinigkeit ...

Königin. Eilt!

Don Guritan. Nur ein Tag!

Königin. Nein.

Don Guritan. Denn ....

Königin. Thut mir's zu Liebe!

Don Guritan. Ich ...

Königin. Nun?

Don Guritan. Aber ...

Königin. Reist!

Don Guritan. Wenn nur ....

Königin. Ich bitt' Euch, ich umarm' Euch drum.

(Sie fällt ihm rasch um den Hals.)

Don Guritan (halb zürnend, halb entzückt). Wer widersteht da
länger! Ich gehorche.

(Beiseit.) Gott wurde Mensch! der Teufel ward zum Weibe!

Königin (aus dem Fenster zeigend). Ein Wagen wartet unten
schon auf Euch.

Don Guritan. Sie dacht' an Alles.

(Er schreibt eilig einige Worte auf ein Papier und klingelt. Ein Page
kommt.)

Page, bring' sogleich

Don Cäsar Bazan diesen Brief von mir.

(Beiseit.)

Bis auf die Heimkehr muß ich das Duell
Verschieben. Ich komm' wieder.

(Laut.) Majestät,
So bin ich Euch denn ganz zu Willen.

Königin. Recht.

(Er nimmt das Kästchen, küßt der Königin die Hand, verbeugt sich tief
und geht. Einen Augenblick nachher hört man das Geräusch eines Wagens,
das verhallt)

Königin (auf einen Sessel fallend). Jetzt tödtet er ihn nicht!

Dritter Akt.

Ruy Blas.

Personen.

Ruy Blas.
Die Königin.
Don Salluft.
Don Manuel Arias.
Graf von Camporeal.
Marquis von Priego.
Covadenga.
Antonio Ubilla.
Montazgo.
Ein Thürsteher.
Ein Page.
Geheime Räthe.

Der Gouvernementssaal im königlichen Palaste zu Madrid. Im Hintergrunde über einige Stufen eine große Thüre. Die linke Ecke verkleidet eine Tapetenwand. Ihr gegenüber ein Fenster. Vorne rechts ein langer viereckiger Tisch mit grünem Sammt bedeckt, um welchen Tabourets für 8—10 Personen stehen, die ebensoviel Schreibpulten auf dem Tisch entsprechen. Hinter dem Tisch, dem Zuschauer gegenüber, steht ein großer prachtvoller Lehnstuhl, oben mit dem spanischen Königswappen in Gold geschmückt; nebenan ein anderer Stuhl — Beim Aufziehen der Gardine ist die Junta de Despacho Universal (der geheime Rath des Königs) eben im Begriff zur Sitzung zu schreiten.

Erste Scene.

Don Manuel Arias, Präsident von Castilien. **Don Pedro Belez von Guevarra, Graf von Camporeal. Don Fernando de Cordova y Aguilar, Marquis von Priego**, Minister. **Antonio Ubilla**, Schatzmeister. **Montazgo**, Staatsrath der indischen Kammer. **Covadenga**, Generalsekretär der Inseln. Die drei ersten gehen schwarz, die drei andern in Hofkleidern. Camporeal hat den Calatravaorden, Priego das goldene Bließ.
(Don Arias und Graf Camporeal stehen vorn und sprechen leise mit einander, die andern Räthe stehen da und dort in verschiedenen Gruppen.)

Don Manuel Arias. Hinter dem Glück steckt ein Geheimniß.

Graf von Camporeal. Er hat das goldne Bließ, ist Staatssekretär, Minister und jetzt gar Herzog von Olmedo!

Don Manuel Arias. In sechs Monaten!

Graf von Camporeal. Man bedient ihn hinter dem Vorhang.

Don Manuel Arias (geheimnißvoll). Die Königin!

Graf von Camporeal. Freilich! der König ist an Leib und Seele krank und lebt bei dem Grabe seiner ersten Frau. Er schließt sich ins Escurial ein, und die Königin thut Alles.

Don Manuel Arias. Sie beherrscht uns, lieber Camporeal, und Don Cäsar sie.

Graf von Camporeal. Es geht nicht mit rechten Dingen zu. Die Königin sieht er nie, sie scheinen sich zu fliehn. Ihr glaubt es nicht, aber ich sage Euch, daß ich sie sechs Monate genau bewache und es gewiß weiß. Dann hat er die Marotte, ein Haus nahe bei dem Palast Tormez zu bewohnen, dessen Läden stets verschlossen sind, das zwei stumme Schwarze bewachen, die Nichts ausplaudern können.

Don Manuel Arias. Stumme?

Graf von Camporeal. Allerdings. Alle seine übrigen Bedienten bleiben im Palast.

Don Manuel Arias. Das ist sonderbar.

Don Antonio Ubilla (der seit einiger Zeit näher getreten ist). Er ist übrigens von Stand.

Graf von Camporeal. Das sind wir Andern auch! (Zu Don Manuel Arias.) Santa Cruz hat ihn poussirt, er ist ein Vetter des Don Sallust, der im vorigen Jahre gestürzt ward. Früher war dieser Don Cäsar, der uns jetzt beherrscht, der tollste Narr unter der Sonne. Ich weiß Leute, die ihn gekannt haben. Er nahm sein Kapital als Rente, wechselte alle Tage Weiber und Pferde, und seine Phantasie hätte in einem Jahre mit Peru fertig werden können. Eines Morgens war er fort und kein Mensch wußte wohin.

Don Manuel Arias. Die Zeit hat aus dem Narren einen strengen Weisen gemacht.

Graf von Camporeal. Junge Huren alte Betschwestern!

Ubilla. Ich halte ihn für rechtschaffen.

Graf von Camporeal. O gutherziger Ubilla, der sich durch solche Rechtschaffenheit blenden läßt! (Mit bedeutungsvollem Tone.) Der Hofstaat der Königin kostet Jahr aus Jahr ein 664,066 Dukaten, das ist ein dunkler Paktolus, den man ausbeuten kann. Im Trüben ist gut fischen.

Marquis von Priego (kommt darauf zu). Mit Verlaub, ihr Herrn, ihr redet da viel zu unvorsichtig, zu rasch. Mein seliger Großvater, der am Hofe erzogen war, pflegte zu sagen: „Beißt den König, aber küßt dem Günstling die Hand." Laßt uns darum an unsere Geschäfte gehn.

(Sie setzen sich alle um den runden Tisch. Die Einen nehmen Federn, die Andern blättern Papiere durch. Pause, während welcher Nichts gearbeitet wird.)

Montazgo (leise zu Ubilla). Ich habe Euch gebeten, die Kasse der Reliquien aufzuthun, um die Alcadenstelle meines Neffen zu bezahlen!

Ubilla (leise). Ihr versprecht mir, in Kurzem meinen Vetter Melchior von Elva zum Bailli des Ebro zu machen.

Montazgo. Wir haben Eure Tochter eben erst ausgesteuert; die Hochzeit dauert noch fort. Großer Gott, man hat immer so viel zu thun ....

Ubilla (leise). Das Geld für Euren Alcaden wird sich finden.

Montazgo (ebenso). Und ebenso das für Euren Bailli.

(Sie drücken sich die Hand)

Covadenga (aufstehend). Meine Herren Staatsräthe von Castilien, damit Niemand aus seinem Wirkungskreis heraustrete, wollen wir jetzt unsere Rechte festsetzen und uns unsere Departements zutheilen. Spaniens Einkommen läuft durch hundert Hände. Das ist ein Unglück, dem gesteuert werden muß. Die Einen haben nicht genug, die Andern zuviel. Euch gehört die Tabakssteuer, Ubilla. Indigo und Moschus Euch, Priego; Camporeal nimmt die allgemeine Steuer, das Almojarifazgo,* das Salz, die fünf Procent von Gold, Ambra und Gagath. (Zu Montazgo.) Ihr, Montazgo, der mich so unruhig anblickt, habt das Arsenik, Recht über Schnee und Eis, die Eingangszölle, Messingtaxe, Kartenstempel und die Strafgelder derer, die mit dem Stock geprügelt werden, den Zehnten vom Meer, das Blei und das Rosenholz. — Ich selbst behalte fast nichts, meine Herren, wenn Ihr mir nicht etwas abtretet.

    Graf von Camporeal (in Lachen ausbrechend). Der alte Teufel! Er nimmt das Beste; außer Indien hat er die Inseln der beiden Meere. Die Kleinigkeit! Majorca hat er in der einen Klaue und die andere streckt er nach Teneriffa.

    Covadenga (bitzig). Ich habe Nichts!

    Marquis von Priego (lachend). Er hat die Neger!

        (Alle stehen auf, und zanken durch einander redend.)

    Montazgo. Ich könnte mich eher beklagen. Mir gehörten eigentlich noch die Forstrevenüen.

    Covadenga (zum Marquis von Priego) Gebt mir das Arsenik, so trete ich Euch die Neger ab.

(Seit einiger Zeit ist Ruy Blas unbemerkt zur großen Thüre hereingetreten und wohnt dem Schlusse dieser Scene bei. Er geht in schwarzem Sammt, der Mantel ist aus Scharlachsammt mit Gold; eine große weiße Feder auf dem Hute, das goldene Bließ um den Hals. Erst hört er schweigend zu, dann tritt er langsamen Schritts unter sie und steht plötzlich in der Mitte der Streitenden.)

---

  * Almojarifazgo ist das arabische Wort, womit man in der alten spanischen Monarchie die 5 Procent bezeichnete, welche alle Waaren, die von Spanien nach Indien gingen, dem König zahlten.   F. W. D

Zweite Scene.

Die Vorigen. Ruy Blas.

Ruy Blas (zwischen sie tretend). * Prosit ihr Herrn!
(Stumme Pause der Ueberraschung. Ruy Blas bedeckt sich, kreuzt die Arme
und fährt fort, ihnen scharf ins Auge blickend.)
O redliche Minister!

O wackre Räthe, Diener edler Art!
Das Haus zu plündern, wo ihr Diener wart!
Was wählt Ihr schamlos just die böse Stunde,
Da Spaniens Blut entströmt aus tiefer Wunde?
Kann Euch kein andrer Wunsch hieher mehr zieh'n,
Als Taschen füllen und wie Diebe flieh'n?
Habt Mitleid, seht das Land im Tod sich quälen,
Ihr Leichenräuber, die im Grab noch stehlen!
O seht's mit Scham, des Reiches Heldentugend,
Des Reiches Kraft und Ansehn flieht und Jugend. —
Verloren wir nicht seit Don Philipps Macht
Brasilien, Portugal fast ohne Schlacht?
Breisach am Rhein, Steinfort in Luxemburg
Und die Comté bis auf die letzte Burg?
Ormuz und Goa, breitausend Meilen Land
Und Fernambuc bis an der Wüste Sand?
Europa blickt mit Hohn — es haßt uns lang —
Und schadenfroh auf unsern Untergang.
Albion und Holland theilen diesen Staat,
Als sei ein Schatten Carlos nur. — Verrath
Kommt uns von Rom; Savoyen droht Gefahr,
Ein halbes Heer, nach Piemont gesandt,
Wär' schon gewagt, ist's gleich in Freundesland.

* Diese Rede Ruy Blas' ist Drärler-Manfred entnommen. H. W. D.

Thürsteher. Ich melde Eurer Excellenz
Den edlen Herrn Ambassadeur von Frankreich.

       Ruy Blas. Ah! d'Harcourt! 's ist nicht möglich jetzt.

                Thürsteher (sich verbeugend). Und auch
Der kaiserliche Nuntius erwartet
In dem Empfangsaal Euch.

            Ruy Blas. Ich kann jetzt nicht.

(Der Thürsteher verbeugt sich und geht. Mittlerweile ist ein Page in feuer-
farbener Livree mit Silberschnüren eingetreten und nähert sich Ruy Blas,
der ihn gewahrt.)

      Ruy Blas. Mein Pag', ich bin für Niemand sichtbar heut!

      Page (leise). Graf Guritan, der grad' aus Neuburg kommt...

      Ruy Blas (etwas überrascht). Ah! Zeige ihm mein Haus in
                  der Vorstadt,
Dort mög' er morgen, wann 's beliebe, sein.
Geh! (Page geht. Zu den Räthen.)

      Bald harrt unser Arbeit noch zusammen.
Seid in zwei Stunden wieder hier, Ihr Herren!

(Alle gehen fort und verbeugen sich tief vor Ruy Blas. Nur er allein schreitet
in tiefen Gedanken auf und ab. Plötzlich geht in einer Ecke des Saales die
Tapete auseinander und die Königin erscheint. Sie trägt ein weißes Kleid
und die Krone auf dem Haupte; sie ist überglücklich und heftet einen Blick
voll Bewunderung und Ehrfurcht auf Ruy Blas. Mit dem einen Arm hält
sie die Tapete, durch welche man in ein dunkles Kabinet sieht, in dem man
eine Thüre unterscheidet. Ruy Blas dreht sich um, gewahrt die Königin und
bleibt wie versteinert vor dieser Erscheinung stehen.)

——— · — · — · — ———

Dritte Scene.

Ruy Blas. Die Königin.

Königin (im Hintergrunde). Ich dank' Euch.

            Ruy Blas. Himmel!

      Königin. Ihr habt recht gesprochen.

Ich kann's nicht lassen, Herzog, und ich muß
Die biedre, unerschrockne Hand Euch drücken.

(Sie geht rasch auf ihn zu, ergreift seine Hand und drückt sie heftig,
er sich dessen erwehren kann.)

Ruy Blas (beiseite). Sechs Monden flieh ich sie und gr
jetzt! (Laut.)

Ihr hörtet es ...

    Königin. Ja, Herzog, Alles hört' ich.
Ich lauschte Euch mit meiner ganzen Seele.

  Ruy Blas (auf das Versteck zeigend). Ich ahnt' es nicht. —
diesem Kabinet?

  Königin. Niemand kennt es. Es ist ein dunkler Ort,
Den Philipp in die Mauer hauen ließ,
Damit der Fürst unsichtbar Alles höre.
Dort sah ich oft den zweiten Carl wie todt
Den Sitzungen beiwohnen, drin sein Gut
Man plünderte.

  Ruy Blas. Was sagt' er denn?

      Königin. Kein Wort.

Ruy Blas. Und was that er?

      Königin. Er ging auf die Jagd.
Doch Ihr! — ich hör' noch Eure droh'nde Stimme,
Wie ginget Ihr mit ihnen um, und wie
Wart Ihr so ganz in Eurem Recht! Ich hob
Den Vorhang leise auf und ich sah Euch.
Eu'r Auge glühte ohne wilde Leidenschaft
In Blitzen, und Ihr sagtet ihnen Alles.
Ihr schient allein mir aufrecht noch zu stehn.
Wie aber wißt Ihr alle diese Dinge?
Wie kennt Ihr den Zusammenhang so tief?
Wißt Ihr denn Alles? Eure Stimme spricht
So wie der Kön'ge Stimme reden sollte.

O sagt, warum wart Ihr gleich einem Gotte
So fürchterlich und groß?

    Ruy Blas. Weil ich Euch liebe!
Weil ich es fühl', daß die, so tief mich haffen,
Es über Euer Haupt beschwören möchten.
Weil diesen Eifer meines Herzens Nichts
Erbeben macht, und weil, um Euch zu retten,
Die ganze böse Welt ich retten möchte.
So liebe ich Unsel'ger Euch im Herzen,
Ich denk' an Euch, wie an das Licht der Blinde.
O hört mich, hohe Frau! Ich träume stets,
Ich liebe Euch von fern und aus der Tiefe,
Ich möcht' nicht Eures Fingers Spitze fassen,
Ihr blendet mich, wie eines Engels Bild!
— O Gott, ich litt schon viel! Und wüßtet Ihr's,
— Jetzt sprech' ich's aus! — daß schon sechs Monde ich
Die Glut verbergend, vor Euch fliehe, daß
Die Menschen alle mich nicht kümmern, und
Ich Euch nur liebe! O mein Gott! ich wage
Euch das zu sagen? — O was soll ich thun?
Sagt: Stirb! und ich will sterben. In der Bruft
Packt Angst mich — o verzeiht!

    Königin. O rede weiter!
Das hat mir Niemand noch gesagt. Ich lausche
Und mich bewältigt Deine Seele, wenn
Du sprichst. Ich muß Dich sehn, und muß Dich hören.
Ich duldete, und wenn Du wüßteft, wie,
Seit mich Dein Blick sechs Monden jetzt vermeidet...
Doch sollt' ich Dir so bald das gar nicht sagen.
Ich bin recht arm. Ich fürchte mich und schweige!

  Ruy Blas (hört entzückt zu). O sprecht! beseliget den **Armen,**
    sprecht!

Königin. So höre! (Sie sieht gen Himmel.)

Ja ich muß ihm Alles sagen.
Ist's ein Verbrechen? — Wenn das Herz zerspringt,
So zeigt es Alles, was darin verborgen.
Du fliehst die Königin? — sie suchte Dich!
Da war ich täglich und verbarg mich dort.
Da hört' ich Dich und lauschte Deinen Worten.
Bewundernd Deines Geistes scharfen Drang
Und durch der Stimme Wohllaut eingenommen.
Du warst für mich der wahre König. Ja,
Ich habe seit sechs Monden Dich so steigen
Gemacht, bis Du jetzt auf dem Gipfel stehst.
Wohin Dich Gott hätt' füglich stellen sollen,
Stellt Dich ein Weib. O ich bewundre Dich!
Einst war es eine Blume, jetzt ein Reich!
Erst sah ich Deine Güte, jetzt die Größe.
O Gott! dadurch wird ja ein Weib gefangen.
Und thu' ich Unrecht, Gott, warum schließt Du
In diese Gruft mich ein, wie eine Taube
In einen Käfig? Ohne Hoffnung, Liebe! —
Ja eines Tages, wenn die Zeit uns günstig,
Will ich erzählen Dir, was ich gelitten,
Allein, vergessen, jeden Augenblick
Gedemüthigt. Noch gestern — hör' und richte! —
Nun, mein Gemach mißfällt mir. Ja, Du mußt
Es wissen, Du, der Alles weiß, daß es
Gemächer gibt, in denen man viel leichter
Verstimmt, als in den andern wird. Wohlan,
Ich wollt' mein Zimmer wechseln. Man erlaubte
Mir's nicht. O welche Fesseln! O! ich bin
Die Sklavin hier und ich gehorche. Aber
Das Reich vom Abgrund zu erretten, Herzog

Dazu hat offenbar Gott Dich bestimmt,
Dem Volk, dem jammernden, sein Recht zu üben,
Und mich, die arme Leidende — zu lieben.
Ich schwatze das so hin, nach meiner Gabe,
Du siehst wohl ein, daß ich nicht Unrecht habe.
    Ruy Blas (auf die Knie fallend). Erhabne Frau!
              Königin (ernst.) Don Cäsar, meine
Ist Euer. Allen bin ich sonst die Königin,
Für Euch ein Weib, und Euer bin ich durch
Mein Herz. Ich traue Eurer Ehre, daß
Auch Ihr die meine achtet. Wenn Ihr ruft,
So bin ich da! — O Cäsar, eine Seele,
Gewaltig wie ein Vulkan, lebt in Dir;
Sei stolz, denn Dein Genie ist Deine Krone.
                (Sie küßt ihn auf die Stirn.)
Leb' wohl! (Sie hebt die Tapete auf und verschwindet.)

Vierte Scene.

Ruy Blas (allein).
(Wie in einem Traumgesicht verloren.)

      Ich sah den Himmel offen stehn!
Dies ist die erste Stunde meines Lebens,
Und eine Welt von Licht erschließt sich mir,
Dem Paradiese gleich, das wir im Traum
Erblicken, und erfüllet meine Seele!
Hier, in und außer mir nur sel'ge Wonne
Und Stolz, und Alles, was auf Erden ist,
Will an die Göttlichkeit sich näher drängen,
Lieb' in der Macht und in der Majestät!
Die Königin liebt mich! O Himmel, ist

Es wahr denn? Bin ich noch ich selbst? — Mehr bin
Ich als der König, denn die Königin
Liebt mich. Es raubt mir den Verstand, beglückt,
Geliebt, und Herzog von Olmedo, Spanien
Zu meinen Füßen ganz und mein ihr Herz!
Der Engel, den ich kniend nur beschaue,
Deß Wort mich schon zu einem Gotte macht!
Ich darf in meinem Traum lebendig wandeln.
Ja, ja, gewiß! sie selbst hat's mir gesagt.
Sie war es selber. Eine Krone trug sie
Und silbernes Gewand. Wohl sah ich sie.
Wie sie so sprach, noch mein' ich sie zu sehn:
Ein Adler leuchtete von ihrem Armband.
Sie will sich mir vertrau'n. — O armer Engel,
Ist's wahr, daß Gott die Liebe sendet, um
Durch seine Wunder Größe hier und Milde
Schön zu vereinigen — dann schwöre ich,
Ich, der nichts fürchtet, seitdem sie mich liebt,
Ich, der durch ihre Gnade fast allmächtig,
Ich, der für Könige Beneidenswerthe,
Ich schwör's zu meinem Gotte sonder Furcht,
Vertrauen darfst Du mir getrost! Vertraue
Als Königin dem Arm, als Weib dem Herzen!
In meiner Liebe wohnt die lauterste
Ergebenheit. — Drum bleibe ohne Furcht! —

(Vor einigen Augenblicken ist durch die große Thüre ein fremder Mann leise
herein getreten, in einen großen Mantel gehüllt, mit silberbordirtem Hut
auf dem Kopfe. Er geht leise zu Ruy Blas vor; als dieser wonnetrunken die
Augen zum Himmel hebt, klopft er ihn ziemlich unsanft auf die Schulter.
Ruy Blas blickt erschrocken um sich, der Fremde läßt seinen Mantel fallen,
und Ruy Blas erkennt Don Salluß. Dieser trägt eine Livree von demselben
Farben, wie früher Ruy Blas' Page.)

Fünfte Scene.

Ruy Blas. Don Salluft.

Don Salluft (Ruy Blas auf die Schultern klopfend). He, guten
Tag!
Ruy Blas (erschrocken). Der Marquis! — Gott! verloren!
Don Salluft (lächelnd). Ich wett', Ihr dachtet nicht an mich.
Ruy Blas. Gewiß,
Eu'r Herrlichkeit sind unerwartet...
(Beiseit.) O!
Mein Unglück naht und statt des Engels kam
Der Teufel.
(Er geht auf die Tapete zu, welche die kleine Thüre verdeckt, und verschließt
sie, dann geht er wieder zitternd zu Don Salluft.)
Don Salluft. Nun! wie geht's?
Ruy Blas (den Blick immer auf Don Salluft geheftet, ohne seine
Ideen ordnen zu können). Und die Livree?
Don Salluft (immer lächelnd). Ich mußte doch ins Schloß zu
kommen suchen;
Mit diesem Kleid hat überall man Eintritt,
Und Euere Livree gefällt mir wohl.
(Er bedeckt sich. Ruy Blas bleibt unbedeckt.)
Ruy Blas. Ich fürchte für Euch.
Don Salluft. Furcht? Ein albern Wort.
Ruy Blas. Ihr seid verbannt.
Don Salluft. So, so! glaubt Ihr? 's ist möglich.
Ruy Blas. Wenn man Euch hier in diesem Schloß er-
kennt!
Don Salluft. Ach, geht! Glückskinder, wie die Hofleute,
Vergeuden ihre theure Zeit nicht so,

Um ein verbannt Gesicht zu finden, und
Sieht man denn einen Diener so genau?

(Er setzt sich. Ruy Blas bleibt stehen.)

Was redet man jetzt in Madrid? Ist's wahr,
Daß Ihr, in wunderbarem Eifer für
Der öffentlichen Kasse Wohl entbrennend,
Priego, einen Granden, habt verbannt?
Habt Ihr vergessen, daß Ihr Vetter seid?
Die Eure, wie die seine Mutter war
'Ne Sandoval. Der Teufel! Sandoval
Führt ja ein goldnes Wehrgehäng im Wappen.
Seht einmal Euer Wappen an, Don Cäsar.
So was thut man Verwandten nicht, mein Lieber;
Es hält ein Wolf dem andern keine Predigt.
Eu'r Auge wacht für Euch und schläft für Andre.
Ein Jeder sorgt für sich.

      Ruy Blas (etwas zu sich kommend). Erlaubt, mein Herr,
Marquis Priego sollte als ein Grand
Die Lasten Spaniens nicht mehr vergrößern,
Wollt' er ein Heer nicht auf die Beine bringen.
Uns mangelt Geld und wir bedürfen es.
Der Erbe Baierns liegt in letzten Zügen,
Noch gestern sagte mir's Graf Harrach, den
Ihr kennen müßt, im Namen seines Kaisers,
Und wollen wir auf unserm Recht bestehen,
So droht ein Krieg . . .

      Don Sallust. Mir scheint es ziemlich kalt,
Wollt Ihr nicht dort das Fenster lieber schließen?

(Ruy Blas, blaß vor Zorn und Scham, zögert einen Augenblick, geht aber
nach einiger Ueberwindung an das Fenster und schließt es. Don Sallust
folgt ihm mit gleichgültigen Blicken. Dann kehrt er zu Don Sallust zurück
und fährt in einem Tone fort, als wollte er ihn überzeugen.)

Ruy Blas. Denkt nur, wie jetzt ein Krieg uns ungelegen.
Was kann man ohne Geld? Hört, Excellenz,
Das Heil von Spanien beruhet nur
Auf unsrer Rechtlichkeit. Ich ließ, als stände
Ein Heer bereit, dem Kaiser wieder sagen,
Daß ich auf unserm Recht bestehen will.

Don Salluſt (unterbricht Ruy Blas und zeigt auf ſein Schnupftuch,
das er beim Eintreten hat fallen laſſen). Seid doch so gut und hebt
mein Schnupftuch auf.

(Ruy Blas zögert wie gefoltert anfangs, dann bückt er ſich, hebt das Tuch
auf und überreicht es Don Salluſt.)

Don Salluſt (das Schnupftuch in die Taſche ſteckend). Ihr ſagtet? ....

Ruy Blas (nach innerem Kampfe). Ja, das Heil von Spanien
Verlanget, daß wir selber uns vergessen.
Das Volk vergöttert den, der es befreit.
So rettet dieses Volk und werdet groß.
Zieht aus dem Dunkeln die Intrigue vor,
Und reißt dem Schuft die Maske vom Geſicht!

Don Salluſt (nachläſſig). Ja, das gehört nur nicht zum
guten Ton,
Das ſchmeckt nach Kleingeiſt und Pedanterie.
So über Alles gleich entſetzlich lärmen!
'Ne Million mehr oder weniger,
Es lohnt der Mühe nicht, deßhalb zu ſchrein!
Die großen Herren ſind ja keine Küſter.
Sie leben vornehm. Seht, ich rede deutlich,
Nun nehmt dagegen solch' 'nen Landesretter,
Der immer roth vor Stolz und Eifer iſt.
Wollt' Ihr etwa so 'n populärer Schelm
Werden, der Liebling aller Pflaſtertreter?
Ihr habt abſonderliche Launen doch!

ß Heil des Staats! Denkt erst an Euer Heil.
ß' Wohl von Spanien ist 'ne hohle Schelle,
omit schon andre Narren läuten werden.
e Volksgunst ist ein Ruhm für ein paar Groschen.
er möchte wie ein Hund die alten Knochen
r Steuern klein erst nagen? Schöner Dienst!
ß weiß was Beßres. Tugend? Redlichkeit?
b Treue? Abgenutzter Flitterstaat,
it Karl des Fünften Zeit schon aus der Mode.
seid ja sonst verständig, soll man Euch
n Eurem Pathos heilen erst? Ihr spieltet
ch wie ein Knabe mit dem kleinen Luftball,
beß die Andern längst durch Nadelstiche
m allgemeinen Spaß die Luft heraus
ch ließen.

Ruy Blas. Aber …

Don Salluſt (mit eisigem Lächeln). Ihr seid unbegreiflich;
ch laßt uns jetzt von ernsten Dingen reden.

(In trockenem und befehlendem Ton.)

r wartet meiner morgen früh bei Euch,
jenem Hause, das ich Euch geschenkt.
h werde jetzt was Wicht'ges unternehmen.
e Stummen nehmet nur zu unserm Dienst
b einen Wagen haltet dann bereit,
m Ihr in Eurem Garten wohl verbergt.
forge für die Pferde. Alles thut,
ie ich's befohlen. Braucht Ihr Geld, so will
'ß schicken.

Ruy Blas. Ich gehorche, Excellenz,
ch schwört zuerst, daß bei der ganzen Sache
e Kön'gin nicht im Spiel ist.

Don Salluſt (der mit einem Meſſer auf dem Tiſche geſpielt, wendet
ſich halb gegen Ruy Blas). **Kümmert's Euch?**

Ruy Blas (wankend und ihn verwundert anſehend). **O, Ihr ſeid**
fürchterlich! Die Kniee wanken.
Ihr führet mich auf einen Abgrund zu,
Ihr ſinnt Gewaltiges. Ich ſehe es
Sich dunkel nah'n. O ſeid barmherzig, Herr!
Ich muß es ſagen! weh! o urtheilt ſelbſt!
Ihr wißt's ja nicht, ich liebe dieſes Weib!

Don Salluſt (kalt). **Ich wußt' es wohl.**

Ruy Blas. Ihr wußtet's?

Don Salluſt. Allerdings;
Was liegt daran?

Ruy Blas (ſtützt ſich an die Mauer, um nicht zu ſinken, und ſpricht
wie vor ſich hin). **Alſo ein bloßes Spiel**
Der Bosheit, auf die Folter mich zu ſpannen?
O gräßlich, gräßlich! (Die Augen gen Himmel gewandt.)
Du allmächt'ger Gott,
Der mich ſo hart geprüft, errette mich!

Don Salluſt. Träumt Ihr? Weiß Gott, Ihr nehmet's
ernſtlich, das
Iſt drollig! — Auf ein Ziel, das ich nur kenne,
Und das glücklicher iſt, als Ihr noch denkt,
Geh' ich jetzt los. Seid ruhig und gehorcht.
Ich ſagt' es ſchon und wiederhol' es jetzt,
Ich will nur Euer Glück. Geht und 's gelingt.
Was iſt am End' denn ſolcher Liebeskummer?
Das geht vorbei. Das iſt kaum ein paar Tage.
Es handelt ſich um eines Reiches Schickſal.
Was iſt dagegen denn das Eure? Ich
Will Euch's ſchon ſagen, doch Ihr müßt's begreifen.

Seid, was Ihr seid. Ich bin sehr gut und sanft,
Doch, Teufel, Ihr seid ein Lakai, ein Thon,
Den ich beliebig mir zusammenforme.
Aus Euch macht man, mein Lieber, was man will;
Und je nachdem der Herr es gut befunden,
Maskirt er jetzt Euch, und entlarvt Euch jetzt.
Ich machte Euch zum Edelmann. Das ist
'Ne närr'sche Rolle. Ihr seht auch so aus,
Doch denket stets, daß Ihr mein Diener seid.
Ihr macht der Königin den Hof, sowie
Ihr früher hinter meinem Wagen standet.
Seid drum vernünftig.

  Ruy Blas (der ganz außer sich zugehört hat, als wollte er seinen
        Ohren nicht trauen). O barmherz'ger und

Gerechter Gott, was hab' ich denn verbrochen,
Daß Du mich also strafst! Du bist ja gnädig
Und willst nicht, daß der Mensch verzweifle — sieh!
Wohin ich kam, und unfreiwillig, ohne
Daß ich's verschuldet. — Ha! allein, um Euch
Am Sterbekrampf des Opfers zu ergötzen,
Habt Ihr mich, Herr, in diesen Schlund gestürzt,
Ein armes Herz voll Lieb' und Treu' gebrochen
Und einer Höllenrache preisgegeben!

    (Zu sich selber redend.)

Das ist 'ne Rache! Ja, es ist gewiß,
Und sicher gilt es nur der Königin.
Was soll ich thun? Soll ich ihr Alles sagen?
O Gott, für sie ein Gegenstand
Des Abscheus werden, ein Crispin, Betrüger!
Ein frecher Schlingel, den man peitscht und fortschickt!
Nein, nie! — O Gott, es ist zum Rasendwerden!

    (Pause. Er träumt.)

So geht es also hier auf Erden zu!
Im Dunkel eine gräßliche Maschine
Mit tausendfachem Räderwerk erbau'n;
Dann, um zu sehn, wie die Maschine angreift,
Wirft unter ihre Räder man ein Ding,
Eine Livree hin, einen armen Knecht,
Und setzt das Triebwerk in Bewegung. Sieh!
Da wühlen blut'ge Lappen sich hervor,
Zerschellt Gehirn, ein Herz noch warm und rauchend,
Und jetzt gewahrt man schaudernd erst, woran
Wohl früher Niemand dachte, daß der Knecht
Doch eines Menschen Hülle war.
    (Gegen Don Sallust gewendet.) Noch ist
Es Zeit, o gnäd'ger Herr, wahrhaftig,
Noch sind die Räder ja nicht in Bewegung.
        (Er wirft sich ihm zu Füßen.)
O Gnade, Herr! mit mir, mit ihr habt Mitleid!
Ihr wißt, ich war Euch stets ein treuer Diener,
Ihr sagtet's selbst oft, seht! ich unterwerfe
Mich, Gnade!
    Don Sallust. Der Mensch wird mich nie begreifen.
'S ist lästig.
    Ruy Blas (zu seinen Füßen). Gnade!
        Don Sallust. Macht jetzt rasch, mein Freund!
        (Er wendet sich an's Fenster.)
Ihr habt gewiß das Fenster schlecht geschlossen,
Es weht dort kalt herein. (Er geht an's Fenster und macht es zu.)
    Ruy Blas (aufstehend). Das ist zu viel!
Jetzt bin ich Herzog von Olmedo, bin
Allmächtiger Minister, und erhebe
Die Stirn unter dem Fuße, der mich tritt.

Don Salluſt. Was ſagt Ihr da? ſagt's doch noch einmal,
Freund!
Ruy Blas iſt Herzog von Olmedo. Ihr
Seid blind; auf Cäſar propfte man Olmedo.
Ruy Blas. Ich laß' Euch arretiren.
       Don Salluſt. Ich verrath' Euch.
Ruy Blas (außer ſich). Verflucht . . .
  · **Don Salluſt.** Ihr klagt mich an? Ich wagte wohl
Unſere beiden Köpfe; das iſt längſt
Zuvor bedacht. Ihr triumphirt zu früh.
Ruy Blas. Ich läugne.
   Don Salluſt. Geht! Ihr ſeid ein Kind.
        Ruy Blas. Ihr habt
Keine Beweiſe.
  Don Salluſt. Und Ihr kein Gedächtniß.
Glaubt mir, ich thu' gewiß das, was ich ſage.
Ihr ſeid der Handſchuh nur, ich bin die Hand.
    (Leiſe und ſich Ruy Blas nahend.)
Gehorchſt Du nicht, haſt Du nicht morgen Alles
Bereitet, wie ich Dir befahl; verräth
Ein einzig Wort von Dir das, was geſchehen ſoll,
Bewegung oder Blick nur meinen Plan:
So wird zuvörderſt ſie, für die Du bangſt,
Durch Deines Abenteuers hundertfältig
Verſtreute Kunde öffentlich entehrt;
Und dann erhält ein Blatt ſie, wohl verſiegelt,
Das ich an einem ſichren Orte gut bewahre,
Geſchrieben — weißt Du wohl von welcher Hand?
Gezeichnet — weißt Du wohl mit welchem Namen?
  Ruy Blas (vernichtet, mit tonloſer Stimme). Genug. — Ich
    thue, Herr, was Ihr befehlt.

(Die Thüre im Hintergrunde öffnet sich. Man sieht die Staatsräthe herein
treten. Don Salluft hüllt sich eilig in seinen Mantel.)

Don Salluft (leise). Man kommt.

(Er verbeugt sich tief vor Ruy Blas; laut.)

Herr Herzog, ich bin Euer Knecht

(Ab.)

Vierter Akt.

Don Cäsar.

Personen.

Ruy Blas.
Don Cäsar.
Don Salluft.
Don Guritan.
Ein Lakai.
Eine Duenna.
Ein Page.
Ein Alcade.
Drei Alguazils.
Zwei Stumme.

Ein mit Pracht eingerichtetes, düsteres Kabinet. Altförmige, vergoldete Möbel und Tafelwerk. Die Wände sind mit alten carmoisinrothen Sammttapeten bedeckt, die hie und da hinter den Lehnstühlen zerrissen sind; breite Goldstäbe theilen sie in Vierecke. Im Hintergrunde eine Flügelthüre. Links ein großer Kamin mit Bildhauerarbeit aus der Zeit Philipps II.; gegenüber eine kleine, niedrige Thüre, die in ein dunkles Kabinet führt. Ein einziges Fenster links, sehr hoch gelegen, vergittert und innen mit einem Vorsprung. Alte, halberloschene Familienporträts an den Wänden. Ein Garderobeschrank mit venetianischen Spiegeln. Große Fauteuils aus der Zeit Philipps III. Ein anderer reich geschmückter Wandschrank. Ein viereckiger Tisch und Schreibzeug. In einer Ecke ein kleiner viereckiger Leuchtertisch mit vergoldeten Füßen. Es ist Morgen.

Beim Aufgehen der Gardine schreitet Ruy Blas, schwarz gekleidet, ohne Orden und Mantel, in heftiger Bewegung auf und ab; im Hintergrunde steht, unbeweglich und gleichsam seiner Befehle harrend, ein Page.

Erste Scene.

Ruy Blas. Der Page.

Ruy Blas (für sich selbst redend). Was thu' ich? — Sie zu-
erst, vor Allen sie!
Sollt' mein Gehirn auch an die Mauer spritzen,
Sollt' Galgen auch und Hölle auf mich warten,
Sie muß ich retten! — Aber wie, o wie? —
Mein Leben und mein Herzblut für sie lassen,
Ist nichts; doch dies Gewebe zu entwirren,
Errathen, ahnen, — denn ich muß es ahnen,

Was dieser Mensch erfinden konnte! Er
Erscheinet plötzlich aus der Nacht und dann
Verschwindet er. — Was treibt er drin? — Wenn ich
Dran denke, daß ich ihn zuerst für mich
Gebeten habe — ha! ich bin ein Feiger!
Und dann so dumm! — Der Mensch ist schlecht, grund-
schlecht.
— Die Sache ist schon alt und er hat schon
Den Raub zur Hälfte in den Krallen, ha!
Der Teufel wollt' die Königin für den
Lakai frei lassen! — Kann man Tiger zähmen?
Du stürztest sie in's Unglück und Du mußt
Sie retten. — O wie tief bin ich gestürzt!
Träumt' ich denn? — Ha! ich muß, ich muß sie retten!
Doch er! — O Gott, durch welche Thüre nur mag
Er kommen, der Verräther? — Er ist ja
In meinem Leben, wie in diesem Hause
Der Herr. Er kann das Gold von beiden reißen,
Er hat den Schlüssel ja zu allen Schlössern;
Er kann im Dunkel kommen und kann gehn.
Auf meinem Herzen wie auf diesen Brettern
Kann er ja treten. — Schwindel packt mich an
Bei diesem wunderbaren Wechsel. Ich
Bin wahnsinnig und die Gedanken fehlen!
Und mein Verstand, auf den ich eitel war,
Ist jetzt, von einem Wirbel von Entsetzen
Gi üt, ein schwaches Rohr von Sturm gekrümmt.
   s thun? — Vor Allem hindern, daß sie den
! laft verläßt; — denn dahin geht die Schlinge.
U Gott, rings um mich Nacht und Abgrund! — Das
Complot, ich ahn' es, ohne es zu sehn. —
So sei es. Hindern muß ich, daß sie ausgeht;

Sie warnen ohne Aufschub. Doch durch wen?
Ich habe Niemand.
(Er denkt traurig nach. Plötzlich hebt er, wie von einer Idee und einem
Hoffnungsschimmer getroffen, den Kopf empor.)
Ja, Don Guritan
Liebt sie und ist ein Ehrenmann!
(Er gibt dem Pagen ein Zeichen, sich zu nähern, leise.)
Mein Page,
Geh zu Don Guritan sogleich und sag' ihm,
Ich ließe mich entschuldigen, er sollt' rasch
Zur Kön'gin gehn und sie in Demuth bitten,
In meinem wie in seinem Namen, daß
Sie nicht drei Tage aus dem Schloße ginge,
Was auch geschehen möchte. Hörst Du? Geh!
(Den Pagen zurückrufend.)
Halt! (Er zieht aus seiner Brieftasche Bleifeder und Papier.)
Der Königin soll er dieses geben.
(Er schreibt rasch auf seinem Knie.)
„Glaubt nur Don Guritan; thut, was er räth!"
(Er faltet das Papier zusammen und gibt es dem Pagen.)
Was das Duell betrifft, so sage ihm,
Ich bät' ihn höflich um Entschuldigung,
Er sollt' es schnell der Kön'gin überbringen,
Ich wollt' vor Zeugen ihm Genüge thun;
Sie sei stets in Gefahr und sollte still
Zu Hause bleiben, was geschehe. Hör',
Drei Tage wenigstens. — Jetzt geh' und sei
Verschwiegen; laß es keinen Menschen merken.

Page. Ihr seid so gut; ich bin Euch ganz ergeben.

Ruy Blas. Lauf, kleiner Page. Hast Du mich verstanden?

Page. Ja, Herr, seid ohne Sorgen. (Er geht.)

Ruy Blas (in einen Sessel sinkend). O, mein Geist
Beruhigt sich. Wie Schwindel aber packt es

Mich an, daß ich Vergang'nes all vergeſſe.
Der Weg iſt gut. Don Guritan .... — Doch ich!
Soll ich Salluſt erwarten? Nein; wozu?
Ich warte nicht. Das wird ihn einen Tag
Aufhalten. Ich will in 'ne Kirche gehn,
Ich brauche Schuß und Gott wird mir ihn geben.
(Er nimmt ſeinen Hut und greift nach einer Klingel, die auf einem Tiſche
ſteht. Zwei Schwarze, in hellgrünen Sammt mit Gold und gefalteten
Schooßröcken gekleidet, erſcheinen an der Thüre.)
Ich gehe aus. In kurzer Zeit erſcheint
Ein Mann hier auf geheimem Weg. Vielleicht,
Daß wie der Herr vom Hauſe er ſich nimmt.
Laßt ihn gewähren. Kommen Andre noch ....
(Er zögert einen Augenblick.)
So laßt ſie nur herein. Jetzt könnt Ihr gehn. (Ab.)
(Er entläßt die Schwarzen mit einem Winke; ſie verbeugen ſich und gehen.
In dem Augenblicke, wo die Thüre ſich hinter Ruy Blas ſchließt, hört man
einen großen Lärm im Kamin, aus dem man plötzlich einen Menſchen fallen
ſieht. Er hat einen zerriſſenen Mantel an und ſtürzt in die Kammer. Es
iſt Don Cäſar.)

———

Zweite Scene.

Don Cäſar.

(athemlos, betäubt, baarhäuptig und zerzauſt, etwas ängſtlich und freudig
zugleich.)

Da bin ich! Schwerenoth! (Er ſteht auf und reibt ſich das Bein,
auf das er gefallen iſt; dann geht er unter einer Menge von Verbeugungen
weiter nach vorn.) Bitt' tauſendmal um Verzeihung. Laßt's Euch
nicht anfechten; ich gehe nur durch. Redet nur weiter, mit
Verlaub, wenn ich geſtört habe; nicht wahr, ich bin unerwartet
gekommen; ſollte mir leid thun, wenn ich ſtörte. (Er bleibt

mitten im Zimmer stehen und sieht, daß er allein ist.) **Kein Mensch! Ich**
glaubte im Kamin doch eine Stimme zu hören. (Er setzt sich in
einen Lehnstuhl.) Ah so! Die Ruhe und Einsamkeit thut gut. Uf!
das heiß' ich Schicksale! — Ich bin ebenso zerschlagen, wie
das Wasser, das ein nasser Pudel abschüttelt. Pro primo, fall'
ich den Alguazils in die Klauen; pro secundo, die Seefahrt
wider Willen und die Corsaren; dann die große Stadt, in der
ich so jämmerliche Schläge gekriegt, und das gelbe Weib, das
Angriffe auf meine Tugend machte; dann meine Flucht aus
dem Bagno, meine Reisen und meine Ankunft in Spanien.
— Das Ding klingt wie ein Roman! Heut' komme ich an und
lauf' diesen verdammten Alguazils wieder in die Hände — das
ist zu stark. Ich fliehe, sie verfolgen mich wie toll. Ich springe
über eine Mauer, sehe ein einsames Haus, klettre aufs Dach,
spaziere durch den Schornstein hinein, und zerreiße bei der
Gelegenheit meinen besten, wenigstens meinen einzigen Mantel.
— Der Herr Salluft ist weiß Gott ein ganzer Hallunke!

(Er besieht sich in einem Spiegel, der auf dem Garderobeschrank steht.)

Meinem Wamms merkt man's auch an, daß es mein Unglücks-
gefährte war. (Er legt seinen Mantel ab und betrachtet sein Wamms von
Rosaatlas, das abgeschabt und zerrissen ist; dann fährt er mit einem Seiten-
blick auf den Kamin hastig mit der Hand ans Bein.) **Mein Bein ist**
mir bei dem Fall teufelmäßig geschunden. (Er öffnet die Schub-
laden des Garderobeschrankes; in der einen derselben findet er einen goldgestickten Mantel von hellgrünem Sammt; denselben, den Salluft an Ruy
Blas gegeben. Er betrachtet ihn und vergleicht ihn mit dem seinen.) **Der**
scheint mir anständiger als meiner. (Er wirft ihn über die Schultern
und legt seinen, nachdem er ihn sorgfältig zusammengefaltet, in die Schub-
lade; dazu legt er seinen Hut, den er zusammendrückt, und verschließt sie
dann wieder. In dem schönen, goldgestickten Mantel geht er stolz umher.)
Das ist Alles einerlei; ich bin doch wieder da. Ha, ha! der
Herr Vetter wollte, ich sollte nach Afrika wandern, wo die
Tiger mit den Menschen Katz' und Maus spielen! Profit die

Mahlzeit! Ich will mich an Euch rächen, Vetter, sobald ich nur erst was Warmes im Leibe habe. Ich trete unter meinem wahren Namen auf und nehme meinen ganzen Schwanz von Taugenichtsen, die den Galgen auf eine halbe Meile riechen, mit; dann geb' ich ihn lebendig der Rache meiner Creditoren preis. (Er sieht in einer Ecke ein paar prächtige mit Spitzen besetzte Stiefel. Seine alten Schuhe wirft er fort und zieht ungenirt die neuen Stiefel an.) Wohin hat der treulose Schurke mich denn eigentlich gebracht? (Er besieht das Zimmer von allen Seiten.) Weiß Gott, 'n Haus für Trauerspiele! Verschloßne Thüren, Gitterfenster — grad' wie'n Kerker! Man kömmt von oben hinein, wie der Wein in die Flaschen. (Er seufzt.) 'S ist doch was Gutes um ein gutes Glas Wein! — (Er bemerkt die kleine Thüre rechts, öffnet sie und geht rasch in das Cabinet, in das sie führt; dann kommt er verwundert zurück.) Das ist wunderlich! 'Ne Mausefalle ohne jeden Ausgang. (Er geht nach der Thüre im Hintergrunde, öffnet sie, und sieht hinaus; dann läßt er sie zufallen und kommt in den Vordergrund.) Kein Mensch! — Wo Teufel bin ich denn? — Was kümmert's mich, bin ich doch den Alguazils entwischt! Warum soll ich weinen, weil ich noch nie so'n Haus gesehn? (Er setzt sich in den Lehnstuhl, gähnt und steht rasch wieder auf.) Aber ich habe verdammte Langeweile. (Er sieht einen kleinen Wandschrank.) Das scheint mir 'ne Bibliothek zu sein. (Er öffnet ihn, es ist ein wohlgefüllter Speiseschrank.) Was Teufel! Eine Pastete, Wein, Melonen! Das ist ja 'ne ganze Mahlzeit! Dazu sechs prächtige Flaschen! Sakerment, das Quartier gefällt mir. (Er besieht die Flaschen eine nach der andern.) Die Auswahl ist gut. (Er holt einen kleinen runden Tisch aus der Ecke, bringt ihn in den Vordergrund und stellt alle Speisen und Flaschen darauf; dann fügt er einen Teller, ein Glas und ein Besteck hinzu und nimmt eine der Flaschen.) Laß doch sehn, was es ist. (Er schenkt sich ein und leert das Glas auf einen Zug.) Ein köstlich Werk von dem famosen Naturpoeten Sonne! Xeres hat keinen bessern! (Er setzt sich und trinkt ein zweites Glas.) Nennt mir mal 'n Buch, das so geistreich ist? Könnt ihr's? (Trinkt wieder.)

Gott, das erquickt! Jetzt will ich auch essen. (Er zerschneidet die
Pastete.) Die Hunde von Alguazils hab' ich doch von meiner
Spur gebracht. (Er ißt.) Du Königin der Pasteten! Wenn aber
der Herr vom Hause kommt.... (Er geht an den Schrank und holt
noch ein Couvert und Glas.) Na, da lade ich ihn ein, vorausgesetzt,
daß er mich nicht fortjagt! Drum will ich rasch essen. (Er verdoppelt seine Bissen.) Wenn ich satt bin, will ich mir das Haus
besehn. Vielleicht wohnt ein lustiger Junggeselle drin, oder es
steckt auch eine Weiberintrigue dahinter. Pah! Was habe ich ihm
gethan? Ich will nichts, als Gastfreundschaft auf Griechenart.
(Er kniet halb und umspannt den Tisch mit beiden Armen, dann trinkt er
wieder.) So 'n guter Wein kann nicht von 'nem bösen Menschen
herkommen, und kommt er, nun in Gottes Namen, so nenn'
ich mich. Wie wird mein Teufelsvetter fluchen! Was? Der
Zigeuner, der Bandit, der Bettler, Zafari, der Lump? —
Ganz recht! Don Cäsar von Bazan, Vetter Don Sallust's!
Das wird 'n Leben geben in Madrid! „Wann ist er denn
wieder gekommen? Heute Morgen? Oder heute Nacht?" Was
ein Geschrei, wenn diese Bombe platzt und plötzlich der ver-
geßne große Mann erscheint, Don Cäsar von Bazan! Mit
Vergunst, ihr Herren, ja, ja, er ist's. Kein Mensch dachte ja
noch an ihn! War er denn nicht todt? — Nein, meine Herren
und Damen, er lebt! — Die Herren rufen: Teufel! Die
Damen: guter Gott! — Ein hübscher Lärm, der mich nach
Haus begleitet! Dreihundert Gläubiger bellen um mich her!
— Ich spiel' 'ne schöne Rolle, wenn ich nur Geld hätte!
(Geräusch an der Thüre) Man kommt. Jetzt wird's wohl ans
Fortjagen gehn. — Courage, Cäsar, nur nichts halb gethan!
(Er hüllt sich bis an die Nase in seinen Mantel. Die Hinterthüre öffnet sich.
Ein Lakai in Livree kommt herein, der einen schweren Sack trägt.)

Dritte Scene.

Don Cäsar. Ein Lakai.

Don Cäsar (den Lakaien vom Kopf bis zu den Füßen ansehend)
Wen sucht Ihr hier, mein Freund? (für sich.) Jetzt kann mi[
nur ein sicheres Benehmen retten.

Lakai. Don Cäsar Bazan.

Don Cäsar (läßt den Mantel fallen). Don Cäsar? Der bi[
ich selbst. (Für sich.) Die Geschichte wird wunderlich.

Lakai. Seid Ihr Don Cäsar von Bazan?

Don Cäsar. Weiß Gott! die Ehre hab' ich. Der ächt[
einz'ge Cäsar, Graf von Garofa.

Lakai (den Sack auf einen Stuhl legend). So habt die Gnad[
nachzuzählen.

Don Cäsar (verwundert beiseite). Geld? Das ist zu viel! (Laut
Mein Theurer . . .

Lakai. Habt die Gnade, nachzuzählen. Es ist die ganz[
Summe, die ich Euch bringen soll.

Don Cäsar (ernst.) Ja, ja, ich weiß schon. (Beiseite.) So
mich doch der Teufel . . . . Pst! pst! müssen dem Ding seine
Gang lassen. Das paßt mir gerade in den Kram. (Laut.) Müß
Ihr 'ne Quittung haben?

Lakai. Nein, gnäd'ger Herr.

Don Cäsar (auf den Tisch zeigend). Legt das Geld dorthin
(Der Lakai gehorcht.) Von wem?

Lakai. Der gnäd'ge Herr wissen es ja selbst.

Don Cäsar. Gewiß, aber . . .

Lakai. Dies Geld, so soll ich sagen, schickt Euch der G[
wisse zu gewissem Zweck.

Don Cäsar (mit der Erklärung zufrieden). Ah so!

Lakai. Wir sollen Beide sehr vorsichtig sein. Still!

Don Cäsar. Still!!! Das Geld schickt ... Der Satz war zu prächtig; sag' ihn mir noch einmal.

Lakai. Das Geld ...

Don Cäsar. Ja, ja, schickt mir der Gewisse ...

Lakai. Zu dem gewissen Zweck. Wir sollen ...

Don Cäsar. Beide ...

Lakai. Sehr vorsichtig sein.

Don Cäsar. Das ist vollkommen klar.

Lakai. Ich gehorche nur; das Uebrige begreife ich nicht. Aber Ihr werdet es begreifen.

Don Cäsar. Natürlich.

Lakai. Das genügt.

Don Cäsar. Ich begreife, und greife nach dem Geld, das man mir schickt; das ist immer klar.

Lakai. Still!

Don Cäsar. Still! Keine Unvorsichtigkeit! Alle Hagel!

Lakai. Zählt, gnäd'ger Herr.

Don Cäsar. Für was hältst Du mich? (Er bewundert den Umfang des Sackes.) Der ist wohl gespickt.

Lakai (drängend). Aber ....

Don Cäsar. Ich verlasse mich auf Dich.

Lakai. Das Gold ist in Souverains, das Silber in Marienthalern.

(Don Cäsar öffnet den Sack und zieht mehrere Beutel voll Gold und Silber heraus, die er öffnet und voll Bewundrung auf den Tisch ausschüttet; dann greift er in das Gold und stopft seine Taschen voll Dublonen.)

Don Cäsar (beiseite, sich mit Majestät unterbrechend). Am Schluß setzt sich mein Roman noch die Krone auf und endet mit einer Million. (Er stopft wieder Gold in seine Taschen.) Ein prächtiger Einfall! Ich schlucke 'ne ganze Gallione. (Wenn eine Tasche voll ist, geht er an die andere und sieht überall danach; den Lakaien hat er ganz vergessen.)

Lakai (gleichgültig). Jetzt wart' ich auf Eure Befehle,

Don Cäsar (dreht sich um). Wozu?

Lakai. Um rasch und ohne Aufschub das, was ich nicht weiß und was Ihr wißt, zu vollführen. Dinge von Wichtigkeit...

Don Cäsar (ihn mit schlauer Miene unterbrechend). Für den Staat, wie für Privaten!!!

Lakai. Verlangen die größte Eile. So hat man mir aufgetragen, Euch zu sagen.

Don Cäsar (ihm auf die Schulter klopfend). Ich mag Dich leiden, Du bist ein treuer Diener.

Lakai. Mein Herr überläßt mich Euch, damit kein Verzug entstehe.

Don Cäsar. Ganz natürlich; wir wollen sogleich anfangen (Beiseit.) Ich will des Teufels sein, wenn ich weiß, was ich ihm sagen soll. (Laut.) Komm her und trink mir das erst zu! (Er schenkt das andere Glas voll.)

Lakai. Wie, gnäd'ger Herr?

Don Cäsar. Trink' mir zu, sag' ich! (Der Lakai trinkt; Cäsar füllt auch sein Glas.) 'S ist Dropesawein. (Er nöthigt den Lakai zu Sitzen und schenkt wieder ein.) Jetzt laß uns plaudern. (Beiseite.) Sein Auge glänzt schon. (Laut und sich auf den Stuhl ausstreckend.) Der Mensch, mein lieber Freund, ist nur ein schwarzer Rauch, der von dem Feuer der Leidenschaft aufsteigt. Sieh! (er schenkt ihm wieder ein.) Dummes Zeug, was ich da zu Dir rede! Der Rauch, wenn er mal gen Himmel steigt, ist ganz anders, als im Schornstein; er steigt leicht in die Höhe und wir fallen schwer herab. (Er reibt sich das Bein.) Der Mensch ist nur 'n Klumpen Blei. (Er füllt beide Gläser.) Trink doch! Alle Dublonen wiegen kein lustig Trinklied auf. (Nähert sich ihm mit geheimnißvoller Miene.) Siehst Du, wir wollen klug sein. Allzu viel t ungesund und n'e Mauer, die kein Fundament hat, stürzt zusammen. Schieb' mir mal meinen Mantelkragen zurecht.

Lakai (stolz). Gnäd'ger Herr, ich bin kein Kammerdiener.

(Ehe Cäsar ihn daran hat hindern können, klingelt er.)

Don Cäsar (beiseite, erschrocken). Jetzt kommt der Hausherr wahrscheinlich in Person. O weh, gefangen!

(Einer der Schwarzen tritt herein. Don Cäsar wendet sich voll Angst nach der andern Seite um und weiß nicht, was er anfangen soll.)

Lakai (zum Schwarzen). Schieb' dem gnäd'gen Herrn den Mantel zurecht.

(Der Schwarze nähert sich ernst Don Cäsar, der ihn verdutzt gewähren läßt; dann ordnet er den Mantel, verbeugt sich und geht.)

Don Cäsar (steht auf). Auf Ehre, ich bin beim leibhaft'gen Teufel. (Er kommt in den Vordergrund und geht mit großen Schritten auf und ab). Ach, Gott, geh's wie's geht! Frisch zugegriffen! — Geld hab' ich jetzt, aber was fang' ich damit an? (Er kehrt zu dem Lakaien zurück, der fortfährt zu trinken und schon auf seinem Stuhl schwankt). Wart' noch ein wenig. — Da fällt mir ein! — (Beiseite, nachdenkend). Wenn ich meine Gläubiger bezahlte — pfui! Wenn ich sie aber mit einigen Tropfen auf Abschlag begöße? — Wer mag solch Unkraut begießen! Wie bin ich zum Teufel nur auf den Gedanken gekommen? Nichts verderbt auch 'nen Menschen mehr als Geld, und sei's auch ein Sohn Hannibals, der Rom einnahm, er wird, weiß Gott, auf der Stelle ein Philister. Was würden die Leute sagen, wenn ich meine Schulden bezahlte!

Lakai (sein Glas austrinkend). Was befehlt Ihr, gnäd'ger Herr!

Don Cäsar. Laß mich doch überlegen, trink nur derweil!

(Der Lakai fängt wieder an zu trinken; er träumt fort und schlägt sich plötzlich vor die Stirn, als sei ihm etwas eingefallen.) Das war ein gescheiter Einfall! (Zum Lakaien.) Steh gleich auf und hör', was ich Dir sage. Zuerst stopf' Deine Taschen voll Gold. (Der Lakai ist merklich schwankend aufgestanden und steckt Gold in die Taschen, wobei ihm Don Cäsar behülflich ist.) Jetzt geh in das kleine Gäßchen am Ende der Plaza Mayor Nr. 9. 'S ist ein schmales Haus mit

'ner netten Wohnung, außer daß das Fenster mit Papier ver-
klebt ist.

Lakai. 'S ist also einäugig?

Don Cäsar. Nein, es schielt. Auf der Treppe kann man
Hals und Bein brechen, nimm Dich d'rum in Acht.

Lakai. 'Ne Leiter also.

Don Cäsar. Ja, beinah; nur etwas steiler. — Da wohnt
eine Schöne; Du mußt sie gleich erkennen. 'Ne Mütze um sechs
Batzen, die Haare etwas zerzaust, sonst untersetzt und stark
gebräunt — 'n Capitalweib! Allen Respekt, mein Lieber, 's ist
meine Geliebte, die blonde, blauäugige Lucinde, die vor Zeiten
des Abends beim Papste den Fandango tanzte. Gib ihr in
meinem Namen hundert Dukaten. — In einem Verschlag nebenan wirst Du 'nen rothnasigen dicken Kerl finden, der einen
alten verschossenen Filzhut auf den Kopf gedrückt hat, worauf
die Feder zerknickt herunterhängt; am Rückgrat steckt sein Degen,
an der Achsel sein Dolch; dem Lump gib sechs Piaster von
mir. — Dann kommst Du an ein Loch, schwarz wie ein Schornstein, 'ne Schenke, drin's laut hergehn wird. Davor wird ein
Mann, ein eleganter Cavalier sitzen und rauchen, ein Mensch,
der noch nie geflucht hat, mein Busenfreund Gulatromba,
30 Thaler dem. — Er soll sie rasch versaufen und mehr haben.
— Gib den Kerls Dein bestes Geld und wundre Dich nicht,
wenn sie Gesichter schneiden.

Lakai. Dann?

Don Cäsar. Behalt' das Andre. Und nun das Letzte ...

Lakai. Was befehlt Ihr, gnäd'ger Herr?

Don Cäsar. Sauf Dich voll, Kerl! Schlag' Fenster ein,
spektakle und geh' vor morgen Nacht nicht heim.

Lakai. Sehr wohl, mein Prinz!

(Er geht im Zickzack nach der Thüre; Cäsar sieht ihm zu.)

Don Cäsar (beiseite). Der Kerl ist kannibalisch besoffen.

(Er ruft ihn zurück.) Wenn Du so forttaumelst, kommen die Straßen-
jungen hinter Dich. Mach' dem Stoff Ehre, Mensch, und be-
trage Dich honnet! Fällt Dir 'n Thaler aus der Tasche, so laß
ihn liegen, und wenn ihn Bettler und Schulbuben aufheben,
so laß sie in Gottes Namen aufheben. Sei nicht zu grob, und
wenn Dir auch Einer in die Taschen langt, so sei barmherzig!
Wir sind allzumal Sünder! Sieh, 's gibt hier Jammer genug,
man muß den Menschen bisweilen auch 'nen Spaß machen.
(Mit Wehmuth.) Die armen Teufel kommen alle doch noch an den
Galgen, drum schuldigen Respekt. Jetzt mach Dich fort. (Der
Lakai geht. Sobald Don Cäsar allein ist, setzt er sich wieder, stützt sich auf
den Tisch und scheint in tiefes Nachdenken versunken.) 'S ist Christen-
pflicht und heißt vernünftig, wenn man Geld hat, es auch zu
brauchen. Für acht Tage langt es noch! Die will ich lustig
leben und bleibt mir noch etwas übrig, so will ich's einer
frommen Stiftung geben. Ich habe nur noch keine rechte Fiduz;
es wird ein Irrthum sein und man wird's mir wieder nehmen.
Wenn mich der Tölpel nur recht verstanden hat!

Vierte Scene.

Don Cäsar. Eine Duenna.

Die Duenna (an der Thürschwelle.) Don Cäsar von Bazan.

Don Cäsar (der tief in Gedanken versunken ist, fährt rasch in die
Höhe). Was ist? (Während die Duenna sich tief verbeugt, geht er ver-
wundert nach dem Vordergrund.) Muß sich der Teufel oder Don
Salluft denn drein mischen? Ich wette, jetzt wird mein Vetter
gleich kommen! — Eine Duenna! — (Laut.) Don Cäsar von
Bazan heiße ich; was soll ich? (Beiseite.) Gewöhnlich meldet 'ne
Alte eine Junge.

Die Duenna (verbeugt und bekreuzt sich). Gnädiger Herr, heute ist ein Fasttag und ich grüße Euch im Namen unsers Herrn Jesu Christi.

Don Cäsar (beiseite). Ein Liebesabenteuer fängt in der Kirche an. (Laut.) Guten Tag!

Die Duenna. Des Herrn Segen ruhe auf Euch. (Geheimnißvoll.) Habt Ihr der Person, die mich schickte, ein Rendezvous auf diese Nacht gegeben?

Don Cäsar. Dazu wär' ich im Stande gewesen.

Die Duenna (zieht ein Billet aus ihrer Tasche und läßt es ihn sehn, ohne daß er es nehmen kann). So habt Ihr auch dies Billet auf diese Nacht an die Person geschickt, die Ihr liebt?

Don Cäsar. Nun freilich.

Die Duenna. Gut! Die Dame, die gewiß an einen alten Graukopf verheirathet ist, muß Vorsichtsmaßregeln ergreifen, und ich soll dafür sorgen. Das hat mir die Zofe gesagt und die Namen dabei verschwiegen.

Don Cäsar. Außer meinen.

Die Duenna. Ganz natürlich. Eine Dame empfängt einen Besuch von ihrem Geliebten und fürchtet Verrath. Vorsicht ist immer besser als Nachsicht. Kurz, ich soll aus Eurem Munde die Bestätigung hören.

Don Cäsar. Was Teufel für ein Gestrüpp um einen Liebesbrief! Ich bin's ja, sag' ich Dir.

Die Duenna (legt ein zusammengefaltetes Billet auf den Tisch, das Cäsar neugierig betrachtet). So schreibt selbst auf die Rückseite: „Kommt," aber eigenhändig.

Don Cäsar. Eigenhändig? (Er will den Brief nehmen, er ist aber wieder zugesiegelt und die Duenna läßt ihn sich nicht entreißen.)

Die Duenna. Ihr braucht ihn nicht zu öffnen; Ihr werdet ihn von außen kennen.

Don Cäsar. Pest! Ich säh' ihn gern. Doch rasch! (Er klingelt;

ein Schwarzer tritt herein.) Kannst Du schreiben? (Der Schwarze bejaht es durch Nicken; Cäsar staunt; beiseite.) Ein Zeichen. (Laut.) Bist Du stumm, mein Freund? (Der Schwarze nickt wieder.) Das wird lustig! Jetzt Stumme! (Er zeigt auf den Brief, den die Duenna auf einem Tisch hält.) Schreib dahin: Kommt. (Der Stumme schreibt; Don Cäsar gibt ihm ein Zeichen zu gehn und der Duenna, den Brief wieder einzustecken; beiseite.) Gehorsam ist er.

Die Duenna (faltet den Brief zusammen und steckt ihn wieder ein). Ihr seht sie also heut Abend. Ist sie hübsch?

Don Cäsar. Zum Entzücken!

Die Duenna. Die Zofe war hübsch; sie nahm mich in der Kirche bei Seite. Ein Engelsgesicht mit einem Teufelsauge, und in Liebeshändeln, wie mir scheint, erfahren.

Don Cäsar (beiseite). Ich wäre mit der Zofe ganz zufrieden!

Die Duenna. Wir schließen aus der Sklavin auf die Sultanin, aus dem Diener auf den Herrn. Die Eure muß sehr schön sein.

Don Cäsar. Das will ich meinen.

Die Duenna (macht eine Verbeugung, um zu gehn). Ich küsse Euer Gnaden die Hand.

Don Cäsar (gibt ihr eine Handvoll Dublonen). Und ich schmiere Dir's Pfötchen. Da, Alte.

Die Duenna (steckt es ein). Die Jugend ist jetzt lustig.

Don Cäsar (sie entlassend). Geh jetzt!

Die Duenna (verbeugt sich). Wenn Ihr mich braucht — Ich heiße Schwester Oliba im Kloster San Isidro. (Sie geht; dann öffnet die Thüre sich wieder und sie steckt ihren Kopf herein.) Ich sitze stets rechts am dritten Pfeiler von der Kirchthüre. (Cäsar dreht sich ungeduldig herum. Die Thüre fällt zu; dann öffnet sie sich noch einmal und die Alte erscheint wieder.) Ihr werdet sie heute Abend sehen, gnäd'ger Herr! Schließt mich in Euer Gebet ein.

Don Cäsar (jagt sie zornig fort). Ei, so soll Dich . . . .
(Die Duenna verschwindet, die Thüre fällt zu.)

Don Cäsar (allein). Weiß Gott, ich will mich über nichts mehr wundern! Ich bin im Monde. Jetzt ein Liebesabenteuer, nach dem Magen das Herz. (Nachdenkend). Das ist Alles schon gut; aber man darf den Tag nicht vor dem Abend loben.
(Die Hinterthüre öffnet sich wieder und Don Guritan erscheint mit zwei bloßen Degen unter dem Arm.)

Fünfte Scene.

Don Cäsar. Don Guritan.

Don Guritan (im Hintergrunde). Don Cäsar von Bazan.

Don Cäsar (dreht sich um und sieht die beiden bloßen Degen). Daß Dich! Die Geschichte war schon lustig, jetzt wird sie noch lustiger! Eine gute Mahlzeit, Geld, ein Rendezvous, — ein Duell. Ich werde ganz wieder der alte Cäsar! (Er tritt lustig mit vielen Complimenten an Don Guritan heran, der ihn mit einem aufmerksamen Blick ansieht und rasch in den Vordergrund kommt; Cäsar bietet ihm einen Stuhl an.) Ihr seid hier recht, edler Herr. Kommt nur näher und setzt Euch. Thut ganz, als wäret Ihr zu Hause; wir schwatzen einen Augenblick mit einander. Was macht man in Madrid? Ich weiß nichts Neueres, als daß man stets von Matalobos und Lindamire spricht, und ich fürchte den Herzensdieb mehr, als den Beuteldieb. Ja, ja, die Weiber! Sie locken mich stets, obwohl ich mir schon oft den Kopf dran wund gerannt. Aber helft meinem Geist wieder etwas auf die Sprünge. Ich bin kaum ein Mensch mehr, ein lächerliches Gespenst, ein Geist, der umgeht, ein Stier, ein altkastilischer Hidalgo. Man hat mir Federn und Handschuhe gestohlen. Ich komme aus den fernsten Landen her.

Don Guritan. Ihr kommt von fern? So hört, daß ich noch von weiter komme.

Don Cäsar (muthwillig). Von welchen erlauchten Borden?

Don Guritan. Dort unten, von Norden her.

Don Cäsar. Und ich von dort ganz unten, von Süden.

Don Guritan. Ich bin wüthend.

Don Cäsar. Gelt, ich berfte vor Wuth.

Don Guritan. Ich habe sechshundert Meilen gemacht.

Don Cäsar. Ich tausend! Ich habe gelbe, blaue, schwarze und grüne Frauen gesehn. Ich sah das schöne Algier und das liebenswürdige Tunis, wo die Türken die angenehme Sitte haben, vor jede Thüre Gepfählte zu stellen.

Don Guritan. Man hat mit mir sein Spiel getrieben.

Don Cäsar. Und mich gar verkauft.

Don Guritan. Man hat mich fast verbannt.

Don Cäsar. Und mich fast gehängt.

Don Guritan. Auf die beste Manier schickt man mich nach Neuburg, daß ich einen Zettel dorthin bringe, worauf die Worte stehen: „Haltet den alten Narren doch so lange als möglich, bei Euch."

Don Cäsar (laut lachend) Charmant! Und wer?

Don Guritan. Ich will dem Cäsar Bazan aber den Hals umdrehn.

Don Cäsar (ernst). So!

Don Guritan. Um seine Frechheit zu vollenden, schickt er mir heute statt seiner einen Lakai, der ihn entschuldigen soll. Ich habe ihn gar nicht vor mich gelassen und ihn bei mir eingesperrt; jetzt komme ich zum Herrn Cäsar von Bazan, diesem unverschämten Verräther, damit ich ihn tödte. Wo mag er nur sein?

Don Cäsar (immer ernst). Hier ist er!

Don Guritan. Ihr? Treibt Ihr Euren Spaß, mein Herr?

Don Cäsar. Ich bin Don Cäsar.

Don Guritan. Wie? noch?

Don Cäsar. Ganz gewiß noch.

Don Guritan. Laßt Euren Spaß, mein Lieber; Ihr werdet langweilig.

Don Cäsar. Und Ihr sehr lustig. Ihr seht mir grade wie 'n Eifersüchtiger aus. Ihr dauert mich entsetzlich, mein Lieber. Das Uebel, das Euch unsre Laster verursachen, ist weit empfindlicher, als bei andern. Ich möchte lieber geizig und ein Hahnrei sein, als eifersüchtig; und Ihr scheint mir beides. Weiß Gott, ich erwarte heut Nacht noch Eure Frau.

Don Guritan. Meine Frau?

Don Cäsar. Ja, ja, Eure Frau.

Don Guritan. Aber ich bin ja gar nicht verheirathet.

Don Cäsar. An dem Irrthum seid Ihr selbst schuld. Nicht verheirathet! und eine Viertelstunde schon spielt der Mensch die Rolle eines geprellten Ehemannes so glücklich, daß ich ihm aus gutem Herzen den besten Rath für seine Noth ertheile. Aber, wenn Ihr nicht verheirathet seid, wie habt Ihr denn das Recht, so lächerlich zu sein?

Don Guritan. Wißt Ihr, daß Ihr mich beleidigt!

Don Cäsar. So?

Don Guritan. Das ist zu viel!

Don Cäsar. Wirklich?

Don Guritan. Ihr sollt's mir bezahlen!

Don Cäsar (betrachtet aufmerksam die Schuhe Don Guritans, woran nach neuer Mode eine Menge Bänder sind). Sonst trug man Bänder auf dem Kopf. Jetzt sehe ich, ist's Mode, sie an den Schuhen zu tragen. Man frisirt die Füße. Das ist nett!

Don Guritan. Wir werden uns schlagen.

Don Cäsar. Meint Ihr?

Don Guritan. Ihr seid nicht Cäsar, aber ich fange mit Euch an.

Don Cäsar. Gebt Acht, daß Ihr nicht mit mir aufhört.

Don Guritan (ihm einen Degen reichend). Geck! mach schnell.

Don Cäsar (den Degen nehmend). Auf der Stelle! Ein gut Duell laß' ich nicht fahren.

Don Guritan. Wo?

Don Cäsar. Hinter der Gartenmauer ist es einsam.

Don Guritan (die Spitze der Klinge auf dem Boden prüfend). Don Cäsar tödte ich hinterher.

Don Cäsar. Wirklich?

Don Guritan. Ganz gewiß.

Don Cäsar (den Degen gleichfalls biegend). Wenn Einer von uns geblieben ist, werdet Ihr Don Cäsar schwerlich noch tödten.

Don Guritan. Kommt!

(Beide ab. Man hört ihre Schritte sich entfernen. Eine kleine verdeckte Thüre öffnet sich rechts in der Mauer und Don Salluft tritt herein.)

————

Sechste Scene.

Don Salluft (in einem ganz dunkelgrünen Kleide. Er scheint unruhig und horcht überall herum).

Gar keine Vorbereitungen! (Er sieht den Tisch mit Speisen. Was soll das heißen? (Er hört die Schritte Don Cäsars und Guritans.) Woher der Lärm? (Er tritt nachdenklich in den Vordergrund.) Gudiel sah heute Morgen den Pagen ausgehn und folgte ihm. Er ging zu Guritan und ich sehe Ruy Blas nicht. Und der Page — Teufel! das ist eine Gegenmine, eine Warnung für sie an Guritan. Von den Stummen läßt sich nichts erfahren. — Ja, ja, an Don Guritan hatte ich nicht gedacht.

(Don Cäsar tritt herein. Er hat den bloßen Degen in der Hand und wirft ihn auf den Stuhl.)

Siebente Scene.

Don Salluſt. Don Cäſar.

Don Cäſar (an der Schwelle). Ja, ich wußt' es wohl! Biſt Du da, alter Teufel?

Don Salluſt (wendet ſich um, verſteinert). Don Cäſar!

Don Cäſar (kreuzt die Arme und lacht laut auf). Ihr brütet da Entſetzliches aus, aber ich zerſtöre Euch Alles; nicht wahr? Ich zertrete recht ſchwer Eure feinen Schlingen.

Don Salluſt (beiſeite). Alles iſt verloren!

Don Cäſar (lachend). Seit heute Morgen ſchon tappe ich durch Eure Spinnenneße. Keiner Eurer Pläne ſoll gelingen. Ich werfe mich hinein und zerſtöre Alles. Das iſt ſehr ergötlich.

Don Salluſt (beiſeite). Verdammt! Was mag er gethan haben?

Don Cäſar (noch lauter lachend). Der Diener mit Geld, den Ihr ſchicktet — von der bewußten Perſon zu der bewußten Sache — (lacht.) 'S iſt beſorgt!

Don Salluſt. Wie?

Don Cäſar. Ich habe ihn betrunken gemacht.

Don Salluſt. Und das Geld?

Don Cäſar (gravitätiſch.) Verwandte ich zu Geſchenken an Verſchiedene. Man hat doch, weiß Gott, Freunde!

Don Salluſt. Du thuſt mir Unrecht!

Don Cäſar (mit dem Gelde klimpernd). Zunächſt habe ich meine Taſchen vollgeſtopft. (Er lacht wieder.) Und dann wißt Ihr ja, die Dame . . . .

Don Salluſt. Ha!

Don Cäſar (merkt die Aengſtlichkeit Don Salluſt's und fährt lachend fort, während jener mit geſpannter Aufmerkſamkeit zuhört). Ihr kennt ſie

ja! — Sie schickt mir eine Duenna mit langem Bart und
rother Nase.

Don Salluft. Warum?

Don Cäsar. Aus Vorsicht, ob auch Don Cäsar sie diese
Nacht erwartet.

Don Salluft (beiseite). Himmel! (laut.) Was hast Du geantwortet?

Don Cäsar. Was anders, als daß ich sie erwarte?

Don Salluft (beiseite). Vielleicht ist noch nicht Alles verloren!

Don Cäsar. Dann kam Euer großer Hauptmann, der mir
draußen sagte, er heiße Don Guritan, (Bewegung Don Salluft's)
der stolze Herr, der heute Morgen den Pagen nicht einmal
sehn wollte, den Don Cäsar ihm gesandt hatte, und der nun
Rechenschaft darüber fordern wollte.

Don Salluft. Was hast Du mit ihm gemacht?

Don Cäsar. Ich stach die Gans todt.

Don Salluft. Gewiß?

Don Cäsar. Gewiß; eben stirbt er da an der Mauer.

Don Salluft. Bist Du überzeugt, daß er todt ist?

Don Cäsar. Ich fürchte beinah.

Don Salluft (beiseite). Ich athme wieder frei! Dem Himmel
Dank, er hat noch nichts verdorben; im Gegentheil. Doch jetzt
fort mit dem rohen Helfer. Das Geld verschmerze ich schon.
(Laut.) Das ist seltsam und sonst habt Ihr Niemand gesehn?

Don Cäsar. Bis jetzt nicht, aber ich will fortfahren. Mein
Name, denk' ich, soll bald in der Stadt bekannt werden. Seid
nur ruhig, ich will einen entsetzlichen Scandal machen.

Don Salluft (beiseite) Teufel! (Laut.) Behalte das Geld,
aber geh' von hier!

Don Cäsar. So? Ihr ließt mir wieder nach Eurer Manier
nachschleichen und ich könnte Deinen blauen Himmel wieder
betrachten, mein Mittelmeer. Ich danke!

Wenn ein Verbrechen man zu sühnen hat!
Stirb hier im Haus' allein und jämmerlich!
(Er schlägt seinen Mantel auseinander, unter dem man die Livree sieht,
die er im ersten Akte trug.)
— Stirb, daß ins Grab auch die Livree dir folgt!
— Doch will der Teufel hier sein Opfer sehn,
(Er stellt einen Stuhl vor die geheime Thüre.)
So soll er doch durch diese Thür nicht kommen!
(Er geht wieder an den Tisch.)
Ja, ja, der Pag' hat Guritan gefunden,
Es war ja noch nicht acht Uhr in der Früh'.
(Er sieht auf die Phiole.)
Mein Urtheil hab' ich selber mir gesprochen,
Die Zeit ist um und ich will selbst auf mich
Des Sarges schweren Deckel niederwälzen.
Ich darf mit Lust dabei doch denken, daß
Kein Mensch jetzt etwas über mich vermag.
Unwiderruflich ist mein Tod. (Setzt sich in den Armstuhl.)
Und sie,
Sie liebt mich! — Gott steh' mir bei; mir fehlt
Der Muth zum Sterben jetzt! (Er weint.)
O hätten sie
In Frieden uns gelassen!
(Birgt sein Haupt in die Hände und weint heftiger.)
Gott!
(Erhebt sein Haupt, betrachtet die Phiole und spricht wie irre.)
Der Mensch,
Der dieses mir verkaufte, fragte, was
Für 'n Datum heute wäre, doch ich wußte
Ihm keine Antwort d'rauf. Mein Kopf ist wirr.
Die Menschen sind so schlimm. Du stirbst und Niemand
Bedauert dich! Wie leid' ich so! — Und doch,
Sie liebte mich! — Ha! wissen, die Vergangenheit

Sei ohne Wiederkehr für uns verloren! —
Ich sehe nie sie wieder! Nie die Hand,
Die ich gedrückt; den Mund, der meine Stirn
Berührt. — O schöner, armer Engel du! —
So trostlos und verzweifelnd hier zu sterben!
Ihr Kleid, an welchem jede Falte Anmuth,
Ihr Fuß, bei dessen Nah'n ich zitterte,
Ihr Blick, worin mein Auge sich berauschte,
Ihr Lächeln, ihre Stimme — Nichts seh' ich!
Ich hör' es nicht! — Ist es denn möglich? Nie?

(Er greift langsam und zagend nach der Phiole; in dem Augenblicke, als er
sie zum Munde führen will, öffnet sich die hintere Thüre und die Königin
tritt herein; weißer Anzug, worüber ein dunkler Mantel, dessen Kapuze auf
die Achseln herabfällt, das bleiche Gesicht sehen läßt. In der Hand hält sie
eine Blendlaterne, die sie auf die Erde stellt, und dann geht sie rasch auf
Ruy Blas zu.)

Zweite Scene.

Ruy Blas. Die Königin.

Königin (hereintretend). Don Cäsar!

Ruy Blas (wendet sich staunend um und schlägt hastig den Mantel
zusammen, der seine Livree bedeckt). Gott, sie ist's! — Gefallen in
Das grause Netz!

(Laut.) Kön'gin!

Königin. Der Schreckensruf!

Cäsar!

Ruy Blas. Wer hieß Euch kommen?

Königin. Du.

Ruy Blas. Ich? Wie?

Königin. Empfing ich nicht von Euch...

Ruy Blas (athemlos). Sprecht rasch!

Königin. Den Brief.

Ruy Blas. Von mir?

Königin. Von Eurer Hand geschrieben, ja!

Ruy Blas. Soll ich das Hirn mir nicht zerschmettern! Aber
Ich habe Euch ja nicht geschrieben, nie!

Königin (zieht ein Billet heraus und hält es ihm vor). So lest...
(Ruy Blas nimmt hastig den Brief, beugt sich über die Lampe und liest:)

Ruy Blas (lesend). „Mein Leben schwebet in Gefahr.
„Nur meine Kön'gin kann den Sturm beschwören...
(Er sieht den Brief verdutzt an, als könnte er nicht weiter lesen.)

Königin (fortfahrend und mit dem Finger auf die Zeile zeigend, die
sie liest:) „Wenn sie heut' Abend in mein Zimmer kommt,
„Wo nicht, bin ich verloren.“

Ruy Blas (mit gebrochener Stimme). Ha, die
Verrätherei!

Königin (fortfahrend zu lesen). „Ihr könnet durch die Thür
„Des Abends unerkannt erscheinen,
„Ein treuer Diener öffnet sie.“

Ruy Blas (beiseite). Ich hatte
Vergessen dies Billet. (Mit fürchterlicher Stimme.)
Geht fort! Geht fort!

Königin. Ich will ja gehn, Don Cäsar. Gott, wie seid
Ihr böse!

Ruy Blas. Ha! was thatet Ihr? Ihr seid
Verloren!

Königin. Wie?

Ruy Blas. Ich kann und darf nicht reden.
Flieht rasch!

Königin. Ich habe doch, um nicht zu irren,
Heut' Morgen Euch 'ne Dame hergeschickt.

Ruy Blas. O Gott, in jedem Augenblicke seh' ich,

Wie aus durchbohrtem Herzen Euer Leben
In raschen Strömen flieht. — O geht von hier!

    Königin (wie von einem plötzlichen Gedanken getroffen). Jetzt faßt
               die Seelenkraft der Liebe mich.

Ein finstres Etwas scheint Euch hier zu droh'n,
Mich drängt Ihr fort aus Eueren Gefahren.
Ich bleibe.

    Ruy Blas. Gott! entsetzlicher Gedanke!
Zu dieser Stunde und an diesem Ort!

    Königin. Der Brief ist ja von Euch und so ...

    Ruy Blas (beide Arme verzweifelnd gen Himmel hebend). Gott helfe!

    Königin. Ihr schickt mich fort.

    Ruy Blas (faßt ihre Hand). Begreift doch!

                   Königin. Ich errathe,
Erst schriebt Ihr mir, und dann — dann reut' es Euch.

    Ruy Blas. Ich schrieb ja nicht. — Ich bin ein Teufel,
         flieh!
O glaub' mir, Arme, Du gingst in die Falle.
Weiß ich denn Nichts, Dich zu berauben, Nichts? —
Ich liebe Dich, Du weißt's, o höre mich!
Zu retten Dich vor dem, was hier Dir droht,
Riß ich das Herz mir aus dem Leibe gern!
O Gott, wie lieb' ich Dich! Drum fliehe!

                Königin. Cäsar!

    Ruy Blas. O flieh! — Doch ich entsinne mich. Geöffnet
Hat Jemand Dir?

    Königin. Nun ja!

         Ruy Blas. O schrecklich! — Wer?

    Königin. Ein Mann mit einer Maske, der sich an
Die Wand gedrückt.

    Ruy Blas. Mit einer Maske, sagst Du?

Was sprach der Mann? Wie sah er aus? War er
Nicht groß? O rede doch, ich flehe Dich!
(Ein ganz schwarz gekleideter Mann mit einer Maske erscheint in der großen
Thüre.)

Der Maskirte. Ich war's.
(Er nimmt seine Maske ab. Es ist Don Salluft. Die Königin und Ruy
Blas erkennen ihn mit Entsetzen.)

Dritte Scene.

Die Vorigen. Don Salluft.

Ruy Blas. O großer Gott, entflieht!
                    Don Salluft. Es ist
Zu spät, die Herzogin von Neuburg ist
Nicht Königin von Spanien mehr.
                    Königin (entsetzt). Salluft!
Don Salluft (auf Ruy Blas zeigend). Von jetzt nur die Ge-
                    fährtin dieses Menschen.
Königin. Gerechter Gott, das ist Verrath! Und Ihr,
Don Cäsar?
Ruy Blas (verzweifelt). Kön'gin, was habt Ihr gethan?
Don Salluft (mit langsamen Schritten auf die Königin zugehend).
Ihr seid in meiner Hand. Doch ihm zu Liebe
Sprech' ich ganz friedlich zu Euch, Majestät;
Denn ich bin ohne Leidenschaft. — Ich find' Euch —
Hört mich ganz ohne Widerrede an —
Allein bei Cäsar hier in seinem Hause
Um Mitternacht. Für eine Königin
Sehr viel und, wenn bekannt es wird, genug,
In Rom die Ehebande aufzulösen;
Der heil'ge Vater soll es bald erfahren.

Doch ist ein Ausweg da, wenn Ihr einwilligt,
Und Alles bleibt geheim.
(Er zieht ein Pergament hervor, welches er entfaltet und der Königin vorlegt).
Ihr unterzeichnet
Mir dieses Pergament an unsern König,
Das durch den Oberkämmerer an den
Staatsanwalt geht — und Ihr — ein Wagen, den
Ich reich mit Geld gefüllt, harrt Eurer draußen —
(Nach außen deutend.)
Ihr beide flieht sogleich. Ich helfe Euch.
Ganz ohne Sorgen könnt Ihr durch Toledo
Und Alcantara fort nach Portugal.
Geht, wo Ihr hinwollt, gleich wird uns es gelten.
Man drückt die Augen zu. Gehorcht! Ich schwöre,
Daß ich allein um Euer Abenteuer
Bis jetzt nur weiß. Doch weigert Ihr's, so weiß
Es morgen ganz Madrid. Mich hindert Nichts,
Ihr seid in meiner Hand.
(Nach dem Schreibzeug auf dem Tisch weisend.)
Hier habt Ihr Alles,
Was Ihr zum Schreiben braucht.
Königin (sinkt vernichtet in einen Lehnstuhl). In seiner Macht
Bin ich.
Don Salluft. Nichts fordre ich von Euch, als die
Einwilligung, dem König dies zu bringen.
(Leise zu Ruy Blas, der unbeweglich und wie vom Blitz getroffen dasteht)
Laß mich gewähren, ich will nur Dein Glück! (Zur Königin.)
Schreibt doch!
Königin (zitternd, beiseit). Was soll ich thun?
Don Salluft (reicht ihr eine Feder, ganz nahe zu ihr). Was liegt
denn auch
An einer Krone! Ihr gewinnt das Glück
Um ihren Preis. All' meine Leute ließ

Ich draußen. Niemand weiß, was hier geschieht,
Wir drei allein.

(Versucht ihr die Feder in die Finger zu schieben, die sie weder annimmt,
noch abweist.)

   Wohlan! (Die Königin blickt ihn zagend und bange an.)
   Wenn Ihr nicht zeichnet,
Schlagt Ihr Euch selber — Aergerniß und Kloster.
  Königin (tief betrübt). O Himmel!
  Don Sallust (auf Ruy Blas zeigend). Cäsar liebt Euch; würdig ist
Er Euer, ist von hohem Stamme, fast
Ein Prinz, begütert, reich, ist Herzog von
Olmedo, Bazan, Grand von Spanien...

(Er hat ihr das Pergament unter die Hand geschoben, sie scheint unterzeichnen zu wollen.)

  Ruy Blas (plötzlich wie aus einem Traum erwachend, entreißt der
Königin Pergament und Feder). Mein Nam' ist Ruy Blas — ich
     bin nur Lakai!
Nicht unterzeichnet, Majestät! — O endlich!
Es hat mich fast erstickt!
    Königin. Was sagt Ihr — Gott!
Don Cäsar, wie?
  Ruy Blas (läßt sein Oberkleid fallen und man sieht ihn in Livrée
     ohne Degen). Ich sagte, daß Ruy Blas
Mein Nam', und ich Lakai bei diesem Menschen.
    (Gegen Don Sallust.)
Ich sagte, daß genug des Frevels hier,
Und daß für solches Glück ich danke, Herr,
Mögt Ihr mir noch so gute Worte flüstern;
Ich sagte, daß es Zeit ist, zu erwachen
Aus dem verfluchten Schlaf, worin mich Euer
Verbrechen knebelte; ich sagte, daß
Ich nicht von hier mehr geh' und daß wir beide

.. teuflische Vereinigung

ı   n denken, Herr! — Ich habe nur

en   l, doch Ihr die Seele des Lakaien.

ç   **Salluft** (ganz kalt zur Königin). Der Mensch ist wirklich
     mein Lakai. (Befehlend zu Ruy Blas.)
       Kein Wort mehr!

  Königin (mit einem Schrei des Entsetzens die Hände ringend).
rechter Gott!

  Don Salluft (fortfahrend). Er sagte nur zuviel.
    (Die Arme kreuzend, mit donnernder Stimme.)

n, so sag' ich Alles denn. Was liegt

an? sättigt meinen Durst nach Rache. (Zur Königin.)

nt Ihr dazu? Lachen wird Madrid.

r nur   mich? Ich stoße Euch vom Thron.

rhan   t mich? Ich jag' Euch aus dem Reich,

d rühme dessen mich. Ihr muthetet

'r Kammermädchen mir als Gattin zu, (In Lachen ausbrechend.)

einen Lakai gab' ich Euch zum Geliebten.

r könnt ihn auch heirathen, ja gewiß,

r König gibt es zu. Sein Herz wird Euer

ichthum. Ihr habt alsdann zum Herzog ihn

macht — um selber Herzogin zu werden.
     (Die Zähne knirschend.)

rnichtet habt Ihr mich, gedemüthigt,

ı Füßen hingestreckt — und Ihr, Ihr konntet

ruhig schlafen! — Thörin, die Ihr wart!

hrend er sprach, ist Ruy Blas an die Thüre des Hintergrunds gegangen
ı hat sie von innen wohl verschlossen; dann nähert er sich unbemerkt und
ıgsam Don Salluft von hinten. Während dieser den vernichtenden und
umphirenden Blick auf die Königin heftet, reißt er von hinten dem Marquis den Degen aus der Scheide.)

  Ruy Blas (den Degen Don Salluſts in der Hand, fürchterlich).
h glaube, Ihr beschimpft die Kön'gin da!

(Don Salluft stürzt auf die Thüre. Ruy Blas verrennt ihm den Weg.)

O gebt Euch nicht die Mühe, 's ist umsonst,
Der Riegel ist schon lange vorgeschoben.
Der Teufel hat bis heute Euch beschützt,
Doch jetzt entgeht Ihr nimmer meinen Händen.
— Jetzt soll mein Fuß die Schlange auch zerstampfen,
Kein Mensch, die Hölle selber, tritt nicht ein!
Mein Eisenschuh zertritt jetzt Deine Stirn.
— Nicht wahr, der Mensch war unverschämt, o Königin?
Ich will's Euch sagen, er hat keine Seele,
Er ist ein Ungeheuer! Gestern hat
Er lachend mich zerdrückt, mein Herz mit Wolluft
Zerrissen, hat ein Fenster mich geheißen
Zu schließen. Ich war auf der Folter, ich,
Ich betete, ich weint' — ich kann's nicht sagen. (Zum Marquis.)
Ihr zählt da Eure Leidensrechnung her;
Was geht mich Euer Schwatzen weiter an,
Ich will's nicht hören. — Doch Du hast gewagt,
Elender, Deine Kön'gin zu beschimpfen
In meiner Gegenwart! — Hör', für 'nen Klugen
Ist Deine Dummheit zu verwundern! — Und
Du hast gemeint, ich würde Dich so ruhig
Gewähren lassen! — Höre, wenn ein Mensch,
So hoch er stehn auch mag, ein Schuft, ein Schurke,
Gewisse himmelschreiende Verbrechen
Begeht, so hat ein Jeder dann, ob Bauer,
Ob Edelmann, das Recht, ihn zu erfassen,
Ihm seine Meinung ins Gesicht zu spucken,
Und Degen oder Hacke zu ergreifen.
Ich war Lakai, jetzt will ich Henker werden.
    Königin. Ihr tödtet doch den Mann nicht?
                          Ruy Blas. Ich weiß,

Daß es nicht schicklich ist, erhabne Frau,
An solchem Ort ein solches Amt zu üben.
(Er treibt Don Salluſt auf das Kabinet zu.)
Ja, ja, Herr! Sprecht vorab erſt ein Gebet.

Don Salluſt. Das iſt ein Mord!

Ruy Blas. Meinſt Du?

Don Salluſt (der unbewaffnet iſt, wirft einen verzweifelnden Blick
umher). Und keine Waffe
Hängt an der Wand! (Zu Ruy Blas.)

Gib mir nur einen Degen!

Ruy Blas. Marquis, Du ſcherzſt! Bin ich ein Edelmann?
Pfui! ein Duell! Ich bin ja ein Lakai!
Bedientenpack mit Roth und Gold bordirt;
Ein Kerl, den man beliebig peitſcht und fortjagt —
Und der Dich mordet. — Ja, ich will Dich morden,
Wie einen Feigling und wie einen Hund!

Königin. O Gnade!

Ruy Blas (zur Königin, den Marquis faſſend). Majeſtät! Hier
gilt nur Rache!
Der Engel kann den Teufel nicht mehr retten.

Königin (auf den Knieen). O Gnade!

Don Salluſt (ſchreiend). Mörder! Hülfe!

Ruy Blas (den Degen aufhebend). Biſt Du bald jetzt fertig?

Don Salluſt (ſtürzt ſich auf ihn und ſchreit). Das iſt ein Meuchel-
mord!

Ruy Blas (ihn in das Kabinet treibend). Nein, Strafe!
(Beide verſchwinden in dem Kabinet, das ſich hinter ihnen ſchließt.)

Königin (bleibt allein und ſinkt halbtodt in einen Seſſel). Himmel!

Vierte Scene.

Die Königin. Ruy Blas.

Ruy Blas geht wankend einige Schritte auf die unbewegliche, starre Königin; dann fällt er auf beide Kniee und heftet den Blick auf die Erde, als wagte er seine Augen nicht bis zu ihr zu erheben.)

Ruy Blas (mit ernster, tiefer Stimme). Jetzt auch zu Euch
noch wen'ge Worte, Kön'gin.
— Ich nah' Euch nicht, doch will ich offen reden.
Ich bin so schuldig nicht, als Ihr es glaubt,
Ich fühl', daß mein Verrath in Euren Augen
Erschrecklich ist. — O, es ist schwer, Euch zu
Erzählen! — Ich hab' kein gemeines Herz,
Doch diese Liebe, sie hat mich verdorben.
Ja, ich gesteh's, ich hätte wohl ein Mittel
Ausfinden können. — Ja, die Schuld ist groß,
Doch hab' ich ehrlich Euch und treu geliebt.

Königin. Herr . . . .
Ruy Blas (immer auf den Knieen). Fürchtet Nichts, ich komm
Euch nicht zu nah.
Ich will Eu'r Majestät es Alles deutlich
Erklären. — Ich hab' kein gemeines Herz!
Ich bin den ganzen Tag heut' wie ein Narr
Umhergerannt, um Euch zu retten. Alle sah'n
Mit Staunen an mich immer, und in meiner
Fühllosigkeit empfand ich plötzlich, wie
Ein armes Weib die großen Tropfen Angstschweiß
Mir von der Stirne wischte. — O habt Mitleid
Mit mir, beim ew'gen Gott, es bricht mein Herz!

Königin. Was wollt Ihr denn?
Ruy Blas (die Hände faltend). Verzeihung, hohe Frau.

Königin. Nie.

Ruy Blas. Nie!

(Er steht auf und geht langsam auf den Tisch zu.)

Gewiß?

Königin. Nein, nie!

Ruy Blas. (Er nimmt die Phiole von dem Tisch, setzt sie an seine Lippen und leert sie auf einen Zug.) So lisch denn aus, Trauriges Licht!

Königin (steht auf und läuft auf ihn zu). Was thut Ihr?

Ruy Blas (die Phiole hinstellend). Nichts. Mein Elend Ist jetzt vorbei. Ich segn' Euch, die mir flucht.

Königin (außer sich). Don Cäsar!

Ruy Blas. Wenn ich denke, armer Engel, Daß Du mich liebtest!

Königin. Was ist's für ein Trank? Was that'st Du? O rede, rede! sprich! Ich will Dir ja verzeih'n, ich lieb' Dich, Cäsar!

Ruy Blas. Ich heiße Ruy Blas.

Königin (umarmt ihn). Ruy Blas, ich verzeih Dir! Was thatest Du? Sprich! Ich befehl es Dir! Der dunkle Trank war doch kein Gift? o rede!

Ruy Blas. Gift war es. Doch mein Herz ist froh.

(Die Königin in seinen Armen haltend und gen Himmel blickend.)

Erlaube, ewige Gerechtigkeit,
Daß der Lakai hier diese Kön'gin segnet!
Sie hat mein armes Herz getröstet, lebend
Durch ihre Lieb', im Tode durch ihr Mitleid!

Königin. Gift! Gott, ich habe ihn getödtet! — Hätte Ich Dir verziehn!

Ruy Blas (mit brechender Stimme). Es wäre doch dasselbe.

(Seine Stimme bricht, die Königin hält ihn in ihren Armen.)

Ich konnte nicht mehr leben. O fahrt wohl!
(Zeigt auf die Thüre.)

Flieht. Alles bleibt geheim. Ich sterbe.
(Er fällt zusammen.)

      Königin (sich über ihn werfend). O,
Ruy Blas!
      Ruy Blas (erwacht im Sterben, als die Königin seinen Namen
nennt). Dank! Dank!

(Der Vorhang fällt.)

Victor Hugo's

sämmtliche Werke,

übersetzt von Mehreren.

Dreizehnter Band.

Dritte revidirte Auflage.

Stuttgart:

Rieger'sche Verlagsbuchhandlung.

(A. Benedict.)

1859.

Buchdruckerei der Rieger'schen Verlagshandlung in Stuttgart.

Die Burggraven,

eine Trilogie.

Uebersetzt von

Dr. Heinrich Elsner.

Einleitung.

Zu Aeschylus' Zeit war Thessalien ein unheimliches Land. Früher hatte es daselbst Riesen gegeben; jetzt gab es Gespenster. Der Reisende, welcher sich über Delphi hinauswagte und in die schwindelhohen Forsten des Berges Knemis eindrang, glaubte, wenn die Nacht eingebrochen war, überall die Augen der in dem Moraste des Sperchios begrabenen Cyclopen sich öffnen und flammen zu sehen. Die dreitausend thränenreichen Okeaniden erschienen ihm in Masse in den Wallen über dem Pindus. In den hundert Thälern des Oeta fand er die tiefen Fußstapfen und die hundert Arme der Giganten wieder, die einst auf diese Felsen stürzten; mit abergläubischem Schauer betrachtete er an der Seite des Pelion die Spur der sich ballenden Krallen des Enceladus. Zwar bemerkte er an dem Horizont den ungeheuren Prometheus nicht, der, wie Berg auf Berg, auf den gewitterumstürmten Höhen liegt (denn die Götter hatten Prometheus unsichtbar gemacht): aber durch die Veräftungen der alten Eichen hindurch gelangten die Seufzer des Kolosses zu ihm, der vorüberging; und von Zeit zu Zeit hörte er den Riesengeier seinen ehernen Schnabel an dem klangvollen Granit des Berges Othrys versuchen. Minutenweise entfuhr ein Donnerrollen dem Berg Olympus, und in diesen Augenblicken sah der erstarrende Wanderer im Norden aus den Rissen der Kambunischen Berge hervor das mißgestaltete Haupt des Riesen Hades starren, des Gottes der Finsterniß unter der Erdfläche; im Osten, über dem Berg Ossa, hörte er Keto, das fischmenschliche Ungeheuer, brüllen; und im Westen, über dem Berg Callidromos, jenseits des Alcyonenmeeres, wehte ihm ein ferner von Sicilien kommender Wind das lebendige und furchtbare Bellen des Scyllaschlundes zu. Die Geologen erblicken heutzutage in dem durcheinander geworfenen Thessalien nur den Stoß eines Erdbebens und den Durchbruch diluvianischer Wasser; aber für Aeschylus und seine Zeitgenossen waren diese verheerten Ebenen, diese entwurzelten Forste, diese versumpften Seen, und diese Mißformen umgestürzter Berge etwas noch Schrecklicheres, als ein durch Ueberschwemmung verheertes oder durch Vulkane zerrüttetes Land; es war dies das schauervolle Schlachtfeld, wo die Titanen gegen Jupiter gekämpft hatten.

Was die Fabel erfunden hat, bringt die Geschichte bisweilen nachträglich zur Wirklichkeit. Dichtung und Wahrheit überraschen nicht selten unsern Geist durch die seltsame Aehnlichkeit, welche er da und dort zwischen beiden entdeckt. So gibt es dermalen — wenn man nur in Ländern und Thatsachen, welche der Geschichte angehören, das Uebernatürliche und die chimärischen Steigerungen, welche das Auge der Geisterseher den rein mythologischen Dingen leiht, weglassen will, aber von der Sage oder Legende den Grund menschlicher Wirklichkeit, welcher den gigantischen Hebeln der alten Fabel fehlt, beibehält — es gibt, sage ich, dermalen in Europa eine Gegend, welche verhältnißmäßig für uns in poetischer Hinsicht das ist, was Thessalien für Aeschylus war, — ein merkwürdiges und wundervolles Schlachtfeld. Man erräth, daß wir von den Rheinufern sprechen wollen. Dort ist in der That, wie in Thessalien, Alles zerblitzt, verwüstet, zerrissen, zerstört; Alles trägt das Gepräge eines tiefen, blutigen, unversöhnlichen Krieges,

Kein Felsen, der nicht eine Veste, keine Veste, die nicht ein Trümmerhaufen wäre; der Engel der Vertilgung ist darüber hingeschritten; aber diese Vertilgung ist so groß, daß man fühlt, der Kampf mußte ein Riesenkampf sein. Hier haben in der That vor sechs Jahrhunderten andere Titanen gegen einen andern Jupiter gekämpft: diese Titanen sind — die Burggraven; dieser Jupiter ist der Kaiser von Deutschland.

Schreiber dieser Linien — und man gestatte ihm, hier seinen Gedanken auseinander zu setzen, der auch sonst schon so richtig dargelegt wurde, daß ihm fast nichts bleibt, als die Wiederholung des von Andern längst besser Gesagten — Schreiber dieses hatte schon geraume Zeit erkannt, wie viel Neues, Außerordentliches und tief Interessantes für uns, die dem Mittelalter entstammenden Völker, in jenem Kriege der modernen Titanen zu finden sein muß, einem Kriege, der zwar weniger phantastisch, aber vielleicht ebenso großartig ist, als der der antiken Titanen. Die Titanen sind Mythen, die Burggraven sind Menschen. Ein Abgrund liegt zwischen uns und den Titanen, Söhnen des Uranus und der Gäa; zwischen den Burggraven und uns aber liegt nur eine Reihe von Geschlechtern; wir Rheingrenznationen stammen von ihnen ab; sie sind unsere Väter. Daher zwischen ihnen und uns dieser innige Verband, kraft dessen wir, bei aller Bewunderung für ihre Größe, sie um ihrer Wirklichkeit willen verstehen. Es sind also die interesse-erregende Realität, die poetisch anregende Größe, die das Volk anziehende Neuheit der dreifache Gesichtspunkt, weßhalb der Kampf der Burggraven mit dem Kaiser sich der Phantasie des Dichters zum Stoffe bieten konnte.

Der Verfasser des Nachstehenden war schon lange mit diesem großen Gegenstand, der sein innerstes Denken anregte, beschäftigt, als ihn vor einigen Jahren der Zufall an die Rheinufer führte. Derjenige Theil des Publikums, welcher an seinen

Arbeiten einiges Interesse nimmt, hat vielleicht das „der Rhein" betitelte Buch gelesen, und weiß folglich, daß diese Reise eines einfachen Wanderers nur ein langer, phantastischer Spaziergang eines Alterthümlers und Träumers war. *

Das Leben, welches der Verfasser in diesen monumentenreichen Orten führte, kann man sich leicht vorstellen. Er lebte dort weit mehr unter den Steinen der Vergangenheit, als unter den Menschen der Gegenwart. Alltäglich durchforschte er mit jener Leidenschaft, welche die Alterthumsforscher und Dichter verstehen werden, irgend ein altes in Trümmern liegendes Gebäude. Bisweilen that er dies vom frühen Morgen an: er ging hinaus, bestieg den Berg und die Ruine, zertrat Baumwurzeln und Dornen unter seinen Sohlen, räumte mit der Hand das Schlingkraut weg, erkletterte die alten Mauerringe und entzifferte hier, einsam, nachdenklich, alles Andere vergessend, beim Gesang der Vögel unter den Strahlen der aufgehenden Sonne auf einem moosgrünen Basalt sitzend oder bis an die Kniee im hohen, thaubefeuchtenden Grase watend, eine römische Inschrift, oder maß den Abstand eines Bogengewölbes, während das Ruinengesträuche, lustig bewegt vom Winde, über seinem Haupte einen Blütenregen auf ihn herabschüttelte. Bisweilen war es am Abend; im Augenblick, wo die Dämmerung den Hügeln ihre Gestalt entzog, und dem Rhein die unheimliche Weiße des Stahles verlieh, schlug er, der Wanderer, den da und dort von einer Lava= oder Schieferstufe durchschnittenen Bergpfad ein und stieg bis zur niedergerissenen Burg hinauf. Dort, einsam wie am Morgen, ja noch einsamer, denn kein Ziegenhirte würde sich an solche Orte zu dieser Stunde, wo der Aberglauben sein Spiel treibt, wagen, gab er sich im Dunkel verloren jener tiefen Traurigkeit hin, welche das Herz beschleicht, wenn man sich bei sinkendem Abend

* Geschrieben, aber wahr.　　　　　　　　　Anm. d. Uebers.

auf einem öden Gipfel befindet zwischen den Sternen Gottes, die sich glänzend über unserm Haupte entzünden, und den armen Sternen des Menschen, die sich gleichfalls entzünden, aber hinter dem elenden Fenster der Hütten im Schatten unter unsern Füßen. So enteilten Stunden, und oft hatte es schon auf allen Thürmen des Thales Mitternacht geschlagen, und noch stand er da unter irgend einem Thurmrisse, nachsinnend, betrachtend, erforschend die Lage der Ruine, studirend, als überlästiger Zeuge vielleicht, das Wirken der Natur in der Einsamkeit und Dämmerniß; mitten unter dem Schwirren der Nachtgeschöpfe all' jenes seltsame Geräusch belauschend, aus dem die Legende Stimmen gemacht hat; im Winkel der Säle und im Hintergrunde der Dinge all' jene von dem Mond und der Nacht unbestimmt gezeichneten Formen betrachtend, woraus die Legende Gespenster gemacht hat. Man sieht, seine Tage und seine Nächte waren von der gleichen Idee erfüllt: er suchte diesen Ruinen Alles zu entnehmen, was sie einen Denker lehren können.

Leicht wird man begreifen, daß mitten unter solchen Betrachtungen und Träumereien die Burggraven ihm wieder in den Sinn kamen. Wir wiederholen, was wir anfänglich von Thessalien gesagt haben, kann man vom Rheine sagen: vordem hatte er Riesen, jetzt hat er Gespenster. Diese Gespenster erschienen dem Dichter. Von den Schlössern auf diesen Hügeln sprang seine Einbildungskraft zu den Schloßbewohnern über, welche in der Chronik, der Legende und der Geschichte stehen. Vor Augen hatte er die Gebäude, die Menschen suchte er sich einzubilden; aus der Schale kann man auf die Moluske, aus dem Hause kann man auf den Bewohner schließen. Und welche Häuser waren nicht diese Burgen am Rhein! und welche Bewohner diese Burggraven! diese großen Ritter hatten drei Rüstungen: die erste, aus Muth gemacht, war ihr Herz; die zweite, aus Stahl, war ihr Kleid; die dritte, aus Granit, war ihre Veste.

Eines Tags, als der Verfasser so eben die gestürzten Cita-
dellen, welche des Wisperthales Zinnen bilden, besucht hatte,
fühlte er, daß der Augenblick gekommen sei. Er fühlte, ohne
sich zu verhehlen, wie wenig er ist und kann, daß er aus dieser
Reise ein Werk ziehen müsse, aus dieser Poesie ein Gedicht.
Die Idee, so däucht es ihm, welche sich seinem Geiste darstellte,
war nicht ohne Größe. Hier ist sie:

Wieder aufzubauen mit dem Gedanken, in all' seinem
Umfang und seiner Macht eines jener Schlösser, worin die
Burggraven, Fürsten gleich, ein beinahe königliches Leben
führten. „Im zwölften und dreizehnten Jahrhundert,“ sagt
Kohlrausch, „steht der Titel Burggrav unmittelbar nach dem
Königstitel.“ Zu zeigen in der Burg die drei Bestandtheile,
die sie enthält, eine Veste, einen Palast, ein Verließ; diese in
ihrer ganzen Wirklichkeit dem erstaunten Auge des Zuschauers
eröffnete Burg zu bevölkern und in ihr zugleich und neben
einander vier Generationen leben zu lassen, den Ahn, den
Vater, den Sohn, den Enkel; aus dieser Familie gleichsam
ein schlagendes und vollständiges Symbol der Sühnung zu
machen; auf das Haupt des Ahns den Frevel Kains, in das
Herz des Vaters die Triebe eines Nimrods, in die Seele des
Sohns die Laster eines Sardanapals zu legen, und durch-
blicken zu lassen, daß der Enkel eines Tags gar leichtlich das
Verbrechen werde begehen können zugleich aus Leidenschaft wie
sein Urgroßvater, aus Rohheit wie sein Großvater und aus
Verderbniß wie sein Vater; den Ahn zu zeigen, wie er Gott,
und den Vater, wie er dem Ahn unterworfen ist; den Ersteren
durch die Reue und den Zweiten durch die kindliche Ehrfurcht
wieder aufzurichten; so zwar, daß der Ahn ehrwürdig und
der Vater groß sein kann, indeß die zwei folgenden Generationen, erniedert durch die wachsenden Laster, mehr und mehr
in die Schatten herabsinken; aufzustellen in solcher Weise vor

Jedermann und der Menge sichtlich zu machen jene große sitt-
liche Leiter der Entartung der Geschlechter, welche das lebende,
ewig allen Menschen vor Augen stehende Exempel sein sollte,
aber leider bis jetzt von Niemand geschaut wurde, als von den
Träumern und Dichtern; Form und Gestalt zu geben jener
Lehre der Weisen, endlich aus diesem philosophischen Begriff
eine schlagende, ergreifende, eindringliche dramatische Wirklichkeit zu machen.

Das ist der erste Theil und so zu sagen das erste Gesicht
der Idee, welche den Verfasser ergriff. Uebrigens unterschiebe
man ihm nicht den Dünkel, als entwickle er hier etwas, was
er ausgeführt zu haben glaubt; er begnügt sich (was ein für
allemal gesagt sein mag) mit Erörterung dessen, was er gewollt.

In das Leben einer solchen, allen Blicken und allen Geistern
so vollständig und belehrend dargestellten Familie müssen zwei
große geheimnißvolle Mächte eingreifen, das Verhängniß und
die Vorsehung: das Verhängiß, welches strafen, die Vorsehung,
welche verzeihen will. Als sich die eben dargelegte Idee vor
dem Verfasser entfaltete, fand er augenblicklich, daß diese doppelte Vermittlung zur Moralität des Werkes nöthig sei. Er sagte
sich, daß man in diesem trauervollen, unbezwinglichen, luftigen
und allmächtigen Palaste, bevölkert von Männern des Kriegs
und Männern des Vergnügens, von Fürsten und Soldaten
erfüllt, zwischen den Orgien der Jünglinge und den düstern
Träumereien der Greise hinirren sehen müsse das große Bild
der Sklaverei; daß dieses Bild ein Weib sein müsse, denn das
Weib allein, geschändet am Fleische wie an der Seele, kann
die Knechtschaft vollkommen darstellen; endlich daß dieses Weib,
diese Sklavin, alt, abgezehrt, gefesselt, wild wie die Natur,
der sie sich hingibt, unbändig wie die Rache, drauf sie Tag
und Nacht sinnt, im Herzen hegend die Leidenschaft der Finsternisse, das heißt die Rache, und im Geiste besitzend die Wissen-

schaft der Finsternisse, das heißt die Magie, das Verhängniß
in sich personifizire. Andererseits sagte er sich, daß, wenn man
nothwendig die Sklaverei sich unter dem Fuß der Burggraven
hinschleppen sehen müsse, es gleichfalls unumgänglich sei, daß
man die Oberherrlichkeit über ihren Häuptern blitzen sehe; er
fand, daß mitten unter diesen Banditenfürsten ein Kaiser erscheinen müsse; daß in einem Werke dieser Art der Dichter,
wenn er das Recht hatte, zur Schilderung der Epoche seine
Lehren der Geschichte zu entlehnen, gleichfalls das Recht hatte,
was die Legende bestätigt, für die Handlung seiner Personen
anzuwenden; daß es vielleicht schön wäre, auf einen Augenblick zu erwecken und aus den geheimnißvollen Tiefen, worin
der glorreiche militärische Messias, welchen Deutschland bislang
erwartet, begraben ist, hervorzuführen den kaiserlichen Schläfer
von Kaiserslautern* und in die Mitte der Riesen des Rheins
zu werfen furchtbar und donnernd den Jupiter des zwölften
Jahrhunderts, Friedrich Barbarossa. Zuletzt sagte er sich
auch, es läge vielleicht etwas Großartiges darin, daß, während
eine Sklavin das Verhängniß darstelle, ein Kaiser die Vorsehung
in sich personifizire. Diese Idee befruchtete seinen Geist, und
er dachte bei solcher Benützung der Gestalten, in welche sein
Gedanke sich übertrug, in der Entwirrung des Knotens, zu
großartigem und moralischem Schluß (wie ihm wenigstens däucht)
das Verhängniß durch die Vorsehung, die Sklavin durch den
Kaiser, die Rache durch die Gnade paralysiren zu können.

Da es in jedem Werke, wie düster dasselbe sei, eines Licht-
strahls, d. h. eines Strahls der Liebe bedarf, so dachte er ferner, daß es nicht hinreiche, den Contrast der Väter und der
Söhne, den Kampf der Burggraven und des Kaisers, den Zusammenstoß des Verhängnisses und der Vorsehung zu zeichnen;
daß er auch, und zwar mit Vorliebe, zwei sich liebende Herzen

* Im Nußbäume.   Anm. d. Uebers.

zu machen habe, und daß ein keusches, hingebendes, reines und rührendes Paar, als Mittelpunkt des Stückes hingestellt und durch das ganze Drama strahlend, die Seele dieser ganzen Handlung sein müsse.

Denn nach unserer Ansicht ist Folgendes eine Hauptbedingung. Welcher Art das Drama sei, ob es Legende, Geschichte oder Dichtung enthalte, enthalten muß es vor Allem Natur und Menschlichkeit. Laßt, wenn ihr wollt (das ist Dichterrecht), Statuen wandeln in euren Dramen, laßt Tiger darin auftreten; aber zwischen diese Statuen und Tiger stellet Menschen. Habet den Schrecken, aber habet auch das Mitleid! Unter diesen Stahlkrallen, unter diesen Steinfüßen lasset zermalmen das Menschenherz!

So boten sich Geschichte, Legende, Sage, Wirklichkeit, Natur, Familie, Liebe, naive Sitten, wilde Physiognomien, Fürsten, Soldaten, Abenteurer, Könige, biblische Patriarchen, homerische Menschenjäger, äschyleische Titanen — Alles zumal der mit Wundern umgebenen Einbildungskraft des Dichters für dieses ungeheure Gemälde, das ihm oblag, dar, und er fühlte sich unwiderstehlich zu dem Werke seines träumerischen Sinnens hingezogen; Schade, daß er so wenig vermag und der große Stoff keinen großen Dichter fand! Denn hier war gewiß Veranlassung zu einer majestätischen Schöpfung! man konnte bei solchem Gegenstande mit dem Gemälde einer Lehensfamilie das Gemälde einer heroischen Gesellschaft verbinden, mit beiden Händen zugleich nach dem Erhabenen und dem Pathetischen greifen, mit der Epopee anfangen und mit dem Drama schließen.

Nachdem der Autor in der beschriebenen Weise, ohne sich jedoch seine Schwäche zu verhehlen, dieses Gedicht in seinem Gedanken skizzirt hatte, fragte er sich um die Form, die er demselben geben sollte. Nach seiner Ansicht muß das Gedicht die Form des Gegenstandes selbst haben. Die Regel: Nova minor,

neu sit quinto etc. hat in seinen Augen nur eine sekundäre
Bedeutung. Die Griechen dachten nicht daran, und die impo-
santesten Meisterstücke der Tragödie im engern Sinn sind außerhalb dieses angeblichen Gesetzes geboren. Die wahre Regel ist
folgende: Jedes Geisteswort muß mit dem besondern Schnitt
und den speziellen Abtheilungen zu Tage kommen, welche ihm
die darin enthaltene Idee nach logischen Gesetzen zuerkennt.
Hier nun war das, was der Verfasser zeichnen und auf dem
Culminirpunkte seines Werks zwischen Barbarossa und Guanhumara, zwischen die Vorsehung und das Verhängniß stellen
wollte, das war, sage ich, das Gemüth des alten hundertjähri-
gen Burggraven Job-der-Verfluchte, dieses Gemüth, das am
Rande des Grabes seine unheilbare Melancholie nur noch mit
einem dreifachen Gefühle beschäftigt, dem Gefühle für Haus,
Deutschland, Geschlecht. Diese drei Gefühle geben dem Werke
seine natürliche Eintheilung. Der Autor entschloß sich daher,
sein Drama in drei Abtheilungen zu bearbeiten. Und in der
That, wenn man nur einen Augenblick die drei wirklichen
Ueberschriften der drei Akte, welche mehr die Bezeichnung der
äußeren Handlung sind, durch mehr metaphysische Titel,
welche den innern Gedanken ausdrücken, ersetzen wollte, würde
man finden, daß jede dieser drei Abtheilungen einem der drei
Grundgefühle des alten deutschen Ritters: Haus, Deutschland,
Geschlecht, entspricht. Die erste Abtheilung könnte daher be-
tititelt werden: Gastfreundschaft; die zweite: Vaterland;
die dritte: Väterlichkeit.

Eintheilung und Form des Drama's einmal beschlossen,
entschied sich der Verfasser für die Aufschrift: Trilogie über
sein vollendetes Werk. Hier, wie anderswo, bezeichnet Trilogie
einzig und wesentlich ein Gedicht in drei Gesängen, oder ein
Drama in drei Akten. Durch die Anwendung dieses Wortes
beabsichtigte er bloß die Wiedererweckung einer großen Erinne-

rung, den Ruhm, so viel er es mit dieser stillen Huldigung vermag, des alten Dichters der Orestias, welcher, von seinen Zeitgenossen verkannt, mit stolzer Traurigkeit sagte: „Ich weihe meine Werke dem Gott der Zeit;" er beabsichtigte mit dieser freilich verwegenen Anspielung dem Publikum zu bemerken, daß, was der große Aeschylus für die Titanen that, er selbst, ein unglücklicherweise allzu tief unter dieser glorreichen Aufgabe stehender Poet, für die Burggraven zu thun versuchen wolle.

Uebrigens haben Publikum und Presse, diese Stimme des Publikums, ihm edelmüthig nicht das Talent, sondern die Absicht gut geschrieben. Jeden Tag kommt jene mitfühlende und einsichtsvolle Menge, welche so gern in das ruhmvolle Theater Corneille's und Molière's eilt, in diesem Werke zu suchen — nicht was der Verfasser darein gelegt hat, sondern was er darein zu legen versuchte. Er ist stolz auf die beharrliche und ernste Aufmerksamkeit, welche das Publikum seinen Arbeiten schenkt, so unzulänglich sie sein mögen, und fühlt — was er anderswo schon ausdrückte — daß diese Aufmerksamkeit für ihn eine bedeutende Verantwortlichkeit involvirt. Schuldig ist der Dichter dem Volke, beharrlich nach dem Großen zu streben, den Geistern das Wahre, den Seelen das Schöne, den Herzen die Liebe, und der Menge niemals ein Schauspiel zu bieten, das keine Idee ist. Selbst die Komödie, wenn sie dramatisch wird, muß eine Lehre enthalten, ihre Philosophie haben. In unsern Tagen ist das Volk groß; um von ihm verstanden zu werden, muß der Dichter aufrichtig sein. Nichts steht der Größe näher, als die Redlichkeit.

Das Theater muß aus dem Gedanken das Brod der Masse machen. Ein Wort noch, und er schließt. Die Burggraven sind nicht, was einige sonst vortreffliche Köpfe geglaubt haben, ein Werk bloßer Phantasie, das Produkt eines willkürlichen

Phantasieschwunges. Weit entfernt! Wenn ein so unvollkom-
menes Werk so weitläufig erörtert zu werden verdiente, so
würden vielleicht viele Personen überrascht sein, wenn man ihnen
sagte, daß in dem Gedanken des Verfassers etwas ganz Anderes
lag, als die Absicht, einer Laune der Einbildungskraft in der
Wahl des Stoffes Gehör zu geben, er hat dies — beiläufig
bemerkt — weder diesmal, noch in irgend einem seiner andern
Werke gethan. In der That, es gibt gegenwärtig eine euro-
päische Nationalität, wie es zu Aeschylus', Sophokles' und
Euripides' Zeiten eine griechische gab. Die ganze zusammen-
hängende Gruppe der Civilisation, welcher Art sie gewesen und
jetzt sein mag, war immer das große Vaterland des Dichters.
Für Aeschylus war es Griechenland, für Virgil die römische
Welt, für uns ist es Europa. Ueberall, wo Licht ist, fühlt sich
und ist die Intelligenz zu Hause. Darum macht — mit aus-
drücklicher Beibehaltung jedes Verhältnisses und unter der Vor-
aussetzung, daß Kleines mit Großem verglichen werden darf —
der Dichter, welcher den Kampf der Burggraven erzählt, ein
europäisch-nationales Werk in demselben Sinn und derselben
Bedeutung, wie Aeschylus, wenn er den Titanenkampf erzählte,
einst für Griechenland ein nationales Werk gemacht hat. Welches auch die augenblicklichen und aus der Grenzfrage entstehen-
den Regungen benachbarter Eifersucht sein mögen, alle polizir-
ten Nationen gehören dem gleichen Centrum an und sind
unaufhörlich verbunden durch eine geheime innere Einheit.
Die Civilisation schafft uns Allen die gleichen Gefühle, den
gleichen Geist, den gleichen Zweck und die gleiche Zukunft.
Uebrigens bleibt Frankreich, welches der Civilisation selbst seine
universelle Sprache und seine königliche Initiative leiht, Frankreich bleibt, auch wenn wir uns mit Europa in einer Art großer
Nationalität verschmelzen, nichts desto weniger unser erstes
Vaterland, wie Athen die eigentliche Vaterstadt des Aeschylus

und Sophokles war. Diese waren Athenienser, wie wir Franzosen sind, und wir sind Europäer, wie sie Griechen waren.

Das lohnt der Mühe, näher erörtert zu werden. Der Verfasser wird es vielleicht eines Tags thun. Hat er es gethan, so wird man den einheitlichen Zusammenhang seiner bisherigen Werke leichter begreifen. Man wird das Band, das sie verkettet, erhalten. Dieser Bündel hat seinen Leim. Bis dahin wiederholt er mit Vergnügen seine Behauptung kategorisch: ja, die gesammte Civilisation ist das Vaterland des Dichters. Dieses Vaterland hat keine andere Grenze, als die düstere und unselige Linie, wo die Barbarei beginnt. Dereinst aber — hoffen wir das! — wird der ganze Erdball civilisirt, alle Punkte des menschlichen Wohnsitzes werden aufgeklärt sein; und dann ist der herrliche Traum der Intelligenz in Erfüllung gegangen: daß man zum Vaterland die Welt und zur Nation die Menschheit habe.

25. März 1843.

Die Burggraven,

eine Trilogie.

Personen.

Job, (Hiob) Burggrav von Heppenheff.

Magnus, Sohn Job's, Burggrav von Warbeck.

Hatto, Sohn von Magnus, Marquis von Verona, ! von Nollig.

Gerlois, Hatto's Sohn (Bastard), Burggrav von Saareck.

Friedrich von Hohenstaufen.

Otbert.

Der Herzog Gerhard von Thüringen.

Gilissa, Markgrav von der Lausitz.

Plato, Markgrav von Mähren.

Lupus, Graf von Bergen.

Cadwalla, Burggrav von Oleapls.

Darius, Burggrav von Lahneck.

Die Gräfin Regina.

Guanhumara.

Hedwig.

Karl.

Hermann.

Cynulfus.   } Studenten.

Haquin.

Gondicarius.   } Sklaven (Gefangene.)

Teudo.   } Kaufleute und Bürger.

Kunz.

Swan.

Perez.

Joffius, Soldat.

Der Burghauptmann.

Ein Soldat.

Ort und Zeit der Handlung: Heppenheff. 120...

Erste Abtheilung.

Der Ahn.

Personen.

Job.

Magnus.

Hatto.

Gorlois.

Otbert.

Regina.

Guanhumara.

Die Burggraven und Fürsten.

Die Sklaven.

Ein Bettler.

Pagen, Soldaten, Bogenschützen, Hellebardiere.

Erste Abtheilung.

Die alte Galerie der Burgherrn-Bilder von Heppenheff. Diese Galerie welche ein Rundel bildete, zog sich rings um den großen Thurm und stand, mit dem Rest des Schlosses durch vier an den Hauptpunkten angebrachte große Thore in Verbindung. Wenn der Vorhang aufgeht, bemerkt man einen Theil dieser Galerie, welche eine Wendung macht und sich hinter der runden Mauer des Thurms verliert. Zur Linken eines der vier Verbindungsthore. Zur Rechten ein hohes und breites Thor, das mit dem Innern des Thurmes in Verbindung steht, durch eine dreistufige Treppe erhöht und mit einer geheimen Seitenthüre versehen. Im Hintergrund eine römische Bogenhalle mit niedrigen Pfeilern, bizarren Kapitälern, eine zweite Etage tragend und mit der Galerie durch eine große Treppe von sechs Stufen verbunden. Durch die breiten Arkaden dieses Säulenganges gewahrt man den Himmel und den übrigen Theil des Schlosses, auf dessen höchstem Thurme eine ungeheure schwarze Fahne weht. Links, neben dem großen Thor mit zwei Flügeln, ein kleines verschlossenes Fenster mit Glasmalerei. Neben dem Fenster ein Lehnstuhl. Die ganze Galerie macht auf den Zuschauer den Eindruck der Verfallenheit und Verlassenheit. Mauern und Steinwölbungen, auf welchen man einige Spuren verwischter Fresken entdeckt, sind von dem durchsickernden Regen grün und verschimmelt. Die in den Feldern der Galerie aufgehängten Portraits sind mit dem Gesicht gegen die Mauer gekehrt.

Beim Aufzug des Vorhangs sinkt der Abend herab. Derjenige Theil des Schlosses, welchen man durch die Schwibbogen des Säulenganges im Hintergrunde gewahr wird, scheint künstlich erleuchtet und von Innen erhellt, obgleich es noch voller Tag ist. Von dieser Seite der Burg vernimmt man Trompeten- und Hörnerschall, und von Zeit zu Zeit lauten Gesang nebst dem Geklirr angestoßener Gläser. Noch näher hört man Eisengerassel, als ob ein Haufen gefesselter Menschen in dem Theil der Halle, den man nicht sieht, sich hin- und herbewegte.

Ein altes, einsames Weib, halb bedeckt durch einen langen schwarzen Schleier, in einen zerrissenen Sack von grauer Leinwand gehüllt, mit einer Kette, die sie an einem Doppelring um ihren Gürtel und den nackten Fuß schlingt, und mit einem eisernen Band um den Hals, lehnt sich an das große Thor und scheint auf die Fanfaren und Gesänge im benachbarten Saale zu horchen.

Erſte Scene.

Guanhumara (allein. Sie horcht.)

Geſang von Außen.

In bürgerlichen Fehden
    Iſt Alles uns erlaubt.
— Drum Trotz ſei allen Städten!
    Trotz jedem Königshaupt!

Der Burggrav ſteigt zum Throne;
    Ihm neigt ſich Alles ſcheu.
— Dem Pabſte Trotz, Barone!
    Und Trotz dem Kaiſer ſei!

Auf! herrſchen wir, die Braven,
    Mit Schwert und Feuersnoth!
— Dem Teufel Trotz, Burggraven!
    Burggraven, Trotz ſei Gott!

(Trompeten und Hörner.)

Guanhumara. Die Fürſten ſind vergnügt. Noch währt
        das Feſt.

(Sie blickt nach der andern Seite des Theaters.)

Und die Geſang'nen unter Peitſchenhieben
Arbeiten ſeit des Tages erſtem Roth. (Sie horcht.)
Hier Orgienlärm, und — Kettenraſſeln dort.

(Sie heftet ihren Blick auf das Thor des Thurms zur Rechten.)

Und da — betrachten Vater und Vatersvater,
Nachdenkſam, von der Winter Laſt gebeugt,
Verfolgend ihrer Thaten düſt're Spur,
Ob ihrem Leben, ihrem Stamme ſinnend,
Einſam und dem Triumphgelächter fern,
Die Reihe ihrer Frevel, welche doch

So scheußlich nicht, als ihre Kinder sind.
In ihrem Glück, das treu bis heute blieb,
Sind die Burggraven groß. Vor ihnen beugen
Markgraven, souveräne Grafen sich
Sammt Herzogen von goth'schem Königsstamm,
Bis daß sie ihnen gleich. Es ragt die Burg,
Wo Hörnerschall und Lieder=Jauchzen tönt,
Unnahbar, in die Wolken hoch empor;
Und tausend Waffner, Mörder feueraugig,
Mit Lanz' und Bogen in der Faust und zwischen
Den Zähnen ihre Säbel, wachen rings.
Furchtbar beschützt steht dieses Räubernest.
Und einsam schleppt in einem öben Winkel
Des Schauerschlosses, schwach und alt und fremd,
Gebeugten Kniees, traurig, an dem Fuß
Die Kette und das Eisen um den Hals,
Verlarvt, in Lumpen eine Sklavin sich ... —
Doch, Fürsten, bebt! die Sklavin heißet: Rache!

(Sie zieht sich in den Hintergrund zurück und steigt die Stufen der Altane hinauf. Durch die Galerie zur Rechten tritt eine Truppe gefesselter Sklaven ein, theilweise zu zwei und zwei aneinander geschlossen, mit ihren Arbeitswerkzeugen, Aexten, Schaufeln, Hämmern u s w. in der Hand. Guanhumara, an einen der Pfeiler der Altane gelehnt, betrachtet dieselben mit nachdenklicher Miene. An den beschmutzten und zerrissenen Anzügen der Gefangenen kann man ihre früheren Professionen noch unterscheiden.)

Zweite Scene.

Die Sklaven.

Kunz, Teudo, Haquin, Goudicarius, Bürger und Kaufleute, Graubärte, Joffius, ein alter Soldat; Hermann, Chnulfus, Karl, Studenten auf der Universität Bologna und der Rechtschule von Mainz; Swan (oder Sueno), Kaufmann von Lübeck Die Gefangenen treten, in Gruppen gesondert, langsam vor: Studenten mit Studenten, Bürger und Kaufleute zusammen, der Soldat allein. Die Alten scheinen von Müdigkeit und Schmerz niedergedrückt Während dieser ganzen und der nächstfolgenden beiden Scenen hört man fortwährend von Zeit zu Zeit die Fanfaren und Gesänge vom benachbarten Saale her.

Teudo (sein Werkzeug abwerfend und sich auf die steinerne Stufe vor dem Doppelthore des Thurmes setzend). Die Feierstunde! — endlich! — Oh! bin matt!

Kunz (seine Kette schüttelnd). Ha! ich war frei und reich! und jetzt!

Goudicarius (an einen Pfeiler gelehnt). O Gott!

Chnulfus (mit dem Auge Guanhumara folgend, welche mit langsamen Schritten den Altanengang durchwandelt). Möcht' wissen, wen belauert dieses Weib.

Swan (leise zu Chnulfus). Burgknechte, ein gottlos Gezüchte, haben

Im vor'gen Monat sie nebst Handelsleuten
Aus Stift St. Gallen hergeschleppt. Ich weiß
Nichts weiter.

Chnulfus. O, mir einerlei; doch während
Man fesselt uns, läßt diese da man frei!

Swan. Sie hat geheilt den ält'sten Enkel Hatto
Von schwerem Fieber.

Haquin. Eines Tages ward

Burggrav Rollo gestochen in die Ferse
Von einer Schlange; sie hat ihn geheilt.
    Cynulfus. Das hat sie?
               Haquin. Ja, ich glaub' auf Wort und Eid,
Daß sie 'ne Hexe.
      Hermann. Bah! sie ist nur toll.
    Swan. Arkana kennt sie tausendweis. Mein Seel',
Nicht Rollo, Hatto nur hat sie kurirt,
Auch Aloys, Knud und Axel, die, gefloh'n
Von Jedermann, am Aussatz lagen krank.
    Tendo. An einem tiefen Werke schafft dies Weib,
Hat, glaubt mir, schwarze Pläne angezettelt
Mit diesen drei Aussätzigen, die ihr
Ergeben sind. Das Kleeblatt steckt beisammen
In allen Ecken, immerdar. Sie sind
Drei Hunden gleich, die dieser Wölfin folgen.
     Haquin. All' viere waren gestern im Quartier
Aussätziger, das auf dem Kirchhof ist,
Arbeitend mit einand. Die Männer fügten
Mit Nägeln Brett an Brett zu einem Sarg;
Sie schwang mit aufgestreiften Aermeln ein
Gefäß, sang leise wie ein Wiegenlied,
Die Kinder einzulullen, und aus Todtenbein
Bereitete sie einen Zaubertrank.
    Swan. Heut Nacht, da streiften sie umher. Beim Sternen
                 lichte,
Die drei Aussätzigen verlarvt, dies Weib vermummt..
Kurz! es war schauerlich. Ich — mir verging
Der Schlaf — ich sah dem zu.
                   Aung. In jedem Fall
Glaub' ich, in den Verließen haben sie
Hier ein Versteck. Jüngst einmal wandelten

Die alte Her' und die Aussätzigen
An einer dumpfen Mauermasse hin;
Ich blickte weg; hui! waren sie verschwunden
Und in dem Bauch der Mauer schnell versteckt.

        Haquin. Die drei aussätzigen, verhexten Menschen,
Mit welchen man uns einsperrt, sind zuwider
In tiefster Seele mir.

           Kunz. 'S war nahe beim
Verlornen Schlund. Ihr kennt ihn.

               Hermann. Dienen müssen —
Sie schulden es — die Aussatzkranken ihr,
Die ihnen Arzt, wie sich's von selbst versteht.

        Swan. Doch statt des schnöden Hatto, statt der schlechten
Aussätzigen, sollte hier im Schlosse sie
Vor Allem heilen jenes sanfte Kind,
Des alten Hiobs Nichte, Hatto's Braut.

        Kunz. Regina, Gott sei mit ihr! Das — das ist
Ein Engel!

        Hermann. Und muß sterben.

               Kunz. Traurig Loos!
Ach ja! des Grams erdrückendes Gewicht,
Der Abscheu vor dem Hatto tödtet sie.
Sie schwindet stündlich hin.

            Teubs. Das arme Kind!

(Guanhumara erscheint wieder in dem Hintergrund der Bühne, über welchen
sie geht.)

        Haquin. Da ist die Alte wieder. — Traun! mir graus't.
Mich ängstet an ihr Alles, ihre Miene,
Ihr traurig Wesen, gleich dem Meeresaar,
Ihr tiefer Blick, oft hell und grausenhaft,
Ihr unergründlich Wissen.

Gondicarius. Fluch und Pest
Auf diese Burg!

  Teudo. Ich bitte Dich, sei stille!

  Gondicarius. Man kommt ja nie in diesen Gang; beim Fest
Sind unf're Herrn, und wir von ihnen weit!
Es hört uns Niemand.

  Teudo (mit gedämpfter Stimme, nach dem Thor des Thurms deutend).
Dort sind beide!

  Gondicarius. Wer?

  Teudo. Die greisen Herrn. Der Vater und der Sohn.
Still, sag' ich Euch noch einmal! Ausgenommen —
Ich hab' es von der Amme Hedwig — die Regina,
Das Fräulein, das zu ihnen beten kommt,
Und ausgenommen diesen Abenteurer,
Den jungen Otbert, der im vor'gen Jahr
Eintraf und, ob auch Neuling, Dienst erhielt
Im Schlosse Heppenheff, und den der Ahn,
Gestraft in seinen Leibeserben, liebt
Um seine Jugend, seinen wackern Sinn, —
Die beiden ausgenommen, hat kein Mensch
Zutritt und Schlüssel zu dem Thore da.
Hier liegt der greise Mann des Raubs allein
In seiner Höhle. Vordem warf er stolz
Den Fehdehandschuh hin der ganzen Welt.
Als wär's ein König, schaarten sich um diesen
Banditenpatriarchen zwanzig Grafen,
Zwanzig Herzoge, seine Söhn' und Enkel,
Fünf Generationen, deren Horst
Sein Berg. — Nun bleibt er fern allein, und unter
Brokatnem Himmel sitzt er einsam da.
Sein Sohn, der alte Magnus, aufrecht stehend,
Hält ihm die Lanze. Volle Monden lang

Verharrt er schweigend, und man sieht ihn Nachts,
Blaß, abgehärmt, in eine Wölbung treten,
Die den geheimen Schooß nur ihm erschließt.
Wo geht er hin?

       Swan. Unsäglich bitt're Pein
Fühlt dieser Greis.

       Haquin. Die Söhne lasten schwer,
Wie böse Engel, über seinem Haupt.

       Kunz. Verflucht ist nicht umsonst er.

       Gondicarius. Desto besser!

    Swan. Sehr alt schon hatt' er einen letzten Sohn.
Er liebte dieses Kind. So will es Gott:
Der Graubart liebet stets den blonden Kopf.
Einjährig kaum, ward dieses Kind geraubt ...

       Kunz. Durch ein Zigeunerweib.

       Thrulfus. An eines Saatfelds Rand.

    Haquin. Ich weiß, daß diese Burg, auf einem Gipfel
Erbaut, nachdem, der Sage nach, ein groß
Verbrechen sie geseh'n, lang öde stand,
Hernach zerstört vom deutschen Orden ward;
Vergessenheit, der Zahn der Zeit benagten
Den Trümmerrest, als eines Tags der Herr,
Ein wunderlicher Kauz, der seinen Namen
Gewechselt hatte wie 'ne Maske, d'rein
Zurückkam. Seitdem hat auf dieses Leh'n
Für immer er gepflanzt die schwarze Fahne.

       Swan (zu Kunz). Hast, Sohn, Du unten an dem runden
                Thurm,
Beim Waldbach, der hinab zum Abgrund braust,
Ein enges Fenster, senkrecht über'm Graben
Bemerkt, wo man drei eingerammte, quer
Gedrehte Gitterstangen wird gewahr?

Kunz. 'S ist der Verlorne Schlund; sprach just davon.

Haquin. Ein düster Nest. 'S soll hausen d'rin ein Geist.

Hermann. Bah!

Chunlfus. An der Mauer, scheint's, floß weiland Blut.

Kunz. Gewiß ist, daß kein Mensch hinein kann geh'n.
s Eingangs Räthsel ist nicht mehr zu lösen.
chts als das Fenster sieht man noch davon.
in Lebender ist je hineingedrungen.

Swan. Gut! An die Felsenecke geh' ich Abends
b höre Jemand wandeln jede Nacht!

Kunz (schaudernd) Seid Ihr deß sicher?

Swan. Ja.

Teudo. Still' davon, Kunz!
wäre klug, wir schwiegen.

Haquin. Diese Burg
t voll von schwarzer Heimlichkeit.

Teudo. Je nun!
laffet uns von andern Dingen reden.
ott sieht alleine, was geschehen soll.

t wendet sich nach einer Gruppe, die noch keinen Theil an dem genommen
, was auf dem Proscenium vorgeht, und in einer Ecke des Theaters sehr
aufmerksam den Reden eines jungen Studenten zuzuhören scheint.)

mm, Karl, erzähl' uns Dein Geschichtchen aus!

arl kommt auf den Vorgrund; Alle treten herzu, und die beiden Gruppen
Sklaven, Jünglinge und Greise, vermischen sich in gemeinschaftlicher
Aufmerksamkeit.)

Karl. Gern. Doch vergeßt nicht, daß bekannt die Sache
nb unbezweifelt, daß das Abenteuer
tattfand im letzten Monat, ferner daß
rfloffen sind . . . . (Er scheint sich zu besinnen.)
An zwanzig Jahre, traun!
eit Barbaroffa auf dem Kreuzzug starb.

Hermann. . . . . Dein Max also fand sich an einem
Unangenehmen Ort! . . . .

           Karl. An einem grausigen,
Hermann! Entsetzlich ist der Platz. Ein Schwarm
Verscheuchter Raben kreist unheilverkündend
Und ewig um den Berg. Ihr scheußlich Krächzen
Scheucht Abends, wenn der Schatten sie hüllt ein,
Den kühnen Jäger bis nach Lautern fort.
Von dieses Schreckensteines Stirne rollten
Die Tropfen, als wär's ein Medusahaupt.
Und eine Höhlung, grauenhaft und düster,
Gähnt' an dem Abgrund. — Max Edmund, der Graf,
Trat furchtlos in des alten Berges Nacht;
Drang weiter vor in diesen Grabesgrotten.
Ein fahler Tag beschien die Finsterniß.
Da plötzlich schaut' er, unter einer Wölbung,
Umschattet, in der Höhle tiefstem Grund . . . .
Auf einem eh'rnen Stuhle sitzend, in
Des Mantels Falten eingehüllt die Füße,
Das Scepter in der Rechten haltend, die
Weltkugel in der Linken, einen Greis,
Entsetzlich, unbeweglich, vorgebeugt,
Mit Schwert und Purpur angethan, gekrönt,
Auf einen Tisch aus einem Marmelstein
Gestützt sein Haupt. So muthig auch der Max,
Ein Schüler aus Johanns, des Kriegers, Zucht,
Fühlt' er sich doch erblassen, Angesichts
Von diesem großen Greis, der schier verwachsen
Mit Gras und Kraut und Moos und Steine; denn
Der Kaiser Friedrich Barbarossa war's!
Er schlief — ein seltsam zauberhafter Schlaf!
Sein Bart, einst Gold, jetzt Schnee, wand dreimal um

Den Steintisch sich; die langen, weißen Wimpern
Verschlossen ihm das schwere Augenlied;
Es blutete auf seinem rothen Schild
Ein pfeildurchbohrtes Herz; bisweilen griff
Die Hand umtastend, in der ruhelosen
Betäubung, nach dem Schwerte. Welcher Traum
Bewegte diese Seele? Gott nur weiß es!

    Hermann. Bist Du zu Ende?

                Karl. Nein, hör't weiter noch!
Vom Tritt des Grafen Max im schwarzen Gang
Ist aufgewacht der Mann; es starrt' empor
Das düstre, kahle Haupt, und seine schweren,
Umflorten Augen öffnend sprach's, auf Max
Geheftet einen falben Blick: „Sind, Ritter!
Die Raben weggeflogen?" — „Sire! nein,"
Antwortete der Graf Max Edmund ihm.
Auf dieses Wort ließ stumm die blasse Stirn
Der Greis sich wieder senken, und erstarrt,
Sah Max entschlafen neu den Kaisergeist!

(Derweil Karl redete, haben sich alle Gefangenen um ihn geschaart, und
ihm mit stets wachsender Neugierde zugehört. Jossius hatte sich, als er den
Namen Barbarossa nennen hörte, unter den Ersten genähert.)

    Hermann (lachend). Die Mähr' ist schön!

           Haquin (zu Karl). Darf man der Sage trau'n,
So ist im Cydnus Friederich ertrunken
Und zwar vor Augen seines ganzen Heers.

    Jossius. Ja, er verlor sich in der Strömung. Ich
War dort; hab' Alles angeseh'n. Es war
Furchtbar und groß. Nie wird entschwinden
Aus meiner Seele die Erinnerung.
Den Friedrich Barbarossa haßte Otto
Von Wittelsbach. Doch kaum sah seinen Herrn

Der Wittelsbacher, Baierns Pfalzgraf, preis
Den Fluthen und dem Wurfgeschoß der Türken:
So spornt' er in den Fluß sein schwarzes Roß,
Und sich allein den wüth'gen Pfeilen stellend,
Rief er: „Zuerst den Kaiser laßt' uns retten!"
    Hermann. Es war umsonst!
                Josfus. Umsonst, daß all' die Tapfer
Sich opfernd sprengten her; zu retten ihn,
Sind dreiundsechzig Krieger und zwei Grafen
Gefallen!
    Karl. Dies beweist noch nicht, daß nicht
Im Malpasthale weilet sein Gespenst.
    Swan. Mir wenigstens hat man gesagt — das Feld
Der Fabel ist ja unermeßlich groß! —
Entronnen durch ein Wunder, sei er dann
Geworden Eremit und lebe noch.
    Gondicarius. Gefiel es Gott! und käm' er, zu befrei'n
Deutschland, noch vor zwölfhundert zwanzig, dem
Unsel'gen Jahr, wo stürzen soll das Reich!
    Haquin. Ja, manchmal hab' ich schon gedacht, wenn Friedrich
Noch lebte, uns, die treu und hold ihm sind,
Herauszuzieh'n aus dieser Knechtschaft, er
Begänne wieder den Burggraventrieg.
    Kunz. Ha! gleich wie wir verkümmert alle Welt:
Deutschland ist haupt-, Europa zügellos.
    Haquin. An Brod gebricht's.
                Gondicarius. Man findet überall
Am Rheinesufer schwarze Räuberschwärme,
Die neu erstehen. Ob der Kaiserwahl
Sind die Churfürsten in Partei'n getheilt.
    Hermann. Köln ist für Schwaben.
                Swan. Erfurt für Braunschweig

Gondicarius. Mainz wählt den Berthold.

          Kunz. Trier will Friederich.

Gondicarius. Und Alles geht zu Grunde unterdessen.

Haquin. Geschlossen sind die Städte.

          Swan. Reisen können

Bewehrte Schaaren nur.

          Karl. Die Völker sind

Zermalmet von den kleinen Burgtyrannen.

          Tendo. Vier Kaiser!... ist zu viel und nicht genug!

Denn, glaube Karl, was Könige betrifft,

So ist mehr werth, als ihrer viere, einer.

          Kunz. Noth wär' ein starker Arm zu Kampf und Abwehr.

Doch ach! nur zu gewiß, o Sueno, ist

Todt Barbarossa.

          Swan (zu Jossius). Hat man seinen Leib

Im Cydnus aufgefunden?

          Jossius. Nein. Er ward

Dahingewälzet von den Fluthen.

          Tendo. Swan!

Ist die Weissagung Dir bekannt, die man

Gethan, als er geboren ward? — „Dies Kind,

Das eines Tags die Welt beherrscht, wird todt

Geglaubt sein zweimal, zweimal leben neu." —

Nun scheinet das verhöhnte, das vergeß'ne

Orakelwort erstmals erfüllt zu sein.

          Hermann. Von Barbarossa handeln hundert Mährchen.

          Tendo. Ich sage, was ich weiß. Gesehen hab'

Ich, ums Jahr neunzig, im Spital zu Prag

In seiner Kasematte einen greisen

Dalmat'schen Edelmann, vernunftberaubt,

So meinte man, mit Namen Sfrondati.

Der Mann erzählt' in seinem Kerker laut,

Daß er im Jünglingsalter, wo man ist
Des Zufalls Spiel, bei Herzog Friederich,
Dem Vater Barbarossa's, Knappe sei
Gewesen. — Tief bekümmerte den Herzog
Das Horoskop, das man dem Sohn gestellt;
Zumal dies Kind wuchs für 'nen Doppelkrieg:
Durch seinen Vater Ghibelline, Welf
Durch seine Mutter, konnte jeder Theil
Für sich ihn fordern eines Tags. Der Vater
Zog ihn zuerst in einem Thurme auf,
Hielt ihn unsichtbar, allen Blicken fern,
Als wollt' er möglichst bergen ihn dem Schicksal.
Selbst eine and're Zuflucht sucht' er später.
Von einem Edelfräulein hatt' er einen
Bastarden, der, geboren im Gebirg,
Nicht wußte, daß sein Vater Schwabenherzog
Und Graf Kriegsoberster, und den er nur
Kannt' unter'm Namen Otto. Es verbarg
Der gute Herzog sich vor diesem Sohn,
Man meint aus Furcht, der Bastard möchte wollen
Fürst werden und sich in dem Herzogthum
Erkiesen einen Winkel zur Provinz.
Von seiner Mutter hatte der Bastard
Ein Schloß dem Rheine nah, wo Burggrav er
Und Freiherr war, so eine Räuberveste,
Ein Geiernest, ein sicheres Versteck.
Gut schien dem armen Vater dies Asyl.
Er reiste zum Burggraven, und nachdem
Er ihn umarmt, vertraut' er ihm das Kind
Mit unterschob'nem Namen, sprechend nur:
„Mein Sohn, Dein Bruder!" d'rauf zog er hinweg. —
Doch Niemand kann dem Schicksal sich entziehen.

Gewiß, der Herzog wähnte seinen Sohn
Und sein Geheimniß trefflich aufgehoben,
Denn selbst der Knabe wußte nichts um sich.
Und also ward der junge Barbarossa
Bei dem Burggraven zwanzig Jahre alt.
Nun fanden — jetzt wird erst die Sache ernst —
Einst im Gebüsch, an eines Felsen Fuß,
Am Rand des Bergstroms, der der Veste Mauern
Bespült, vorübergeh'nde Hirten früh
Am Morgen zwei entblößte, blut'ge Körper,
Noch zuckend, zwei im Schloß erdolchte Männer,
Geworfen in des Waldstroms Schlucht bei Nacht,
Und doch nicht todt: — ein Wunder, sag' ich euch!
Die beiden Männer, so von Gott gerettet,
Der Barbarossa war's und sein Kam'rad,
Der Sfrondati, dem er allein bekannt.
Man heilte Beide. Sfrondati darauf
Führt' äußerst heimlich seinem Vater wieder
Den Jüngling zu, und ward an Lohnes Statt
Geworfen in den Kerker von dem Alten.
Der Herzog — was das Beste d'ran noch war —
Behielt nun seinen Sohn, und sann auf nichts,
Als wie er die Begebenheit erstick.
Sein Bastard kam nie wieder ihm vor Augen.
Als dieser Vater fühlte nah'n den Tod,
Berief er seinen Sohn und ließ zum Eid
Ihn küssen auf den Knie'n ein Crucifix.
Gebeugt auf dieses Todtenbette schwur
Der Barbarossa, seinem Bruder sich
Nicht zu enthüllen, noch an ihm zu rächen,
Als an dem Tag, wo dieser Bruder zählte
Sein zehnmal zehntes Jahr, wenn's dann noch Zeit,

(Das heißt niemals; doch Herr der Zeit ist Gott!)
So wird der Bastard wohl gestorben sein
Und nie erfahren haben, daß sein Vater
Ein Herzog, daß sein Bruder Kaiser war.
Von Furcht und Schrecken blaß ward Sfrondati,
Sobald man dies Familiengeheimniß
Von ihm erforschen wollt'. Er sagte nur:
Dasselbe Mädchen liebten beide Brüder;
Verrathen glaubte sich der ältere,
Ermordete den jüngern und verkaufte
Das Mädchen einem wilden Straßenräuber,
Der unerbittlich sie, als wär's ein Mann,
Ins Joch spannt' und an Schiffe fesselte,
Die geh'n nach Rom von Ostia. Welch ein Loos! —
Sfrondati fügte bei: das ist vergessen!
Das Uebrige schwamm wirr in seinem Geist;
Kein klarer Punkt in seiner Seele Nacht,
Nicht des Bastards und nicht des Weibes Namen;
Nicht wußt' er: wie; nicht konnt' er sagen: wo. —
Ich sah in Prag als Narr'n ihn eingesperrt.
Jetzt ist er todt.

  Hermann. Du schließest?

     Teudo. Ich erwäge:
Sind die Thatsachen alle wahr, so ist
Die Prophezeihung gut, denn, kurz gesagt,
(Und diese Hoffnung hat nicht viel Gewagtes)
Einmal erfüllt, kann sie es zweimal werden.
Der Barbarossa, in der Jugend todt-
Geglaubt schon, könnte wieder aufsteh'n ....

     Hermann (lachend). Gut!
Gedulde Dich nur, bis er neu ersteht!

  Kunz (zu Teudo). Man hat mir neulich diese Mähr erzählt.

Der Rothbart Friedrich hieß in selbem Schloß
Donato, und der Bastard Fosco. Was
Die Schöne anbetrifft, wenn ich mich recht
Entsinne, so war sie aus Corsika.
Die Liebenden verbargen sich in einer
Verschwieg'nen Grotte, deren Eingang, sonst
Ganz unbekannt, ihr süß Geheimniß war.
Hier überraschte Nachts sie Fosco einst,
Der, eifersücht'gen Herzens, kühn von Hand,
Als Trauerspiel die Schäferscenen schloß.

     Gondicarius. Und Friedrich hätte, auf des Thrones Zinne,
Nie nachgeforscht dem Weib, das er geliebt?
Das müßte mich für seinen Ruhm verdrießen,
Glaubt' ich ein Wort von Eurer ganzen Mähr'.

     Teudo. Er hat gesucht, mein Freund! Sein Herrscherarm
Hat dreißig Jahr' lang Burgen und Verließe
Durchwühlt am Rhein. Der Bastard . . . .

                  Kunz. Dieser Fosco!

     Teudo (fortfahrend). Nahm Dienst in der Bretagne, hatte
           Berg
Und Burg verlassen. Erst viel später kam
Zurück er, sagt man. Berg und Wälder ließ
Der Kaiser eng umgarnen, lagerte
Sich um die Schlösser, tilgte die Burggraven;
Doch fand er nichts.

     Gondicarius (zu Jossius). Ihr war't von seinen Tapfern?
Ihr habt gestritten wider diese Heiden?
Denkt Ihr daran?

          Jossius. 'S war ein Gigantenkrieg!
Es kämpften die Burggraven männiglich
Für Einen alle. Stürmend mußte man
Wegnehmen jede Mauer, jedes Thor.

Im Hof und auf der Zinne schlugen sich,
In Blut gebadet, wie durchfurcht von Stößen,
Die Freiherrn, und hohnlachend unter ihren
Grauenvollen Larven ließen sie sich Oel
Und fließend Blei auf ihre Helme schütten.
Anstürmen mußte man von außen, ringen
Von innen, stechen mit dem Schwert und mit
Den Zähnen beißen ... Welche Stürme! Ha!
Oft stürzt', in Rauch und Nacht, genommen endlich,
Das Schloß zusammen über unsrem Heer!
In diesen Kriegen war's, daß Friedrich einst,
Vermummet, doch gekrönt, allein, am Fuß
Von einem Thurm mit einem Räuber rang,
Der, aufgejagt in seiner Höhle, ihm
Den rechten Arm mit glüh'ndem Sterne* sengte
Auf's Mark, so daß der Kaiser zu dem Grafen
Von Aarau sprach: „Mein Freund! durch Henkershand
Will ich ihm heim das geben!"

   Goudicarius. Ward der Mann
Gefangen?

 Jossius. Nein. Er brach sich Bahn. Man konnte
Vor dem Visier nicht seh'n sein Angesicht.
Dem Kaiser blieb auf seinem Arm der Stern.

  Teudo (zu Swan). Der Barbarossa lebt. — Du wirst's er-
    fahren.

 Jossius. Ich bin gewiß, daß todt er.

    Cynulfus. Aber Max
Edmund? ....

 Hermann. Chimäre!

   Teudo. Und die Malpas-Grotte ...

 Hermann. Ein Ammen-Mährchen!

* Morgenstern, eine der vielnamigen Mordwaffen des Mittelalters.

Karl. Sfrondati indeß

Wirft ein ganz neues Licht....

Hermann. Bah! Traumgesicht

Von einem Fiebernden, durch dessen Hirn,
Wo matt und matter leuchtet die Vernunft,
Gleich Wolken, die Gestalten ziehen durch!

(Ein Soldat mit der Peitsche in der Hand tritt auf.)

Der Soldat. Zur Arbeit, Sklaven! Heute Abend kommen
Die Gäste zum Besuch auf diesen Flügel
Des Schlosses; Hatto, unser hoher Herr,
Führt in Person sie hieher, daß er euch
Die Kette schleppend ja nicht finde hier!

(Die Gefangenen raffen ihr Geräthe auf, paaren sich schweigend und gehen
gesenkten Hauptes, unter der Peitsche des Soldaten, hinaus. Guanhumara
erscheint wieder auf der oberen Galerie und folgt ihnen mit den Augen.
Im Augenblick, wo die Gefangenen verschwinden, treten durch die große
Pforte ein: Regina, Hedwig und Otbert; Regina, weiß gekleidet; die alte
Amme Hedwig, schwarz; Otbert, im Costüm eines fahrenden Hauptmanns
mit Dolch und langem Schwert, Regina, ganz jung, blaß, hinfällig, vermag kaum sich zu schleppen, wie eine lang kranke, fast sterbende Person.
Sie legt sich auf den Arm Otberts, der sie hält und mit einem Blick voll
Liebe und Besorgniß an ihr hängt. Hedwig folgt ihr. Guanhumara, von
allen dreien unbemerkt, beobachtet und behorcht dieselben einige Minuten,
dann geht sie zur entgegengesetzten Thüre, als wo sie hereinkam, hinaus.)

Dritte Scene.

Otbert, Regina. — Mitunter Hedwig.

Otbert. Lehnt Euch auf mich! — So, gehet langsam! —
Kommt,
Auf diesem Lehnstuhl einen Augenblick
Euch auszuruhen.

(Er führt sie auf einen großen Lehnstuhl neben dem Fenster.)

Wie befind't Ihr Euch?

Regina. Schlecht. Habe kalt und schaudre. Dies Bankett
That weh mir. (Zu Hedwig.)

Hedwig, steh, ob Jemand kommt.   (Hedwig ab.)

Otbert. Sei't ohne Furcht! Sie trinken bis zum Morgen!
Warum besuchtet Ihr auch dies Gelag?

Regina. Hatto ....

Otbert. Hatto!

Regina (ihn besänftigend). Sprich leiser! Ich bin ihm
Verlobt, er hätte zwingen mich gekonnt.

Otbert. Ihr aber konntet bei dem alten Herrn
Beklagen Euch; der Hatto fürchtet ihn.

Regina. Wozu das? Ich — die schon des Todes Braut.

Otbert. Oh! warum solche Reden?

Regina. Dulden, träumen,
Dann geh'n dahin; — das ist des Weibes Loos.

Otbert (nach dem Fenster deutend). Schau't diese schöne Sonne!

Regina. Ja, es röthet
Der Westen sich, wir sind im Herbst, wir sind
Am Abend. Allenthalben fällt das Laub
Und dunkelt das Gehölze.

Otbert. Tag und Laub
Wird wieder kommen.

Regina. Ja! (Träumerisch, nach oben schauend.)
Da fliegen sie
Mit raschem Fittigschlag! — O, traurig ist's
Zu sehen, wie hinweg die Schwalben flieh'n! —
Dort, nach dem gold'nen Mittag zieh'n sie hin.

Otbert. Sie werden wieder kommen.

Regina. Ja! — doch ich,
Ich werde nicht der Schwalbe Wiederkehr
Und nicht des Laubes frische Knospen schauen!

Otbert. Regina! .... .

Regina. Führ' an's Fenster näher mich!
(Sie gibt ihm ihre Börse.)
, Otbert, meine Börse zu den armen
ngenen!

rt wirft die Börse durch ein Fenster im Hintergrund. Sie fährt, das
Auge nach Außen geheftet, fort:)

Ja, schön ist diese Sonne.
Taunus Stirne wird von ihren Strahlen, —
letzten! — wie mit einem Diadem
önt; es glänzt der Fluß; ein lichter Schein
ieht den Wald; des Weilers Fenster unten
lauter Feuer. Ach, wie schön, wie hehr!
lieblich! Mein Gott! Die Natur ist ein —
großer Strom von Leben und von Licht!... —
mir! ich habe Vater nicht, noch Mutter,
habe keinen Retter, keinen Arzt.
einsam auf der weiten Welt und fühle
sterben hin!
        Otbert. Ihr, einsam auf der Welt?!
ich! ich, der Euch liebet?
        Regina. Traum!
, Otbert, nein, Du liebst mich nicht! — Die Nacht
t an! — Die Nacht! — Ich sinke bald in sie.
wirst mich dann vergessen.
        Otbert. Doch für Euch
' ich dem Tod mich, der Verdammniß weih'n.
ieb' Euch nicht?! — Sie bringt mich zur Verzweiflung! —
einem Jahre, seit dem Tag, wo hier
ieser schwarzen Höhle ich Euch sah
itten dieser eifersücht'gen Räuber,
ich geliebt Euch. Euch, mein Fräulein, suchte
Auge in dem düstern Schloß voll Gräu'l,

Als einz'ge Lilie in dem Abgrund, als
Den einz'gen Stern der Nacht! Ja, ja! ich wagte
Zu lieben Euch, die Gräfin von dem Rhein!
Euch, Euch, des eisenherz'gen Hatto's Braut!
Ich sagt's Euch, daß ein armer Hauptmann ich
Von sich'rem Schwert, von ungewissem Stamm,
Vielleicht geringer, als ein Knecht, vielleicht
Gleich einem König. Aber Alles, was
Ich bin, ist Euch. Verlaßt mich, und ich sterbe.
Zwei seid ihr, die ich lieb' in diesem Schloß.
Vor Allem Euch, — vor meinem Vater selbst,
Hätt' einen ich, — dann (Nach dem Thurmthore deutend.)
                       jenen greisen Mann,
Der unter einer unbekannten Last
Entsetzlicher Vergangenheit sich beugt.
So sanft als stark, von einem grausenhaften
Geschlecht der traurige Ahn, setzt er in Euch,
O edles Fräulein, seine einz'ge Freude,
In Euch, die ihm das letzte Heiligthum,
Der letzte Strahl ist und das Morgenroth,
Das mild umglänzt die Schwelle seiner Gruft!
Ich, ein Soldat, deß Haupt dem Loos sich beugt,
Ich segne beid' euch, denn bei euch vergeß' ich;
Und meine Seele, die des Schicksals Kette
Zusammenschnüret, fühlt in seiner Nähe
Sich groß und fühlet, nahe Dir, sich rein!
Ihr leset jetzt in meinem Herzen klar.
Ich weine — ja, — dann bin ich eifersüchtig
Und leide viel. Kaum eben blickte Hatto
Euch an — sein Auge haftete auf Euch! —
Und ich, ich fühlte, wie, in dumpfem Brausen,
Von meinem Herz auf meine Stirne, wo

Ein unheilbringend Feuer leuchtet, all'
Mein Zorn, mein Haß und meine Rache stieg! —
Mit Mühe dämpft' ich die Berserkerwuth. —
Ich Euch nicht lieben! — Kind, gib einen Kuß,
Ich gebe Dir mein Blut. — Regina, heiß'
Den Priester seinen Gott nicht lieben, heiß'
Nicht lieben seine Stadt den herrenlosen
Lombarden, heiß' den Seemann auf dem Meer
Das Morgenroth nach Sturm und Nacht nicht lieben;
Geh' zu dem lebensmüden, an die Bank
Geschmiedeten Galeerensklaven, und
Heiß' ihn die Hand, die ihn befreit, nicht lieben:
Nur sage mir nicht, daß ich Dich nicht liebe!
Denn Ihr seid, in dem Dunkel, wo mein Schritt
Muß gehen, in dem Kerker, wo mein Fuß
Sich an der Kette rückgezogen fühlt,
Mehr als Befreiung mir und mehr als Licht.
Ich bin auf ewig und inbrünstig Euer;
Auch wißt Ihr's wohl. — O! wahrlich grausam sind
Die Frauen stets, und nichts ergötzt sie so,
Als spielen mit des Mannes Herz und Schmerz! —
Jedoch verzeiht, Ihr leidet, und ich red' Euch
Von mir, mein Gott! derweil ich, auf den Knien
Vor Dir, nicht Deinem Fieber, Deinem Wahn
Entgegentreten sollte, nein! die Hände
Dir küssend ruhig hören, was Du sagst.

 Regina. Mein Loos, wie Deines, Otbert, war voll Gram.
Was bin ich? — Eine Waise. Und was Du? — Ein Waise.
Der Himmel, unsern gleichen Schmerz vereinend,
Hätt' aus dem beiderseit'gen Unglück ein
Glück machen können; aber ...

 Otbert (vor ihr auf die Kniee fallend). Aber ich,

Ich will Dich lieben! Aber ich will Dich
Anbeten! Aber ich will dienen Dir!
Wenn Du stirbst, will ich sterben! Aber ich
Erschlage Hatto, wagt er es, Dir zu
Mißfallen! Aber ich will Dir ersetzen
Den Vater und die Mutter! Alle zwei!
Ich nehme furchtlos diese Pflicht auf mich:
Mein Arm Dir Vater; Mutter Dir mein Herz!

     Regina. Dank! süßer Freund! Ganz seh' ich Deine Seele.
Gleich einem Riesen wollen, lieben wie
Ein Weib, mein Otbert! also ist Dein Wesen.
Und doch kannst, wehe! Du für mich nichts thun.

     Otbert (aufstehend). Ich kann!

         Regina. O nein. Nicht Hatto ist es, dem
Ich abzustreiten bin. Mein Bräutigam
Wird sonder Klage, sonder Kampf mich haben;
Du, der so schön, so tapfer, wirst ihn nicht
Besiegen, denn mein wahrer Bräutigam
Ist — birg Dir's länger nicht! — der Sarkophag!
— Ach! da in diese tiefe Nacht ich tauche,
Mach' ich vom Besten, was ich hab' auf Erden,
Zwei Theile, einen Gott, den andern Dir.
Komm her, mein Freund, und lege Deine Hand
Auf meine Locken! Jetzo sag' ich Dir
An meiner letzten Stunde Schwelle: Otbert!
Gott meine Seele, Dir mein Herz. — Ich liebe Dich!

     Hedwig (hereintretend). Man kommt.

         Regina (zu Hedwig). Geh'n wir!

(Sie macht einige Schritte nach der geheimen Thüre, gestützt auf Otbert
und Hedwig. Im Moment, wo sie unter die Thüre tritt, bleibt sie stehen
und wendet sich um.)

         O sterben, sechszehn Jahre

Kaum alt, ist schrecklich! da wir hätten können
Zusammenleben glücklich und geliebt!
Mein Otbert! ich will leben! hör Du mich!
Laß mich nicht sinken unter'n kalten Stein!
Mir graust der Tod! Geliebter! rette mich!
Wie? könntest Du mich retten? Rede wahr!

  Otbert. Ja! Du wirst leben!

(Regina geht mit Hedwig hinaus. Die Thüre schließt sich wieder. Otbert
scheint ihr mit den Augen zu folgen und mit ihr zu reden, obgleich sie verschwunden ist.)

    Sterben Du, so jung!
So schön und rein! Nein, Du sollst leben, ob
Ich mich dem Teufel übergeben müßte,
Das schwör' ich!

(Guanhumara, welche seit einigen Augenblicken unbeweglich im Theater-
grund stand, bemerkend:)

   Wie gerufen!

————

Vierte Scene.

Otbert, Guanhumara.

  Otbert (auf Guanhumara zutretend). Deine Hand,
Guanhumara! ich brauche Deiner, komm!

  Guanhumara. Du, gehe Deiner Wege.

     Otbert. Höre mich!

  Guanhumara. Du willst mich wieder um Dein Vaterland,
Um Deine Sippschaft fragen? Nun, ich weiß
Von nichts! — Ob Otbert ist Dein Namen? Ob
Dein Namen Yorghi? Warum Deine Kindheit
In meinem Banne hingeschmachtet? Ob ich
Im Corsenland, ob in der Moldau Dich
Als Kind gefunden, einsam, hungrig, nackt?

Warum in dieses Schloß ich Dich bestellt?
Warum ich selbst hieher zu Dir mich wage
Und mich zu kennen doch verbiete Dir?
Warum ich, ob Regina unsern Herrn
Erweicht auch hat, die Kette um den Hals
Behalte, und weßhalb an jedem Ort,
Zu jeder Zeit, als wär's um ein Gelübde,

(Ihren Fuß zeigend)

Ich diesen Ring trug, den Du hier noch siehst?
Ob Corsin, Slavin, Jüdin, Maurin ich? . . .
Nicht will ich und nicht werd' ich Antwort stehen.
Gib preis mich, wenn Du willst. Doch nein, ich weiß
Es wohl, Du wirst nicht d i e verrathen, welche,
Wenn eine bittre Amme auch, Dich hat
Genährt und Deine Mutter war. Zudem
Kann meinen Entschluß selbst der Tod nicht ändern.

(Sie will vorüber gehen. Er hält sie zurück.)

Otbert. Ich muß Dich sprechen; aber nicht von mir.
Sag' mir, Du, die Du Alles weißt, Regina . . . .

Gnanhumara. Wird todt sein, eh' ein Mond verflossen ist.

(Sie will sich entfernen. Er hält sie wieder auf.)

Otbert. Kannst Du sie retten?

Gnanhumara. Was liegt mir daran?

(Nachsinnend, mit sich selbst redend:)

Ja, als ich war in Indien, im Grund
Der tiefen Wälder, ging ich, irrt' ich um,
Bleich, schauerlich zu sehen, selbst dem Leu'n
Ein Grausen, und studirte in der Nacht
Der Haine Kräuter, Gifte, Zaubertränke
Von höchster Kraft, die einen schon Verschied'nen
Ins Leben plötzlich rufen, oder auch
Dem Lebenden ein Todtenantlitz leih'n.

Otbert. Kannst Du sie retten? Rede!

    Guanhumara. Ja.

        Otbert. Bei Gott,

Bei Deinen Füßen, die ich hier umklamm're,
Aus Mitleid, Gnade, rette, heile sie!

  Guanhumara. Wenn vorhin hier, als auf Regina, die
Dein Sorgen, zärtlich haftete Dein Blick,
Der Hatto wäre plötzlich eingestürmt,
Wenn er mit wildem Wuthgelächter sie
Vor Dir erdolcht hätt' und den Leib geschmissen
Hinab zum Waldstrom, welcher draußen brüllt;
Wenn dann Dich selbst mit seiner Mörderfaust
Ergriffen er und ausgestellt Dich hätte
In nächster Stadt, den Sklavenring am Fuß,
Nackt, sterbend, an dem Pfahl des Markts, als Waare;
Wenn er Dich, den Soldaten, Dich den Frei-
Gebor'nen hätte losgeschlagen, daß
Man an die Tiberbarken spannte Dich!
Jetzt nimm den Fall, daß euch nach diesem Tag
Des Gräul's der Tod vergessen hätte beide
Zehnmal zehn Jahre; daß Du, greis geworden
In dieser langen Knechtschaft, endlich, wenn
Von Strand zu Strande Du geirrt, heimkehrtest:
Was bliebe Dir im Herzen? Rede jetzt!

    Otbert. Mord, Rache und der Durst nach seinem Blut!

  Guanhumara. Gut dann! Ich bin der Mord und bin die
         Rache!
Zum vorgestreckten Ziele schreit' ich hin,
Ein blind Gespenst; ich bin der Durst nach Blut!
Was forderst Du von mir? Mitleid soll ich,
Soll Tugend haben, retten, die da leben?
Ich lache, denk' ich nur daran. Du sagst,

Du brauchest mich? Wie unvorsichtig! Ei,
Wenn ich nun meinerseits, Dein Herz vor Schreck
Starr machend, sagte, daß ich Dein bedürfe?
Daß ich für meine Plane Deine Kindheit
Erzogen? daß mich Deine Unschuld nur
Rückweichen machte? ... Also weich' auch Du,
Kind, das ich freigegeben, jetzt zurück
Vor meinem Elend, meiner Einsamkeit! —
Mein Schicksal ist, was ich Dir kaum erzählt.
Nicht wahr, abscheulich? Nur war's der Geliebte,
Den man gemordet hat; das Weib — ich war's —
Sie ward verkauft und lebte fort; fortlebt
Der Mörder; Du kannst dienen meinem Plan. —
Oh! lange Zeit hab' ich geseufzt; die Wolke
Goß auf mein nacktes Haupt ihr Wasser aus;
Durch Leiden bin ich schrecklich, scheußlich worden.
Ich habe sechzig Jahr' an dem gelebt,
Was sterben macht vor Schmerz; die Stirne beugten
Mir Hunger, Elend, Bann; ich sah den Nil,
Den Indus und den Ocean, den Seesturm
Und der besternten Pole lange Nacht;
Erzringe sind verwachsen in mein Fleisch;
Es haben zwanzig Herren nach einander
Mich, Kranke, Frosterstarrte, mich, ein Weib,
Mit Peitschenhieben vor sich hergescheucht.
Jetzt ist es aus. Nichts Menschlich's hab' ich mehr,
(Die Hand auf ihr Herz legend.)
Ich fühle nichts, leg' ich hieher die Hand.
Ich bin ein Steinbild, wohn' auf einem Grab.
Vergang'nen Monat kam ich eines Tags,
Zur Stunde, wo der Abend sinkt herab,
Erblaßt und kalt in dies verlor'ne Schloß;

Und noch erstaun' ich, daß man nicht gehört
Durch den Orkan, der Baumesäste beugt,
Wie dieses unheilvollen Hofes Pflaster
Mein Marmorfuß beschritt. Gut also! ich,
Ich, deren Haß niemals geschlafen hat,
Heut faß' ich meinen Feind, wenn mir's gefällt,
Ich hab' ihn; und martir' ich seine Stunde,
So reicht ein Wort hin, daß er wanket, ein
Schritt, daß er stirbet! Muß ich's wiederholen?
Du bist es, Du allein, der so, wie ich sie will,
Mir geben kann die Rache; aber im
Moment des Schritts zu diesem graus'gen Ziel
Sprach ich zu mir: Nein!... allzu gräßlich wär's!
Ich Höllenschwester fühle zögern mich.
Komm' nicht zu mir, komm' nicht, mich zu versuchen!
Denn wären wir beisammen Kauf um Kauf,
So würd' ich Gräuelvolles von Dir fordern!
Sprich, zögest aus der Scheide Du den Dolch?
Und würdest Mörder — würdest Henker werden? —
Du bebst! hinweg, Du Schwachherz, morscher Arm!
Ich will ja nichts; doch laß im Frieden mich!

      Otbert (mit gedämpfter Stimme). Was würdest Du denn von
                mir fordern!
           Guanhumara. Bleib'
Unschuldig. Geh!
        Otbert. Mein Blut gäb' ich dahin,
Um sie zu retten.
     Guanhumara. Geh!
        Otbert. Begehen würd'
Ich einen Frevel. Ist Dir das genug?
      Guanhumara. Ha! er versucht mich!... Teufel, hört ihr's
           wohl?

Wohlan, ich faff' ihn! — Du follst mein gehören.
Was auch geschehen möge, fernerhin
Verliere nicht die Zeit, mich zu erbitten.
Voll ift die Seele mir von Nacht und Graus.
Die Bitte fällt in ihren düftern Schlund.
Ich fagt' es Dir: ich kenne Mitleid nicht,
Noch Reu'; es wäre denn, daß lebend ich
Erblickte, den ich tobt gesehen habe,
Donato, den ich liebte! — Und nun, höre,
Zum letzten Mal am Rande dieses Pfad's,
Des schrecklichen, ermahn' ich Dich. Du kennst
Die Sache. — Tödten mußt Du Jemand, tödten,
Als wär'ft Du Henker, hier, und wen ich will,
Und wann ich will, erbarmen=, gnadelos! —
Nun siehe zu! —

     Otbert. Nur weiter!

          Guanhumara. Jeder Hauch,
Der wehet, bringt dem Grabe näher Deine
Regina, die des Todes ohne mich.
Ich kann allein fie retten. Sieh' dies Fläschchen!
Ein Tropfen jede Nacht d'raus — und fie lebt.

     Otbert. Sprichft wahr Du? Großer Gott! gib!

          Guanhumara. Höre!
Wenn morgen Du, Dank diesem Saft, zu Dir
Sie kommen siehft, das Leben auf der Stirne,
Holdlächelnd, einen auferftand'nen Engel,
Gehörft Du mein!

     Otbert (außer fich). Topp!

          Guanhumara. Schwöre das!

              Otbert. Ich schwör's!

     Guanhumara. Zudem wird mir Regina für Dich haften.
Sie müßte büßen Deinen Treuebruch.

Du weißt, ich kenne diese alte Stätte
Und Alles, was sie birget, überall
Tret' ich zu jeder Stunde ein!

      Otbert (die Hand nach der Phiole ausstreckend). Und leben
Wird sie?

      Guanhumara. Ja. Du gedenke Deines Schwurs!
Otbert. Sie wird gerettet sein?

      Guanhumara. Ja, Du bedenke,
Daß im Moment, wo Du dies nehmen wirst,
Ich Deine Seele nehme.

      Otbert. Gib und nimm!

      Guanhumara (ihm die Phiole überlassend). Auf morgen denn!

      Otbert. Auf morgen! (Guanhumara geht hinaus.)

      Otbert (allein). Danke, Weib!
Was auch Dein Plan, wer Du sei'st, danke! Meine
Regina wird ja leben! — Aber schnell
Ihr dies gebracht!
(Er wendet sich nach der geheimen Thüre, dann steht er einen Augenblick
still, die Phiole betrachtend.)
      Oh! mag mich immerhin
Die Hölle schlingen, ist nur sie gerettet!
(Er entstürzt durch die geheime Thüre, die sich hinter ihm schließt. Indessen
hört man von der entgegengesetzten Seite Lachen und Gesang, das sich zu
nähern scheint. Das große Thor öffnet seine Doppelflügel.)
(Herein treten mit lautem Jubel die Fürsten und Burggraven, von Hatto
angeführt, alle mit Blumen bekränzt, in Seide und Gold gekleidet, ohne
Panzerhemd, ohne Arm- und Beinschienen, mit dem Glase in der Hand.
Sie scherzen, trinken und lachen, gruppenweise; Pagen mit Weinflaschen,
goldnen Wasserkannen und Platten mit Obst gehen durch die Gruppen hin.
Im Hintergrund Hellebardiere, unbeweglich und stumm. Musikanten.
Hörner, Trompeten, Wappenherolde.)

Fünfte Scene.

Die Burggraven.

Hatto, Gorlois, der Herzog **Gerhard von Thüringen, Plato,** Markgraf von Mähren; **Gilissa,** Markgraf der Lausitz; **Zoaglio Gian-nilaro,** ein edler Genueser; **Darius,** Burggraf von Lacknek; **Cad-walla,** Burggraf von Okenfels; **Lupus,** Graf von Bergen (wie Gorlois, ganz jung) Andere Burggraven und Fürsten, stumme Personen, unter andern **Uler** aus der Bretagne und die Brüder von Hatto und Gorlois. Einige geschmückte Frauen, Pagen, Offiziere und Kapitäne.

Der Graf Lupus (singend).

Kalt ist der Winter, rauh der Nord,
Schneeflocken auf den Bergen stieben. —
  Was thut's? mach't fort,
  Laßt fort uns lieben!

Die Mutter starb, bin ohne Hort,
Mir flucht der strenge Pfaffe drüben. —
  Was thut's? mach't fort,
  Laßt fort uns lieben!

Belzebub klopft an meine Pfort',
Harrt mein mit seiner Teufel sieben. —
  Was thut's? mach't fort,
  Laßt fort uns lieben!

Der Markgrav Gilissa (sich an das Seitenfenster lehnend zum Grafen Lupus). Das große Burgthor, Grav, und auch den Pfad, Der steil hinaufführt, kann von hier man seh'n.
Der Markgrav Plato (den Zerfall des Saals betrachtend). Welch'
  trauriges, welch' alt verfall'nes Nest!
Der Herzog Gerhard (zu Hatto). Ein Aufenthalt für Geister
  und Gespenster.

Hatto (nach dem Thore des Thurms deutend). Hier ist mein Ahn.

Der Herzog Gerhard. Allein?

Hatto. Mit meinem Vater.

Der Markgraf Plato. Wie konntest ihrer Du entled'gen
Dich?

Hatto. Sie hatt e n ihre Zeit; nun ist's vorbei.
Auch ist ihr Geist verwirrt; der Alte hat
Mehr als zwei Monden schon kein Wort gesprochen.
Das kind'sche Greisenalter muß am Ende doch
Verschwinden. Demnächst zählt er hundert Jahre.
Traun, ich bin jetzt an ihrem Platz, sie sind
Im Ruhestand.

Giannitars. Aus eig'ner Wahl?

Hatto. So ziemlich.

(Ein Kapitän tritt ein.)

Der Kapitän (zu Hatto). Erlauchter Herr....

Hatto. Was ist?

Der Kapitän. Der Silberjude
Perez hat noch sein Lösgeld nicht bezahlt.

Hatto. Man häng' ihn auf.

Der Kapitän. Sodann die Anger Bürger,
Die sehr erschreckt sind, bitten um Quartier.

Hatto. Geplündert! 'S ist erobert Land.

Kapitän. Und die
Von Rhens?

Hatto. Geplündert! (Der Kapitän ab.)

Der Burggraf Darius (mit dem Glase auf Hatto zugehend).
Graf, Dein Wein ist gut!

(Er trinkt.)

Hatto. Ich glaub's, beim Henker! Es ist Scharlachwein.
Stadt Bingen, die mich fürchtet und mir schmeichelt,
Schickt jedes Jahr zwei Tonnen mir davon.

Der Herzog Gerhard. Regina, Deine Braut ist schön.

         Hatto. Man nimmt's
Halt, wie man's hat. Von Mutter Seite her
Ist sie uns anverwandt.

  Der Herzog Gerhard. Sie scheinet krank?

  Hatto. O unbedeutend.

  Giannilaro (leise zum Herzog Gerhard). Auf den Tod!

    (Ein Kapitän tritt ein.)

      Der Kapitän (leise zu Hatto). Es werden
Kaufleute morgen hier vorüberzieh'n.

  Hatto (laut). Fort, auf die Lau'r!

  (Der Kapitän ab. Hatto, zu den Fürsten gewendet, fährt fort.)

         Mein Vater wär' dabei
Gewesen. Ich, ich bleibe fein bei uns.
Einst kriegte man, und jetzt ergötzt man sich.
Einst that's die Kraft, und jetzo thut's die List.
Mir flucht der Wanderer; der Wand'rer spricht: —
Hatto und seine Brüder hausen arg
Auf diesem düstern Schloß, dem ungeheimen,
Um das die Stürme lagern. Den Markgraven,
Den Herzogen gibt Hatto Feste, läßt
Die eingelab'nen Fürsten von gefang'nen
Fürsten bedienen, deren Haupt er macht
Zum Schemel seinem Fuß. Wohlauf! das ist
Ein schönes Loos; man neidet, fürchtet mich.
Ich lache Hohn! — Mein Thurm trotzt einer Welt. —
Bis Satan kommt, schaff' ich zum Paradiese
Das Leben mir, ich hetze meine Kerls,
Wie seine Rüden hetzt der Jägersmann,
Und lebe allerglücklichst. — Meine Braut
Ist schön, nicht wahr? — Ei, Du vermählst
Mit Deiner Gräfin Isabel Dich?

Der Herzog Gerhard. Nein.

Hatto. Doch haft Du fernd die Stadt ihr abgenommen
Und ihr die Eh' gelobt.

Der Herzog Gerhard. Nicht, daß ich wüß... —
Ja doch, man ließ auf's Evangelium
Mich schwören! — Gut! —
              Ich laß das Mädchen,
              Behalt' das Städtchen. (Er lacht.)

              Hatto (lachend). Was aber sagt das Reich?

    Der Herzog Gerhard (fortlachend). Es schweigt dazu.

              Hatto. Allein Dein Eid?...
              Der Herzog Gerhard. Ah bah!

(Seit einigen Augenblicken hat sich das Thurmthor rechts geöffnet; man sieht
einige Stufen einer dunkeln Treppe, worauf zwei Greise erschienen, der
eine über sechzig Jahre alt, grau von Bart und Haar; der andere, weit
älter, fast ganz kahl, mit langem, weißem Bart; beide sind im Panzerhemd, mit Arm- und Beinschienen, das große Schwert an der Seite, und
über ihrer Rüstung tragen sie, der Aeltere einen mit Goldstoff gefütterten
weißen Schlepprock, der Jüngere eine große Wolfshaut, dessen Rachen auf
seinem Haupte gähnt.

Hinter dem ältesten steht aufrecht, unbeweglich, wie eine Salzsäule,
ein graubärtiger Knappe in eiserner Rüstung, der ein schwarzes Banner
ohne Wappen über dem Haupt des Greisen hält.

Otbert hält sich mit gesenktem Blick neben, doch etwas hinter dem ältesten, der sich mit dem rechten Arm auf seine Schulter lehnt.

Im Dunkel bemerkt man hinter jedem der greisen Ritter zwei gleich
ihren Herren gerüstete Knappen, nicht minder alt als erstere; ihr weißer
Bart quillt unter ihren halbgeöffneten Visiren vom Helm herab. Diese
Knappen tragen auf rothen Sammetkissen die Kasken der beiden Greise,
große Pickelhauben von außergewöhnlicher Form, deren Schmuck aus Rachen
phantastischer Thiere besteht.

Die beiden Greise hören still; der minder alte stützt sein Kinn auf seine
übereinander geschlagenen Arme und seine Hände auf die beiden Eisentheile
einer ungeheuren schottischen Art. Die Gäste, welche zusammen schwatzen
und lachen, haben sie nicht bemerkt.)

Sechste Scene.

Die Vorigen. Job, Magnus, Othert.

Magnus. Einst hielt man's in dem alten Deutschland mit
Den Schwüren, die man that, wie mit der Rüstung
Zu Krieg und Schlacht: sie waren beid' aus Erz.
— Mit Stolz gedenk' ich an den alten Brauch. —
'S war etwas Starkes, das ins Auge sprang,
An das man ohne Blut nicht tasten konnte,
Woran des Mannes Schrot und Korn man maß,
Das einem Edlen stets zu Häupten lag,
Und das, verrostet selbst, gut war und treu.
Der Tapf're schlief in seiner engen Gruft,
Gehüllt in seinen Eid, als wär's 'ne Rüstung;
Und manchmal brach die Zeit, die am Gewand
Der Todten nagt, die Rüstung, aber nie
Den Eid. Doch heute haben Treu' und Ehre
Und Männerworte sich modernisirt
Auf Spanisch. Tönend Erz und klingende Schellen!
Ein Eid, mit oder ohne Zeugen, währt
So lang vielleicht, als ein damast'nes Wamms, —
Vielleicht auch kürzer oft! — nützt schnell sich ab,
Und ist dann nur ein unbequemer Fetzen,
Den man zerreißt und wegwirft, — „alte Mode!"
(Bei diesen Worten des Magnus haben sich Alle voll Erstaunen umgewendet.
Augenblick des Schweigens unter den Gästen.)

Hatto (sich vor den Greisen verneigend). Mein Vater . . . .

Magnus. Jungen, ihr macht vielen Lärm.
Laßt in der dunkeln Nacht die Alten sinnen.
Ihr strenges Auge schmerzt der Feste Glanz.
Mit Schwertern stießen an die Alten; Kinder,
Stoßt ihr mit Gläsern an! Doch fern von uns!

Hatto. Erlauchter Herr . . . .

(In diesem Moment erblickt er die mit dem Gesicht gegen die Mauer gekehrten Portraits.)

Wer durfte das? . . . .

(Zu Magnus). Verzeiht!

Hier meine Ahnenbilder . . . wer hat sie
Gewendet? Wer hat sich's erlaubt? . . .

Magnus. Ich war's.

Hatto. Ihr?

Magnus. Ich.

Hatto. Mein Vater! . . .

Der Herzog Gerhard (zu Hatto). Das ist Hohn!

Magnus (zu Hatto). Ich habe
Sie alle umgewendet nach der Mauer,
Daß sie nicht sehen ihrer Söhne Schmach.

Hatto (wüthend). Für minder großen Schimpf hat Barbarossa
Gezüchtigt seinen Großoheim Ludwig.
Da man auf's Aeußerste mich treibt . . . .

Magnus (den Kopf halb gegen Hatto wendend). Mir scheint,
Den Barbarossa nannte man. Mir scheint,
Man hat gelobt gar diesen Spießgesellen.
Man nenne diesen Namen nie vor mir!

Graf Lupus (lachend). Was hat er Euch gethan denn, guter
Mann!

Magnus. O, unsre Ahnen! Bleibet, bleibt verhüllt! —
Was er mir that, ihr Herrlein? — Warst es Du
Nicht, der mich fragte, kleiner Graf von Bergen? —
Geh' hin am Rhein, vom See bis an die Schelde,
Und zähl' die Burgruinen rechts und links! —
Was er mir that? — Er fing uns Schwestern, Töchter,
Er baute seine kaiserlichen Galgen
Mit Geierfraß auf unsern Felsen, aus

Den Steinen unsrer Thürme, wüthete
Mit Sturm und Schwert und Feuer wider uns,
Uns Alle, wer wir seien; um den Hals
Der besten Ritter schlang er Sklavenringe —
Das hat er mir — das hat er euch gethan! —
Ja, dreißig lange Jahre unter diesem
Stets sieggekrönten Kaiser haben wir
Verbannung, Krieg, Gemetzel, tausend Nöthen,
Halsrichter, Kerker, Schreibersknechte, Foltern
Erduldet, und noch mehr! Ha! großer Gott!
Gleich Juden, gleich den Sklaven haben wir
Ertragen diesen langen Schimpf und Sieg
Des Erzfeinds! Und so ganz entartet sind
Schon unsre Söhne, daß sie's gar nicht wissen! —
Es beugte Alles sich vor ihm. — Wenn Friedrich
Der Erste, zwar verlarvt, doch goldbedeckt
Vom Wirbel bis zur Zehe, auf die Zinne
Sich schwingend der in Brand gesteckten Veste,
Den Handschuh hinwarf unserm ganzen Heer,
Dann bebte, floh, von Angst ergriffen, Alles.
Mein Vater war's allein, der eines Tags —

(Auf den andern Greis deutend.)

Mein Vater, welcher hier! — der, ihm den Weg
In einem engen Hofe sperrend, mit
Heißglüh'ndem Stern die rechte Hand versengte! —
O Zeiten! o Gedächtniß! Alles schwand!
Der Blitz erlosch vor unserm blöden Aug'!
Gestürzt sind die Barone; ihre Burgen
Herabgesunken auf das platte Land.
Nur eine Eiche blieb vom ganzen Wald;

(Sich vor dem Greise verneigend.)

Und Du bist diese Eiche, Herr und Vater!

(Auffahrend.)

— Der Rothbart! ha! — Fluch dem verhaßten Namen! —
Ob unsern Wappen wachsen Gras und Dorn.
Geschändet zwischen Trümmern fließt der Rhein! —
Oh! rächen werd' ich mich — das sei mein Ruhm
Und meine Größe! — ohne Stillstand, Gnade
Und Glimpf und Scheu', wenn er noch lebt, an ihm,
Zum mindesten jedoch an seinem Stamm!
Nichts soll mich hindern, ihn auf's Haupt zu treffen! —
Gott gebe, daß, bevor ich sink' ins Grab,
Mein Herz erleichtert werde, daß ich nicht
Hin müsse ungerächt! Denn um zuletzt
Doch zu genießen dieser höchsten Lust,
Um aus der Gruft zu geh'n und meine Beute
Zu fassen, um nach meinem Tod zurück-
Zukehren auf die Erde, Jünglinge!
Würd' ich des Gräßlichsten mich unterfangen!
Ja, mag Gott wollen oder nicht, ich will
Mit hohem Haupt und festem Herzen, welches
Die Pfort' auch sei, die dann mich einschließt, ob
Im Paradies, im Höllenschlund, sie brechen
Mit einem Schlag von dieser Eisenfaust! —

(Er hält inne, unterbricht sich und bleibt einen Augenblick stille.)

Was red' ich da? ich, ach! verlaff'ner Greis!

(Er verfällt in ein tiefes Sinnen und scheint nicht mehr zu hören, was
um ihn vorgeht. Nach und nach kehrt Lust und Kühnheit wieder bei den
Gästen zurück. Die beiden Greise scheinen zwei Bildsäulen. Der Becher
kreist und das Lachen fängt wieder an.)

Hatto (leise zum Herzog Gerhard, mit einem Achselzucken auf die
Greise deutend). Das Alter hat verwirret ihren Geist.

Gorlois (leise zu Graf Lupus, auf Hatto deutend). Ein Tag
kommt, wo mein Vater ihnen gleich
Wird sein, und ich, ich bin dann, was er jetzt.

Hatto (zum Herzog). Doch unsere Soldaten alle sind
Ergeben ihnen; — ha! wie ärgerlich!

Inzwischen haben sich Gorlois und einige Pagen dem Fenster genähert und sehen hinaus. Plötzlich wendet sich Gorlois um.

Gorlois (zu Hatto). Ei! Vater, komm, laß uns betrachten
doch
Den greisen Mann dort mit dem weißen Bart!

Der Grav Lupus (zum Fenster eilend). Wie langsam er den
Fußpfad schleicht herauf,
Gebeugten Hauptes!

Giannilara (herzutretend). Ist er matt?

Der Grav Lupus. Der Wind
Fährt durch die Löcher seines Mantels hin.

Gorlois. Er sucht vielleicht ein Obdach in dem Schloß.

Der Markgrav Giliffa. Ein Bettler!

Der Burggrav Cadwalla. Ein Spion!

Der Burggrav Darius. Hinweg mit ihm!

Hatto (am Fenster). Man jage sogleich diesen Strolch da mit
Steinwürfen fort!

Lupus, Gorlois (und die Pagen Steine werfend). Hinweg mit
Dir, Du Hund!

Magnus (wie plötzlich erwachend). In welcher Zeit sind wir,
allmächtiger Gott!
Und welche Rotte lebt zu dieser Frist?
Mit Steinen jagt man einen fleh'nden Greis!

(Alle scharf anblickend.)

Zu meiner Zeit — wir hatten gleichfalls unsre
Thorheiten, unsre Feste, unsre Lieder ... —
Kurz man war jung! — Doch wenn ein Greis, gebeugt
Von Alter oder Hunger, zitternd, mit
Erstarrter Hand vorüberging, und war's
Auch mitten in dem Feste, im Bankett, —

So füllte man, die Scherze unterbrechend,
Schnell einen Helm mit Münze und ein Glas
Mit gutem Wein für diesen Wanderer,
Den Gott vielleicht gesandt. Hernach ward wieder
Gesungen und gelacht, denn freuderfüllt,
Den Wein im Herzen, in der Hand das Geld,
Zog lächelnd weiter seines Wegs der Greis.
— An unsrem Thun mögt ihr das eure richten!

    Job (sich aufrichtend, thut einen Schritt und berührt Magnus Schulter).

Schweig, junger Mensch! — Zu meiner Zeit, bei unsern
Gelagen, wenn wir tranken, lauter singend
Als ihr, und wenn vor uns auf gold'ner Platte
Ein g a n z e r Ochse prangt' als Tafelstück:
Wenn sich's dabei begab, daß vor dem Thor
Ein Greis vorüberging, in Lumpen, arm,
Mit nackten Füßen, flehend: alsbald zog
Dann ein Geleite aus, ihn herzubringen;
Sobald er eintrat, bliesen alle Hörner;
Erhoben sah man die Barone sich;
Die Jünglinge, und waren's Kaiserprinzen,
Verneigten sich, verstummend ehrfurchtsvoll;
Die Greise boten ihre Hand dem Fremdling
Und sprachen: Sei bei uns willkommen, Herr!

             (Zu Gorlois.)

— Geh', lade ein den Fremden!

        Hatto (sich verneigend). Aber . . .

             Job (zu Hatto). Still!

Der Herzog Gerhard (zu Job) Erlaucht . . .

Job (zum Herzog). Wer schwatzt, wenn ich befohlen: Still!

(Alle weichen zurück und schweigen. Gorlois gehorcht und geht ab.)

    Otbert (für sich). Gut, Graf! — O alter Leu, betrachte
schaudernd

Die Tigerkatzen hier, Dein scheußlich Blut;
Doch wenn sie Dir noch thun ein letztes Unrecht,
Dann sträube Deine Mähne, daß sie beben!

   Gorlois (zurückkehrend, zu Job). Er kommt herauf, mein hoher
          Herr!

  Job (zu denjenigen Fürsten, welche sitzen geblieben sind). Erhebt euch!
       (Zu seinen Söhnen).

— Stell't euch um mich!

    (Zu Gorlois). Hieher!

  (Zu den Herolden und Musikern). Ihr Hörner, blas't,
Als gält' es eines Königs Einzug!

(Fanfaren. Die Burggraven und Fürsten stellen sich links in Reihe. Alle
Söhne und Enkel Jobs rechts um ihn her. Die Partisanenträger im Hintergrund mit erhobenem Banner.)

     Gut.

Hereintritt durch die Galerie im Hintergrund ein Bettler, der beinahe
ebenso alt scheint, als der Graf Job Sein weißer Bart reicht ihm hinab
bis zum Bauch Er ist in ein zerrissenes, grob härenes Gewand mit Kapuze
gehüllt, und trägt einen großen durchlöcherten, braunen Mantel; sein Kopf
ist unbedeckt; er hat einen Schnurgürtel, woran ein Rosenkranz mit dicken
Kugeln hängt, und unter seinen nackten Füßen Sandalen, mit Schnüren
angebunden. Er bleibt oben auf der sechsstufigen Treppe stehen, unbeweglich,
auf einen langen Knotenstock gestützt. Die Partisanenträger grüßen ihn mit
dem Banner, und die Hornisten mit einer zweiten Fanfare. Seit einigen
Augenblicken ist Guanhumara auf dem obern Stock der Säulenhalle wieder
erschienen; sie bleibt bei der ganzen Scene gegenwärtig.

———

Siebente Scene.

Die Vorigen, ein Bettler.

  Job (mitten unter seinen Söhnen stehend zu dem auf der Schwelle
unbeweglich anhaltenden Bettler). Wer Ihr auch seid, habt sagen Ihr
         gehört,
Daß in dem Taunus, zwischen Köln und Speier,

Auf einem Felsen, neben dem die Berge
Nur Hügel sind, ein Schloß steht, hochberühmt
Vor jedem Schloß, und daß in dieser Burg,
Die sich auf einem Lavaguß erhebt,
Ein Burggrav hauset, der Burggraven Preis?
Hat man erzählet Euch, daß dieser Mann,
Gesetzlos, mit Verbrechen ganz beladen,
Weit strahlend doch durch seine Heldenthaten,
Geächtet von dem Bundestag zu Frankfurt,
Gebannt von dem Concilium zu Pisa
Aus heil'gem Reich und heil'ger Kirche weg,
Vereinsamt, blitzgetroffen und verdammt,
Doch kerzeng'rad in seinem Berg und Willen,
Ohn' Unterlaß und ohne Waffenstillstand
Verfolgt, befehdet und besiegt den Graven
Der Pfalz, den Trierer Erzbischof, und seit
Zehnmal sechs Jahren, rückstößt sichern Fußes
Die Leiter, die das Reich an seine Mauern legt?
Hat man gesagt Euch, daß die Zuflucht er
Des Tapfern ist, daß er aus reich macht arm,
Aus Herren Sklaven; daß er ob den Häuptern
Der Herzoge, der Könige, der Kaiser,
Vor Deutschland, das die Beute ihrer Wuth,
Läßt weh'n auf seinem Thurm zu Trutz und Haß,
Als Traueraufruf an die Sklavenvölker,
Der großen Leichenfahne grausen Fetzen,
Die in dem schwarzen Wirbel trillt der Sturm?
Hat man gesagt Euch, daß bald hundert Jahr'
Er alt, und daß ihn, der den Himmel aus-
Gefordert und dem Schicksal hohngelacht,
Seitdem er sich auf seinem Fels erhob,
Nicht jener Krieg, der niederreißt die Burgen,

Nicht der allmächt'ge, wuthentflammte Kaiser,
Nicht Rom, nicht Alter, diese düst're Last,
Die niederdrückt den Menschen, — daß niemals
Besiegt, gebändigt und gebeugt etwas
Ihn, diesen alten Rheintitanen, Job,
Den Banngetroff'nen? — Wißt Ihr solches?

                        Der Bettler. Ja.

    Job. Bei diesem Manne seid Ihr. — Herr, willkommen!
Ich bin's, den Job man, den Verfluchten, heißt.

              (Auf Magnus deutend.)

Seht hier zu meinen Knieen meinen Sohn,

        (Auf Hatto, Gerlois und die Andern deutend.)

Und Sohnes-Söhne, nicht so groß als wir.
So wird des Menschen Hoffnung oft getäuscht.
Mein altes Schwert hab' ich von meinem Vater,
Von meinem Schwerte einen Namen, den
Man fürchtet, und von Seiten meiner Mutter
Hab' ich dies Erbgut Heppenheff. Wohlan!
Schwert, Namen, Schloß, mein Gast! ist Alles Euer.
Nun sprecht auch Ihr freimüthig, laut zu uns!

    Der Bettler. Ihr Fürsten, Graven, Herrn, — ihr,
                      Sklaven, auch! —
Ich trete ein, grüß' euch und spreche dies:
Wenn Frieden ist im Grunde eures Denkens,
Wenn, — sinn't ihr euren früher'n Thaten nach —
Nichts trübet eure Herzen, die so rein,
Wie's Himmelblau: dann lebet, lachet, fing't! —
Wo nicht, so denk't an Gott!... Ihr Jünglinge,
Ihr Greise, die so Vieles schon erfahren,
— Mit Blumen ihr, mit Jahren ihr bekränzt, —
Wenn unt'rem Himmelsdach ihr Böses thut:
So schauet vor euch hin und seiet ernst!

ungewiß ſind unſre Augenblicke;
erben alt, und j e n e n winkt das Grab.
Jünglinge, ſo ſtolz auf Kraft und Macht,
 der Alten! Greiſe, denk't der Todten!
mblich ſei't! ſo lehrt ein mild Geſetz.
man vertreibt den Pilger, weiß man denn,
nan vertreibt? Weiß man, woher er kommt?
Könige ihr, der Arme ſei euch heilig! —
rr, der hundertjähr'ge Tannen ſtürzt
iem Hauch, legt oft Ereigniſſe
litz und Donner, die, derweil wir reden,
ungeſehen rollen, in die Hand,
ter'm Lumpenkleid ein Bettler birgt!

Ende der erſten Abtheilung.

Zweite Abtheilung.

Der Bettler.

Personen.

Job,
Magnus.
Hatto.
Gorlois.
Otbert.
Regina.
Guanhumara.
Die Burggrafen und Fürsten.
Die Sklaven.
Ein Bettler.
Pagen, Soldaten, Bogenschützen, Hellebardiere.

Zweite Abtheilung.

Der Waffensaal.

Links eine Thüre. Im Hintergrund eine Galerie mit Zinnen, durch die man den Himmel sehen kann. Nackte Basaltmauern. Das Ganze rauh und ernst. Vollständige Waffenrüstungen an allen Pfeilern. Beim Aufzug des Vorhangs steht der Bettler auf dem Vordergrund der Bühne, an einen Stabe gelehnt, das Auge auf den Boden geheftet, und scheint in ein schmerzliches Sinnen versunken.

Erste Scene.

Der Bettler.

Gekommen ist der Augenblick, zu thun
Den großen Schlag. Man könnte Alles retten,
Doch muß man Alles setzen auf das Spiel.
Was thut's, wenn Gott mir beisteht! — Deutschland, o
Mein Vaterland! Wie tief gesunken sind
Doch deine Söhne, wie so ganz zerfleischt
Find' ich dich, ach! nach diesem langen Bann!
Getödtet haben sie Philipp, verjagt
Den Ladislas, dem Heinrich Gift gegeben!
Sie haben kalten Bluts den Löwenherz
Verkauft, wie sie Achill verkaufen würden!
O gräßlich düstrer Fall! o tiefe Schmach!

Die Einheit hin! Das Staatsband löst sich auf.
Ich seh' in diesem Land, einst Vaterland
Der Tapfern, jetzt Lothringer, Mähren, Sachsen,
Flamänder, Franken, Baiern, aber keinen,
Nicht Einen Deutschen. Jeder treibt sein Handwerk
Und sputet sich: der Mönch singt seine Mette,
Der Priester predigt, seines Ritters Spieß
Der Knappe trägt, es plündert der Baron;
Des Königs Handwerk aber ist — der Schlaf.
Wer Raub nicht treibt, der weiß zu seufzen nur
Und zitternd, wie zur Zeit der salischen Kaiser,
Mit Gruß und Kuß Reliquien anzuflehen!
Man ist wild oder feig; schlecht oder null.
Der Pfalzgraf hat, als Ritter Erzvorschneider,
Nach Trier die erste Stimme in der Chur.
Schön! er verkauft sie! Man verkennt und bricht
Den Gottesfrieden; und der Böhmenkönig,
Ein Slav'! ist Churfürst. Jeder will hinauf,
So hoch er kann. Es herrschet überall
Das Faustrecht, die Gewalt, der Schrecken. Unter
Den Fuß tritt man die Pflugschaar und sie wird
Zur Lanzenspitze; in den Krieg trägt man
Die Sicheln, doch die Ernte läßt man steh'n.
Brand wüthet rings. Sein Schelmenliedchen summend
Birgt unter seinem Mantel Stahl und Stein
Ein jeglicher Zigeuner, wenn vorüber
Er an den Hütten streicht. Vandalen haben
Berlin genommen. Welch ein Anblick, ha!
Danzig den Heiden! Breslau den Mongolen!
Das Alles kommt zugleich mir in den Sinn
Und durcheinander, wie's der Zufall spielt;
Doch gräßlich ist's!.... o Schmach! kein Geld mehr! Alles

usgeſtorben, Land und Stadt und Vorſtadt!
ſoll das Münſter Straßburgs man vollenden?
wem läßt man der Städte Banner tragen? —
Juden, reichgemacht im Bürgerkrieg!
 und Verwerfung! — Es beſaß das Reich
cht'ge·Pfeiler: Holland, Luxemburg
Cleve, Geldern, Jülich .... — Eingeſtürzt! —
Polen mehr und keine Lombardei!
Tage kühnen Angriffs zur Vertheidigung
 blieb uns! Ulm und Augsburg ſchlecht verpfählt!
 großen Karl, des frommen Otto Werk
icht mehr. Unſers Weſtens Grenze ſchwindet:
othringen gehört den Grafen von
 und Niederlothringen den Grafen
Löwen. Der Deutſchmeiſter-Orden ſank.
achtundzwanzig Ritter, hundert Knappen
 übrig noch, derweil der Däne droht,
ngland Welf und Ghibelline kämpft,
Lothringer Verrath ſpinnt, der Brabanter
t, und Turin von ſtillem Brande glüht;
pp Auguſt iſt ſtark, und Genua
Geld, der Bannſtrahl zücket immerfort;
peil'ge Vater ſitzt auf ſeinem Stuhl
lom und ſinnt, zweideutig, hohen Worts:
 — großer Gott! — kein Haupt! im Angeſicht
ſolcher Zukunft! Die Churfürſten uneins,
einer Thüre Jeder kehrend, trönend
Jeder Jeden, welcher gut bezahlt;
laſſend, — gleich als einen Miſſethäter,
olutig und zerriſſen ſtirbt, derweil
Pferde langſam ſeine Glieder zerren, —
Spei'r bis Lübeck, von Antwerpen bis

Nach Regensburg viertheilen durch vier Kaiser
Das Reich! — O Deutschland! Deutschland! Teutschland!
(Sein Haupt sinkt auf seine Brust; er geht langsam durch den Hintergrund
des Theaters ab Otbert, der seit einigen Augenblicken eingetreten ist, folgt
ihm mit den Augen. Der Bettler verliert sich unter den Arkaden der Galerie. Plötzlich verklärt sich Otberts Gesicht durch einen Ausbruch freudiger
Ueberraschung. Regina erscheint im Hintergrund auf der entgegengesetzten
Seite von der, wo der Bettler abging. Sie strahlt von Glück und Gesundheit.)

Zweite Scene.

Otbert, Regina.

Otbert. Regina! wie? ist's möglich? Du bist's, die
Ich sehe?

Regina. Otbert! Otbert! ja ich lebe,
Ich red', ich athme, gehen kann mein Fuß,
Mein Mund kann lächeln, keine Leihen hab'
Ich mehr, kein Grausen mehr, ich lebe, ich
Bin glücklich und bin ganz die Deinige!
Otbert (sie betrachtend). O Glück!
Regina. In dieser Nacht hab' ich geschlafen,
Doch — ohne Fieber. Wenn im Traum ich sprach,
So öffnete Dein Name mir die Lippen.
Welch süßer Schlaf! gewiß, ich litt nicht mehr.
Als mich die Morgensonne weckte, Otbert,
Otbert! da fühlt' ich neugeboren mich;
Da sangen lustig unter meinem Fenster
Die Sperlinge, die Blumen gingen auf
Und opferten dem Himmel ihren Duft;
Mir war bewegt von Freude das Gemüth,
Ich suchte mit den Augen Alles, was

So reinen Hauch zu mir herübersandte,
Was in der weiten Schöpfung sang sein Lied,
Und leise sprach ich, Thränen in dem Blick:
O süße Vögel, ich bin's! wohl bin ich's,
Ihr holden Blumen! — Otbert, o mein Otbert!
Ich liebe Dich!

(Sie wirft sich in seine Arme. Das Fläschchen aus dem Busen ziehend.)

   Dies Fläschchen ist das Leben.
Du hast geheilt mich, Otbert! Freund! Du hast
Dem Tode mich entrafft, vertheid'ge jetzt
Vor Hatto mich!

   Otbert. Regina, meine Schönheit,
Mein Strahlenengel, meine Freude! Ja,
Ich werde trau'n! mein Werk zu schließen wissen.
Doch staune nicht mich an! Nicht hab' ich Muth,
Nicht hab' ich Tugend; habe Liebe nur.
Du lebst! ein neuer Tag strahlt meinem Blick.
Du lebst! ich fühle mich wie neu beseelt.
O sieh mich an doch! Mein Gott! wie sie schön ist!
Gewiß, Du leidest nicht mehr?

   Regina. Nein! Nicht mehr.
Es ist vorbei.

  Otbert. Gepriesen sei, mein Gott!

 Regina. Gesegnet sei, mein Otbert!

(Beide stehen eine Weile stumm, sich umschlungen haltend. Dann reißt sich
Regina aus Otberts Armen.)

      Aber mich
Erwartet Job, der gute Graf. — Mein Alles!
Ich wollte Dir nur sagen, daß ich Dich
Von Herzen liebe. Lebe wohl!

   Otbert. Komm' wieder!

 Regina. Gleichbald. Doch schnell jetzt, er erwartet mich.

Otbert (auf die Kniee fallend und die Augen zum Himmel erhebend).
Dank, Herr mein Gott! sie ist gerettet!
(Guanhumara erscheint im Hintergrund.)

Dritte Scene.

Otbert, Guanhumara.

Guanhumara (die Hand auf Otberts Schulter legend). Bist
Zufrieden Du?

Otbert (mit Grausen). Guanhumara!

Guanhumara. Du siehst,
Ich habe mein Versprechen Dir gehalten.

Otbert. Ich werde halten meinen Eidschwur.

Guanhumara. Ohne
Gnad'?

Otbert. Ohne Schwäche. (Für sich.) Nachher töbt' ich mich.

Guanhumara. Man wird Dich heut' um Mitternacht erwarten.

Otbert. Wo?

Guanhumara. Vor dem Thurme mit der Leichenfahne.

Otbert. Das ist ein schauerlicher Ort, wo Niemand
Vorüberwandelt. An dem Felsen soll
Die Spur noch kleben einer schwarzen That....

Guanhumara. Ja, eine Blutspur, die von einem Fenster
Am Rand des Gießbachs ab der Mauer läuft.

Otbert (mit Grausen). Ha, das ist Blut! — Du siehst's, das
Blut befleckt
Und brennt.

Guanhumara. Das Blut macht rein und stillt den Durst.

Otbert. Wohlan! befiehl denn Deinem Sklaven! Wen
Werd' ich am Ort, den Du bezeichnet, finden?

Guanhumara. Wirst finden einen Mann — verlarvt, allein.

Otbert. Und dann?

Guanhumara. Wirst Du ihm folgen?

Otbert. Soll gescheh'n.

(Guanhumara ergreift mit Heftigkeit den Dolch, welchen Otbert in seinem Gürtel trägt, zieht ihn aus der Scheide und heftet einen fürchterlichen Blick auf die Klinge, dann schlägt sie die Augen wieder zum Himmel auf.)

Guanhumara. Ihr unbegrenzten Himmel! Heil'ge Tiefen!
Du dumpfe Klarheit des lasurnen Doms!
Nacht, deren Trauer so voll Majestät!
Du, den ich nie verließ in meiner langen
Verbannung, alter Ring von meiner Kette,
O treuer Kamerad! zu Zeugen nehm'
Ich euch! — Ihr Mauern, und du Burg,
Ihr Eichen, die dem Wandrer Schatten streu'n,
Ihr höret mich, — ich weihe diesem Dolch
Der Rache Fosco, den Baron der Wälder,
Der Felsen und der Fluren, düster, wie du, Nacht!
Und alt, wie, Eichen, ihr!

Otbert. Wer ist der Fosco?

Guanhumara. Der Mann, der sterben muß.

(Sie giebt ihm den Dolch zurück.)

Von Deiner Hand
Heut Nacht.

(Sie geht durch die Galerie des Hintergrunds ab, ohne Job und Regina zu sehen, die von der entgegengesetzten Seite eintreten.)

Otbert (allein). O Himmel!

Vierte Scene.

Otbert, Regina, Job.

Regina (tritt rasch laufend ein und wendet sich dann nach dem Grafen
Job, der ihr langsamen Schrittes folgt). Ja, ich kann jetzt laufen.
Seht, Herr!

(Sie nähert sich Otbert, der noch auf die letzten Worte Guanhumara's zu
hören scheint und ihren Eintritt nicht bemerkt hat.)

Otbert, wir sind es.

Otbert (wie plötzlich erwachend). Gräfin . . . . Herr . . . .

Job. Ich fühlte meine Trauer diesen Morgen
Verdoppeln sich; was gestern jener Bettler,
Mein Gastfreund, sprach, durchzuckte wie ein Blitz
Mich jeden Augenblick; (zu Regina) dann dacht' ich Dein,
Die ich verwelken sah, und Deiner Mutter,
Die als ein trauriger Schatten uns umschwebt . . . . —

(Zu Otbert.)

Doch plötzlich tritt in mein Gemach ein sie,
Dies Kind, frisch, rosig, froh, mit Siegermiene,
Welch Wunder! oh, ich lach', ich wein', ich wanke.
— Kommt, spricht sie, lasset uns Herrn Otbert danken.
Ja, sagt' ich, danken wir dem Otbert gleich!
Durch's alte, öde Schloß sind wir gegangen . . . .

Regina (heiter). Und sind nun beide da in vollem Lauf.

Job (zu Otbert). Doch welch Geheimniß? Mein Reginchen
heil!
Wie doch hast Du so retten sie gekonnt?
Man darf mir nichts verheimlichen.

Otbert. Es ist
Ein gar geheimer Zaubertrank, den hier
Mir eine Sklavin hat verkauft.

Joh. Die Sklavin

Ist frei, ich geb' ihr hundert Gülden Gold,
Weinberg' und Felder. Ich begnade die,
So in der Burg zum Tod verdammet seufzen!
Ich schenke hundert Bauern, nach der Wahl
Regina's, ihre Freiheit. (Beider Hände fassend.) Freudvoll ist
Mein Herz! (Beide zärtlich anblickend.) Was braucht's dazu auch
weiter,
Als daß ich euch seh'?
(Er macht einige Schritte nach dem Proscenium und scheint in tiefes Nach-
denken zu versinken.)
Ach! ich bin verflucht,
Bin einsam, ich bin alt, bin traurig sehr!
Ich berge mich im Thurm, den meine Ahnen
Bewohnen, und dort sitzend dumpf und stumm,
Und düster blick' ich sinnend um mich her
Im Schatten. Wehe! Alles ist so schwarz.
Es schweift mein Auge fernhin über Deutschland
Und nichts gewahr' ich dort, als Tyrannei
Und Neid und Mord, in Waffen stehen da
Wahnsinn und Frevel. Armes Land, zum Abgrund
Von hundert Fäusten hingestoßen, das
Bald fallen wird, wenn Gott nicht d'rüber hin
Läßt einen Riesen geh'n, der auf ihm hilft!
Mich schmerzt mein Vaterland. — Auf meinen Stamm
Wend' ich den Blick. Mein Haus und meine Kinder ...
Haß, Niedertracht und Frechheit! Hatto wider
Den Magnus; Gorlois wider Hatto, denn
Noch unt'rem Wolfe bleckt den Zahn das Wölflein.
Mein Stamm macht Angst mir. — Ich blick in mich selbst.
Mein Leben, o mein Gott! ich bebe, fahl
Wird meine Stirn! So scheußlich ist die Larve,

Aus der mich angrinſ't jedes Angedenken,
Das ſchaudernd ich erwecke, wenn's vor mir
Vorüberwandelt! Ja, 's iſt Alles ſchwarz. —
In meinem Vaterlande hauſen Teufel,
In meiner Sippſchaft Ungeheuer, und
Geſpenſter in der Seele mir! — Drum wenn
Mein endlich irr geword'ner Blick, verfolgt
Von dieſem dreifach bangen Nachtgeſicht,
Tag und Gott ſuchend, langſam ſich erhebt:
Iſt mir's Bedürfniß, bei dem Ausgang aus
Dem Labyrinthe, wo ich ſinne, euch
Zu ſehen um mich, wie zwei reine Strahlen,
Wie zwei Erſcheinungen am Höllenthor,
Euch, Kinder, deren Stirn ſo hell erglänzt,
Dich junger, ſtarker Mann; Dich ſüße Jungfrau,
Euch, die, wenn eure Augen nach mir hin
Sich wenden, mir zwei Gnadenengel ſcheinen,
Die ſich herab auf Satan beugen!

Otbert (für ſich). Weh!

Regina. O edler Herr!

Job. Euch, theure Kinder! ſchließ'
Ich beid' in meinen Arm!

(Zu Otbert, ihm zärtlich in die Augen blickend.)

Dein Blick iſt redlich.
Man fühlt Dir an den Helden, der getreu'
Iſt ſeinem Eide, wie der Aar der Sonne
Und dem Magnet das Eiſen; dieſer Jüngling
Hält ſein Verſprechen Punkt für Punkt.

(Zu Regina.)

Nicht wahr?

Regina. Das Leben ſchuld' ich ihm.

Job. Vor meinem Fall

ie er, ich! ernst, rein, keusch und stolz,
: Jungfrau und gleich einem Schwert.
Luft ist mild, der Himmel lacht,
gewährt die Sonne.
Sieh' Du, meine
ses edle Angesicht
. ein Kind mich, meinen armen Jüngst-
Als mir ihn Gott geschenkt,
ich mir vergeben. Zwanzig Jahre sind
. Ein Sohn in meinen alten Tagen!
Himmelsgabe! Immer stand
Wiege ich. Selbst wenn er schlief,
h mit ihm oft; denn, ist man sehr alt,
sehr kindisch. Sein blondlockig Haupt
os ich auf meinen Knie'n ... — Ich rede
Zeit! Du lebtest da noch nicht.
melte schon Worte, d'rob man lächelt.
ig war er, aber gar gescheid;
gut mich! ich kann's nicht beschreiben,
lächelte; doch wenn ich ihn
sah, da hatt' ich armer Greis
eine Sonne! Werden sollt'
r mir, ein Tapferer, ein Sieger;
ich genannt ihn ... — Eines Tags, —
Gedanke! — spielt' er auf
.. Oh, wirst Du Mutter einst, so laß
Kinder spielen fern von Dir! —
ihn mir. — Ein jüdisch Weib! wozu?
Sabbat, sagt man, ihn zu schlachten. —
weine noch nach zwanzig Jahren,

Wie in der erſten Stunde. Ach! ich liebte ihn
So ſehr! Er war mein kleiner König. Ich
War närriſch, war wie trunken, denn ich fühlte,
Wenn ſeine Händchen meinen weißen Bart
Berührten, in mir das, was eine Seele
Muß fühlen, d'rin der Himmel blühet auf!
Ich ſah ihn nicht mehr! Nie! — Mein Herz zerbricht!

(Zu Otbert.)

Dein Alter hätt' er. Deine ſchöne Stirn.
Er wäre ohne Schuld, wie Du. — O komm!
Ich liebe Dich.

(Seit einigen Augenblicken iſt Grauhamara eingetreten und beobach
geſehen vom Hintergrund aus. — Job umſchlingt Otbert auſs Inr
weint.)

Dich ſchauend, denk' ich oft,
Er iſt es ſelbſt! Denn Alles an Dir ('s iſt
Ein ſeltſam, aber lieblich Wunder), Deine
Reinheit, Dein Auge, Deine Stimm' und Miene,
Führt dieſen Sohn vor meine matte Seele,
Ich denke und vergeſſe ſein ob Dir.
Sei Du mein Sohn!

Otbert. Herr!

Job. Sei mein Sohn! — Weißt

Du wack'res Kind, für Ruhm und Recht erglüht,
Zwar ohne Gut und vater-, mutterlos,
Doch groß von Herz, des Ideales voll,
Was, wenn ich ſpreche: „Jüngling, ſei mein Sohn!"
Ich damit ſagen will? Weißt Du auch, was
Es heißt? — Ich will's Dir ſagen …

(Zu Otbert und Regina.) Höret an! …

Den Tag bei einem armen Greis zu weilen,
Deß Angeſicht dem Grabe zugekehrt,
Von früh bis ſpät zu leben wie im Kerker —

)öner Jüngling, eine schöne Jungfrau, —
)är' abscheulich, unnatürlich, schnöd:
man in dieser dunkeln Kammer, über
)reis hinweg, der wohl das Spiel bemerkt,
)nanchmal sich zuäugeln könnte und
)eln. Ich will sagen, daß der Greis
)t davon ist, daß ich deutlich sehe,
)an sich liebt, — und daß ich euch verlobe!
)gina (außer sich vor Freude). O Himmel!

Job (zu Regina). Ich will ganz gesund Dich machen!
)bert. Wie?
)b (zu Regina). Deine Mutter, meine Nichte, hat
)ir vermacht als Erbtheil. Sie ist todt. —
)ußer ihr mußt ich verbleichen sehen,
)eben meiner Söhne, und vielleicht
)pfersten; Georg, mein süßes Kind
)vand auf immer, und mein letztes Weib,
)lles, was ich liebte! Dieses ist
)luch der lange Lebenden, daß sie
)Unterlaß, wie Monat folgt dem Monat,
)inter, Sommer, Herbst und Frühling Trauer
)rau'r erleben und in schwarze Tracht
)aus sich hüllen seh'n. — Du mindestens
)ücklich! — Kinder, ich verlobe euch!
)armes, theures Blümlein! Hatto würde
)den Dich. Als Deine Mutter starb,
)ich ihr: — Stirb im Frieden, Deine Tochter
)in Kind; und wenn's jemals nöthig ist,
)ich für sie mein Blut vergießen! —
                              Regina. O,
guter Vater!
      Job. Ich hab' es geschworen!

Du Sohn, geh', werde groß, zieh' aus zum Krieg.
Du hast nichts, doch als Mitgift geb' ich Dir
Mein Lehen Kammerberg, ein Afterlehn
Von meinem Thurme Heppenheff. Empor
Wie Nimrod, Cäsar und Pompejus steige!
Zwei Mütter hab' ich, siehst Du: meine Mutter
Und meinen Degen. Ich bin eines Grafen
Bastard und meiner Thaten ächter Sohn.
Thu', wie ich that! (Bei Seite.) Ach! Frevel ausgenommen!
(Laut.) Mein Kind, sei redlich und sei tapfer! Lange
Richt' ich im Kopf schon diese Heirath zu.
Gewiß, man kann den freien Schützen Otbert
Verbinden mit dem freien Ritter Job!
Du dachtest wohl: ich werde stets, o Schmach!
Der Hund des alten Löwen sein, der Knappe
Des alten Grafen, ein Gefangener,
So lang er leben wird, in seiner Nähe! —
Bei Wort und Eid, ich liebe Dich, mein Sohn,
Doch nicht um meinet=, sondern beinetwillen.
Oh! nicht so herzlos, als man denkt, sind
Die Greise! Nun, laß seh'n, wie richten wir's?
Ich fürchte Hatto. Still! hier keinen Bruch!
Man könnte leichtlich mit dem Dolche spielen.

(Mit leiserer Stimme.)

Mein Thurm läuft in des Schlosses Gräben aus.
Dazu hab' ich den Schlüssel. Diese Nacht
Sollt unter sicherm Geleite, Otbert,
Ihr beide reisen. Du wirst's Weitere thun.

    Otbert. Allein . . .

        Job. Du schlägst es aus?

            Otbert. Graf! ach! es ist
Das Paradies, das Du mir öffnest!

Job. Dann thu', was ich Dir sage. Nun kein Wort mehr!
Nach Sonnenuntergang soll rasch ihr flieh'n.
Dich zu verfolgen, werd' ich Hatto hindern;
Und euren Ehebund schließt ihr in Raub.

(Guanhumara, die Alles gehört hat, geht ab. Er faßt ihre Arme in die seinigen und blickt beide zärtlich an.)

Nun, mein verliebtes Pärchen, sagt mir nur,
Daß glücklich ihr, dann bleib' ich gern allein!

    Regina. Mein Vater!

           Job. Oh! man muß sein letztes Wort
Der Liebe nur in letztem Lächeln sagen.
Was wird aus mir, wenn ihr verreist nun seid?
Wenn all mein Leid und mein vergang'nes Leben
Stets schwer und schwerer rückfällt auf mein Haupt?
(Zu Regina.) Denn, siehst Du, meine Liebe, ich erleicht're
Mir diese Last nur einen Augenblick,
Dann drückt sie wieder! *(Zu Otbert.)* Günther, mein Kaplan,
Wird folgen euch. Ich hoffe alles Glück.
Dann kommt ihr einst mich zu besuchen wieder. —
Oh weinet nicht! und laßt mir meinen Muth!
Ihr seid ja glücklich, ihr! Wenn man sich liebt
In eurem Alter, ei, was kümmert man
Sich da um einen Alten, welcher weinet? —
Oh! ihr zählt zwanzig Jahre! Ich — Gott kann
Nicht wollen, daß ich lange noch muß dulden!
         (Er reißt sich aus ihren Armen.)
Erwartet hier mich!
    (Zu Otbert.) Du kennst wohl die Pforte.
Ich gehe, Dir die Schlüssel herzubringen.
          (Er geht durch die Thür links ab.)

Fünfte Scene.

Otbert, Regina.

Otbert (ihm mit irrem Blicke nachsehend). Gerechter Gott! mein
Geist ist ganz verwirrt.

Flieh'n mit Regina! — aus der öden Burg!
Oh! wenn ich träume, Fräulein, sei't barmherzig,
Erweck't mich nicht! — Doch, meine Seele, Du
Bist wirklich da! Bist mein, Du Engel! Laß
Uns flieh'n vor Abend, fliehen alsogleich!
— Ach! wenn Du's wissen könntest! Vor mir strahlt
Ein Eden, doch gähnt hinter mir der Abgrund!
Zum Glücke flieh' ich, fliehe vom Verbrechen!

Regina. Was sagst Du da?

Otbert. Regina! Fürchte nichts!
Ich werde fliehen! Aber — großer Gott! —
Mein Eid! Regina! Ich hab' es geschworen!
Was liegt daran? Ich werde flieh'n, entrinnen.
Gerechter Gott! sei Richter über mir!
Gut ist er, ist ehrwürdig, dieser Greis,
Ich lieb' ihn! Komm, verreisen wir! Zusammen
Hilft Alles uns. Nichts hindert unsre Flucht...

(Während dieser letzten Worte ist Guanhumara durch die Galerie des Hintergrunds eingetreten. Sie führt Hatto und deutet mit dem Finger auf
Otbert und Regina, welche sich umschlungen halten. Hatto gibt ein Zeichen,
und hinter ihm treten Fürsten, Burggraven und Soldaten in Menge ein.
Der Marquis zeigt mit einer Geberde auf die beiden Liebenden, welche, in
gegenseitiges Anschauen versunken, nichts sehen und nichts hören. Plötzlich,
im Augenblick, wo Otbert, Regina wegführend, sich umwendet, vertritt ihm
Hatto den Weg. Guanhumara ist verschwunden.)

Sechste Scene.

Otbert, Regina, Hatto, Gorlois. Die Burggraven. die Fürsten. **Giannilaro.** Soldaten. Dann der **Bettler.** Endlich **Job.**

Hatto (zu Otbert). Das glaubst Du?

     Regina. Himmel, Hatto!

    Hatto (zu den Bogenschützen). Diesen Mann
Und dieses Weib ergreifet!

    Otbert (seinen Degen ziehend und mit einer Geberde die Soldaten
       abwehrend). Marquis Hatto!
Ich weiß, daß ein ehrloser Wicht Du nur;
Ich kenne Dich als falsch und niederträchtig,
Gottlos und scheußlich. Wissen will ich auch,
Ob man im Grunde Deines feilen Herzens,
Das voller Schmutz, nicht finden kann die Furcht,
Weil sie der Koth, den Laster werfen ab.
Ich habe — unter uns — Dich im Verdacht,
Daß Du ein Feigling nur, daß alle hier
Die edlen Herrn, — die besser, Schuft, als Du! —
Wenn ich an Deinem falschen Scheinmuth rüttle,
Vor Angst Dich sehen werden käsebleich!
Nach ihrer freien Wahl vertret' ich hier
Ein edles Fräulein, Gräfin an dem Rhein,
Regina. Prinz, sie weis't Dich ab, und ich
Bin's, den sie nimmt. Hatto, ich fordre Dich
Zum Fußkampf auf der Wiese an der Wisper,
Dreitausend Schritt' von hier, auf jede Waffe,
In Schranken, ohne Aufschub, ohne Sühnung
Und Gnade, nur mit Helm und Schmuck verseh'n,
Doch offenem Visier, am Rand des Flusses,

In den man den Besiegten werfen wird.
Stirb oder tödte!
(Regina fällt in Ohnmacht. Ihre Frauen tragen sie weg. Otbert dräng
Bogenschützen, welche sich nähern wollen, zurück.)
Keiner einen Schritt!
Ich spreche mit den Herr'n hier.
(Zu den Fürsten.) Höret Alle,
Ihr Marquis, die Ihr ins Gebirge kam't,
Herzog Gerhard, Sir Uther, Bannerherr
Der Bretagne, Burggrav Darius, Burggrav
Cadwalla! seht, vor euren Augen schlag'
Ich den Baron, der hier steht, ins Gesicht.
Ich rufe, um zu zücht'gen seinen Schimpf,
Das Recht der freien Bogenschützen an
Hier vor Freigraven!
(Er wirft Hatto seinen Handschuh ins Gesicht. Hereintritt der Be=
und mischt sich unter die Menge.)
Hatto. Schwatzen ließ ich Dich.
(Leise zu Zoaglio Giannilaro, der im Kreise der Herren neben ihm
Giannilaro, Gott weiß, vor Ungeduld
Zuckt in der Scheide noch mein Schwert!
(Zu Otbert) Jetzt frag'
Ich Dich: wer bist Du denn, mein Braver! sprich,
Bist Königs-, souverainen Herzogs-, oder
Markgraven-Sohn Du, daß Du Dich erkühnst
Zu fordern mich? Sag' Deinen Namen mir!
Weißt Du ihn auch? Du nennest Dich den Schützen
Otbert. (Zu den Herren.)
Er lügt.
(Zu Otbert.) Du lügst! Dein Nam' ist nicht
Otbert. Ich will Dir sagen jetzt, woher
Du kommst, Du stammst und was Du werth bist.
Du heißt Jorghi Spadacelli. Du bist

Nicht einmal ad'lig. Geh! ich kenne Dich.
Dein Ahn war Korse, Deine Mutter Sklavin.
Du bist nur eine schlechte Conterbande,
Sklav', einer Sklavin Bastard. — Weg von hier!
(Zu den Umstehenden.)
Es sind, Ihr Herren, Fürsten unter Euch.
Wer sich für ihn schlägt, jeden nehm ich an,
Fuß gegen Fuß, wo's sei, hier, in dem Hof,
Zwei Dolche in der Hand mit nackter Brust!
(Zu Otbert.)
Du aber, korsische Affenbrut, nichtsnutz'ger
Bandit! (Er tritt Otberts Handschuh mit Füßen)
Wirf vor die Knechte Deinen Handschuh!
Otbert. Elender!
Der Bettler (thut einen Schritt gegen Hatto). Zweiundneunzig
Jahre
Bin alt ich, doch ich werde Trotz Dir bieten!
— Ein Schwert!
(Er wirft seinen Stab weg und nimmt ein Schwert von einer der Rüstun-
gen an der Mauer.)
Hatto (in Lachen ausbrechend). Ein Hanswurst fehlte noch zum
Feste,
Hier ist er, meine Herrn! Ei, woher sproßt
Denn der Geselle da? Wir fallen vom
Zigeuner auf den Bettler gar.
(Zum Bettler.) Dein Namen?
Der Bettler. Friedrich von Schwaben, römischer Kaiser, König
Von Deutschland.
Magnus. Barbarossa!...
(Erstaunen und Erstarren Alle treten zurück und bilden eine Art großen
Kreis um den Bettler, der unter seinen Lumpen ein an seinem Hals hän-
gendes Kreuz hervorzieht und es mit der Rechten emporhebt, während sich
die Linke auf das in den Boden gestoßene Schwert stützt.)

Der Bettler. Sehet hier
Das Kreuz des großen Karl.

(Aller Augen heften sich auf das Kreuz. Kurzes Stillschweigen. Er fährt fort.)

Ich, Friedrich, Herr
Von Hohenstaufen, meiner Ahnen Berg,
Gewählter König Rom's, gekrönter Kaiser,
Schwertträger Gottes, König von Burgund
Und Arles, hab' erbrochen jene Gruft,
In welcher Karl der Große schlief; ich habe
Dafür gebüßt; und mit gebeugtem Knie
Geweint, geseufzt, gebetet zwanzig Jahre
Lang in der Wüste; von des Himmels Thau
Und von dem Felskraut lebend, ein Gespenst,
Vor dem der Hirte scheu entwich. Mich glaubte
Die ganze Welt gestiegen zu den Todten.
Ich aber höre meines Landes Schrei'n.
Ich trete aus dem Dunkel, d'rin ich sann,
Hervor aus dem freiwilligen Bann. Zeit ist's,
Mein Haupt zu heben aus der Erde. Kenn't
Ihr wieder mich?

Magnus (herzutretend). Rom's Kaiser, Deinen Arm!

Der Bettler. Den Stern, den Einer auf die Hand mir
brannte?

(Er zeigt Magnus seinen Arm.)

Schau!

(Magnus beugt sich, untersucht aufmerksam den Arm des Bettlers, dann richtet er sich wieder auf.)

Magnus (zu den Umstehenden). Ich erkläre hier, die Wahrheit
heischt's:
Das ist der Kaiser Friedrich Barbarossa.

(Höchstes Erstaunen Der Kreis wird weiter. Der Kaiser auf das große Schwert gestützt, wendet sich zu den Umstehenden und läßt fürchterliche Blicke über sie hinschießen.)

Der Kaiſer. Ihr hörtet meinen Schritt in dieſen Thälern,
Als mir noch klirrt' am Fuß der gold'ne Sporn.
Ihr kennet wieder mich, Burggraven! 'S iſt
Der Meiſter, der Europa unterjochte
Und neu erſchuf Otto's Germania,
Die Königin mit klarem Blick; er iſt's,
Den ſich zum allerhöchſten Richter wählten,
Als guten Kaiſer, guten Edelmann,
Zu Merſeburg drei Könige, und in Rom
Zwei Päpſte; und der, mit dem goldnen Scepter
Berührend ihre Stirne, gab dem Swen
Die Krone und dem Viktor die Tiare;
Er, der den alten Thron der Hermann brach,
Der nacheinand, in Thracien, in Ikonium,
Den Kaiſer Iſak, Kalif Arslan zwang;
Der Genua, Piſa, Mailand bändigend,
Erſtickend Krieg, Geſchrei, Verrath und Wuth,
Italien mit den hundert Städten nahm
In ſeine breite Fauſt; er iſt es, der
Hier mit euch ſpricht; er ſtehet auf vor euch!

(Er thut einen Schritt; Alle weichen zurück.)

Die Könige hab' ich gewußt zu richten,
Zu jagen weiß ich Wölfe. — Hängen ließ
Die ſieben Häupter ich der ſieben Städte
Der Lombardei; zehntauſend Hellebarden
Hat wider mich Albert, der Bär, geführt:
Ich brach ihn; jeden Pfad erreicht mein Fuß;
Heinrich, den Löwen, hab' ich eigenhändig
Zergliedert, ſeine Herzogthümer ihm
Entrafft, entrafft ſein Erbtheil, und aus ſeinen
Bruchſtücken vierzehn Fürſten dann gemacht;
Und endlich hab' ich vierzig Jahre lang

Mit meinen eh'rnen Fingern, Stein um Stein,
Zerbröckelt eure Thürme an dem Rhein!
Ha, Räuber! Ihr erkennet wieder mich! —
Ich komme, euch zu sagen, daß der Schmerzen
Des Reiches mich's erbarmt, daß aus der Zahl
Der Lebenden ich bald euch tilgen werde
Und eure Asche in die Winde streu'n!

(Er wendet sich zu den Bogenschützen.)

Mich hören werden eure Waffenleute.
Mein sind sie. Auf sie rechn' ich. Sie gehörten
Dem Ruhm, eh' sie der Schande angehört,
Sie dienten unter mir vor diesen Zeiten
Des Schreckens, und wohl mehr als Einer kann
Sich seines alten Kaisers noch entsinnen.
Nicht wahr, Graubärte? Nicht wahr, Kameraden?

(Zu den Burggraven.)

Ha! ihr Meineid'gen, Heiden, Plünderer
Der Dörfer, ihr ersteht auf meinem Grab.
Wohlan! seht! höret! fühlt! ich bin es, ich!

(Er tritt mit großen Schritten unter sie; Alle entweichen vor ihm.)

Gewiß, ihr achtet euch für Ritter! Ihr
Denkt ohne Zweifel: — Söhne sind der großen
Barone wir, der großen Edelleute,
Wir pflanzen fort sie. — Ihr pflanz't jene fort?
Oh! Eure Väter, immer stolz, und nie
Geringer werdend, führten Krieg im Großen;
Sie zogen aus, sie stiegen auf die Brücken,
Derweil man d'ran die Pfeiler brach, sie boten
Dem Pikeniere, wie dem Reiter Trotz;
Musik voran und unter Hörner Schall
Erwarteten ein ganzes Heer sie, hielten
Das Feld, wie hoch der Thurm, wie gäh der Berg

) mochte sein, sie brauchten, um ein steiles
festes Schloß zu nehmen, eine Leiter
Holz nur, schwankend unter ihrer Wucht,
gt an eine Mauer, wo herab
Schwefel rollte; oder eine Leiter
Stricken, die im Dunkel schaukelte
überm Abgrund, — diese Krieger, mehr
ionen gleich, als Menschen, die der Wind
Mitternacht an Bergesflanken trillte!
schalt man sie ob diesen nächt'gen Stürmen,
boten diese Kapitäne Troß
hellem Tag und auf dem Plan dem Kaiser;
Dunkel schildernd, Einer gegen Zwanzig
arteten der Sonne Aufgang dann
und des Kaisers Ankunft! So gewannen
Schlösser, Städte, Länder, und besorgten
trefflich ihr Geschäft, daß, wenn nach dreißig
ßjahren man nach diesen Helden forschte,
'ß fand, daß aus den Kleinen Herzoge
aus den Großen Könige geworden! —
! — gleich den Füchsen, gleich den Raben bergt
ins Gestrüpp', ins dichte Waldgebüsch,
, stumm, gelauert, einen Dolch in Händen,   .
inem Sumpf am Rand der großen Straße,
Biß des Hund's, der kommen könnte, fürchtend,
spüret Nachts auf nicht geheurem Weg
einem Wand'rer, eines Maulthiers Schelle.
seid zu hundert, einen armen Mann
Hals zu nehmen; ist der Streich gethan,
n flieht ihr eiligst fort in eure Höhlen ... —
ihr erfrecht euch, eurer Väter Namen
iennen! — Eure Väter unter Starken

Noch kühn, und unter Mächt'gen groß, das waren
Eroberer; derweil ihr — Diebe seid! *
(Die Burggraven senken das Haupt mit dem düstern Ausdruck von Nieder-
geschlagenheit, Entrüstung und Entsetzen Er fährt fort.)
Wenn ihr ein Herz, wenn ein Gefühl ihr hättet,
So riefe man euch zu: fürwahr, ihr seid
Doch gar zu ehrlos! welchen Augenblick
Erwählet ihr, in eurem feigen Troß,
Barone, ihr, das Raubhandwerk zu treiben? —
Den Augenblick, wo unser Deutschland stirbt! ...
O Schand' und Schmach! Ihr schnöden Söhne plündert
Die Mutter in dem Todeskampf! Sie weint,
Sie hebt zum Himmel ihre starren Arme
Und röchelt euch mit matter Stimme Fluch!
Was sie ganz leise sagt, das schrei' ich laut.
Eu'r Kaiser bin ich, nicht mehr euer Gast.
Verflucht sei't! ... Heute tret' ich wieder ein
In meine Rechte, und nachdem ich mich
Gezüchtigt, kann ich And're züchtigen!
(Er bemerkt die zwei Markgraven Plato und Gilissa, und geht gerade auf sie zu.)
Marquis von Mähren, Marquis von der Lausitz,
Ihr an dem Rheinstrand? Ist hier euer Platz?
Derweil euch diese Räuber lachend füttern,
Hört Pferde wiehern man vom Morgen her.
Des Ostens Horden stehen schon vor Wien.
Ihr Herrn, zur Grenze! eilt! und denket an
Heinrich im Bart und Ernst im Panzer doch!
Wir wachen auf der Zinne, ihr im Graben!
Geht!

* Man beachte in dieser ganzen Stelle die Vergleichung zwischen den
Franzosen der Revolution und des Kaiserreichs, welche die halbe Welt er-
oberten, und den Franzosen von heute, welche in Afrika Viehheerden weg-
treiben.   Anm. des Uebers.

(Zoaglio Giannilaro wahrnehmend.)

Zoaglio, mich widert Dein Gesicht.
Was thust Du hier, Genueser? heim nach Genua!

(Zum Bannerherrn der Bretagne.)

Was will Sir Uther uns? Wie? auch Bretonen!
Die Abenteurer aller Welt sind hier!

(Zu den beiden Markgraven Plato und Giliffa.)

Von den Markgraven werden hunderttausend
Mark Buße bargewogen!

(Zum Grafen Lupus)

Große Jugend,
Doch größere Verkehrtheit. Du bist fürder
Nichts mehr! Ich setz' in Freiheit Deine Stadt.

(Zum Herzog Gerhard.)

Die Gräfin Isebel hat ihre Grafschaft
Verloren, und der Dieb bist, Herzog, Du!
Du wirst nach Basel geh'n; dort werden wir
Die kaiserliche Kammer hinberufen,
Und dort wirst Du, Fürst, laufen öffentlich
Und eine ganze Stunde Weges tragen
Auf Deinen Schultern einen Juden. Geh!

(Zu den Soldaten.)

Befreiet die Gesang'nen! und sie sollen
Mit ihren Sklavenhänden um den Hals
Von diesen Graven ihre Ketten legen!

(Zu den Burggraven.)

Ha! schwerlich war't Ihr dieser Auferstehung
Gewärtig euch; nicht wahr? ihr sanget just
Bei vollen Bechern Lieb' und langen Schmaus;
Ihr jauchztet laut, und freutet euch gar sehr;
Ihr schluget lustig eure Krallen ein
In eure Beute; ihr zerrißt mein Volk,
Das, ach! so theuer mir, und theiltet euch

Die Fetzen aus von seinem Fleisch!... Doch plötzlich,
Urplötzlich tritt in die verschloss'ne Höhle
Der Rächer ein, entrüstet, knirschend, schrecklich!
Der Kaiser setzt den Fuß auf eure Thürme
Und auf die Geier stürzt herab der Aar!

(Alle scheinen erstarrt von Bestürzung und Schrecken. Seit einigen Augenblicken ist Job eingetreten und hat sich stillschweigend unter die Ritter gemischt. Magnus allein hat dem Kaiser ohne Verwirrung zugehört und ihn,
während er sprach, unverwandten Auges angeblickt. Wie Barbarossa geendet
hat, mißt ihn Magnus noch einmal mit einem Blick vom Wirbel bis zur
Zehe, dann zeigt sich auf seinem Antlitz ein düsterer Ausdruck von Freude
und Wuth.)

Magnus (das Auge fest auf den Kaiser gerichtet) Ja wohl ist
er's! — und lebt!

(Er durchbricht mit furchtbarer Geberde die Reihe der Fürsten und Soldaten,
eilt nach dem Hintergrund, überspringt mit zwei Schritten die Treppe von
sechs Stufen, faßt mit beiden Fäusten die Eisenstäbe der Galerie und schreit
mit Donnerstimme hinaus:)

Dreifach besetzt
Die Posten! Auf die Brücke! Gatter nieder!
Das Wurfgeschütz geladen! tausend Mann
Hinab zur Schlucht! und tausend auf den Wall!
Soldaten eilt zum Walde, brech't Granit
Und Marmor, nehm't die größten Blöcke, nehm't
Die größten Bäum', und macht auf diesem Berge,
Der seinen Schrecken sendet in die Welt,
Uns einen Galgen, eines Kaisers würdig!

(Er steigt wieder herab.)

Er hat sich selbst geliefert, ist gefangen!

(Die Arme kreuzend und dem Kaiser unter die Augen sehend.)

Mich wundert Dein! Wo hast Du Deine Leute?
Wo sind des Reichs Vorläufer und Trabanten?
Wird man die Hörner bald erschallen hören?
Wirst Du sofort auf diesem Thurm, den Du
Zertrümmern willst, in die Ruinen, wo

Der Nord soll pfeifen, säen Salz, wie einst
Auf Lübeck, oder wie auf Pisa Hanf?
Doch wie? Nichts hör' ich. Wär'st allein Du hier?
Kein Heer, o Cäsar? Ja, das ist Dein Thun,
Du machst es so gewöhnlich; mit dem Degen
In Deiner Faust, allein, ein Thor aufreißend,
Laut Deinen Namen rufend, nahmst Du Tarsus
Und Cori; Dir genügt' ein Schritt, ein Schrei,
Um Utrecht, Genua und Rom zu stürmen;
Jkonium hat sich vor Dir geneigt;
Die Lombardei erbebte, als sie sah,
Daß schauderte vor Deinem Höllenhauch
Der Baum mit Eisenblättern in Milano;
Das Alles wissen wir; doch weißt auch Du,
Wer wir sind? (Auf die Soldaten weisend.)
    Eben hört' ich reden Dich
Zu diesen Männern, sie „Graubärte" heißen
Und „Kameraden!" — Ganz vortrefflich! — Sieh!
Nicht Einer mußte! Denn — hier bist Du nichts.
Mein Vater ist's, den man verehrt und liebt.
Für sie ist Job der erste, Gott der zweite.
Der Räuber, Cäsar, kennt nichts Heiliges,
Als seinen Gast. Du aber, und Du selbst
Hast es gesagt, bist nicht mehr unser Gast. (Auf Job deutend.)
Den Greis hier höre, dieser ist mein Vater.
Er ist's, der Dich gezeichnet mit dem Dreizack;
Man kennt Dich besser an des Schimpfes Marken,
Als an dem Salbungsöl, deß Spur getilgt
Von Deiner Stirne! Alt ist zwischen euch
Der Haß, ist Greis, so wie ihr selber.
Du hast auf sein Haupt einen Preis gesetzt;
Er auf das Deine. Jetzo hat er es.

Allein bist Du und nackend unter uns.
Fritz Hohenstaufen! sieh genau uns an!
Du thust mir leid! Denn, traun, Dir wäre besser,
Als in den stummen Kreis der wilden Ritter
Darius, Cadwalla, Gorlois, Hatto, Magnus,
Beim großen Graven Job, Burggrav vom Taunus,
Hier einzutreten — besser wäre Dir's,
O König von Burgund und Arles, Kaiser,
Der nicht einmal, mit wem er redet, weiß,
Den man an seiner Narrheit nur erkannte —
Dir wäre besser, statt hieher zu kommen,
Du wär'st in einer dunkeln Leichennacht
In eine Höhle Afrika's getreten
Und hättest aus den Finsternissen plötzlich,
O König, Leu'n und Tiger stürzen sich
Von allen Seiten über Dich geseh'n!

(Während Magnus sprach, hat sich der Kreis der Burggraven langsam um
den Kaiser verengt. Hinter den Burggraven hat sich schweigend eine dreifache
Reihe bis an die Zähne bewaffneter Soldaten aufgestellt, über welchen das
große, halbrothe, halbschwarze Burgbanner flattert, auf dessen rachenför-
migen Feldern ein silbergesticktes Beil zu sehen ist, unter welchem steht:
Monti comam, viro caput. Der Kaiser, ohne einen Schritt zu weichen,
hält diese Menge in ehrerbietiger Entfernung. Plötzlich zieht, wie Magnus
geendet hat, einer der Burggraven sein Schwert.)

Cadwalla (sein Schwert ziehend) Gib, Kaiser, uns're Besten
uns heraus!

Darius (desgleichen). Und uns're Burgen, nur noch Schwal-
bennester!

Hatto (desgleichen). Gib uns're todten Freunde uns zurück,
Die uns're Thürme nur besuchen, wenn
Der rauhe Nachtwind heulet durch das Rohr.

Magnus (das Beil fassend). Ah! Du kommst aus dem Grabe!
Nun wohlan!

Ich ſtoße d'rein zurück Dich. Daß im ſelben
Moment — verſtehſt Du, Barbaroſſa, — wo
Die Welt hört tauſend Stimmen jauchzend rufen:
Er lebt! das Echo gegenruft: iſt todt!
— So zitt're, Thor, der unſern Häuptern dräute!

(Die Burggraven bringen mit gezückten Schwertern und großem Geſchrei
auf Barbaroſſa ein Job tritt aus der Menge hervor und erhebt die Hand.
Alle ſchweigen.)

      Job (zum Kaiſer) Was mein Sohn Magnus hat geſagt, o
                          Sire,
Iſt wahr. Ihr ſeid mein Feind. Ich bin es, der,
Ein aufgereizter Krieger, ſeine Hand
Gelegt hat einſt an Eure Majeſtät.
Ich haſſe Euch. — Doch will ich in der Welt
Ein Deutſchland. Ach! es wankt mein Vaterland
Und neiget ſich in einen tiefen Schatten.
Errettet es! Ich falle hier aufs Knie
Vor meinem Kaiſer, den mein Gott bringt wieder!

(Er kniet vor Barbaroſſa nieder, dann wendet er ſich halb gegen die Fürſten
und Burggraven.)

All' auf die Knie; werft euer Schwert zu Boden!

(Alle werfen ihre Schwerter weg und fallen nieder, außer Magnus. Job,
knieend, zum Kaiſer.)

Ihr thut den armen Nationen Noth,
Nur Ihr, ohn' Euch iſt's mit dem Staate aus.
Zwei Deutſche gibt's im deutſchen Lande noch:
Euch, mich. — Ihr, ich — das, Sire, iſt genug.
Regieret! (Mit einer Geberde auf die Umgebung.)
         Was die da betrifft, ſo ließ
Ich ſchwatzen ſie; verzeihet ihnen, es
Sind junge Leute. (Zu Magnus, der aufrecht ſteht.)
          Magnus!

(Magnus, einer düſtern Unſchlüſſigkeit preisgegeben, ſcheint zu zögern; ſei-
Vater bedeutet ihn. Er ſinkt auf die Knie. Job fährt fort.)

Immer haben

Baron' und Knecht', behelmte Stirnen und
Baarfüße, Jäger und Arbeiter sich
Gehasset wechselseitig; immer haben
Die Berge mit den Ebenen gekriegt.
Ihr wisset das. Jedoch gesteh' ich gern,
Es haben die Barone bös gethan,
Die Berge haben Unrecht. (Sich erhebend zu den Soldaten.)
                    Man versetze
In Freiheit die Gefangnen!
(Die Soldaten gehorchen schweigend und entfesseln die Gefangenen, welche
während dieser Scene sich in der Galerie im Hintergrund gruppirten. Job
                    führt fort.)
              Ihr, Burggraven!
Nehm't ihre Ketten; also will's der Kaiser.
        (Die Burggraven fahren entrüstet auf. Job sieht sie befehlend an.)
— Und ich zuerst.
(Er winkt einem Soldaten, daß er ihm das Eisenband um den Hals lege.
Der Soldat neigt das Haupt und blickt weg. Job winkt ihm aufs Neue.
Der Soldat gehorcht. Die übrigen Burggraven lassen sich ohne Widerstand
    fesseln. Job, mit der Kette um den Hals, wendet sich zum Kaiser.)
              Sieh uns so, wie Du wolltest,
Erhab'ner Kaiser. In dem eignen Schloß
Ist Sklav der alte Job, bringt Dir sein Haupt.
Und jetzt, wenn Stirnen, die das Wetter schlug,
Mitleid verdienen, höret mich, o Herr!
Wenn, König, Ihr zur Grenze kämpfen geht,
So lasset uns — thut uns die letzte Gnade —
Euch folgen, zwar bewehrt, gefangen doch.
Wir wollen uns're Ketten beibehalten;
Doch — traurig und ergeben, wie wir sind —
Stellt uns mit Euren Feinden Aug' in Aug',
Mit den verwegensten, den grausamsten;

Wer sie auch seien, Ungarn, Magyaren,
Vandalen, mögen sie so zahlreich sein,
Als Frühlingsschloßen, Wintereis am Meer,
Und dichter als der Weizen auf dem Feld:
Ihr werdet seh'n, wie wir, die Schuldbefleckten,
Gesenkten Auges, voll die Seele von
Der bittern Reue, die in Zorn sich wandelt,
Wegfegen — ich verbürge mich dafür —
Vor Eurem Antlitz jene Feindeshorden,
Wir, furchtbar und gekettet, uns're Hand
In Blut getaucht, kraft uns'rer Bande Sklaven,
Kraft uns'rer Schwerter Helden!

Der Hauptmann der Bogenschützen der Burg (auf Job zu-
tretend und sich neigend, um seine Befehle zu empfangen). **Edler Herr!**
(Job schüttelt den Kopf und bedeutet ihm mit dem Finger, sich an den
Kaiser zu wenden, der still und unbeweglich mitten auf der Bühne steht
Der Hauptmann wendet sich zum Kaiser und grüßt tief.)
Sir' . . . .

Der Kaiser (auf die Burggraven deutend). **In die Kerker!**
(Die Soldaten führen die Barone weg, ausgenommen Job, der auf einen
Wink des Kaisers bleibt. Wie sie allein sind, geht Friedrich auf Job zu und
nimmt ihm die Kette ab. Job läßt es erstaunt geschehen. Kurzes Stillschweigen.)

Der Kaiser (Job ins Gesicht sehend). **Fosco!**

Job (zitternd vor Erstaunen). **Himmel!**

Der Kaiser (mit dem Finger an dem Mund). **Still!**

Job (bei Seite). **Gott!**

Der Kaiser. Geh', und warte meiner diesen Abend
Am Orte, wo Du hingeh'st jede Nacht.

Ende der zweiten Abtheilung.

Dritte Abtheilung.

Der verlorene Schlund.

Personen.

Job.

Otbert.

Regina.

Guanhumara.

Der Kaiser.

Dritte Abtheilung.

Ein düsteres Gemach mit niederer bogenförmiger Wölbung und feuchtem, widrigem Aussehen. Einige von dem Zahn der Zeit zerfressenen Tapeten-fetzen hängen an der Mauer. Rechts ein Fenster, an dessen Kreuzstock man drei zerbrochene und wie mit Gewalt herausgerissene Gitterstangen bemerkt. Links, roh aus Stein zugehauen, Tisch und Bank. Im Hintergrund, um-dunkelt, eine Art Galerie, deren Pfeiler man sieht, welche die Anläufe der Schwibbogensimse tragen.

Es ist Nacht; ein Mondstrahl fällt durch das Fenster und zeichnet eine aufrechtstehende, weiße Gestalt an der entgegengesetzten Mauer ab.

Beim Aufzug des Vorhangs ist Job allein in dem Gewölbe auf der Steinbank sitzend und scheint in düsteres Nachdenken versunken. Eine ange-zündete Laterne steht auf der Steinplatte zu seinen Füßen. Er ist in eine Art Sack von grauer Wolle gekleidet.

Erste Scene.

Job (allein). Was hat der Kaiser mir gesagt? und was
Hab' ich entgegnet? Ich verstand nicht. — Nein. —
Gewiß, ich habe falsch gehört. Seit gestern
Fühl' ich nur Dunkel, Zweifel nur in mir.
Ich gehe schwankend, wie dem Zufall preis;
Es schwindet unterm Fuße mir der Pfad;
Zu Ende geht's mit mir, dem Trauergreis;
Die Wirklichkeit, in einem Nebel schwebend,
Verschwimmt vor meinem wirren Auge, das

Umsonst versucht die Schatten zu durchbringen,
Gleich einem Traumbild, hinter einem Schleier. (Sinnend.)
Es treibt sein Spiel der Teufel mit dem Geist
Unglücklicher. Ja, ohne Zweifel ist's
Ein Traum, doch grau'nvoll! Ach! wenn schläft
Im Herz, das ein dreischneidig Schwert durchbohrt,
Die Tugend, dann hat Träume das Verbrechen.
Jung träumt man von Triumph und alt von Strafe.
Zwei Traumgesichte an den beiden Enden
Des Menschenlooses. — Trüglich ist das erste.
Ist wahr das zweit'? (Momentanes Stillschweigen.)
                    Ich weiß zur Stunde nur,
Daß Alles sank in meinem hohen Haus.
Fritz Barbarossa herrscht auf meiner Burg.
O Schmerz! — Allein es sei! ich habe recht
Und wohl gethan; gerettet habe ich
Mein Land, gerettet habe ich das Reich. (Sinnend.)
— Der Kaiser! — Einer für den Andern waren wir
Gespenster; und betrachteten uns mit
Lichtblindem Auge schier, wie zwei Giganten
Aus einer untergang'nen Welt! Ja in der That,
Wir stehen einzig beide über'm Abgrund,
Ein düst'rer Doppelkulm entschwund'ner Zeit;
Die Gegenwart hat Alles überschwemmt:
Nur unsre Stirnen nicht hat ihre Flut
Bedecken können, denn sie sind zu hoch!
                    (Tiefer in sein Nachdenken verfallend.)
Es muß von beiden Einer sinken. Ich.
O groß Ereigniß! meines Berges Sturz!
Erzählen wird der Rhein, mein Vater, morgen
¶ alten deutschen Welt das Wunder dieses Falls,
    w   beendet ward mit einem rauhen,

Und stolzen Stoß der große Zweikampf zwischen
Dem greisen Job und greisen Barbarossa.
Nicht Söhne werd' ich, nicht Vasallen morgen
Mehr haben. Fahre hin, gewalt'ger Streit!
Fahr't, nächt'ge Stürme, hin! Fahr' hin, o Ruhm!
Wenn ich noch hören kann, vernehm' ich morgen,
Wie meiner lacht und spottet auf dem Weg
Der Wanderer; und alle werden seh'n
Den Job, der hundert Jahre Souverän,
Sich Schritt für Schritt um jeden Rheinfels wehrte,
— Job, der, troh Kaiser und troh Rom, noch athmet, —
Besiegt, zerfleischt noch lebend, von dem Aar
Des Reichs, als einen umgeworf'nen Riesen,
Dem man sich nähern kann, den letzten Burggrav
An seinen letzten Fels geschmiedet an. (Er erhebt sich.)
Wie? 'S ist Grav Job, — ich bin's, der unterliegt?
Schweig, Stolz! zum mind'sten schweig in diesem Grab!
            (Er läßt seine Blicke rings umschweifen.)
'S ist hier, 's ist unter diesen Mauern, die
Man zuckend nennen möchte, daß in solcher Nacht …
Oh! lang ist's her, und stets ist's gestern doch!
Entsetzen!   .
(Er fällt auf die Steinbank zurück, birgt sein Gesicht in beide Hände und
                        weint.)
        Unter dieser Wölbung hat
Seit selbem Tage mein Verbrechen Tropfen
Um Tropfen jenen Schweiß von Blut geschwitzt,
Den man Gewissensbiß nennt. Hier ist's, wo
Ich mit den Todten flüstere. Seitdem
Hat die Schlaflosigkeit den bleir'nen Finger
Mir ganze Nächte lang, o Gott! gelegt
Ins Hohl der Augenwimper; oder schlief

Ich ein, so irrten stets durch meinen Schlaf
Zwei Schatten, strömend aus ein rothes Blut.

(Aufstehend und nach dem Vordergrund zutretend.)

Mich glaubte groß die Welt. Weil mein vergaß
Der Donnerkeil, so sahen diese Berge
Ergrauen ihren hundertjähr'gen Räuber;
Europa, das auf unsern Zinnen stramm
Mich stehen sah, bewunderte mich; doch
Was auch ein Mörder thun mag, nimmer läßt
Vom Trug des Ruhms sich sein Gewissen täuschen.
Die Völker glaubten trunken mich von Sieg.
Doch Nachts, — allnächtlich! sechzig Jahre lang! —
Beugt' ich mein büßend Knie verdüstert hier.
Doch diese Mauern, schwarzer Umschlag sie
Von dieser glanz berühmten Burg, erblickten
Das arme, leichenhafte Inn're meiner
Vom Wurm zerfreff'nen, falschen Größe, ach!
Weitschallend tönten vor mir her die Hörner,
Ich war gewaltig; hoch mein Banner hebend,
Trat ich als Grav ins kaiserliche Schloß,
Als Leu in meine Höhle; doch derweil
Zu meinen Füßen nur ein Nichts war Alles,
Lebt' in mir Riesen ein scheußlicher Zwerg,
Mein Frevel — lachte, wenn man lobte mein
Ehrwürdig Haupt, und rief, ins Herz mich beißend:
Nichtswürdiger! (Die Hände zum Himmel erhebend.)

Donato! Ginevra!

Ihr Opferlämmer, werdet eurem Henker
Verzeih'n ihr, wenn uns alle Gott beruft?
Oh! seine Brust zu schlagen, knieend auf
Dem Stein zu weinen, zu bereuen, brünstig
Zu leben im Gebete reicht nicht hin.

Vergebung fehlt mir! Nein! ich weiß verflucht mich,
Und fühle mich verdammt! (Er setzt sich wieder.)
                    Nachkommen hatt' ich,
Ich hatte Ahnen; ausgestorben ist
Nun meine Burg; mein Sohn ist alt; Verräther
Sind seine Söhne; meinen Jüngstgebor'nen
Hab' ich verloren, — meinen letzten Schatz!
Regina, Otbert, sie, die ich noch liebte
— Denn, weil sie göttlich, liebt die Seele stets —
Sind ohne Zweifel vom Orkane meines
Ruins entführt. Kaum eben sucht' ich sie;
Verschwunden beide! Das ist allzuhart!
Auf, sterben wir!
            (Er zieht einen Dolch aus seinem Gürtel.)
            Hier (immer glaubte das
Mein Herz), hört Jemand mich.
            (Sich der unterirdischen Tiefe zuwendend.)
                        Wohlan denn! Ich
Beschwöre Dich in dieser Stunde, o!
Verzeih', Donato! Gnade, eh' ich sterbe!
Job ist nicht mehr. Nur Fosco bleibt. O Gnade
Für Fosco!
        Eine Stimme (im Dunkel; schwach wie ein Murmeln). Nein!
                Job (verwirrt) Sprach nicht Jemand hier?
— Nein, 's ist das Echo. Wenn hier Einer red'te
Mit mir, so wär' es aus der Todtengruft.
Den Eingang in die Katakomben hier,
Den Korridor, wo nie ein Tag geleuchtet,
Den tief verborg'nen, kennt ja, außer mir,
Kein Mensch, der heute lebt! die ihn gekannt,
Sind schon seit mehr als sechzig Jahren todt.
        (Er thut einen Schritt nach dem Hintergrund.)

Zu Dir, o Märtyrer! sind meine Hände
Gefaltet: Gnade für den Fosco!

Die Stimme. Kain!

Job (entsetzt auffahrend). Erstaunlich ist's! man hat gesprochen, ganz

Gewiß! Wohlan denn! jetzo, Schatten! wer
Du seiest, Schattenbild! anfleh' ich Dich:
Erschlage mich! denn lieber will ich sterben,
Als noch einmal das Echo, das grau'nvolle,
Von diesem schwarzen, unterird'schen Ort
Vernehmen, das, wenn ich den Namen Fosco
Ausspreche, mir antwortet ...

Die Stimme. Kain!

(Schwächer werdend, als ob sie sich in den Tiefen verlöre.)

Kain!

Kain!

Job. Herr Gott! Es beuget sich mein Knie!
Ich fieb're! ... Sich in Wahnsinn wandelnd, macht,
Wie Höllenwein, der Schmerz am Ende trunken.
O! des Gewissenbisses bitt'res Lachen
Hör' ich in mir. Ein gräßlich Traumbild ist's,
Das mich verfolgt und niederdrückt und noch
Scheußlicher wird an diesem grausen Ort.
O dumpfer Ton, der aus dem Grabe geht!
Hier bin ich! welcher Frage muß ich hier
Antworten? Was willst Du erörtert wissen?
Ich halte Stand. Sprich! Antwort geb' ich Dir!

(Ein verschleiertes, schwarzgekleidetes Weib, eine Lampe in der Hand, erscheint im Hintergrund. Sie tritt hinter dem Pfeiler links hervor.)

Zweite Scene.

Job, Guanhumara.

Guanhumara (verschleiert). Was hast mit Deinem Bruder
Du gethan?

Job (mit Entsetzen). Wer ist dies Weib?

      Guanhumara. Da droben eine Sklavin,
Hier eine Königin. Das Seine, Grav,
Jedwedem! Diese Burg, Du weißt, ist doppelt,
Und ihre Riesenthürme haben mehr
Als eine Höhle unter ihren Sälen.
Was von der Sonne Licht bestrahlet wird,
Gehorcht Dir Alles; Alles, was die Schatten
Erfüllen, Burggrav, das gehöret mein!
     (Sie geht langsam auf ihn zu.)
Ich halte Dich, Du kannst mir nicht entrinnen.

    Job. Wer bist Du, Weib?

      Guanhumara. Erzählen will ich eine
Ruchlose That Dir. 'S war... — schon lang ist's her;
Gestorben sind seitdem gar Viele. Wer
Jetzt hundert Jahre zählt, war damals dreißig.
    (Sie deutet auf einen Winkel des Gewölbes.)
Hier saß ein liebend Paar. Betrachte dies
Gemach! Es war eine Septembernacht,
Wie eben jetzt. Ein kühler Mondesstrahl,
Der in die dunkle Kammer lugte, malt'
Ein Leichentuch auf weißer Mauer ab...
  (Sie wendet sich um und zeigt ihm die vom Mond beschienene Mauer.)
Wie hier. — Urplötzlich, in der Hand das Schwert...

    Job. Gnade! genug!

      Guanhumara. Du kennst die Geschichte?

Wohlan denn, Fosco! Wo Donato fiel
Erdolcht, der Platz... (Sie deutet auf die Steinbank.)

    Ist hier! — Der Arm, der dolchte...
  (Sie faßt Job's rechten Arm.)

Ist dieser!

  Job. Triff auch Du, nur schweige still!

   Guanhumara. Man schleuderte...

    (Sie zerrt Job nach dem Fenster.)

  — Komm her! — durch dieses Fenster
Den Knappen Sfrondati, und seinen Herrn
Donato; und damit die Körper könnten
Hinaus, (Sie zeigt ihm die drei zerrissenen Gitterstangen.)
    zerbrach mit seiner Eisenhand
Der Henker einer die drei Stäbe hier.

   (Sie faßt seine Hand aufs Neue.)

Die Eisenhand, jetzt Rohr, ist diese, Grav!

  Job. Barmherzigkeit!

   Guanhumara. Barmherzigkeit erflehte
Auch Jemand — Schande über die Barbaren! —
Ein händeringend, Gnade! schreiend Weib!
Der Meuchler ließ sie lachend fesseln...

   (Mit dem Fuß eine Diele bezeichnend.)

       Hier!

Und darauf legt' er selbst an ihren Fuß
Den Sklavenring. Da ist er.

(Sie lüftet ihr Kleid und zeigt ihm den an ihren Fuß geschmiedeten Ring.)

    Job. Ginevra!

  Guanhumara. Hohläugig, todtenstirnig, händestarr.
Ja, lieblich ist in Corsika mein Namen
Ginevra! Diese rauhen Norderländer
Verderbten ihn in Guanhumara.
Das Alter, dieser and're Norden, der

Uns runzelt und beeißt, hat aus der Jungfrau
Mit süßem Aug' ein fahl Gespenst gemacht.
(Sie hebt den Schleier und zeigt Job ihr fleischloses Leichengesicht.)
Du mußt nun sterben.

    Job. Dank!

    Guanhumara. Wart', Alter, noch,
Eh' Du mir dankst: — Dein Sohn Georg — er lebt.

  Job. Was sagst Du? — Himmel!

      Guanhumara. Ich bin's, die Dir ihn
Geraubt hat!

   Job. Sei barmherzig!

     Guanhumara. Dieses Band
Trug an dem Hals er.
(Sie zieht von der Brust ein kleines Kinder-Collier mit Gold und Perlen
hervor und wirft es ihm zu; er nimmt es auf und bedeckt es mit Küssen.
Dann fällt er ihr zu Füßen:)

    Job. Gnade! Deine Kniee
Umfass' ich! Laß mich seh'n ihn!

     Guanhumara. Sollst ihn auch
Gleich seh'n. Er ist's, der kommt, Dich hier zu dolchen.

  Job (sich mit Schauder erhebend). Gott! — Hast Du denn in
       Deinem Zorn aus ihm
Gemacht ein Ungeheuer, daß Du glaubst,
Den Vater werde würgen Dir das Kind?

  Guanhumara. 'S ist Otbert!

   Job (die Hände zum Himmel faltend). Sei gebenedei't, mein Gott!
Ich ahnte es. — Er aber ist ganz Adel,
Er hat nichts Schlechtes. Thöricht rechnetest
Auf meinen Otbert Du ...

    Guanhumara. So höre denn!
Du gingest in der Sonne, meinen Weg
Hab' ich bei Nacht gemacht; Du merktest's nicht,
Wie ich kroch vorwärts: — Wache, Josco, nun

Gefangen in dem Ring der Schlange auf! —
Weil eben Dir zu schaffen gab der Kaiser,
War ich in Deiner Wohnung bei Regina,
Sie trank mir einen mächt'gen Zaubertrank;
Ich war allein mit ihr... — und jetzt sieh' her! —
(Durch den Hintergrund der Galerie rechts treten zwei schwarz gekleidete
Verlarvte ein, die eine schwarz behängte Bahre langsam über die Bühne
tragen. Job stürzt auf sie zu. Sie halten an.)

    Job. Ein Sarg!
(Job zieht entsetzt die schwarze Decke weg. Er hebt das Leichentuch und
sieht ein blasses Antlitz. Es ist Regina.)

            Regina! (Zu Guanhumara.) Ungeheuer, Du
hast sie gemordet!

    Guanhumara. Noch nicht. Solche Spiele
Sind mir geläufig. Todt ist sie für Alle;
Für mich jedoch, Grav, schläft sie. Wenn ich will...
        (Sie macht die Geberde des Aufstehens.)

    Job. Der Preis, daß Du sie aufweckst, ist?...

                  Guanhumara. Dein Tod.
Otbert weiß es. Er ist's, der wählen wird.
      (Sie reckt ihre Rechte über den Sarg aus.)
Ich schwöre bei der ew'gen Zornespein,
Die uns im Busen facht das Unrecht an,
Bei'm gold'nen Himmel Corsika's, der heißen,
Bei dem Skelett, das kalt im Waldstrom schläft,
Bei dieser Mauer, die den Blutbach trank,
Soll dieser Sarg nicht leer von hinnen weg!
(Die beiden Sargträger setzen sich wieder in Bewegung und verschwinden
durch den Hintergrund links.)
        (Zu Job.)
Sie wähl' er, oder Dich! — Willst flieh'n Du fern
Von ihnen, flieh!... Otbert, Regina sterben
Dann beide. Beide sind in meiner Macht.

    Job (sein Gesicht mit den Händen bedeckend). Entsetzen!

Guanhumara. Laß Dich fertig machen, stirb!
lebt Regina!

Job. Nur noch eine Bitte!
s kümmert Sterben mich? Nimm hin mich selbst,
m meine Tage, nimm mein Blut, nur treibe
Unschuld zum Verbrechen nicht! Begnüge
einem einz'gen Opfer Dich, o Weib!
mir enthüllt sich eine Welt voll Graus.
n Frevel hat entzündet in dem Dunkel,
unter diesen Bergen, eine Hölle;
sehe sich aufbäumen ihre Teufel,
scheußlich Schlangennest, gebrütet aus
unheilvollen Tropfen, die von meinem
blöß'ten Dolch auf diese Dielen rannen!
rb ist ein Sämann, der das Uebel erntet;
weiß. — Du hast in einem Höllenkreis
angen mich. Was willst Du mehr? Bin ich
t Deine Beute? Du thust wohl daran,
ß ist gerecht; ich folge freudig Dir,
, der verflucht in seinen Söhnen ist
Neffen! Doch des Kind's, des letzten! schone! —
? edel, rein und fleckenlos hast Du
her gebracht ihn, und Du willst, daß er
ausgeh' mit dem gottverfluchten Mahl
eichnet, das ich, Kain, tragen muß?
Ginevra, da Du einmal mir ihn nahmst,
r Greisen, dessen Hoffnung er war, mir
schon des Grabes Nähe fühlte, — doch
will darob Dir keinen Vorwurf machen; —
Du ihn also nahmst und bei Dir hielt'st
b ihn nicht quältest, nicht wahr? — dieses arme,
sanfte Kind! Da Du sein Adlerauge

Sich öffnen faßt' — o Glück, das ich beneide! —
Da seine schöne Stirne Deines Busens
Erwärmung suchte, da Du Zeugin war'st
Von seiner ersten Frage an das Leben,
Vom Werden seiner jungen Seele:... — oh!
So ist Dein Kind er! wie mein Sohn, ist er
Der Deine! Wahrlich, wahrlich, sag' ich Dir! —
Ich schwöre Dir's, genug hab' ich gelitten.
Ich bin gestraft! — Am Tage', wo man kam,
Mir anzusagen, daß Georg verloren,
Daß man geseh'n, wie Jemand fort ihn schleppte, ...
Da glaubte ich, zerreiße mein Gehirn.
— Nicht übertreib' ich; Jeder kann's Dir sagen. —
Ich schrie nur, schrie: Mein Kind entführt! mein Kind!
Denk' Dir, ich fiel ohnmächtig auf die Erde!
Ha, wenn ich mich erinn're! — Armes Kind! —
Es lief den Rosen nach, es spielte! — Nicht wahr,
So was sind Dinge, welche foltern können?
Urtheile, ob ich litt! — Wohlan, so thue
Nicht größ're Missethat, als meine war!
Beflecke diese Seele nicht, die rein
Und göttlich noch! Oh! wenn ein Herz Du fühlst
Dir schlagen in der Brust!...

        Guanhumara. Ein Herz? Ich habe
Kein's mehr. Du hast's herausgerissen mir.

    Job. Ich will ja gerne sterben, hier ins Grab
Gebettet, — nur von seinen Händen nicht!

    Guanhumara. Den Bruder tödtete der Bruder hier;
Hier wird der Sohn den Vater tödten.

    *Job (auf den Knieen, mit gefalteten Händen sich zu den Füßen
Guanhumara's schleppend).* Meinem

Elend gestatte einen andern Tod!
Das fleh' ich Dich!

      Guanhumara. Verfluchter! ha! Ich habe
Dir's schon gesagt, ich flehte auch Dich, kniend,
Mit nackter Brust, wahnsinnig, hoffnungslos.
Denkt es Dir noch, daß endlich, irren Sinns,
Ich auffuhr, schreiend: — Ich bin eine Corsin! —
Und drohte Dir? Du aber warfst Dein Opfer
Hinab zum Graben, stießest mit dem Fuß,
Satanisch lachend, mich hinweg und riefst:
„Vermagst Du's, räche Dich!" — Ich räche mich.

      Job (immer kniend). Nichts that mein Sohn Dir! — Gnad'!
                Ich weine . . . sieh!
Ich liebte Dich! war eifersüchtig!

          Guanhumara. Schweig!
         (Die Augen zum Himmel hebend.)
Gottlos ist's selbst vor so viel andern Freveln,
Daß dieses in dem Schlund verlorne Paar
Von Furien, das, mit Schreckniffen umringt,
Im Grabe hier verhandelt, Deinen Namen,
O heilge Liebe! noch zu nennen wagt! (Zu Job.)
Wohlan! ich liebte auch, ich, deren Herz
Nun öd' und leer! Gib Du zurück mir meinen
Donato! Brudermörder, gib mir ihn!

      Job (mit düsterer Ergebung aufstehend). Weiß Otbert, daß er
              morden soll den Vater?

      Guanhumara. Nein. Für Regina's Rettung, ohne daß
Er Deinen Namen kennt, trifft er im Dunkel.

      Job. Otbert! O Nacht des Jammers!

           Guanhumara. Wie der Henker,
So weiß er, daß er einen Schuld'gen straft.

Nichts weiter. — Stirb verschleiert, schweige, sprich nicht!
Das geb' ich zu, wenn Du es wünschest.

Job. Dank!

Guanhumara. Man kommt, ich hör's. Befiehl Gott Deine
Seele! —

Er ist's. — Ich berge mich. Doch Alles werde
Vernehmen ich. Regina ist mir Geisel
In meiner Höhle. Sputet euch, ihr beide,
Daß ihr zu Ende komm't!

(Sie geht durch den Hintergrund links hinaus, von wo die Sargträger
abgegangen sind.)

Job (neben der Steinbank auf die Kniee sinkend). Gerechter Gott!
(Er bedeckt sein Haupt mit dem schwarzen Schleier und verharrt knieend,
unbeweglich, in der Lage eines Betenden. Hereintritt durch die Galerie
rechts ein schwarzgekleideter, verlarvter Mann, wie die vorhergehenden eine
Kerze tragend. Er bedeutet Jemand, der ihm folgt, hereinzutreten. Dies ist
Otbert, blaß, verwirrt, außer sich. Im Augenblick, wo Otbert eintritt und
redet, macht Job keine Bewegung. So wie Otbert hereingetreten ist, verschwindet der Verlarvte.)

Dritte Scene.

Job, Otbert.

Otbert. Wo führtest Du mich hin? Welch düst'rer Ort
Ist dies? (Sich umsehend.)

Doch wie? Hinweg ist der Verlarvte!
Wo bin ich? Himmel! Wäre hier es? — Schon! —
Ich schaudere! Ein Schwindel faßt mich an. (Job gewahrend.)
Was seh' ich hier im Schatten? Oh! ein Nichts.

(Er tappt in der Finsterniß auf Job zu.)
Oft täuscht uns Nacht....

(Seine Hand berührt Jobs Kopf.)

Gott! 's ist ein lebend Wesen!
(Job bleibt unbeweglich.)

Kalt überläuft mich des Verbrechens Schweiß.
Ist das Schaffot hier? wäre dies das Opfer? —
Mann des Verderbens, Fosco, den ich heut
Muß schlachten, seid Ihr es? antwortet!... Er
Sagt nichts, er ist's! — Oh! wer Ihr seiet, sprecht
Mit mir, ich bin mir selbst ein Gräu'l, mich treibt
Nicht Haß, ich weiß von nichts, ich weiß auch nicht,
Warum Ihr unbeweglich bleib't, warum
Ihr Euch nicht furchtbar vor mir richtet auf!
Ich bin Euch unbekannt, wie Ihr auch mir.
Doch fühlet Ihr, daß meine Hände nicht
Gemacht zu solchem Thun sind? Fühlet Ihr,
Daß ich nur Werkzeug einer grausen Rache
Und schwarzen Strafe bin? Ist Euch bekannt,
Daß meinen Fuß gefangen und umstrickt
Ein Bahrtuch hält in seinen Leichenfalten,
Das hier in dieser Finsterniß geht um?
Sprecht, kennet Ihr Regina, meine Liebe,
Den Engel, dessen Stirn es tagen macht
In meinem Herzen? Sehet, sie ist hier,
Gehüllt ins Grabtuch — todt, wenn schwach ich bin,
Doch wenn ich morde, lebend! — Hab't Erbarmen
Mit mir, o Greis! und sprech't ein Wort zu mir!
Sag't, daß Ihr meinen Schauder seh't, mein Grauen,
Und mir verzeihet Euer Märtyrthum!
O! laßt mich es aus Eurem Mund vernehmen!
Ein einzig Gnadenwort, o Greis! mein Herz
Zerreißt! Nichts, als ein einzig Wort!

Job (aufstehend und seinen Schleier abwerfend). Otbert!
Mein Otbert! mein Kind!

Otbert. Eire Job!

Job (ihn mit überströmendem Gefühl in die Arme drückend). Nein, hin

Zu ihm schwingt sich mein ganzes Wesen! Nein,
Mit diesem gräßlichen Verstummen mich
Zu foltern, ist zu hart! Ich bin ja nur
Ein schwacher, weinender, zermalmter Greis.
Ich kann nicht sterben ohne einen Kuß
Von ihm! Komm an mein Herz.

(Er bedeckt Otberts Gesicht mit Thränen und Küssen.)

Laß, Kind, gewähren,
Daß ich Dich sehe. Glauben wirst Du's kaum,
Ich habe Dich — obwohl sechs Monden schon
Das Glück mir ward, Dich jeden Tag zu sehen, —
Ich habe Dich noch nie gesehen recht ...

(Er betrachtet ihn mit trunkenen Blicken.)

Dies ist das erste Mal! — Wie schön ist doch
Ein junger Mann von zwanzig Jahren! Laß
Mich Deine reine Stirne küssen! Laß
Mich an Dir satt mich sehen! — Eben sprachst Du,
Und ich, ich schwieg! — Du weißt es selber nicht,
Wie, was Du sprachst, mir ging durch Brust und Mieren!
Otbert, an meinen Mauern aufgehängt
Wirst Du mein großes Handschwert finden. Kind!
Ich schenk' es Dir! Mein Helm und meine Fahne,
Die triumphirend oft geweht, sind Dein!
Ich wollte, daß in meiner Seele Grund
Du lesen könntest, wie ich sehr Dich liebe!
Ich segne Dich! — Mein Gott! begnade ihn
Mit jedem Gut, mit langen Jahren, wie
Mich selber, doch mit minder düsteren!
Mach' ihm ein ruhig, glanzvoll, glücklich Loos!
Und mögen viele Söhne, ihrem Vater

An Frommheit gleich, voll Liebe seinen Schritt,
Den zitternden, doch stolzen unterstützen,
Wenn seine schwarzen Locken einst sind weiß!

    Otbert. O edler Herr!

    Job (ihm die Hand auflegend). Hör't, Erd' und Himmel, mich!
Ich segne diesen Sohn in Allem, was
Er hat gethan und was er noch wird thun!
Sei glücklich! — Jetzt, mein Otbert, hör' und sieh'! —
Ich bin nicht Vater, bin nicht König mehr;
Die Meinen sind in Haft, es sank mein Thurm;
Ausliefern mußt' ich meine Söhne, mußte
Gebeugten Hauptes Deutschland retten; ja, —
Doch ich muß sterben. Sieh', nun zittert meine,
Des Greisen, Rechte. Man muß helfen mir,
Mich unterstützen . . .

(Er zieht den Dolch, den Otbert in seinem Gürtel trägt, aus der Scheide
und reicht ihm denselben.)

                  Und Du bist's, von dem
Ich hoffe diesen letzten Dienst.

          Otbert (entsetzt). Von mir?
Wißt Ihr denn aber, daß ich suche hier
Zur Stelle Jemand . . .

         Job. Fosco? — Der bin ich.

    Otbert. Ihr! (Zurückweichend und im Dunkel rings umherspähend.)
             Wer ihr sei't, Gespenster! Die um mich
Sich lagern, Teufel, die, ihr schaut auf uns,
Er ist's, der Greis ist's, den ich ehr' und liebe!
Erbarmt euch unser doch in dieser letzten,
Entscheidungsvollen Stunde! — Alles schweigt! —
O mein Gott! es ist Job! O Schreck
Der Schrecken! (Verzweiflungsvoll und feierlich.)
         Nimmer kann ich gegen Dich

Erheben meine Hand, o Greis! Heros
Des Rheines! Du geheiligt Haupt!

  Job. Mein Otbert! eb'ne mir den Weg zum Grabe!
Muß ich Dir Alles sagen? Ich bin ein
Verbrecher. Deine Gattin auf der Welt
Und Deine Schwester in dem Himmel, hier
Ist sie: Regina! blaß und kalt und schön.
Sie, der Du Alles hast zu thun versprochen,
Zu retten stets sie, denn die Lieb' ist Tugend,
„Und müßtest an des Grabes Schwelle Du
„Dem Teufel, der den Höllenrachen öffnet,
„Stand halten und ihm diesen Engel zahlen
„Mit Deiner Seele!" — Nun, sie hält der Tod!
Der Tod erhebet den verfluchten Arm,
Deß Schatten stündlich größer wird ob ihr!
Errette sie!

  Otbert (im Irrsinn). Ihr glaubt, ich muß sie retten?

  Job. Kannst schwanken Du? Auf einer Seite bin
Ich Kahlkopf, alter Sünder, der verdammt ist,
Den Alles nun ein Ende machen heißt,
Der mehr ein Räuber, als ein Held, mehr Sperber
Als Aar, — ich dessen gottlos blutig Leben
Den Donner oft an Gottes Thron geweckt!
Ich ... Alter, Langeweile, Frevel! Auf
Der andern Seite doch ist Unschuld, Tugend,
Ist Jugend, Liebe, Schönheit! Eine Jungfrau,
Die liebet Dich! Ein Kind, das zu Dir fleht!
Wahnsinniger, der schwankt und zweifelt zwischen
Beschmutztem Fetzen, ehr= und purpurlos,
Und eines Gottesengels Schneegewand!
— Sie, sie will leben, und ich, ich will sterben! —
Wie? zögern magst Du, wenn mit einem Stoß

Du eine Doppelfreiheit schenken kannst?
Liebst Du uns...

   Otbert. Gott!

     Job. So mach' uns beide frei!

Stoß zu! Von einem scheußlichen Geschwüre
Zu heilen ihn, erschlug den Boleslav
Der heil'ge Sigismund. Wer tadelt ihn?
Mein Otbert, der Gewissensbiß ist das
Geschwür' der Seele! Heile mich von ihm!

  Otbert (den Dolch nehmend). Wohlan! (Er hält ein).

      Job. Was hält Dich?

  Otbert (den Dolch wieder in die Scheide steckend). Ein erschrecklicher
Gedanke, der mir plötzlich kommt. Ihr hattet
Ein Kind, das ein Zigeunerweib Euch stahl. —
Ihr sagtet diesen Morgen es. Nun aber
Entführt' ein Weib mich selbst in früh'ster Jugend.
Viel Seltsames geschieht in dieser Zeit!
— Wenn ich dies Kind, — wenn Ihr mein Vater wäret?

  Job (bei Seite). Gott!

   (Laut.) Otbert, Dich trügt übertrieb'ner Schmerz.
Du bist nicht dieses Kind! Ich sag' es Dir!

  Otbert. Jedennoch nenn't Ihr oft mich Euren Sohn!

  Job. Ich liebe Dich so sehr! Gewohnheit ist's.
Auch gibt es ja kein zärtlicheres Wort!

  Otbert. Ich fühle etwas hier...

     Job. O! nein!

      Otbert. Ich glaube
Zu hören eine Stimme, die mir sagt...

  Job. Die Stimme lügt.

     Otbert. Herr! Herr! wenn Euer Kind
Ich wäre!

  Job. Bitte, glaube so was nicht!

Beweis erhielt ich ... — Mein Gott! was beginn' ich? —
Daß Juden meinen Sohn an ihrem Sabbath
Geschlachtet. Seinen Leichnam hat man mir
Gebracht. Schon diesen Morgen sagt' ich's Dir.

     Otbert. Nein.

           Job. Doch! Besinne Dich! Nein, Du bist nicht
Mein Sohn, Du darfst es, Otbert, glauben mir.
Ja, hätt' ich nicht Beweise, ich gesteh's,
Vielleicht ich wäre auch darauf verfallen,
Wie Du! — Denn fügen kann sich's wunderbar,
Daß ein geraubtes Kind man plötzlich wieder .... —
Erwünscht sogar ist Dein Gedanke mir,
Daß ich ihn ganz Dir reiße aus dem Herz!
Denn wenn nach meinem Tod Dir Jemand — ein
Betrüger etwa — sagte, um den Frieden
Zu stören Deiner armen Seele, daß
Dein Vater Job sei ... Oh! das wäre schändlich!...
So glaube nichts! Nein, Du bist nicht mein Sohn,
Nein, nein, mein Otbert! Zwar das Alter macht
Vergeßlich; aber in der Sabbathnacht,
Du weißt, erwürgt der Jud' ein Christenkind.
So hat man meinen Jürgen abgethan,
Gewiß, ich habe den Beweis. Otbert!
Sei ruhig, gib' zufrieden Dich, mein S o h n!
... — Ei, ei! schon wieder nenne S o h n ich Dich;
Sieh', das thut die Gewohnheit! lieber Gott!
Man kämpft in meinem Alter schwer mit ihr.
Laß Dich nicht irren, folge furchtlos mir!
Sieh', Deine Stirne küss' ich, an mein Herz
Drück' ich die Hand, die stoßen wird und rein
Doch bleiben! Du, mein Sohn? — Das träume nicht! —
Ich schwöre Dir ... Doch überlege selbst,

Wißt Ihr, daß ich nur halb bei Sinnen bin?
Daß irgend Gift sie hier mich trinken ließen,
Die Larvengeister, daß ich söffe Muth?
Daß mir dies Gift 'ne Corsengalle machte?
Daß ich empfinde, wie Regina stirbt?
Und endlich, daß die Wölfin lauert hier
Im Dunkel, und die Tigerin hat Durst?

Job. Zeit ist's! ist Zeit, daß sich mein Frevel sühne.
Hier flehte mich Donato an. Ich war
Barbar. Otbert! sei ohne Gnade, wie
Ich herzlos war. Ich bin der alte Satan,
Der siegende Erzengel werde Du!

Otbert (den Dolch zückend). Aus meiner Hand, o Gott! Trotz
meinem Willen
Entfährt der Mord!

Job (vor ihm kniend). Sieh'! welch ein Ungeheu'r
Ich bin! ich mordete ihn hin! Stoß zu!
Ha! ich erschlug ihn! und er war mein Bruder!
(Otbert, wie wahnsinnig und außer sich, erhebt den Dolch. Er ist im Be-
griff zu stoßen. Jemand hält ihm den Arm. Er wendet sich um und erkennt
den Kaiser.)

Letzte Scene.

Dieselben, der Kaiser, hernach **Guanhumara,** endlich Regina.

Der Kaiser. Ich war es.
(Otbert läßt den Dolch fallen. Job erhebt sich und betrachtet den Kaiser.
Guanhumara streckt den Kopf hinter dem Pfeiler links hervor und beobachtet.)
Job (zum Kaiser). Ihr!

Otbert. Der Kaiser!

Der Kaiser (zu Job). Der Herzog,
Dein König, unser beider Vater, hatte
Bei Dir verborgen mich. Zu welchem Zweck?
Ich weiß es nicht.

Job. Mein Bruder Ihr?

Der Kaiser. Verblutend,

Doch athmend noch, hielt'st Du mich außerhalb
Des Eisengitters schwebend und Du riefst
Mir zu: Das Grab für Dich! für mich die Hölle!
Nur ich vernahm die Worte über'm Abgrund,
Dann fiel ich.

Job (die Hände faltend). Wahr!... Der Himmel täuschte mein
Verbrechen.

Der Kaiser. Hirten brachten Rettung mir.

Job (dem Kaiser zu Füßen fallend) Ich liege Dir zu Füßen!
strafe mich!

Und räche Dich!

Der Kaiser. Komm her in meine Arme,
Mein Bruder! Was kann Besseres man thun
An Grabespforten? Ich vergebe Dir!
(Er hebt ihn auf und umarmt ihn.)

Job. O Gott! allmächtiger!

Guanhumara (vortretend). Es sinkt der Dolch;
Donato lebt! Zu seinen Füßen kann
Ich enden. Hier nehm't Alle wieder Alles,
Was ihr geliebt, was meine kalte Hand
Aus Eifersucht euch hatte weggerafft. (Zu Job.)
Du Deinen Sohn Georg! (Zu Otbert.)
Du Deine Gattin

Regina!

(Sie macht ein Zeichen. Regina, weißgekleidet, erscheint wankend, von zwei
Verlarvten unterstützt und wie lichtblind, im Hintergrund der Galerie links.
Sie bemerkt Otbert, kommt und sinkt ihm mit lautem Ausruf in die Arme.)

Regina. Himmel!

(Otbert, Regina und Job halten sich inbrünstig umschloßen.)

Otbert. O Regina! o
Mein Vater!

Job (die Augen nach dem Himmel gerichtet). Gott!

Guanhumara (im Hintergrund). Ich werde sterben! Nimm
Mich wieder, Grab!
(Sie führt eine Phiole an ihre Lippen. Der Kaiser tritt lebhaft auf sie zu.)
Der Kaiser. Halt ein!

Guanhumara. Geschworen hab' ich,
Daß dieser Sarg nicht komme leer hinaus.

Der Kaiser. Ginevra!

Guanhumara (zu des Kaisers Füßen sinkend) Reißend schnell ist
dieses Gift,
Donato! lebe wohl! (Sie stirbt.)

Der Kaiser. Ich reise auch! — Job, herrsche Du am Rhein!
Job. Bleibt, Sire!

Der Kaiser. Ich hinterlasse einen Herrscher
Der Welt. So eben hat der Reichsherold
Da droben kund gethan, daß die Churfürsten
Zu Speier endlich einen Kaiser wählten.
Der Kaiser ist mein Enkel Friederich,
Ein wahrer Weiser, rein von Haß und frei
Von Irrthum. In die Wüsten kehr' ich, ihm
Laß' ich den Thron. Gehab't euch wohl! regier't!
Und leb't! und herrsch't! Die Zeiten sind gar schwer!
Job, eh' ich stärbe, kniend unterm Kreuz,
Hab' ich einmal, ein letztes Mal gewollt
Ausrecken diese höchste Schützerhand
Als König über meinem Volke und
Als Bruder über Dir. — Welch Loos ihm fiel,
Wer segnen kann, wenn seine Stunde schlägt,
Ist glücklich! (Alle fallen, des Kaisers Segen zu empfangen, auf die Kniee.)

Job (seine Hand fassend und küssend). Groß, wer zu verzeihen weiß!

Ende der dritten Abtheilung.

Der Dichter.

ob! dem Barbaroſſa folge nach!
Brüder ſteig't hinunter ganz allein!
euren Königsmänteln machet euch
i Leichentücher. Einer auf den andern
ſtützend, trag't des alten Deutſchlands Arche
veg! Koloſſe! viel zu klein iſt euch
Welt. Du, Einſamkeit, mit düſt'ren, tiefen
ſanften Tönen, laß die beiden Rieſen
deine Schatten eingeh'n. Sehen ſoll
ganze Erdkreis mit Verehrung, ja
Schrecken ſchier, wie zieh'n in deine Nacht
große Burggrav und der große Kaiſer!

In demselben Verlage erscheinen gegenwärtig:

Die Befreiungskämpfe

der

Deutschen gegen Napoleon.

Von

Dr. Wilhelm Zimmermann

(Verfasser der Geschichte des großen Bauernkriegs ꝛc.).

Dritte umgearbeitete Auflage in 12 Lieferungen.

Alle 3 Wochen erscheint eine Lieferung zu dem billigen Subscriptionspreise von

6 Sgr. — 18 kr. rheinisch.

Victor Hugo's

sämmtliche Werke.

Dritte Auflage im Classiker-Format.

Monatlich erscheinen 3 bis 4 Lieferungen zum Subscriptionspreise von **3 Sgr. — 9 kr.** à Lieferung.

Paul de Kock's

sämmtliche humoristische Romane.

Dritte Auflage. Classiker-Format.

Mit Illustrationen von Pariser Künstlern.

Monatlich erscheinen 3 bis 4 Lieferungen zum Subscriptionspreise von **4 Sgr. — 12 kr.** à

Die Käufer von je 30 bis 33 Lieferungen erhalten als   u
Zugabe eine Galerie von 30 bis 33 Illustrationen, von Pa   r
Künstlern gezeichnet, und zwar zu jeder Lieferung eine Il

Victor Hugo's

sämmtliche Werke,

übersetzt von Mehreren.

Vierzehnter Band.

Dritte revidirte Auflage.

Stuttgart:

Rieger'sche Verlagsbuchhandlung.

(A. Benedict.)

1859.

Buchdruckerei der Rieger'schen Verlagshandlung in Stuttgart

Esmeralda,

Oper in vier Akten.

Uebersetzt von

Dr. Heinrich Elsner.

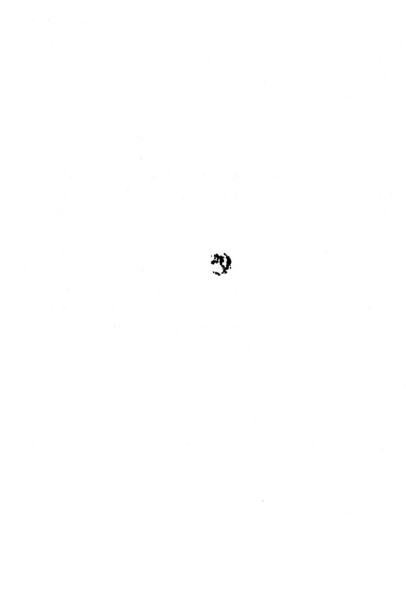

Vorwort.

Wenn beim Anhören einer Oper sich Jemand zufällig eines Romans erinnern sollte, so hält der Verfasser es für seine Pflicht, das Publikum in Kenntniß zu setzen, daß er sich, um diese oder jene Stelle aus dem Roman Notre-Dame de Paris einer scenischen Darstellung einzuverleiben und anzupassen, in die Nothwendigkeit versetzt sah, mancherlei sowohl an der Handlung, als auch an den Charakteren zu modificiren. Der Charakter des Phöbus von Chateaupers z. B. ist einer von denen, die verändert werden mußten, eine andere Entwickelung u. s. w. war nöthig geworden. Im Uebrigen hat sich der Verfasser bei dem Niederschreiben dieses Werkchens so wenig als möglich, und nur wenn die Musik es gebot, von den Regeln entfernt, die nach seiner Ueberzeugung bei der Ausarbeitung eines jeden Werkes, gleichviel ob groß oder klein, unerläßlich sind; er will hiemit den Lesern oder vielmehr den Zuhörern nur die Unterlage zu einer Oper geben, welche möglicher Weise in Musik zu setzen ist; nur einen Text (Libretto), einfach und klar, dessen Veröffentlichung der Brauch und die Mode unserer Tage rechtfertigt. Er erblickt in seiner Arbeit nur ein Gewebe, welches sich unter der reichen und glänzenden Stickerei, die man Musik nennt, zu verbergen strebt.

Der Verfasser setzt demzufolge voraus, daß, wenn man sich zufällig mit diesem Text beschäftigen sollte, ein so speciell

Werk durchaus nicht an und für sich und ohne Berück-
sichtigung der musikalischen Anforderungen, denen der Dichter
sich unterordnen mußte, und die bei einer Oper immer vor-
herrschen, beurtheilt werde. Er bittet überdies den Leser, in
diesen Zeilen nur das sehen zu wollen, was sie enthalten:
seine persönliche Ansicht über diesen Text ganz im Besondern,
und keine ungerechte und geschmacklose Geringschätzung dieser
Gattung von Dichtungen im Allgemeinen, wie der großartigen
Anstalt, in welcher sie dargestellt werden. Seine Stimme hat
zwar nur wenig Gewicht, im Nothfall könnte er sich jedoch auf
die Höchstgestellten berufen und behaupten, daß Niemand,
selbst nicht vom wissenschaftlichen Standpunkte aus, das Recht
habe, eine Bühne wie die französische Oper zu verachten. Um
nur der Dichter zu erwähnen, so wollen wir nicht vergessen,
daß dieses königliche Theater im Lauf der Zeiten die vorzüglichsten besaß. Im Jahre 1671 gab man in ihm mit aller möglichen Pracht eine Tragödie mit Ballet: Psyche. Der Text
dieser Oper hatte zwei Verfasser: der eine hieß Poquelin de
Molière, der andere Peter Corneille.

Personen.

Esmeralda.

Phöbus von Chateaupers.

Claude Frollo.

Quasimodo.

Fleur-de-Lys.

Madame Aloyse von Gondelaurier.

Diana.

Bérangère.

Der Vicomte von Gif.

Herr von Chevreuse.

Herr von Morlaix.

Clopin Trouillefou.

Der öffentliche Ausrufer.

Volk, Landstreicher, Schaarwächter u. s. w.

Paris 1482.

Erster Akt.

Hof der Wunder. — Nacht. — Eine Landstreicherbande. Lärm, Spiel und
Tanz. Bettler und Bettlerinnen in den verschiedenen Aufzügen und Hal-
tungen ihres Gewerbes. Der König von Ziegenhain auf seinem Fasse.
Feuer, Kerzen, Fackeln. Rings im Schatten häßliche Baraken.

Erste Scene.

Claude Frollo, Clopin Trouillefou, hierauf Esmeralda, dann
Quasimodo. — Die Landstreicher.

Chor der Landstreicher.
Clopin, der Schlaraffenkönig,
Die Pariser Strölche hoch!
Kapern wir bei Nacht und Nebel!
Da sind alle Katzen grau!
Tanzen, höhnen Papst und Bulle,
Jucken wir in uns'rem Fell!
Ob April den Hut uns netzet,
Oder Juni brennt darauf!
Laßt uns fernhin riechen lernen
Einer schnöden Wache Spieß,
Oder einen schweren Säckel
In dem Gurt des Reisenden!
Bei dem Mondenschein wir gehen,
Tanzen mit dem Geisterchor ...

Clopin, der Schlaraffenkönig!
Und die Strolche von Paris!

Claude Frollo

(für sich, hinter einem Pfeiler, in einer Ecke des Theaters. Er ist in einen
großen Mantel gehüllt, der seine Priesterkleidung verbirgt).

Was hilft in solcher Schächerrunde
Der zarte Seufzer einer Seele?
Ich leide! ha! nie tobt' in eines
Vulkanes Bauch die Flamme mehr!

Esmeralda (tritt tanzend ein.)

Chor.

Schaut her! sie ist es! Esmeralda ist's!

Claude Frollo (für sich).

Sie ist's! ja wohl, sie ist es!
Warum, o strenges Loos!
Hast Du gemacht so lieblich
Sie, und so elend mich?

Sie kommt mitten auf die Bühne. Die Landstreicher umringen sie bewundernd. Sie tanzt.

Esmeralda.

Ich bin eine Waise,
Schmerzenstochter ich,
Welche Blumen streuend
Ueber euch sich neigt;
Mein vergnügt Entzücken
Seufzet manches Mal,
Untrem Lächeln berg' ich
Einer Thräne Qual.

Ich, ein armes Mädchen,
Tanz' am Flussesstrand,
Und mein Liedchen zwitschert
Wie ein Vögelein;

Ach! ich bin die Taube,
Die verwundet fällt,
Meine Wiege decket
Tiefe Grabesnacht!

Chor.

Tanze, junges Mädchen!
Du erweichest uns.
Nimm uns zu Verwandten,
Spiele Du mit uns,
Wie die Schwalbe menget
Mit dem Meere sich,
Reizend mit dem Flügel
Die erzürnte Fluth.
Seht, das ist die Jungfrau!
Sie, des Unglücks Kind,
Wenn ihr Auge strahlet,
Flieht der Schmerz geschwind!
Ihr Gesang uns sammelt;
Sie erscheint von ferne
Gleich der Biene, zitternd
Auf dem Blumenblatt.
Tanze, junges Mädchen!
Du erweichest uns.
Nimm uns zu Verwandten,
Spiele Du mit uns!

Claude Frollo (für sich).

Bebe, Kind! der Priester
Eifersüchtig ist!

ube Frollo will sich Esmeralda nähern; sie weicht ihm mit Ent-
zen aus — Prozession des Narrenpapstes. Windlichter, Laternen und
st. Man trägt inmitten eines Geleites auf einer kerzenbeleuchteten
Sänfte Quasimodo mit Inful und Bischofsmütze herein.

Chor.

Grüßt, vertrackte Schreiberstnechte!
Mucker, Schlucker, Raupenvolk!
Grüßet Alle, denn es nahet,
Seht ihn hier! der Narrenpapst!

Claude Frollo

(wie er Quasimodo bemerkt, stürzt mit zorniger Geberde auf ihn zu.)

Ha! Quasimodo! welche Rolle!
O, welche Tempelschändung! hier!
Quasimodo!

Quasimodo. Mein Gott! was hör' ich!

Claude Frollo. Hier! sag' ich Dir!

Quasimodo (sich von der Sänfte herabstürzend). Hier bin ich schon!

Claude Frollo. Du, sei verfluchet!

Quasimodo. Mein Gott! er selber!

Claude Frollo. Ha, welche Frechheit!

Quasimodo. Oh! welcher Schrecken!

Claude Frollo. Gekniet, Verräther!

Quasimodo. Verzeihet, Meister!

Claude Frollo. Nein, ich bin Priester!

Quasimodo. Verzeihet mir!

Claude Frollo reißt Quasimodo seine Bischofsornat ab und tritt denselben mit Füßen. Die Landstreicher, auf welche Claude erzürnte Blicke wirft, beginnen zu murren und bilden drohende Gruppen um ihn.)

Die Landstreicher.

Er will uns drohen,
Ihr Spießgesellen!
Auf diesem Plaße,
Wo wir regieren!

Quasimodo.

Was soll die Keckheit
Der Räuber da?

Zugleich.

Hört, ha! sie drohen!
Doch wartet nur!

Claude Frollo.

Juden und Räuber!
Unrein Gezücht!
Mich zu bedrohen!
Doch wartet nur!

Zornausbruch der Landstreicher.

Die Landstreicher.

Halt! halt! halt! halt! halt! halt!
Der Freudestörer sterbe!
Er zahl' mit seinem Kopfe!
Vergeblich sträubt er sich!

Quasimodo.

Achtung vor seinem Haupte!
Zurück, zurück ihr Alle!
Halt! oder ich verwandle
In blut'gen Kampf das Fest!

Claude Frollo.

Nicht wegen seines Kopfes
Ist Frollo je bekümmert!

(Die Hand auf die Brust legend.)

Hier stürmet das Gewitter
Hier tobet, hier der Kampf!

Zugleich.

m Augenblick, wo die Wuth der Landstreicher den höchsten Grad erreicht,
erscheint Clopin Trouillefou im Hintergrund.

Clopin.   Wer wagt's, zu greifen an in dieser Schelmen-
höhle
Den Erzdechanten, meinen Herrn,
Und den Glöckner Quasimodo
Von Notre-Dame?

Die Landstreicher (einhaltend). S'ist Clopin, unser Fürst!

Clopin. Vasallen! tretet ab!

Die Landstreicher. Man muß gehorchen!

Clopin. Fort von uns!

Die Landstreicher ziehen sich in die Baraden zurück. Der Hof der Wunder bleibt verlassen. Clopin tritt geheimnißvoll zu Claude.

Zweite Scene.

Claude Frollo, Quasimodo, Clopin Trouillefou.

Clopin. Was für ein Grund hat Euch geführt in dies Gelage?

Habt Ihr, hochwürd'ger Herr! mir etwas zu befehlen?

Ihr seid in der Magie mein Lehrer.

Sprecht, Alles will ich thun!

Claude (Clopin lebhaft am Arme fassend und ihn auf den Vordergrund der Bühne führend). Zu enden bin ich da!

Hör' an!

Clopin. Hochwürd'ger Herr!

Claude Frollo. Mehr lieb' ich sie, denn jemals.

Von Liebe und von Schmerz siehst Du mich bebend hier.

In dieser Nacht muß ich sie haben!

Clopin. Im Augenblicke kommt sie hier vorbei.

Das ist der Weg in ihre Wohnung.

Claude Frollo (beiseite). Die Hölle faßt mich, oh!

(Laut.) Bald, sagst Du!

Clopin. Alsogleich!

Claude Frollo. Allein?

Clopin. Allein.

Claude Frollo. Gut so!

Clopin. Ich werde warten!

Claude Frollo. Ja.

Ich muß sie haben oder sterben!

Clopin. Kann ich Euch dienen?

Claude Frollo. Nein!

(Er macht Clopin ein Zeichen, sich zu entfernen, nachdem er ihm seine
Börse hingeworfen. Hierauf führt er Quasimodo, mit dem er allein geblieben
ist, auf den Vordergrund.)

Komm, ich bedarf jetzt Dein.

Quasimodo. Sehr wohl!

Claude Frollo. Die Sache ist verzweifelt, gottlos, schrecklich.

Quasimodo. Ihr seid mein Herr: befehlt!

Claude Frollo. Gesetze, Banden, Tod —
Wir trotzen alledem.

Quasimodo. Verlasset Euch auf mich.

Claude Frollo (heftig herausfahrend). Ich raube das Zigeunermädchen!

Quasimodo. Herr! nehmet hin mein Blut, — und sagt
mir nicht warum?

(Auf ein Zeichen von Claude Frollo zieht er sich in den Hintergrund zurück
und läßt seinen Herrn auf dem Proscenium allein.)

Claude Frollo. O Himmel! meinen Geist dem Abgrund
hingegeben,
Die Frevel schwarzer Kunst versucht zu haben alle,
Gefallen tiefer noch, als Satan fiel, zu sein,
Als Priester auf ein Weib um Mitternacht zu lauern,
Und wenn die Seele so bestellet ist, zu denken,
Daß Gottes Auge jetzt mich schaut!

Nun wohlan! was thut es?
Bin ein Ball des Schicksals,
Seine Hand ist stärker,
Und ich weiche ihm!
Neu geboren bin ich!
Keine Hoffnung, keine
Angst mehr hat der Priester,
Welchen Wahnsinn treibt!

Geist, der mich berauschet,
Den mein Buch citiret,
Wenn Du sie mir lieferst,
Lief're Dir ich mich.
Du nimm unter'n Fittich
Den meineid'gen Priester!
Denn mit i h r die Hölle
Ist mein Himmelreich!

So komm denn, junges Weibchen,
Ich bin es, der Dich fordert!
Komm, nimm für immer mich!
Weil doch ein Gott, ein Herre,
Deß Blick bei Nacht und Tage
In uns're Herzen bringt,
In seiner Laune fordert,
Daß zwischen Lieb' und Himmel
Ein Priester wählen soll!
Nun wohlan, was ꝛc. ꝛc.

Quasimodo (vortretend). Herr, der Moment ist da.

Claude Frollo. Ja, fei'rlich ist die Stunde
ſieben wird mein Schicksal, schweig!

Claude Frollo und Quasimodo.
Die Nacht ist dunkel,
Horch'! Schritte nah'n!
Kommt nicht im Schatten
Jemand heran?
(Sie gehen lauschend nach dem Hintergrund.)

Schaarwache (hinter den Häusern vorübergehend, zusammen).
Wachsamkeit und Frieden! —
Oeffnen, fern von Lärm,
Wir das Ohr dem Schweigen
Und der Nacht den Blick!

Claude und Quasimodo.

In dem Schatten wandelt's,
Jemand nahet still.
Leise, leise, leise!
Denn die Wache ist's. (Der Gesang entfernt sich.)

Quasimodo. Die Wache geht!

Claude Frollo. Und unsre Furcht mit ihr.

Claude Frollo und Quasimodo blicken ängstlich nach der Straße hin, durch
welche Esmeralda kommen soll.

Quasimodo.

Es räth die Liebe,
Die Hoffnung stärkt
Den Mann, der wachet,
Wenn Alles schläft.
Ich ahn', ich ahne,
Ich schaue sie;
Du, göttlich Mädchen,
Komm ohne Scheu!

Claude Frollo.

Es räth die Liebe,
Die Hoffnung stärkt
Den Mann, der wachet,
Wenn Alles schläft.
Ich ahn', ich ahne,
Ich schaue sie,
Du göttlich Mädchen!
Nun bist Du mein!

Zugleich.

Herein tritt **Esmeralda.** Sie stürzen auf sie zu, um sie fortzuschleppen.
Sie wehrt sich.

Esmeralda. Zu Hülf! zu Hülfe! spring't mir bei!

Claude Frollo und Quasimodo. Schweig', junges Mädchen,
schweige doch!

─────────

Dritte Scene.

Esmeralda, Quasimodo, Phöbus von Chateaupers, die Schaarwächter.

Phöbus von Chateaupers

(an der Spitze eines Schaarwächterhaufens hervortretend).

Im Namen des Königs!

Während der Verwirrung entflieht Claude. Die Schaarwächter fassen Quasimodo

Phöbus

(zu den Schaarwächtern, auf Quasimodo deutend).

Angepackt! und festgehalten!

Sei er Edler oder Knecht!

Auf! ihn einzuschließen, führen

Wir ihn schnell ins Chatelet!

Die Schaarwächter schleppen Quasimodo nach dem Hintergrund Esmeralda, von ihrer Bestürzung sich erholend, nähert sich Phöbus mit einem Gemisch von Neugierde und Bewunderung und zieht ihn sanft nach dem Vordergrund.

D u e t t.

Esmeralda (zu Phöbus).

Wollet mir sagen,

Herr, Euren Namen,

Ich bitt' Euch drum!

Phöbus.

Phöbus,... mein Mädchen,...

Von dem Geschlechte

Der Chateaupers.

Esmeralda.

Kapitano?

Phöbus.

Ja, o Herrin!

Esmeralda.

Herrin? Nein!

19

Phöbus.

Welche Anmuth!

Esmeralda.

Wie so schön doch
Phöbus klingt!

Phöbus.

Traun! mein Fräulein,
Eine Klinge
Von Berühmtheit
Führe ich.

Esmeralda (zu Phöbus).

Ach, ein schöner Hauptmann!
Schöner Offizier
Mit dem stolzen Blicke,
Mit dem Wamms von Stahl,
Schöner Herr! gewinnt oft
Unser armes Herz
Und thut nichts, als lächeln
Ueber unsern Schmerz.

Phöbus (beiseite).

Ei! für einen Hauptmann,
Einen Offizier
Kann die Liebe leben
Höchstens einen Tag.
Jede Blume pflücken
Jeder Krieger mag,
Freuden ohne Opfer,
Liebe ohne Schmerz! (Zu Esmeralda.)
Strahlend hell
Lächelt mir,
Wie ein Geist,
Kind, Dein Blick!

Zugleich

Esmeralda.

Ach! ein schöner Hauptmann,
Schöner Offizier
Mit dem stolzen Blicke,
Mit dem Wamms von Stahl,
Wenn er blickt ins Auge,
Macht zu denken lang
Jedem armen Mädchen,
Das ihn wandeln sah!

    Phöbus (beiseite).

Ei! für einen Hauptmann,
Einen Offizier
Kann die Liebe leben
Höchstens einen Tag.
Rasch, wie Blitz, erblickt er:
Haschen muß man schnell
Jedes schöne Mädchen,
Das vorübergeht!

Zugleich.

Esmeralda (sich vor den Kapitän stellend und ihn bewundernd).

Herr Phöbus! lassen Sie sich sehen
Und sich bewundern noch einmal!
Oh! welche schöne Seidenschärpe!
Welch' schöne gold'ne Franſen d'ran!

    Phöbus löst seine Schärpe ab und reicht sie ihr hin.

Esmeralda

(die Schärpe nehmend und sich damit schmückend).

Wie sie hübsch ist!

    Phöbus.

Ein Minütchen!

    Geht auf sie zu, um sie zu küssen.

    Esmeralda (ausweichend).

Nein! ich bitte!

Phöbus (drängend).

Laß Dich küssen!

Esmeralda (immer ausweichend).

Nein, fürwahr!

Phöbus (lachend).

Eine Schöne,
So rebellisch
Und so grausam!...
Welcher Reiz!

Esmeralda.

Nein, mein schöner Hauptmann!
Ich muß sagen: nein.
Denn ein einzig Küßchen
Führt oft tief hinein!

Phöbus.

Hauptmann bin ich, haben
Einen Kuß will ich.
Schöne Beduinin!
Warum sträuben Dich?

Zugleich.

Phöbus. Gib ein Küßchen! gib! sonst werd' ich es nehmen.

Esmeralda. Nein! nein! lasset mich! ich will gar nichts
hören!

Phöbus. Nur ein Küßchen! das ist, auf Ehre, nichts!

Esmeralda. Sire, nichts für Euch! Alles, ach! für mich!

Phöbus. Schau' mich an, Du wirst seh'n, daß ich Dich
liebe.

Esmeralda. Ich mag nicht hinein in mich selber blicken!

Phöbus. Liebe will heut' Nacht dringen in Dein Herz!

Esmeralda. Liebe heute Nacht, morgen Unglücks=
schmerz!

Sie schlüpft ihm unterm Arme weg und entflieht. Phöbus, verblüfft, wendet
sich um nach Quasimodo, welchen die Wachen gebunden im Hintergrund halt-

Phöbus.

Da flieht sie hin, sie widerstehet!
Ein schönes Abenteuer, traun!
Den traurigsten von zwei Nachtvögeln halt' ich feste;
Die Nachtigall entfliegt, der Schuhu bleibt zurück.

Er stellt sich wieder an die Spitze seiner Truppe und führt sie mit Quasimodo hinweg.

Chor der Schaarwächter.

Wachsamkeit und Frieden!
Oeffnen, fern von Lärm,
Wir das Ohr dem Schweigen
Und der Nacht den Blick!

Sie entfernen sich allmählig und verschwinden.

Zweiter Akt.

Erste Scene.

Der Greveplatz. Der Pranger.

Quasimodo an dem Pranger. Volk auf dem Platze.

Chor.

— Er entführete ein Mädchen!
  — Wie doch! fürwahr?
— Seht ihr, wie man durch ihn hechelt
  — Gerade jetzt!
— Ei, versteht ihr, liebe Basen?
  Quasimodo
Hat gejagt auf dem Gebiete
  Des Kupido!

Ein Weib.

Meine Straße wird er kommen,
Wenn er von dem Pranger geht,
Pierrat von Torterue
Rufet die Geschichte aus.

Der Ausrufer.

In des Königs Namen, Amen!
Wird der Mensch, den hier man siehet,
Wohlbewachet eine Stunde
Ausgestellt am Pranger sein!

Chor.

Pfui! weg mit ihm!
Der Cyclope! Taubohr! Buckel!

Der Barabbas!

Schau'! er schielt mich an, zum Henker!

Den Hexer hinweg!

Er fletschet die Zähne!

Er machet, daß bell'n

Die Hund' auf der Straße!

— Prügelt tüchtig diesen Strolch!

— Nehmet Peitsch' und Strafe doppelt!

Quasimodo. Zu trinken!

Chor. Laßt ihn hängen!

Quasimodo. Zu trinken!

Chor. Sei verflucht!

Seit einigen Augenblicken hat sich Esmeralda unter die Menge gemischt. Zuerst mit Staunen, dann mit Mitleid betrachtet sie den Quasimodo. Plötzlich steigt sie mitten unter dem Geschrei des Volks auf den Pranger, löst eine kleine Kürbisflasche von ihrem Gürtel und gibt Quasimodo zu trinken.

Chor.

Was thust Du, schönes Mädchen?

Laß Quasimodo geh'n!

Dem Satan, wenn er schmoret,

Reicht man kein Wasser dar!

Sie steigt vom Pranger herab. Die Schaarwächter binden Quasimodo los und führen ihn hinweg.

Chor.

— Er entführete ein Mädchen!

— Wer? dieser Schöps?

— Ha! das ist schändlich, ist abscheulich!

— Ist etwas stark!

— Ei! versteht ihr, liebe Basen?

Quasimodo

Hat gejagt auf dem Gebiete

Des Kupido!

Zweite Scene.

Ein prachtvoller Saal, worin die Zurüstungen zu einem Feste gemacht werden

Phöbus, Fleur-de-Lys, Madame Aloyse de Gondelaurier.

Madame Aloyse. Ich liebe, Phöbus, Euch; mein Eidam
soll't Ihr werden;
Hier, als mein zweites Ich, gebietet über Alles;
Sorg't, daß sich Jedermann belustigt diese Nacht.
Du, meine Tochter, geh' und mach' Dich fertig.
Die Schönste wirst Du sein bei diesem Feste sicher:
So sei auch die Vergnügteste!

Sie geht nach dem Hintergrund und ertheilt den Dienern einige Befehle

Fleur-de-Lys (zu Phöbus).

Mein Herr! seit einer ganzen Woche
Hat man Euch zweimal kaum gesehen.
Dies Fest bringt endlich Euch zurücke, —
Ja, endlich! 's ist ein wahres Glück!

Phöbus. Ich fleh' Euch an, o seid nicht böse!

Fleur-de-Lys. Phöbus, ich seh' es, weh! vergißt mich!

Phöbus. Ich schwöre Euch....

Fleur-de-Lys. Nur keinen Schwur!
Man schwöret dann nur, wenn man lügt!

Phöbus.

Vergessen Euch! O welcher Wahnsinn!
Seid Ihr denn nicht die Allerschönste?
Bin ich denn nicht der Treueste?

Phöbus (beiseite).

Wie, meine schöne Anverlobte
Zürnt heute mir?
Der Argwohn spuckt in ihrem Geiste,
Oh, wie fatal!

Zugleich.

Liebhaber, die man hart behandelt,
Geh'n sonst wo hin,
Mit Heiterkeit gewinnt man mehr,
Als mit Trübsinn!

Fleur=de=Lys (beiseite).

Verrathen mich, die Anverlobte,
Die sein gehört!
Mich, die allein an ihn nur denket,
Um ihn sich grämt.
Ach! sei er fern, ach! sei er nahe,
Er quält mein Herz;
Denn nah, verschmäht er meine Freude,
Fern meinen Schmerz!

Zugleich

Fleur=de=Lys. Die Schärpe, die für Euch, Phöbus, ich
festonnirte,
Was thatet Ihr damit? Ich seh' sie nicht an Euch!

Phöbus (verwirrt). Die Schärpe ... ich weiß nicht ...
(Beiseite). Verdammt! welch' dummer Streich!

Fleur=de=Lys. Nun — Ihr vergaßt sie wohl! (Beiseite).
Wem hat er sie gegeben?
Für welche hat er mich verlassen?

Madame Aloyse (zu ihnen tretend und sie auszusöhnen suchend)
Mein Gott! heirathet Euch! dann ist's zu schmollen Zeit!

Phöbus (zu Fleur-de-Lys). Nein, nicht vergaß ich Eure
Schärpe.
Ich habe sorgsam sie, es fällt mir ein, gefaltet,
In's Köfferchen gelegt, das ich dafür bestellt.

(Leidenschaftlich zu Fleur-de-Lys, die immer noch schmollt.)

Ich schwör' es Euch, daß ich Euch liebe,
Mehr, als man Venus lieben könnte!

Fleur-de-Lys.

Keine Schwüre! Keine Schwüre!
Wenn man schwöret, lügt man nur!

Madame Aloyse.

Ihr Kinder! nicht geschmollt! Heut ist ja Alles Freude.
Komm, Töchterchen, man muß uns sehen.
Sieh' da! man kommt. Es hat ein Jedes seine Zeit.

(Zu den Bedienten.)

Die Leuchter angezündet, man rüste zu dem Balle!
Schön will ich Alles seh'n und hell, wie am Mittag!

Phöbus.

Wenn Fleur-de-Lys man hat, so fehlet nichts dem Feste.

Fleur-de-Lys.

Phöbus! die Liebe fehlt dabei!   (Die Damen gehen hinaus.)

Phöbus (Fleur-de-Lys nachsehend)

Wahr spricht sie; auch an ihrer Seite
Ist voll von Kummer dieses Herz.
Sie, die ich lieb', an die bei Tag und Nacht ich denke,
Ach! sie ist nicht in diesem Haus!

Lied.

Liebereizend Mädchen!
Dir gehör' ich an!
Schöne Fee, die tanzet,
Die mich ganz erfüllt,
Die, mir immer ferne,
Immer mir erscheint!
Sie ist sonnenhell und süße,
Wie ein Nestlein auf dem Zweig,
Wie ein Blümlein in dem Moose,
Wie ein Gut bei Uebeln ist!
Niedres Mädchen, stolze Jungfrau,
Seele, keusch und doch so frei!

Unter der verschämten Wimper
Quillt die süße Lust hervor!

Sie ist Himmelsengel
In der finstern Nacht,
Stirne tief verschleiert;
Auge flammenvoll!

Stets mir vor ihr Bildniß schwebet,
Glänzend oder düster oft;
Aber stets, ob Stern, ob Nebel,
Seh' ich an dem Himmel sie!

Liebereizend Mädchen!
Dir gehör' ich an!
Schöne Fee, die tanzet,
Die mich ganz erfüllt!
Die, ach! immer ferne,
Immer mir erscheint!

Mehrere festlich gekleidete Herren und Damen treten herein.

———

Dritte Scene.

Die Vorigen, der Vicomte von Gif, Herr von Morlaix,
Herr von Chevreuse, Frau von Gondelaurier, Fleur-de-Lys,
Diana, Béraugère, Damen und Herren.

Der Vicomte von Gif.

Seid gegrüßet, edle Damen!

Madame Aloyse, Phöbus, Fleur-de-Lys (grüßend).

Edler Ritter, guten Tag!
Kommt, vergesset Sorg' und Kummer,
Gastlich winkt Euch dieses Dach!

Herr von Morlaix.

Meine Damen, Wohlbefinden,
Glück und Freude schick' Euch Gott!

Madame Aloyse, Phöbus, Fleur=de=Lys.

Euer guter Wunsch erfülle
An Euch selbst sich, schöner Herr!

Herr von Chevreuse.

Meine Damen, Euer bin ich,
Wie des Herrn, aus Herzensgrund.

Madame Aloyse, Phöbus, Fleur=de=Lys.

Die Gebenedeite steh' Euch
Aller Orten, Sire, bei!

(Alle Geladenen treten ein.)

Kommt Alle zu dem Feste,
Kommt Page, Dame, Herr!
Kommt Alle zu dem Feste,
Auf Eurem Haupte Blumen
Und tief im Busen Lust!

ie Gäste stellen sich in Reihen und grüßen. Diener gehen umher mit
latten, worauf Blumen und Obst. Inzwischen hat sich neben einem Fenster,
chts, eine Gruppe junger Mädchen gebildet. Plötzlich winkt eine derselben
den übrigen und bedeutet ihnen, aus dem Fenster zu schauen.

B a l l e t.

Diana (hinausblickend). O komm' doch, seh'n, komm', sieh'
doch, Bérangère!

Bérangère (nach der Straße blickend).

Wie lebhaft ist sie, wie behende!

Diana. 'Ne Fee, wenn nicht Gott Amor selbst!

Der Vicomte von Gif (lachend). Der auf der Straßenecke
nzt!

Herr von Chevreuse (nachdem er hingesehen).

Ei, doch! das ist ja die Prophetin,
Ist, Phöbus, Dein Zigeunermädchen,
Das vorige Nacht Du heldenhaft
Entrissest eines Räubers Faust!

Der Vicomte von Gif. Ja, das ist die Zigeunerdirne!

Herr von Morlaix. Sie ist so schön, als wie der Tag!

Diana (zu Phöbus). Wenn Ihr sie kennt, so laßt sie kommen, daß mit einem Kunststücke sie ergötze uns.

Phöbus (mit affektirter Zerstreutheit). Sehr möglich, daß es ist
dieselbe.

(Zu Herrn von Gif.)

Doch meinst Du, daß sie sich erinnert . . .

Fleur-de-Lys (beobachtend und horchend). An Euch erinnert
man sich stets.

Wohlan denn, ruft sie her, sagt, daß herauf sie komme.

(Für sich.)

Jetzt will ich seh'n, ob wahr, was man in's Ohr sich raunet.

Phöbus (zu Fleur-de-Lys). Ihr wollet es. Genug! versuchen
wir's!

Er gibt der Tänzerin ein Zeichen, heraufzukommen.

Die Fräulein. Sie kommt.

Herr von Chevreuse. Schon geht sie durch die Säulenhalle.

Diana. Sie ließ das gute Volk im besten Staunen steh'n!

Der Vicomte von Gif. Ihr werdet, Damen, gleich die
Straßennymphe sehen.

Fleur-de-Lys (beiseite). Wie schnell gehorchte sie dem Wink
von Phöbus doch!

— · — · —

Vierte Scene.

Die Vorigen, Esmeralda.

Die Zigeunerin tritt ein, ängstlich, verwirrt, strahlend schön. Bewundrung
der Anwesenden Die Menge läßt sie durch ein Spalier gehen.

Chor.

Schaut, ihre schöne Stirn strahlt vor den allerschönsten,
Wie strahlen würd' ein Stern umringt von Fackelschein.

Quintett.

Phöbus.

Oh! welches göttliche Geschöpfe!
Ihr Freunde! sie ist Königin
Auf diesem Zauberball, ich schwör' es.
Als Krone dient die Schönheit ihr!

(Er wendet sich zu den HH. von Gif und Chevreuse.)

Sie hat die Seele mir entflammet;
Dem Unglück trotz' ich und dem Krieg,
Wenn, holde Fee! ich könnte pflücken
Die Blume deiner Lieblichkeit!

Herr von Chevreuse.

Das ist ein himmlisches Gebilde!
Von jenen Traumgesichten eins,
Die zaub'risch in den Nächten flattern
Und streuen über Schatten Glanz!
Sie ist geboren auf der Gasse.
O blindes Spiel des Mißgeschicks!
Vom Schlamm der Gasse fortgerissen
Solch' eine schöne Blume, ach!

Esmeralda

(das Auge mitten unter der Menge auf Phöbus geheftet)

Das ist mein Phöbus, o ich wußt' es,
Sowie in meinem Herz er lebt!
Ach! unter Seide, unt'rem Stahle
Ist's immer er, so schön und hold!
Phöbus! es glüht in meinem Kopfe.
Mich brennet Alles, Lust und Schmerz.
Sowie des Thau's bedarf die Erde,
Bedarf der Thränen dieses Herz!

Zugleich

Fleur=de=Lys.

Wie schön sie ist! ich hab's geahnet.
Wohl darf ich eifersüchtig sein,
Wenn meine Eifersucht ich, wehe!
An ihrer Schönheit messe ab!
Doch von des Unglücks harten Händen
Sind wir vielleicht vorausbestimmt,
Wir beide, daß in unsrer Blüthe
Geknickt wir welken hin in's Grab!

Madame Aloyse.

Das ist ein herrliches Geschöpfe!
Gar seltsam ist es, in der That,
Daß ein unrein Zigeunermädchen
So vielen Reiz und Schönheit hat!
Doch wer erkennt des Schicksals Walten?
Die Schlange, welche Vögel schluckt,
Birgt oft ihr giftig Haupt im Zweige,
Der in der schönsten Blüthe steht.

Zugleich.

Alle zusammen.

Die hat die Ruhe und die Pracht
Des Himmels in der Sommernacht.

Madame Aloyse (zu Esmeralda).

Nun denn, mein Kind! nun, meine Schöne,
Komm her und tanz' uns vor, was wir noch nie gesehen

*Esmeralda rüstet sich zum Tanz und zieht die Schärpe, welche ihr Ph
gegeben hatte, aus dem Busen.*

Fleur=de=Lys. Ha, meine Schärpe! ... So betrogst
Phöbus, mich! Und die mir ihn geraubt, ist

*Fleur-de-Lys entreißt der Esmeralda die Schärpe und fällt in Ohnm
Der ganze Ball geräth in Verwirrung und stürmt auf die Zigeunerin
welche sich in Phöbus Nähe flüchtet.*

Alle.

Ist's wahr? Sie liebet Phöbus!
Ehrlose, weich' von hier!
Welch' frevelhaft Erkühnen,
Uns so zu trotzen hier!
Ha! kecke Unverschämtheit!
Fort auf die Gassen du;
Laß Krämer in der Vorstadt
Bewundern deinen Tanz!
Man jage sie zur Stelle!
Schnell durch die Thüre weg!
Wie? solche nied're Dirne
Erhebt den Blick so hoch!

Esmeralda.

O Du sei mein Vertheid'ger,
Mein Phöbus, rette mich!
Das arme Wandermädchen
Hofft einzig hier auf Dich!

Phöbus.

Sie lieb' ich, lieb' ich einzig,
Bin ihr Vertheidiger.
Ich werde für sie kämpfen.
Mein Arm gehört dem Herz.
Bedarf sie eines Schutzes,
Wohlan! ich schütze sie!
Ihr Schimpf ist auch der meine
Und ihre Ehre mein!

Alle.

Wie? das da seine Liebe!
Hinaus! fort, fort von hier!

Was? ein Zigeunermädchen
Zieht er uns also vor!
Ha! beide schweiget stille
Bei solcher Liebesglut!

(Zu Phöbus)

Ihr seid zu übermüthig!

(Zu Esmeralda.)

Du bist zu unverschämt!

Phöbus und seine Freunde vertheidigen die Zigeunerin, welche von allen
Gästen der Frau von Gondelaurier bedroht wird. Esmeralda wankt der
Thüre zu. Der Vorhang fällt.

Dritter Akt.

Der Vorhof einer Schenke. Rechts die Taverne. Links die Bäume. Im Hintergrund eine Thüre und eine sehr niedere Mauer, welche den Vorhof schließt. In der Ferne die Rückseite von Notre-Dame mit ihren beiden Thürmen und der Kuppel, nebst einem düstern Schattenbild des alten Paris, das sich an dem rothen Abendhimmel malt. Unten die Seine.

Erste Scene.

Phöbus, der Vicomte von Gif, Herr von Morlaix, Herr von Cheyreuse und mehrere andere Freunde von Phöbus an Tischen sitzend, singend und trinkend. Hierauf Claude Frollo.

Lied.

Chor.

Sei heilbringend und gewogen,
O Madonna von St. Lô,
Einem Degen, der auf Erden
Gar nichts, als das Wasser haßt.

Phöbus.

Gib dem Tapfern
Ueberall
Schöne Augen,
Volles Faß!
Laß den Schnauzer
Glücklich fangen
Junge Mädchen,
Alten Wein!

Chor.

Sei heilbringend u. s. w.

Phöbus.

Mag sich sträuben,
Kalt von Herz,
Eine Schöne,
— Solche gibt's: —
Er versöhnet
Seine Spröde,
Singet froh und
Trinkt dazu!

Chor.

Sei heilbringend u. s. w.

Phöbus.

Neigt der Tag sich,
Er umarmt,
Trunken, nüchtern,
Seinen Schatz,
Und dann legt er
Wild-verwogen
Der Kanone
Sich auf's Maul

Chor.

Sei heilbringend u. s. w.

Phöbus.

Und sein Herze,
Das manchmal
Eines Mädchens
Träumend denkt,
Ist zufrieden,
Wenn das Zelttuch
Zittert flatternd
In dem Wind!

Chor.

Sei heilbringend und gewogen,
O Madonna von St. Lô,
Einem Degen, der auf Erden
Gar nichts, als das Wasser haßt.

Herein tritt **Claude Frollo**, der sich an eine von **Phöbus** entfernte Tafel
setzt und anfangs Allem, was um ihn her vorgeht, fremd scheint.

Der Vicomte von Gif (zu Phöbus).

Sag' ehrlich, was Du vorhast mit der
So reizenden Zigeunerin!

(Claude Frollo wird aufmerksam.)

Phöbus.

Heut Nacht, in einer Stunde, komm' ich
Mit ihr zusammen.

Alle. Wirklich?

Phöbus. Ja!

(Die Aufmerksamkeit Claude Frollo's verdoppelt sich.)

Der Vicomte von Gif. In einer Stund'?

Phöbus. Im Augenblick!

Lied.

O Liebe! höchste Lust! Sich fühlen
Zu zwei in einem einz'gen Herz!
Das Mädchen, das man liebt, besitzen!
Der Sieger und der Sklave sein!
Ihr Herz zu haben, ihre Reize!
Ihr Lied, das süßen Frieden haucht,
Ihr schönes, thränenvolles Auge,
Das man mit einem Kusse füllt!

(Während er singt, trinken die Uebrigen und stoßen an.)

Chor.

Das höchste Glück ist's immer
Und bleibt's in alle Zeit,

Zu trinken auf sein Liebchen,
Zu lieben, was man trinkt!

Phöbus.

Die Allerschönste — Freunde!
Der Charitinnen erste,
O Wahnsinn! o Entzücken!
Ihr Freunde, sie ist mein!

Claude Frollo (beiseite).

Der Hölle mich verbünd' ich.
Fluch über sie und Dich!

Phöbus.

Uns winket das Vergnügen!
Erschöpfen wir sofort
Das Beste von dem Leben
Im Liebesaugenblick!
Was fragt dann man nach dem Tode?
Um ein Stündchen hundert Jahr'!
Ewigkeit um einen Tag!

Die Lichtlöschglocke läutet. Die Freunde von Phöbus erheben sich von der
Tafel, nehmen Degen, Hut und Mantel und schicken sich an zu gehen.

Chor.

Phöbus, Dich ruft die Stunde.
Die Heimgehglocke schallt.
Geh', Deine Schöne wartet;
Behüte Dich der Herr!

Phöbus.

Fürwahr, mich ruft die Stunde!
Die Heimgehglocke schallt.
Mein Liebchen meiner wartet;
Behüte Euch der Herr!

(Die Freunde von Phöbus ab.)

Zweite Scene.

Claude Frollo, Phöbus.

Claude Frollo (Phöbus anhaltend, wie er eben sich anschickt, hinauszugehen). Herr Kapitän!

Phöbus. Wer ist zugegen?

Claude Frollo. Vernehmet mich!

Phöbus. Nur kurz gefaßt!

Claude Frollo. Wißt Ihr den Namen wohl des Wesens,
as Euch zum Stellbichein erwartet diese Nacht?

Phöbus. Zum Kuckuk! ja! es ist mein Liebchen,
as liebt mich und gefällt mir sehr;
 ist mein Singvogel, meine Tänz'rin,
 Esmeralda.

Claude Frollo. Ist der Tod!

Phöbus. Zum Ersten, Freund! seid Ihr ein Narr;
ann packt zum Teufel Euch!

Claude Frollo. Hört an mich!

Phöbus. Mag nichts hören.

Claude Frollo. Wenn diese Schwelle hier Ihr, Phöbus,
überschreitet ...

Phöbus. Seid Ihr ein Narr!

Claude Frollo. Seid Ihr des Tods!

Duett.

Zigeunerin ist sie, drum bebe!
Die kennen Recht, Gewissen nicht.
Ihr Haß verlarvet sich in Liebe,
Ihr Lager ist ein Todtenbett!

Phöbus (lachend).

Setzt Eure Mütze, Freund, zurechte!
Geht heim ins Narrenhospital!
Mir scheint, man sei daraus entlaufen.

Sanct Jupiter, Sanct Aesculapius
Und auch der Teufel sei mit Euch!

Claude Frollo.

Es sind das ungetreue Weiber.
Glaub', was des Volkes Stimme sagt!
Sie sind von Finsterniß umhüllet:
Geh', Phöbus, nicht dahin, — Du stirbst

Das Dringen Claude Frollo's scheint Phöbus stutzig zu machen, er betracht
seinen Mann mit Besorgniß.

Phöbus.

Er erschreckt mich
Und er flößt mir
Wider Willen Argwohn ein!
Diese Stadt, die
Unruhvolle,
Ist erfüllet von Verrath!

Claude Frollo.

Ich erschreck' ihn
Und ich flöß' ihm
Wider Willen Argwohn ein.
Sieht der Schwachkopf
In der Stadt doch
Nichts mehr, als Verrätherei'n.

Zugleich.

Claude Frollo.

Glaubt mir, mein edler Herr! vermeidet die Sirene,
Die mit Schlingen Eurer harrt.
Mehr als ein Zigeunermädchen
Hat erdolcht in ihrem Hasse
Ein von Liebe schlagend Herz.

Phöbus, den er mit fortziehen will, ermannt sich und stößt ihn zurück.

Phöbus.

Wie doch! bin selbst ich närrisch?
Zigeun'rin, Mohrin, Jüdin —
Was liegt d'ran, wenn man liebet!
Die Lieb' deckt Alles zu.
Zurück von mir! Sie ruft mich!
Wohlan! wenn sie der Tod ist,
Dieweil der Tod so schön ist,
Ist es zu sterben süß.

      Claude (ihn haltend).

Halt! ein Zigeunermädchen!
Fürwahr, Du bist von Sinnen!
In Dein Verderben rennen
Willst also Du von selbst?
Die Ungetreue fürchte,
Die Dich im Dunkel rufet!
Doch wie! Du gehest dennoch?
Geh' denn! Du gehst zum Tod!

Zugleich.

Phöbus geht, trotz Frollo's Widerstreben, heftig ab: Claude Frollo bleibt
einen Augenblick düster und wie unentschieden, dann folgt er Phöbus nach.

Dritte Scene.

Eine Stube. Im Hintergrund ein Fenster mit der Aussicht auf den Fluß.
Clopin Trouillefou tritt herein, seine Fackel in der Hand; einige
Männer begleiten ihn; er gibt ihnen Zeichen des Einverständnisses und
stellt sie in einer dunkeln Ecke auf, wo sie verschwinden; dann kehrt er
nach der Thüre zurück und scheint Jemand herbeizuwinken **Claude
Frollo** tritt auf.

Clopin (zu Claude Frollo). Von hier aus könnt Ihr seh'n, —
        doch nicht gesehen werden, —
Den Kapitän und die Zigeunerin.
   Er zeigt ihm eine Nische hinter einer Tapete.

Claude Frollo. Die Postenmänner sind bereit?

Clopin. Sie sind

Claude Frollo.

Nie darf man eine Spur von diesem Vorgang finden!
Drum stille! da, nimm diese Börse.
Noch eine solche, wenn's gescheh'n!

Claude Frollo stellt sich hinter die Tapete. Clopin geht vorsichtig
herein treten **Esmeralda** und **Phöbus.**

Trio.

Claude Frollo (beiseite).

Angebetet Mädchen,
Dem Geschick verfallen!
Froh, geschmücket kommt sie,
Trauernd wird sie geh'n!

Esmeralda (zu Phöbus).

Edler Graf! mein Herze,
Das ich mühsam zügle,
Ist von Scham erfüllet,
Ist erfüllt von Stolz!

Phöbus (zu Esmeralda).

O! wie ist sie rosig!
Hinter Schloß und Riegel
Legt man an der Schwelle,
Schönste! ab die Furcht.

Zugleich.

Phöbus läßt Esmeralda neben sich auf die Bank sitzen.

Phöbus. Liebst Du mich?

Esmeralda. Liebe Dich!

Claude Frollo (beiseite). O Folter!

us. O Du anbetungswürdig Wesen!
hr, Du bist ein göttlich Kind!

ralda. Dein Mund hat süße Schmeichellippen

Halt ein! ich glühe schamerröthet!
Nicht allzunahe, edler Herr!

 Frollo. Sie lieben sich . . . wie ich sie neide!

 Esmeralda. Mein Phöbus, Dir dank' ich das Leben!

 Phöbus. Und ich — ich danke Dir das Glück!

Esmeralda.

O! sei weise!

Und ermuthe

Mit huldvollem

Angesicht

Diese Kleine,

Welche unter

Deinem Auge

Bebt verwirrt!

Phöbus.

Meine Kön'gin!

Mein Sirenchen,

In der Schönheit

Majestät!

Süße Grazie!

Wie Dein Auge

Glänzt und blitzet

Edelstolz!

Claude Frollo (beiseite).

Sie erwarten!

Sie belauschen!

Sie — wie zärtlich!

Er — wie schön!

Du sei glücklich!

Sei vergnüget!

Ich — ich grabe

Euch ein Grab!

Phöbus.

Mädchen, oder
Fee! sei meine!
Denn mein Herze
Sehnt nach Dir sich!
Athmet nur Dich,
Betet an Dich,
Theuerste!

Esmeralda.

Bin ein Mädchen;
Meine Seele,
Lauter Flamme,
Liebe ganz,
Edler Herr, ist
Eine Leyer,
Welche seufzet
Tag und Nacht!

Claude Frollo.

Warte, Mädchen!
Meine Flamme,
Meine Klinge
Sucht ihr Theil!
Ich bewund're,
Ha! ihr Lächeln,
Ihr Entzücken,
Ihre Lieb'!

Zugleich.

Phöbus.

Stets sei Rose und ein Wunder
Lächeln zu wir unsrem Glück!
Zu der Liebe, die erwachet!
Zu der Scham, die schläfet ein!

Dein Mund ist der Himmel selber!
Meine Seele wohnt darauf.
Möchte sich mein letzter Seufzer
Hauchen aus in diesem Kuß!

Esmeralda.

Deine Stimm' ist süß dem Ohre,
Und Dein Lächeln zart und stark;
Dir im Auge lacht der ros'ge,
Leichte Sinn mich lullend ein.
Deine Wünsche sind mein Höchstes;
Doch versagen muß ich mich.
Meine Tugend sammt dem Glücke
Schwände hin in diesem Kuß!

Claude Frollo.

Dringet nicht zu ihrem Ohre
Schritte, Todesboten ihr!
Eifersüchtig wacht mein Hassen,
Ihre Liebe schläfet ein.
Der entfleischte Tod, der fahle,
Soll nun treten zwischen sie!
Phöbus, ja! Dein letzter Odem
Hauchet aus in diesem Kuß!

Claude Frollo wirft sich auf Phöbus und dolcht ihn; dann öffnet er das Fenster im Hintergrund, aus welchem steigend er verschwindet. Esmeralda stürzt sich mit großem Geschrei auf Phöbus hin. Die aufgestellten Männer eilen lärmend auf die Scene, ergreifen Esmeralda und scheinen sie anzuklagen. Der Vorhang fällt.

Vierter Akt.

Erste Scene.

Gefängniß. Im Hintergrund eine Thüre.

Esmeralda (allein, gefesselt, auf Stroh liegend).

O wehe! er im Grab und ich in diesem Schlunde!
Gefang'ne ich, und er ein Opfer!
Ja, ich sah fallen ihn. Er ist in Wahrheit todt!
Und diesen Frevel, solchen Frevel,
Gott!... sagt man, habe ich verübt!
Noch grünend ward geknickt das Bäumlein unsrer Tage!
Voran geht Phöbus, er zeigt mir den rechten Weg!
Sein Grab ward gestern aufgegraben
Und morgen wird's das meine sein!

Romanze.

O mein Phöbus! gibt's auf Erden
Keine Macht des Heils für solche,
Die sich inniglich geliebt!
Gibt's kein Wunder, keinen Zauber,
Der ein thränend Auge trockne,
Ein geschloss'nes öffne neu!
Du Gott, zu dem ich flehe,
Allgüt'ger, Tag und Nacht,
Nimm mir das Leben, oder
Nimm meine Liebe mir!

Auf! mein Phöbus, unf're Schwingen,
In den Sphärenkreis zu bringen,
Wo die Lieb' unsterblich ist!
Komm zurück den Weg von Allem!
Unsern Leib in eine Gruft, in
Einen Himmel unsern Geist!
    Du Gott, zu dem ich flehe,
    Allgüt'ger, Tag und Nacht,
    Nimm mir das Leben, oder
    Nimm meine Liebe mir!

(Die Thüre thut sich auf. Herein tritt **Claude Frollo**, eine Lampe in der Hand, das Gesicht in die Kapuhe verhüllt. Er stellt sich regungslos Esmeralda gegenüber.)

Esmeralda (auffahrend). Wer ist der Mensch?

Claude Frollo (verlarvt). Ein Mönch.

Esmeralda. Ein Priester! Welch' Geheimniß!

Claude Frollo. Bist Du bereit?

Esmeralda. Wozu?

Claude Frollo. Bereit zum Tod?

Esmeralda. O ja!

Claude Frollo. Gut.

Esmeralda. Wird er kommen bald? Antwortet mir, mein Vater!

Claude Frollo. Morgen.

Esmeralda. Warum nicht heute schon?

Claude Frollo. Wie? leidest Du so sehr?

Esmeralda. Ich leide, ja!

Claude Frollo. Doch möglich,
Daß ich, der morgen lebt, mehr leide noch, als Du!

Esmeralda. Ihr? ei, wer seid Ihr denn?

Claude Frollo. Das Grab ist zwischen uns!

Esmeralda. Eu'r Namen?

Claude Frollo. Du willst ihn erfahren?

         Esmeralda. Ja.

(Er lüftet die Kapuze.)

           Der Priester!

Der Priester! Himmel! o mein Gott!

Ja, das ist seine Stirn von Eis, sein Feuerblick!

  Ha, ja! Der Priester ist's! er selber!

Er ist's, der mich verfolgt ohn' Aufhör, Tag und Nacht!

Er ist, der Phöbus mir, mein Lieben, hat gewürgt!

Scheusal! ich fluche Dir in meiner letzten Stunde!

Elender Meuchler! was begehrest Du von mir?

  So hassest Du mich?

  Claude Frollo. Liebe Dich!

      D u e t t.

    Claude Frollo.

  Ich liebe Dich, o Frevel!

  Ich liebe bebend Dich!

  Mein Blut und meine Seele

  Gilt diese Liebe mir.

  Ja, Dir zu Füßen fall' ich

   Und sprech' es aus:

  Vorzieh' ich Deine Grube,

   Dem Paradies.

  Wein' um mich! weh! ich falle

   Und Du verfluchst!

    Esmeralda.

Er liebt mich! grenzenloser Schrecken!

Er hält, der grause Vogler, mich!

    Claude Frollo.

Das Einzige, was in mir lebet,

Ist meine Liebe und mein Schmerz!

Claude Frollo.

O welche Härte!

Grausame Qual!

Wehe! ich lieb' Dich! . . .

O Schmerzensnacht!

Esmeralda!

Stunde des Schicksals!

Zitt're, mein Herz!

Himmel! er liebt mich!

O Schreckensnacht!

Claude Frollo (halblaut).

Wie sie bebt in meinen Händen!

Endlich an dem Priester ist's!

Habe sie in Nacht geführet,

Werde führen sie zum Tag,

Tod, der als Geleit mir folget,

Gibt! der Liebe sie zurück!

Esmeralda.

Seid barmherzig! laßt mich schnelle!

Phöbus starb! es ist! an mir!

Ach! ich bin erstarrt vor Schauer,

Grausenvollen Liebeswacht!

Wie der Vogel, der da schauet

Unter eines Geiers Blick!

Claude Frollo. Nimm mich; ich liebe Dich! so komm! laß
Dich beschwören!

Mitleid für mich und Dich! entflieh'n, wird Alles schläft!

Esmeralda! Beleidigung ist Euer Flehen!

Claude Frollo. Willst lieber sterben Du?

Esmeralda. Seid' stirbet, Geist' wird f

Claude Frollo. Gar gräßlich sterben ist!

Esmeralda. Unreiner Mund, verstumme!
Schön gegen Eure Lieb' ist Tod!

Claude Frollo. Gewählt! gewählt! — Claude oder Tod
(Claude fällt Esmeralda flehend zu Füßen. Sie stößt ihn zurück.)

Esmeralda.

Nein, Mörder! nimmermehr! verstumme!
Ein Hohn ist Deine feige Liebe.
Vielmehr das Grab, in das ich stürze!
Verflucht unter Verfluchten sei!

Claude Frollo.

Du zitt're! das Schaffot begehrt Dich!
Weißt Du, daß ich im Busen Plane
Voll Feuer und voll Blutes wälze,
Wozu die Hölle Amen sagt?

Claude Frollo.

Reiche die Hand! Ich
Bete Dich an!
Morgen Dein Leben
Retten kannst Du.
Nacht voller Aengsten!
Nacht voller Reu'!
Mir bringt sie Thränen!
Dir bringt sie Tod!
Sag' mir: Dich lieb' ich!
Dann rett' ich Dich! —
Siehe, Dein letztes
Morgenroth kommt.

Zugleich.

Ha! weil ich umsonst Dich flehe,
Weil Dein schnöder Haß mich flieht,
So leb' wohl! ein einz'ger Tag noch
Dann beginnt die ew'ge Nacht!

Esmeralda.

Gehe, mir grauet,

Scheußlicher Mönch!

Blut klebt an Deiner

Mörderhand noch!

Nacht voller Aengsten!

Nacht voller Reu'!

Fort mit den Thränen!

Ich will den Tod!   } Zugleich.

Selbst in den Ketten

Spei' ich Dich an!

Du sei verfluchet!

Du sei verdammt!

Geh', Dich schlinget Dein Verbrechen,

Phöbus führet mich zu Gott!

Finster wartet Dein die Hölle,

Mein des Himmels Morgenroth!

(Ein Kerkermeister erscheint. Claude Frollo giebt ihm ein Zeichen, Esmeralda fortzuführen, und geht ab, während man die Sängerin wegschleppt.)

Zweite Scene.

Der Vorhof von Notre-Dame. Die Fronte der Kirche. Man hört Glockengeläute.

Quasimodo.

Gott! ich liebe,

Nur mich selbst nicht!

Alles hier!

Luft, die ziehet,

Und die Sorge

Mir verscheuchet!

Schwalbe, die so
Treu den alten
Dächern bleibt!
Die Kapellen
Untern Flügeln
Von dem Kreuz!
Jede Rose,
Welche blüht!
Jedes Ding, das
An mich lacht!
Traur'ger Klotz ich,
Der so linkisch,
Häßlich ist.
Weg mit Neide!
Denn das Leben
Ist, wie's ist!
Was liegt mir an
Leid und Freude,
Schwarzer Nacht und
Himmelsblau?
Jede Thüre
Führt zu Gott!
Schlechte Scheide,
Edler Stahl,
In der Seele
Bin ich schön!
Ihr Glocken, dicke, schlanke,
Nun, läutet, läutet nur!
Mischt' eure hellen Stimmen
Und euren dumpfen Ton!
Singt in den kleinen Thürmchen,
In großen Thürmen brummt.

So, man läute!

Großer Schall!

Surr' und summe

Tag und Nacht!

Glänzend werden unsre Feste,

Wenn ihr einstimmt, ich beschwör's.

Hüpfet mit geschwindern Sprüngen

In der Luft, die peitschen wir!

Stehe, die einfält'gen Bürger,

Eilend auf den Brücken geh'n!

So, man läute,

Surr' und summe

Tag und Nacht!

Jede Feier

Wird vollendet.

Durch Geräusch!

(Er kehrt sich um nach der Jungfrauen-Kirche.)

Ich habe schwarz belegt gesehen die Kapelle!

Ha! wird man schleppen jetzt irgend ein Elend her?

Gott! welche Ahnung ... nein, ich will denen nicht glauben!

(Claude Frollo und Clopin treten ein, ohne Quasimodo zu sehen.)

Mein Herr ist's — aufgepaßt! — Gar düster ist auch er!

(Er verbirgt sich in einen dunkeln Winkel des Portals.)

O meine Herrin! Notre-Dame!

Nimm mein Blut! rette seine Seele!

———

Dritte Scene.

Quasimodo verborgen. Claude Frollo, Clopin.

Claude Frollo. Phöbus ist zu Montfort? wie?

Clopin. Würd'ger Herr nicht nicht wollen

Claude Frollo. Wenn er von hier nur ferne bleibet!

Clopin.

Darüber heget keine Sorge,

Für einen solchen Weg ist er noch allzuschwach.

Käm' er, so müßt' er sicher sterben.

Hochwürd'ger Herr, sei't überzeugt,

Es würde jeder Schritt aufreißen seine Wunden.

An diesem Morgen fürchtet nichts!

Claude Frollo. Ah! wenn nur heut' ich in der Hand sie halte,

Zum Leben oder Tod! Satan,

Für's Heute geb' ich Dir das Morgen willig hin! (Zu Clopin.)

Man wird Esmeralda in Bälde hieher führen;

Du! sorge, daß Du nichts vergiffest!

Duett.

Mit den Deinen auf dem Platz!

Clopin. Wohl.

Claude Frollo. Halt' Dich im Schatten!

Wenn ich schreie, eilst Du her.

Clopin. Ja.

Claude Frollo. Sei't eurer Viele!

Clopin. Also wenn Ihr schreit: „Zu mir ..."

Claude Frollo. Ja.

Clopin. Zu ihr ich stürze,

Nehme sie den Schergen ab.

Claude Frollo. Gut.

Clopin. Für Euch die Schöne!

Claude Frollo.

Untern Haufen mischet euch.

Dann wird sanfter

Werden dieses Herz vielleicht

Für den Priester.

Alle eilt ihr dann herbei ...

Clopin. Ja, mein Meister.

Claude Frollo. Haltet euch zusammen fest.

Clopin. Ja.

Claude Frollo. Berg't eure Waffen,
Um kein Aufsehen dort zu machen.

Clopin. Herr, es soll gescheh'n.

Claude Frollo.

Doch die Hölle soll sie haben,
    Kamerad,
Wenn an diesem Thor die Thörin
    Nein mir sagt!

Claude Frollo.

Schicksal, o du Todeswürfel!
Freund, ich rechne fest auf dich.
Nur noch ein Wurf ist mir übrig:
Mit Entsetzen thu' ich ihn.

Clopin.

Fürchtet nichts, was Trauer brächte,
Bau't auf mich, hochwürd'ger Herr!
Und dem Wurfe, der Euch übrig,
Ihm vertrauet ohne Furcht!

Zugleich.

(Sie gehen vorsichtig hinweg. Das Volk sammelt sich allmählig auf dem Platze.)

Vierte Scene.

Das Volk, Quasimodo, dann Esmeralda und ihre Wächter,
hierauf Claude Frollo, Phöbus, Clopin Trouillefou, Priester,
Schaarwächter, Gerichtsdiener.

Chor.

Nach Notre-Dame
Kommt diesen Abend
Alle, zu seh'n die
Jungfrau, die stirbt!

Sie, ein Zigeunermädchen,
Erdolchte, wie man glaubt,
Den schönsten Wachhauptmann
Des Königs Ludewig.

Ha! wie? so reizend!
Und so blutdürstig!
Könnt ihr's versteh'n?
Soll man es glauben?
Seele so schwarz und
Auge so sanft!
Erschreckliche Geschichte!
Wir sind erstarrt darob!
Die arme Unglückſel'ge!
Kommt, Alle eilt herzu!
Nach Notre-Dame
Kommt diesen Abend
Alle, zu seh'n die
Jungfrau, die stirbt!

(Die Menge wächst an. Lärm. Ein unheimliches Geleite kommt allmählig
auf den Vorhofplatz hervor. Prozeſſion schwarzer Pönitentiarier. Paniere
der barmherzigen Schweſtern. Bogenschützen. Gerichtsdiener. Die Schaarwächter. Die Soldaten drängen die Menge zurück. Esmeralda im Büßer-
hemd, den Strick um den Hals, barfuß, mit einem schwarzen Schleier
bedeckt. Neben ihr ein Mönch mit einem Crucifix. Hinter ihr die Henker
und Generalprocuratoren. Quaſimodo, an die Portalpfeiler gelehnt, ſteht
aufmerksam zu. Im Augenblick, wo die Verurtheilte vor der Façade an-
langt, hört man einen ernſten und fernen Gesang aus dem Innern der
Kirche, deren Thore geschloſſen ſind.)

Chor (in der Kirche).
Omnes fluctus fluminis
Transierunt super me
In imo voraginis,
Ubi plorant animae.

Der Gesang nähert sich langsam. Endlich ertönt er laut an den Pforten, ie plötzlich aufgehen und ins Innere der Kirche blicken lassen, welches ine lange Prozession von Priestern im Kostüm mit vorausgetragenen Fahnen innimmt. Claude Frollo im Priesterornat an der Spitze der Prozession. Er nähert sich der Verurtheilten.)

Das Volk.

Lebendig heute, morgen todt!
Reich', süßer Jesus, ihr die Hand.

Esmeralda.

Phöbus ist es, der mich rufet
In die ew'gen Wohnungen,
Wo wir Gott im Schooße sitzen!...
Grausam Loos, sei benedeit!
Hinter diesem Elend allem
Hoffet noch mein brechend Herze.
Sterben geh' ich für die Erde,
In dem Himmel leb' ich neu!

Claude Frollo.

Sterben noch so jung, so schöne!
Ach! der ungetreue Priester,
Mehr als sie, ist er verdammet!
Denn mein Wurm stirbt ewig nicht.
Armes Kind des Mißgeschickes,
Das ich faßt' in meine Krallen,
Sterben gehst Du für die Erde!
Todt bin für den Himmel ich!

Volk.

Ha! das ist 'ne Heidentochter!
Der uns Alle ruft, der Himmel
Hat für sie kein Thor geöffnet,
Ihre Qual währt ewiglich.
Und der Tod, o welches Elend!

Zugleich.

Hält sie in der Doppelkralle;
Wie sie todt ist für die Erde,　} Zugleich.
Ist sie für den Himmel todt!

(Die Prozession kommt herbei. Claude tritt zu Esmeralda heran.)

Esmeralda (starr vor Entsetzen). Der Priester!!!

Claude Frollo (leise). Ja, ich bin's; ich lieb' und flehe an
Dich.

Sprich nur ein Wort, noch immer kann ich,
Noch immer kann ich retten Dich.
Sag' mir: „Dich lieb' ich!"

　　　　Esmeralda. Dich verwerf' ich.
Hinweg!

　　　Claude. Wohlan, so stirb! Bald find' ich wieder Dich.

(Er wendet sich gegen die Menge.)

Wir übergeben, Volk! dem Arm der Welt dies Mädchen;
Der Odem Gottes dring' in ihre arme Seele
　　In diesem letzten Augenblick!

(Sobald die Gerichtsdiener Hand an Esmeralda legen, stürzt Quasimodo auf den Platz, stößt die Wachen zurück, nimmt Esmeralda in die Arme und wirft sich mit ihr in die Kirche.)

　　　　Quasimodo.
　　Freistatt! Freistatt! Freistätte!

　　　　　Volk.
　　Freistatt! Freistatt! Freistätte!
Heil, ihr Stadtbewohner!
Heil, dem Glöckner gut!
　　Schicksalswunder!　·
　　Sie, die Verdammte,
　　Ist nun des Herrn!
　　Es sinkt der Galgen:
　　Der Ewige
　　Weiht statt dem Grabe
　　Sie dem Altar.

Hinweg, ihr Henker
Und Halsgericht!
Hier steht die Schranke
Vor dem Gesetz;
Die ändert Alles
An diesem Ort.
Sie ist den Engeln,
Sie ist des Herrn!

Claude Frollo (mit einer Geberde Stille gebietend).

Gerettet nicht ist sie; ist ein Zigeunermädchen;
Nur eine Christin kann die Notre-Dame retten.

(Zu den Prokuratoren.)

Umfassend den Altar selbst ist ein Heid' im Bann.
Im Namen meines Herrn, des Bischofs von Paris,
Geb' ich euch diese Sünd'rin wieder.

Quasimodo (zu den Bogenschützen).

Bei Gott! ich will mich für sie wehren!
Kommt nicht heran!

Claude Frollo (zu den Bogenschützen).

Ihr zaudert noch?

Gehorsamet im Augenblicke!
Reißt von dem heil'gen Ort hinweg die Heidendirne!

(Die Bogenschützen bringen vor. Quasimodo stellt sich zwischen sie und
Esmeralda.)

Quasimodo. Nein, nimmer!

(Man hört einen Reiter herantraben und von außen rufen.)

Haltet!

(Die Menge weicht auseinander.)

Phöbus (erscheint zu Pferde, blaß, außer Athem, erschöpft wie ein
Mann, der einen langen Ritt gemacht hat). Haltet ein!

Esmeralda. Phöbus!

Claude Frollo (beiseit, zusammenschreckend). Es reißet das
Gewebe!

Phöbus (sich vom Pferde werfend).

Gott sei Lob! Ich athme noch!
Komme zeitig. Diese da
Ist unschuldig, aber hier
Steht mein Mörder!

(Er deutet auf Claude Frollo.)

Alle. Gott! der Priester!

Phöbus. Der Priester nur trägt Schuld, ich will beweisen das.
Man halt' ihn!

Volk. Wunderbar!

(Die Bogenschützen umringen Claude Frollo.)

Claude Frollo. Ha! Gott allein regieret!

Esmeralda. Phöbus!

Phöbus. Esmeralda!

(Sie stürzen einander in die Arme.)

Esmeralda. Mein **Phöbus**, mein Idol!
Wir werden leben!

Phöbus. Du.

Esmeralda. Uns strahlt der Glücksstern helle.

Das Volk. Lebt beide hoch!

Esmeralda. Vernimm doch diesen Jubelruf!
Sieh knie'n vor Dir das niedre Mädchen.
— Gott! Du wirst bleich! Was ist?

Phöbus (wankend). Der Tod!

(Sie faßt ihn in ihre Arme   Spannung und Besorgniß unter der Menge)

Ein jeder Schritt, den ich zu Dir, Geliebte, machte,
Schloß meine Wunde auf, die kaum ein wenig narbte.
Ich nahm für mich das Grab und lasse Dir das Licht.
Ich bin hin. Dich rächt das Schicksal;
Sehen geh' ich, armer Engel!
Ob der Himmel Dich ersetzt!
— Lebwohl! (Er stirbt.)

Esmeralda. Phöbus! er stirbt! O muß sich's also wenden!
(Sie stürzt auf seinen Leichnam.)
Dir folg' ich in das Vaterland!

Claude Frollo.
Des Himmels Hand!

Volk. Des Himmels Hand!

Studium über Mirabeau.

I.

Im Jahre 1781 fand im Schooß einer französischen Familie, zwischen einem Vater und einem Oheim, eine ernste Verhandlur; statt. Es handelte sich um einen Taugenichts, mit welchem die Familie nichts mehr anzufangen wußte. Dieser Mensch, bereits über das erste feurige Jugendalter hinaus, und gleichwohl noch ganz in den Tollheiten dieses leidenschaftlichen Alters versunken, von Schulden erdrückt, in Thorheiten verloren, hatte sich von seiner Gattin getrennt, das Weib eines Andern entführt,, war für diese That zum Tode verurtheilt und im Bil.niße geköpft worden, entfloh aus Frankreich, kam wieder dahin zurück, gebeßert und reuig, wie er sagte, und begehrte, nach aufgehobenem Contumazurtheil, in den Schooß seiner Familie zurückzukehren und sein Weib wieder zu sich zu nehmen. I Vater wünschte diese Beilegung der Sache, weil er seinen Na...:n durch Enkel fortpflanzen wollte, in der Hoffnung, an seinen Enkeln mehr Freude zu erleben, als an seinem Sohn.

Der ungerathene Sohn war jetzt 33 Jahre alt. Man mußte ihn ummodeln. Eine schwierige Erziehung! Einmal wieder in die Staatsgesellschaft aufgenommen, welchen Händen sollte man ihn anvertrauen? Wer wollte sich damit befaßen, den Rückgrat eines solchen Charakters zu beugen? Daher Verhandlung zwischen den älten Verwandten.

Der Vater wollte ihn dem Oheim geben, der Oheim wollte ihn dem Vater laßen. „Nimm ihn," sagte der Vater. „Ich be-

danke mich dafür," erwiederte der Oheim. „Es ist freilich eir
ausgemachte Sache," versetzte der Vater, „daß an b
Menschen nichts, gar nichts ist. Er gibt sich ein Ansehen, |
Geschmack, Marktschreierei, Thätigkeit, Ungestüm, Kühn
bisweilen Würde. Alles das dient zu nichts, als daß er 1
heute gestern vergißt, nicht an morgen denkt, sich dem Einb
des Augenblicks hingibt; er ist ein halbgebackener Mensch, ein
Papagei, der weder das Mögliche noch das Unmögliche, weder
die Bequemlichkeit noch die Unbehaglichkeit, weder das Vergnügen noch die Mühe, weder Thätigkeit noch Ruhe kennt, und
der sogleich abläßt, wenn er auf einen Gegenstand stößt, der
ihm Widerstand leistet. Inzwischen glaube ich doch, daß man
ein recht brauchbares Werkzeug aus ihm machen kann, wenn
man ihn am Stiel der Eitelkeit anfaßt. Du wärest der Mann
dazu. Ich spare ihm die Morgenpredigten nicht; sie sind immer
praktisch, und er begreift es, wenn ich ihm zu Gemüth führe,
daß es zwar äußerst schwer sei, seine Natur zu ändern, daß
man sie jedoch durch die Vernunft beherrschen und seine schwachen
Seiten mit dem Mantel des Anstandes bedecken müsse."

„Du bist also," entgegnete der Oheim, „Dank Deiner Si
nach Nachkommenschaft, im besten Zuge, einen dreiunddreißig-
jährigen Kindskopf unter die Zuchtruthe zu nehmen! Das ist
eine harte Nuß, einem Charakter, der bei sehr wenig Umfang
von allen Seiten Stacheln darbietet, Rundung geben zu wollen!"

Der Vater beharrte: „So habe doch Mitleid mit Deinem
Neffen Orkan! Er gesteht alle seine Thorheiten ein und sein
Geist ist jedes Eindrucks fähig, wie weiches Wachs. Arbeit ist
ihm nur ein Spiel, er fertigt sie mit der Schnelle des Blitzes.
Er ist ein Mensch, den man am Gängelbande führen muß,
und er fühlt das selbst am besten. Du mußt sein Mentor
werden. Du mußt für ihn, wie Du es für mich warst, Magnet-
nadel und Pilot sein. Er ist eitel auf seinen Oheim. Du allein

nſt Etwas aus ihm machen, Du beſitzeſt das nöthige
i, das ſeinem Quecſilber mangelt. Aber wenn Du ihn ein-
feſthältſt, ſo laß ihn nicht mehr los, mag er ſich ſträuben
er will. Wenn Du ihm Vater biſt, ſo wirſt Du Freude an
erleben; biſt Du ihm nur Oheim, ſo iſt er verloren.
um ſei ihm Vater!"

„Gott behüte mich," ſagte der Oheim, „ich weiß zu wohl,
Leute eines gewiſſen Schlags eine Zeit lang trefflich die
llen einzuziehen wiſſen, und er ſelbſt, als er früher unter
nen Augen lebte, war ſchüchtern wie ein junges Mädchen,
n ich nur die Stirne runzelte. Kurz, ich bedanke mich für
 in meinem Alter verſucht man nicht mehr das Unmögliche."

„Liebſter Bruder," erwiederte der Greis bittend, „wenn
es verwahrloſte Geſchöpf je wieder zurechtgebracht werden
l, ſo vermagſt nur Du es. Nimm ihn hin, ſei ihm gut und
ig, Du wirſt ſein Retter ſein und er wird ein Meiſterſtück
ner Hand werden. Laß ihn erfahren, daß in dieſem ernſten,
igen Angeſicht die edelſte Seele wohnt! Erſchüttere ſein
z, erhebe ſeinen Geiſt! Tu es omnis spes et fortuna nostri
nis!"

„Mit nichten," verſetzte der Oheim. „Nicht darum, als
e er unter vorliegenden Umſtänden in meinen Augen ein
großes Verbrechen begangen. Das iſt nur eine Alltags=
hte. Ein junges ſchönes Weib ſieht einen jungen Mann
Jahren. Welcher Mann wird nicht Alles aufleſen, was
on dieſer Gattung in ſeinem Wege findet? Allein er iſt ein
eſtümer, hochmüthiger, ſelbſtſüchtiger, unbezähmbarer Kopf,
einem laſterhaften und bösartigen Herzen; was ſollte ich
dieſem Menſchen anfangen? Er hat ſeine wilde Natur be-
nt, um ſich bei Dir einzuſchmeicheln; der Burſche iſt ver-
eriſch, wie die aufgehende Sonne. Um ſo mehr habe ich
t, mich nicht der Gefahr auszuſetzen, von ihm übertölpelt

zu werden. Ohnedies gibt man der Jugend immer Recht [
das Alter."

„So hast Du nicht immer gedacht," antwortete trauri
Vater. „Es gab eine Zeit, wo Du mir schriebst: „Was
betrifft, so öffnet mir der Junge das Herz.'"

„Ja," sagte der Oheim, „und wo Du mir antwort
„,Traue ihm nicht, hüte Dich wohl vor seinen glatten Wort

„Was soll ich denn um Gotteswillen thun?" rief der [
aus, als er sich aus seinem letzten Bollwerk geschlagen
„Du bist zu vernünftig, um nicht einzusehen, daß man [
Kind nicht abhaut, wie einen Arm. Wäre dies möglic
würde ich schon längst einarmig sein. Ueberhaupt aber hat
schon aus so vielen Tausenden, die noch schwächer und thör
waren, eine gute Race gezogen. Bester Bruder, wir habe[
nun, wie er einmal ist. Wir sind alt und so lange wir
leben, müssen wir ihm unter die Arme greifen."

Der Oheim, ein Mann von hartem Horn, macht[
Verhandlung durch die unumwundene Erklärung ein Ende:
will nichts von ihm! Es ist eine Thorheit, aus diesem Men
Etwas machen zu wollen. Man muß ihn, wie sein gutes
sagt, zu den Insurgenten (nach Nordamerika) schicken, un
das Hirn einschlagen zu lassen. Du bist ein guter Vater
Du hast einen bösen Sohn. Der Teufel der Nachkommens[
sucht plagt Dich jetzt, aber bedenke, daß Cyrus und Marc
sehr glücklich gewesen wären, wenn sie weder einen Cam
noch einen Commodus hinterlassen hätten."

Scheint es uns nicht, indem wir dieses lesen, als wo
wir einer jener schönen Scenen der höhern bürgerlicher
mödie bei, wo Molière's Ernst sich beinahe zur Erhab[
eines Corneille emporschwingt? Gibt es wohl bei Molière [
Frappanteres in Styl und Manier und dabei Menschli
und Wahreres zugleich, als diese beiden imposanten

welche das siebzehnte Jahrhundert im achtzehnten vergessen zu
haben scheint, gleich zwei Ueberresten einer bessern Gesittung?
Sehen wir sie nicht hereinschreiten, besorgt und ernst, wie sie
sich auf ihre langen Stöcke stützen und durch ihren Anzug eher
an Ludwig den Vierzehnten als an Ludwig den Fünfzehnten
erinnern? Ist die Sprache, die sie reden, nicht die von Molière
oder St. Simon? Dieser Vater und dieser Oheim sind die
ewigen Typen der Komödie, es sind die zwei strengen Organe,
wodurch sie zankt, lehrt oder moralisirt, mitten unter so vielen
andern, die nichts thun als lachen; es sind der Marquis und
der Commandeur, Geronte und Ariste, die Gutmüthigkeit
und die Klugheit, das bewundernswürdige Duett, worauf
Molière immer zurückkommt.

Der Oheim.

Wohin denn eilen Sie?

Der Vater.

Weiß ich es selbst?...

Der Oheim.

Mir scheinet,
Es wäre an der Zeit, wir dächten nun vereinet
Mit Ernst darüber nach, was man beginnen sollte?

Die Scene ist vollkommen; nichts fehlt, selbst nicht
der Spitzbube von einem Neffen.

Das eigentlich Merkwürdige an dem vorliegenden Fall besteht jedoch darin, daß die hier mitgetheilte Scene ein wirk-
liches Faktum ist, und daß der Dialog zwischen Vater und Sohn
wörtlich in einem Briefwechsel stattgefunden, und zwar in Briefen,
die das Publikum gegenwärtig lesen kann; daß ferner der Gegenstand jener ernsten Differenzen, ohne daß die beiden Greise selbst
etwas davon ahnten, einer der größten Männer unserer Geschichte gewesen; und daß endlich der Marquis und der
Commandeur der Komödie hier ein wirklicher Marquis und
Commandeur waren.

Die beiden Alten, welche diese Unterredung führten, waren Victor Riquetti, Marquis von Mirabeau, der andere Johann Anton von Mirabeau, Comthur des Malthefer Ordens. Der Sohn und Neffe war Honoré Gabriel de Riquetti, den im Jahre 1781 seine Familie den Ouragan (Orkan) nannte, und den jetzt die Welt unter dem Namen Mirabeau kennt. Ein halbgebackener Mensch, ein verwahrlostes Geschöpf, ein unbrauchbares Subjekt, ein Kopf, der zu nichts gut ist, als ihm bei den Insurgenten das Hirn einschlagen zu lassen, ein von der Justiz gebrandmarkter Verbrecher, ein Pfahl im Fleische seiner Verwandten, das war im Jahre 1781 Mirabeau für seine Familie.

Zehn Jahre darauf, am 1. April 1791, bedeckte eine unermeßliche Volksmenge die Zugänge eines Hauses der Chaussee d'Antin. Diese Menschenmenge war schweigsam, stumm, tief betrübt.

In dem Hause lag ein Mann in den letzten Zügen. Das trauernde Volk umlagerte die Straße, den Hof, die Treppe, das Vorzimmer. Mehrere waren seit drei Tagen und drei Nächten nicht von dem Platze gewichen. Man sprach leise, man hielt den Athem an sich, man befragte mit Aengstlichkeit Diejenigen, die in das Haus gingen und aus ihm kamen. Das Volk war die Mutter dieses Kranken. Die Aerzte hatten keine Hoffnung mehr. Bulletins zu Tausenden ausgegeben, von tausend Händen ergriffen, wurden unter die Menge vertheilt, und Männer und Weiber sah man weinen. Ein Jüngling, von tiefem Schmerz ergriffen, erbot sich mit lauter Stimme, sich eine Ader zu öffnen, um sein reines jugendliches Blut dem entkräfteten Körper des Sterbenden einzugießen. Hier starb, so schien es Allen, nicht ein Mensch, sondern ein Gott ging heim und ließ ein trostloses Volk hinter sich zurück.

In der ganzen großen Stadt sprach man nur von ihm. Dieser Mann starb.

Einige Minuten darauf, nachdem der Arzt, der am Haupte seines Bettes stand, gesagt hatte: er ist todt! erhob sich der Präsident der Nationalversammlung von seinem Sitze und sprach: er ist todt! In wenigen Augenblicken war dieser unselige Ruf durch die unermeßliche Hauptstadt gedrungen.

Einer der ersten Redner der Nationalversammlung, Herr Barrère, erhob sich und sprach mit einer von Seufzern unterbrochenen Stimme: „Laßt uns das Bedauern dieser Versammlung über den Verlust des großen Mannes in das Protokoll unserer heutigen Sitzung eintragen, und laden wir im Namen des Vaterlandes alle Mitglieder ein, seinem Leichenbegängniß anzuwohnen."

Ein Priester von der rechten Seite bemerkte: „Gestern ließ er mitten unter seinen Schmerzen den Herrn Bischof von Autun rufen, um ihm eine Arbeit einzuhändigen, die er so eben über die Erbfolge beendigt hatte. Er forderte von ihm als letzten Freundschaftsdienst, sie in der Versammlung vorzulesen. Dies ist eine heilige Pflicht. Der Herr Bischof soll hiemit die Obliegenheit eines Testamentsvollstreckers des großen Mannes erfüllen, den wir Alle beweinen."

Der Präsident Tronchet schlug vor, eine Deputation zu dem Leichenzug abzuordnen. Die Versammlung erwiederte einstimmig: „Wir werden ihm Alle anwohnen!"

Die Sektionen von Paris verlangten, daß er auf dem Bundesfeld, unter dem Altar des Vaterlandes begraben werde. Das Direktorium des Departements machte den Vorschlag, ihn in der neuen St. Genovefakirche beizusetzen und zu beschließen, daß von nun an dieses Gebäude die Bestimmung habe, die Asche großer Männer aufzunehmen.

Der Generalprokurator der Gemeinde von Paris, Herr Pastoret, sprach: „Die Thränen, welche der Hingang eines großen Mannes fließen macht, werden nicht fruchtlos vergossen sein. Mehrere alte Völker begruben ihre Priester und Helden in eigens dazu gewidmeten Gebäuden. Laßt uns diesen Cultus, welchen jene der Frömmigkeit und Tapferkeit weihten, auf die Liebe zur Freiheit und öffentlichen Wohlfahrt übertragen! Der Tempel der Religion werde der Tempel des Vaterlandes, das Grab eines großen Mannes der Altar der Freiheit."

Die Versammlung zollte ihm Beifall.

Sogar Robespierre, d. h. der eingefleischte Neid, erhob sich und sprach: „In dem Augenblick, wo von allen Seiten nur Klagen erschallen über den Verlust dieses ausgezeichneten Mannes, der in den Tagen der Krisis den Despotismus so muthvoll bekämpfte, in einem solchen Augenblicke wird sich Niemand den Ehrenbezeigungen entgegensetzen, die man ihm erweisen will. Ich unterstütze den Antrag von ganzem Herzen."

An diesem Tage gab es in der Nationalversammlung keine linke und keine rechte Seite mehr. Einstimmig wurde der Beschluß gefaßt:

„Die neue St. Genovefakirche hat die Bestimmung, die Asche großer Männer aufzunehmen."

„Ueber den Eingang sollen die Worte eingegraben werden:
      „„Den großen Männern
         Das dankbare Vaterland.""*

„Der gesetzgebende Körper allein hat zu entscheiden, welchen Männern diese Ehre zu erweisen sei."

„Honoré Riquetti Mirabeau ist würdig erachtet, diese Ehre zu empfangen."

Der Mann, der an diesem Tage gestorben war, war Honoré von Mirabeau. Der große Mann von 1791 war jener halbgebackene Mensch von 1781.

Sein Leichenzug nahm die Länge einer ganzen Meile ein.

* Aux grands hommes
La Patrie reconnaissante.

Sein Vater wohnte ihm nicht an, er war am 13. Juni 1789, den Tag vor der Einnahme der Bastille, gestorben.

Nicht ohne Absicht haben wir die beiden Daten von 1781 und 1791, den Mirabeau vor, und den Mirabeau nach, den Mirabeau vor dem Richterstuhl seiner Familie, und den Mirabeau vor dem Richterstuhl des Volkes, zusammengestellt. In diesem Gegensatze liegt eine unerschöpfliche Quelle der Betrachtung. Wie ist innerhalb zehn Jahren dieser Teufel einer Familie der Gott eines Volkes geworden? Eine Frage tiefer Forschung!

— —

II.

Man darf jedoch nicht glauben, daß dieser Mann von dem Augenblicke an, wo er aus dem Schooß seiner Familie hervorging, um öffentlich aufzutreten, alsbald und durch Acclamation als ein Gott ausgerufen worden sei. So pflegen die Dinge nicht von sich selbst zu kommen. Wo das Genie ersteht, tritt auch der Neid auf die Hinterbeine. Bis zur Stunde seines Todes war Mirabeau, wie je ein Mensch, vollständig und beharrlich in jeder Hinsicht verläugnet worden.

Als er, von der Stadt Aix zum Deputirten ernannt, bei den Generalstaaten erschien, erregte er keines Menschen Eifersucht. Obscur und übel berüchtigt, bekümmerten sich die gut berufenen Leute wenig um ihn; häßlich von Gesicht und von unförmlicher Gestalt, flößte er den gut aussehenden Edelleuten Mitleid ein. Sein Adel verschwand unter dem schwarzen Kleide des einfachen Deputirten, seine Physiognomie unter den Blatternarben seines Gesichts. Wer hätte daran denken sollen, neidisch zu sein auf diesen von der Justiz begnadigten Abenteurer, von mißförmlichem Gesicht und Körper, auf diesen mittellosen Menschen, den die Spießbürger von Aix in einem politischen

Fieberanfall, vielleicht aus Versehen und ohne zu wissen warum, zu den Generalstaaten abgeordnet hatten! Dieser Mensch war in der That eine ganze Null. Der nächste beste neben ihm war schön, reich und angesehen, in Vergleichung mit seiner Person. Er verletzte keine Eitelkeit und trat keiner Anmaßung hinderlich in den Weg. Er war eine unbedeutende Zahl unter den vielen, und die Ambitionen, welche sich gegenseitig befehdeten, nahmen ihn kaum in ihre Berechnungen auf. Allmählig jedoch, so wie die Abenddämmerung der alten Zeit anbrach und ihren nächtlichen Schatten auf die untergehende Monarchie warf, wurde das düstere Leuchten, welches große revolutionäre Geister umgibt, den Augen sichtbar. Mirabeau begann zu strahlen.

Jetzt flatterte der Neid um diesen ersten Strahlenkranz, denn jedes Licht zieht die Nachtvögel an. Von diesem Augenblicke faßte Mirabeau der Neid und verließ ihn nicht mehr bis zum letzten Tage seines Lebens. Seltsam genug machte ihm der Neid das, was gerade die Ehrenkrone dieses Mannes bei der Nachwelt ist, sein Genie als Redner, streitig. Dies ist freilich immer der Gang des Neides: eben an die schönste Façade eines Gebäudes wirft er seinen Koth. Und Mirabeau gab den unerschöpflichen Gründen des Neides volle Blöße. Probitas, ein Redner soll tadellos sein. Mirabeau war tadelhaft in jeder Beziehung. Praestantia, ein Redner soll gut aussehend sein. Mirabeau war häßlich. Vox amoena, ein Redner soll ein angenehmes Organ haben. Mirabeau hatte eine harte, trockene, schreiende Stimme, stets donnernd, nie sprechend. Subrisus audientium, ein Redner soll seinen Zuhörern willkommen sein. Mirabeau war der Versammlung verhaßt. Daraus zogen eine Menge kleiner Geister, die mit ihrem eigenen Ich höchst zufrieden waren, den Schluß: daß Mirabeau kein Redner sei.

Alle diese Schlüsse beweisen aber weiter nichts, als daß die Cicero keine Ahnung von den Mirabeau haben.

Allerdings war Mirabeau kein Redner nach der Art, wie
es diese Leute verstanden; er war ein Redner nach sich selbst,
nach seiner Natur, nach seiner Organisation, nach seiner Seele,
nach seinem Leben. Er war ein Redner, weil man ihn haßte,
wie Cicero, weil man ihn liebte. Er war ein Redner, weil er
häßlich war, wie Hortensius, weil er schön war. Er war ein
Redner, weil er gelitten, geduldet, fallirt hatte; weil man ihn
von Jugend an von sich gestoßen, gebemüthigt, verachtet, ver-
leumbet, ausgetrieben, beraubt, mundtodt gemacht, verbannt,
eingekerkert, verurtheilt hatte; weil man ihn, gleich dem Volke
von 1789, dessen vollständigstes Symbol er war, weit über das
Alter der Unvernunft hinaus in Minderjährigkeit und Vor-
mundschaft gehalten hatte; weil das väterliche Ansehen schwer
auf ihm lastete, wie die königliche Gewalt auf dem Volke; weil
er, gleich dem Volke, schlecht erzogen war; weil ihm, wie dem
Volke, eine schlechte Erziehung auf die Wurzel jeder Tugend
ein Laster gepfropft hatte. Er war ein Redner, weil er, Dank
den weiten Breschen, welche die Erschütterungen von 1789 eröffnet hatten, nun endlich den lange verhaltenen Groll in den
Schooß der verdorbenen Staatsgesellschaft ausgießen konnte,
weil er barsch, ungleich, heftig, lasterhaft, cynisch, erhaben,
weitschweifend, unzusammenhängend, mehr noch von Instinkten
als von Gedanken erfüllt, die Füße im Koth, das Haupt in
den Wolken, in allen Theilen der stürmischen Epoche glich, in
welcher sein Stern glänzte, und jeden Tag mit einem seiner
Feuerworte bezeichnete. Mirabeau hätte den Schwachköpfen,
welche ihre Zeit so wenig begriffen, daß sie ihn fragten: ob
er sich denn im Ernste für einen Redner halte? mit zwei Worten
antworten können: Fragt das die verscheidende Monarchie und
die beginnende Revolution.

Kaum kann man heutzutage, wo die Zeit ihr Urtheil gefällt hat, glauben, daß es im Jahre 1790 viele Leute,

unter dieser Zahl süßliche Freunde gab, welche Mirabeau den
Rath ertheilten, in seinem eigenen Interesse den Rednerstuhl
aufzugeben, auf welchem er doch niemals einen vollständigen
Erfolg erringen würde, oder wenigstens nicht so oft aufzutreten?
Die Urkunden darüber liegen vor unsern Augen. Man hat
Mühe zu glauben, daß in jenen denkwürdigen Sitzungen, in
welchen er die Versammlung in seiner Hand umrührte, wie
Wasser in einem Gefäß, wo er alle laut antönenden Ideen des
Augenblicks mit mächtiger Faust erfaßte; wo er in gewaltigen
Worten seine persönliche Leidenschaft und die Leidenschaft Aller
so geschickt mit einander verschmiedete, — ehe er sprach, während
er sprach und nachdem er gesprochen hatte, der Beifall stets
mit Zischen, Lachen und Pfeifen gemischt war! Diese ärmlichen
Stimmen haben nur einen Augenblick ertönt und sein Ruhm
lebt ewig. Die Tagblätter und Flugschriften jener Zeit sind voll
von Beleidigungen und Verleumbungen gegen das Genie dieses
Mannes. Man wirft ihm bei jeder Gelegenheit Jegliches vor,
und der, wie aus einer Art Blödsinn, unabläffig gemachte
Vorwurf betrifft seine rauhe, stets donnernde Stimme. Was
läßt sich hierauf erwiedern? Seine Stimme ist rauh, weil die
Zeit der süßen Stimmen vorüber ist; sie ist donnernd, weil die
Zeit donnert, und weil es das Kennzeichen großer Männer
ist, daß sie großen Dingen gewachsen sind.

Man befolgte gegen ihn eine Taktik, welche zu allen Zeiten
gegen überlegene Geister unveränderlich befolgt worden ist. Nicht
bloß die Männer der Monarchie, sondern auch diejenigen seiner
eigenen Partei (denn das Genie ist nirgends mehr gehaßt, als
in der Mitte seiner eigenen Parei) waren stets wie durch eine
Art stillschweigender Uebereinkunft darin einverstanden, daß sie
ihm bei jeder Gelegenheit einen andern Redner vorzogen und
entgegensetzten: Barnave, einen Redner, den der Neid sehr
geschickt darum gewählt hatte, weil er die nämlichen politischen

Sympathien vertheidigte, wie Mirabeau. Und so wird es immer sein. Es geschieht oft, daß in einer bestimmten Epoche die nämliche Idee zumal, auf verschiedenen Graden, durch einen Mann von Genie und durch einen Mann von Talent vertreten wird. Diese Stellung ist ein glücklicher Zufall für den Mann von Talent. Der unbestrittene Erfolg der Gegenwart gehört ihm an, obwohl es wahr ist, daß diese Art von Erfolg nichts beweist und schnell vergeht. Eifersucht und Haß gehen geradezu auf den Stärksten los. Die Mittelmäßigkeit würde sich durch den Mann von Talent sehr belästigt finden, wenn nicht der Mann von Genie da wäre. Weil aber der Mann von Genie da ist, so unterstützt sie den Mann von Talent und bedient sich seiner gegen ihren Herrn und Meister. Die Mittelmäßigkeit nährt die eitle Hoffnung, den Mann von Genie zu stürzen, und in diesem Falle, der aber nie eintreten kann, zählt sie darauf, mit dem Manne von Talent bald fertig zu sein; in= zwischen unterstützt sie ihn und hebt ihn so hoch, als sie ver= mag. Die Mittelmäßigkeit ist auf Seiten dessen, der sie am wenigsten beeinträchtigt und ihr am meisten gleicht. In dieser Stellung nun sind alle diejenigen, welche den Mann von Genie anfeinden, die natürlichen Freunde des Mannes von Talent. Die Vergleichung, welche diesen zermalmen sollte, erhöht ihn. Aus allen Steinen, welche Hacke und Spaten, Mißgunst, Haß und Verleumdung von der Basis des großen Mannes aus= graben, macht man ein Fußgestelle für den Mann zweiten Ranges. Was man dem Einen nimmt, baut man dem Andern an. So baute man im Jahre 1790 Barnave mit Allem auf, was man Mirabeau entzogen hatte.

Rivarol sagte: „Mirabeau ist mehr Schriftsteller, Barnave mehr Redner." Pelletier sprach: „Barnave ist ein Ja, Mirabeau ein Nein."

Chamfort schrieb: „Die merkwürdige Sitzung vom 13ter

hat mehr als je den bereits lange erwiesenen Vorrang Barnave's über Mirabeau als Redner vor Augen gestellt."

„Mirabeau ist todt," murmelte Target, Barnave's Hand
drückend; „seine Rede über die Formel der Promulgation hat
ihn getödtet."

„Barnave, Sie haben Mirabeau begraben," fügte Duport hinzu, unterstützt vom Lächeln Lameths, welcher für Duport, wie Duport für Barnave, ein Diminutiv war.

„Barnave macht den Leuten Vergnügen," sagte Goupil,
„und Mirabeau Angst." „Mirabeau schleudert Blitze," sprach
Camus, „aber er wird nie eine Rede halten, er wird sogar
nie begreifen, was das ist. Da ist Barnave ein anderer Mann."

„Mirabeau mag schwitzen und sich abmühen, wie er will,"
sagt Robespierre, „niemals wird er Barnave erreichen."

Alle diese Erbärmlichkeiten, die nur Mirabeau's Haut
ritzten, machten Mirabeau Verdruß auf dem Gipfel seiner
Macht und Siege. Das sind Nadelstiche in die Fersen eines
Giganten.

Und wenn der Haß aus Bedürfniß, ihm irgend einen,
gleichviel welchen, entgegenzustellen, keinen Mann von Talent
unter der Hand gehabt hätte, so würde er einen mittelmäßigen
Menschen genommen haben. Haß und Neid kümmern sich wenig
um den innern Gehalt des Stockes, aus dem sie ihre Fahne
machen. Mairet wurde Corneille, Praton Racine vorgezogen.
Noch sind es nicht hundert Jahre, daß Voltaire unwillig aus-
ief: „Man wagt, mir den Barbaren Crebillon vorzuziehen."

Im Jahre 1808 setzte Geoffroy, der damals als Kritiker
meisten Ruf in Europa hatte, Lafon weit über Talma.
nberbarer Instinkt der Coterien!

Im Jahre 1798 zog man Moreau einem Bonaparte, im
Jahre 1815 Wellington einem Napoleon vor.

Mirabeau, so sonderbar es uns vorkommt, würdigte diese

Erbärmlichkeiten seines Zorns. Er glaubte sich durch die Pa=
rallele mit Barnave verdunkelt. Hätte er in die Zukunft ge=
blickt, so würde er mitleidig gelächelt haben.

Diese beiden Männer, Barnave und Mirabeau, boten
einen vollkommenen Gegensatz dar. Wenn in der National=
versammlung der eine oder der andere sich erhob, so wurde
Barnave stets mit einem Lächeln, Mirabeau mit einem Sturm
empfangen. Barnave hatte für sich die Ovation des Moments,
den Triumph der Viertelstunde, den Ruhm in der Zeitung,
den Beifall Aller, selbst der rechten Seite; Mirabeau hatte den
Kampf und Sturm. Barnave war ein ziemlich schöner, junger
Mann und ein sehr schöner Redner. Mirabeau war, wie
Rivarol geistreich sagt, ein schreiendes Ungeheuer. Barnave
gehörte zu jenen Menschen, die jeden Morgen das Maß ihrer
Zuhörer nehmen, ihrem Publikum den Puls fühlen, die sich
niemals außerhalb der Grenzen der Möglichkeit des Beifalls
wagen, die stets demüthig die Ferse des Erfolgs küssen, die
bisweilen nur mit der Idee des Tages, meistens mit der Idee
des vergangenen, niemals mit der des künftigen Tages den
Rednerstuhl betreten, weil sie sich bloßzustellen fürchten, die
auf einem wohlgeebneten Wege die Gemeinplätze ihrer Zeit
geräuschlos zu Markte bringen, die aus Furcht, von der all=
gemeinen Atmosphäre zu wenig geschwängerte Gedanken zu
haben, wie ein Thermometer an das Fenster, fortwährend ihre
Urtheilskraft in die Straße hängen. Mirabeau dagegen war
der Mann der neuen Idee, der plötzlichen Erleuchtung, des
gewagten Vorschlags, ungestüm, starrköpfig, unklug, uner=
wartet losfahrend, stoßend, verwundend, niederreißend, nur
sich selbst gehorchend, allerdings den Erfolg suchend, aber erst
nach vielen andern Dingen, und mehr noch den Beifall seines
eigenen leidenschaftlichen Herzens liebend, als den des Volkes
auf den Galerien, geräuschvoll, stürmisch, hinreißend, tief,

selten durchsichtig, niemals seicht, in dem Sturme seiner Wellen und von Schaum bedeckt alle Ideen seiner Epoche mit sich fortwälzend. Die Beredsamkeit Barnave's neben Mirabeau's Rednergeist war eine Landstraße, an der ein Waldstrom sich brüllend vorüberwälzt. Heute, wo Mirabeau's Name so hoch steht und so allgemeine Anerkennung findet, kann man sich kaum eine Vorstellung von der ungebührlichen Art und Weise machen, womit er von seinen Collegen und Zeitgenossen behandelt wurde. Da ruft, während er spricht, ein Herr von Guillermy: „Mirabeau ist ein Bösewicht, ein Mörder!" Ein Herr von Ambly und von Lautrec schimpfen: „Dieser Mirabeau ist ein großer Schuft." Herr von Foucault ballt die Faust gegen ihn und Herr von Virieu ruft: „Herr Mirabeau, Sie beleidigen uns!" Wenn der Haß schwieg, so sprach der Neid. „Dieser kleine Mirabeau da!" sagte Herr Castellanet zur rechten, „dieser überhirnische Mensch!" sprach Herr Lapule zur linken Seite. Und nachdem Mirabeau gesprochen hatte, murmelte Robespierre zwischen den Zähnen: „das will nichts heißen!"

Bisweilen gab ihm dieser Haß eines großen Theils seiner Zuhörer Gelegenheit zu einem Ausfall seiner Beredsamkeit. So entwischten z. B. in seiner herrlichen Rede über die Regentschaft seinen verächtlich zusammengezogenen Lippen Worte, melancholisch, einfach, ergebungsvoll und hochherzig: „Während ich meine ersten Gedanken über die Regentschaft aussprach, hörte ich mit jener artigen Unfehlbarkeit, welche anzuhören man mich längst gezähmt hat, sagen: „„Das ist abgeschmackt, das ist übertrieben, das ist unausführbar!"" Besser wäre es, über die Sache selbst nachzudenken." So sprach Mirabeau am 25. März 1791, sieben Tage vor seinem Tode.

Außerhalb der Nationalversammlung zerfleischte ihn die Presse mit furchtbarer Wuth. Es regnete mit Schandschriften auf diesen Mann. Die Extreme der Parteien stellten ihn an den nämlichen Pranger. Der Name Mirabeau wurde mit dem nämlichen Tone in der Kaserne der Gardes du Corps, wie im Club der Cordeliers ausgesprochen. Herr von Champennetz sagte: „Die Seele dieses Menschen ist blatternarbig." Herr von Lambesc machte den Vorschlag: „ihn von zwanzig Reitern aufheben und auf die Galeeren bringen zu lassen." Marat rief: „Bürger, richtet achthundert Galgen auf, hängt daran alle Verräther und obenan den schändlichen Riquetti den Aeltern!" Und Mirabeau wollte nicht, daß die Nationalversammlung Marat gerichtlich verfolge, sondern begnügte sich zu erwiedern: „Es scheint, daß man übertriebene Dinge schreibt. Das ist ein Paragraph eines Besoffenen."

Bis zum 1. April 1791 ist Mirabeau ein Schuft, [1]) ein überhirnischer Mensch, [2]) ein Bösewicht, ein Mörder, [3]) ein Narr, [4]) ein Redner zweiten Rangs, [5]) ein mittelmäßiger Mensch, [6]) ein todter Mensch, [7]) ein begrabener Mensch, [8]) ein schreiendes Ungeheuer, [9]) mehr ausgezischt, ausgepfiffen und angespuckt, als mit Beifall beklatscht. [10])

Lambesc will ihn auf die Galeeren, Marat an den Galgen schicken.

Am 2. April stirbt er. Am 3ten erfindet man für ihn das Pantheon.

Große Männer, wollt ihr morgen Recht haben, so sterbet heute!

[1]) D'Ambly und de Lautrec.

[2]) Lapoule.

[3]) Guillermy.

[4]
[5] } Journale und Pamphlete jener Zeit.
[6]

[7]) Target.

[8]) Duport.

[9]) Rivarol.

[10]) Pelletier.

III.

Das Volk aber, dem es nie an richtigem Sinn und scharfem Blicke fehlt, das keinen Haß kennt, weil es stark, keinen Neid, weil es groß ist, das Volk, das, obwohl Kind, doch die Männer ausfindet, das Volk war für Mirabeau. Mirabeau war der Mann nach dem Herzen des Volks von 1789, und das Volk von 1789 war das Volk nach dem Herzen Mirabeau's. Es gibt kein anziehenderes Schauspiel für den Denker, als diese festgeschlungenen Bande, die das Genie und das Volk zusammenknüpfen. Man zog Mirabeau's Einfluß in Abrede, und dieser war unermeßlich. Er war es immer, der zuletzt Recht behielt; aber er behielt in der Nationalversammlung nur durch das Volk Recht; er beherrschte die curulischen Stühle von den Galerien aus. Was Mirabeau in bestimmten Worten gesagt hatte, das sprach die Menge mit Beifallklatschen nach, und unter dem Machtwort dieses Beifalls, oft mit großem Widerwillen, trug die Gesetzgebung es zu Buche. Schandschriften, Verleumdungen, Kränkungen, Unterbrechungen, Drohungen, Zischen und Pfeifen waren nur kleine Steine, die man in den Strom seiner Rede warf, und über die er schäumend wegfloß. Wenn der souveräne Redner, von seinen plötzlichen Gedanken ergriffen, auf die Rednerbühne stieg, wenn dieser Mann vor dem Angesicht seines Volkes stand, wenn er mit seinem Fuße auf den Nacken der neidischen Versammlung trat, wie der Gottmensch auf die Wellen des Meeres, ohne von ihnen verschlungen zu werden, wenn sein spöttisch leuchtender Blick, von der Höhe der Tribune herab auf die Menschen und die Ideen seiner Zeit gerichtet, den Maßstab der Kleinheit der Menschen gegenüber der Größe der Ideen anzulegen schien, dann schwieg die Verleumdung, dann verstummte das Zischen, der erste Hauch seines Mundes schlug seine Feinde zu Boden. Wenn sein Genius diesen Mann auf die Rednerbühne rief, wiederstrahlte sein Gesicht von einem höhern Schimmer, der Alles um ihn her blendete.

Mirabeau im Jahre 1791 war also zu gleicher Zeit sehr gehaßt, sehr geliebt, ein von den schönen Geistern gehaßtes Genie, ein vom Volke geliebter Mann. Welch erhabenes Da= sein, das Dasein dieses Mannes, der alle Geister beherrschte, welche damals sich der Zukunft öffneten; der mit zauberischen Worten die vagen Instinkte der Menge in Gedanken, in Sy= steme, in vernünftiges Wollen, in bestimmte Plane zur Ver= besserung der Reform verwandelte; der den Geist seiner Zeit mit allen den Ideen nährte, welche seine hohe Einsicht für den großen Haufen genießbar machte; der, wie der Drescher in der Scheune, auf der Rednerbühne die Menschen und die Dinge seines Jahrhunderts ausbrosch, um das Korn von der Spreu zu scheiden; der zu gleicher Zeit Ludwig XVI. und Robespierre schlaflose Nächte machte; der jeden Morgen bei seinem Erwachen zu sich sagen konnte: welches Gebäude werde ich heute durch den Blitz meiner Rede niederstürzen? der Papst war, weil er die Geister lenkte, ein Gott, weil er die Ereignisse leitete!

Er starb zur rechten Zeit. Er war ein erhabener und ge= bietender Geist. Das Jahr 1791 krönte sein Haupt, das Jahr 1793 hätte es abgeschlagen.

IV.

Wenn man Mirabeau's Leben von seiner Geburt an bis zu seinem Tode, von dem einfachen Taufbecken an bis zum Pantheon, Schritt um Schritt verfolgt, so findet man, daß er, wie alle Männer großen Schlages, prädestinirt war.

Ein solches Kind mußte ein großer Mann werden.

Als es zur Welt kam, setzte die übermenschliche Größe seines Kopfes das Leben seiner Mutter in Gefahr. Als die alte Monarchie, seine zweite Mutter, seinen Ruhm zur Welt brachte, wäre sie auch beinahe daran gestorben.

Als Mirabeau fünf Jahre alt war, befahl ihm sein Lehrer Poisson zu schreiben, was ihm gerade einfalle. Der Kleine schrieb: „Ich ersuche Sie, auf Ihre Schrift Acht zu haben, und keine Säue darauf zu machen, auf Alles aufmerksam zu sein, Vater, Mutter und Lehrer zu gehorchen, keine Winkelzüge zu machen, Niemand anzugreifen, wenn man nicht selbst angegriffen wird, das Vaterland zu vertheidigen, gütig gegen die Diener zu sein, ohne sich mit ihnen vertraut zu machen, die Fehler des Nächsten nicht aufzudecken, weil man selbst Fehler hat." *

Als Mirabeau elf Jahre alt war, äußerte sich der Herzog von Nivernois gegen dessen Oheim auf folgende Weise über ihn: „Neulich hat er bei dem Wettrennen der Kinder, das ich bei mir eingeführt habe, den Preis gewonnen, der in einem Hute bestand; er wendete sich einem Jungen zu, der eine Mütze trug, und setzte ihm seinen Hut, der noch ganz gut war, auf den Kopf. „Nimm ihn," sagte er, „ich habe nicht zwei Köpfe." In diesem Augenblicke erschien mir dieser Knabe als der Kaiser der Welt, es lag etwas göttlich Erhabenes in seinem ganzen Wesen."

In seinem zwölften Jahre sagte sein Vater von ihm: „Unter dieser Kinderjacke steckt ein großes Herz. Das ist der Embryo eines Eisenfressers, der die ganze Welt verschlingen will, ehe er zwölf Jahre alt ist." **

* Dieses seltsame Gedenkstück ist in einem nicht gedruckten Briefe enthalten, welchen der Marquis an den Bailli von Mirabeau den 9. Dezember 1754 schrieb.
* Noch ungedruckter Brief an die Gräfin von Rochefort vom 29. Nov. 1761.

Im sechzehnten Jahre hatte er eine so kühne, gebietende Miene, daß der Prinz von Conti ihn fragte: „Was würdest Du thun, wenn ich Dir eine Ohrfeige gäbe?" Er antwortete alsbald: „Vor der Erfindung der Pistolen hätte mich diese Frage in Verlegenheit setzen können."

In seinem einundzwanzigsten Jahre (1770) begann er seine Geschichte von Corsika zu schreiben, um dieselbe Zeit, als eben Napoleon dort auf die Welt gekommen war. Sonderbarer Instinkt der großen Männer!

Zur nämlichen Zeit stellte sein Vater, der ihn sehr streng hielt, folgendes seltsame Prognostikon über ihn: „Das ist eine seit einundzwanzig Jahren fest gepfropfte Bouteille. Wenn sie je einmal plötzlich und ohne Vorsicht entkorkt wird, so wird Alles in die Luft springen."

Im zweiundzwanzigsten Jahre wurde er bei Hof vorgestellt. Madame Elisabeth, damals sechs Jahre alt, fragte ihn: ob er inoculirt worden sei? Darüber lachte der ganze Hof. Nein, er war nicht inoculirt worden. Er trug in sich den Keim einer Ansteckung, den er später einem ganzen Volke mitzutheilen bestimmt war.

Er trat bei Hof mit ungemeiner Sicherheit auf und trug den Kopf jetzt schon so hoch, als der König selber, sonderbar für Alle, Vielen gehässig. Sein Vater sagte damals von ihm: „Er ist eben so gesellig, als ich scheu war: er wendet die Großen um, wie ein Reisbündel. Er besitzt jene furchtbare Gabe der Familiarität, wie der große Gregor. Seit 500 Jahren," fügte der alte stolze Edelmann hinzu, „hat man die Mirabeaus, die niemals wie andere Leute waren, haben müssen, wie sie sind; so muß man auch diesen hinnehmen."

Im vierundzwanzigsten Jahre wollte ihn sein Vater zum Landleben anhalten, es gelang ihm aber nicht. „Der Teufel halte dieses stätische Thier im Zaume!" rief der erboste Alte aus,

Der Oheim, nachdem er den ganzen Menschen kalt geprüft hatte, sagte von ihm: „Wenn er nicht schlimmer ist als Nero, so wird er besser sein als Marc Aurel."

„Sei dem, wie ihm wolle, wir müssen die Frucht reif werden lassen," antwortete hierauf Mirabeau's Vater.

Der Vater und Oheim correspondirten miteinander über die Zukunft des jungen Mannes, der bereits tief im Pfuhl der Ausschweifungen steckte. „Dein Neffe, der Orkan," schrieb der Vater; „Dein Sohn, der Graf von Wirbelwind," erwiederte der Oheim.

Der Comthur, ein alter Seemann, fügte hinzu: „Die zweiunddreißig Winde des Compasses sind in seinem Kopfe."

Im dreißigsten Jahre reifte die Frucht. Mirabeau's tiefer Blick sah bereits eine Umwälzung der Dinge voraus. Sein Geist war voll hoher Gedanken. „Dieser Kopf ist ein vollgeschossener Backofen," sagte der kluge Oheim. „Wenn er tief denkt," fügte er hinzu, „so hebt er die Stirne in die Höhe und blickt nirgends mehr hin."

So war Mirabeau im dreißigsten Jahre seines Alters. Er war der Sohn eines Vaters, der sich selbst auf folgende Weise bezeichnet hatte: „Auch ich, so plump und schwerfällig ich jetzt bin, habe im dritten Jahre geprebigt, im sechsten war ich ein Wunderkind, im zwölften ein Gegenstand der Hoffnung, im zwanzigsten ein Feuerbrand, im dreißigsten ein theoretischer Politiker, im vierzigsten nichts weiter mehr als ein guter Kerl."

Im vierzigsten Jahre war Mirabeau ein großer Mann, der Mann einer Revolution.

In seinem vierzigsten Jahre bricht in Frankreich eine jener furchtbaren Anarchien der Ideen aus, welche die veralteten Staatsgesellschaften schmelzen. Mirabeau ist der Herr dieser Umwälzung.

Mirabeau, bis dahin schweigsam, ruft am 23. Juni 1789 dem Herrn von Brézé zu: „Gehen Sie und sagen Sie Ihrem

Herrn!" . . . Ihrem Herrn — dieses einzige Wort erklärte den König von Frankreich für einen Fremden. Es war ein zwischen dem Thron und dem Volke aufgerichteter Grenzpfahl. Es ist die Revolution, die ihr Losungswort von sich gibt. Niemand vor Mirabeau hätte dieses Wort gewagt. Nur große Männer wissen die entscheidenden Worte der Epochen auszusprechen.

Später wird Ludwig XVI. dem Anschein nach schwerer beleidigt. Man wirft ihn in Ketten, man zischt ihn auf dem Schaffot aus, die Republik in der rothen Mütze ballt ihm die Fäuste vor dem Gesicht, stößt Schimpfreden gegen ihn aus, nennt ihn Ludwig Capet; aber kein Wort ist ihm so furchtbar und unheilbringend, als Mirabeau's Wort. Ludwig Capet, heißt das Königthum ins Gesicht schlagen; Ihr Herr, heißt das Königthum ins Herz treffen.

Von diesem Tage und von diesem Worte an war Mirabeau der Mann des Volkes, der Mann der Revolution, der Mann, wie ihn das Ende dieses Jahrhunderts bedurfte, volksthümlich, ohne Plebejer zu sein, sein Privatleben erhoben durch sein öffentliches Leben. Honoré de Riquetti, dieser verlorene Mensch, ist nun berühmt, angesehen und geachtet. Die Liebe des Volkes dient ihm als Panzer gegen die Schmähungen seiner Feinde. Das Volk hat nur Augen für ihn. Wenn er auf der Straße erscheint, bleiben die Vorübergehenden stehen.

Es gibt sehr schlagende Parallelen in dem Leben großer Manner. Cromwell, noch ein unbekannter Mensch, an seiner Zukunft in England verzweifelnd, will nach Amerika auswandern; die Verordnungen Karls I. hindern ihn daran. Mirabeau's Vater, der keine Möglichkeit der Existenz für seinen Sohn in Frankreich sah, will ihn in die holländischen Colonien schicken; ein Befehl des Königs verbietet es.

Nehmt Cromwell von der englischen Revolution, Mirabeau von der französischen weg, und ihr habt vielleicht von beiden

Revolutionen zwei Schaffote weggenommen. Wer weiß, ob nicht Amerika Karl I., und Batavia Ludwig XVI. gerettet hätte?

Aber nein, der König von England will seinen Cromwell, der König von Frankreich seinen Mirabeau behalten. Wenn ein König zum Tode verurtheilt ist, so verbindet ihm die Vorsehung selbst die Augen.

Seltsam, daß das Größte, was die Geschichte eines Staats aufweist, so oft mit dem Kleinsten zusammenhängt, was sich in dem Leben eines Menschen begibt!

Der erste Theil von Mirabeau's Leben ist durch Sophie ausgefüllt, der zweite durch die Revolution. Ein häuslicher Sturm, darauf ein politischer Sturm, da haben wir Mirabeau. Wenn man sein Schicksal näher untersucht, so erlangt man Aufschluß über das, was darin unglücklich und nothwendig war. Die Verirrungen seines Herzens erklären sich durch die Erschütterungen seines Lebens.

Laßt uns einen Blick darauf werfen. Niemals waren Ursache und Wirkung enger verknüpft. Der Zufall gibt ihm einen Vater, der ihn seine Mutter verachten lehrt, eine Mutter, die ihn im Hasse gegen den Vater unterweist, einen Lehrer, der die Kinder nicht liebt und ihn hart behandelt, weil er klein und häßlich ist, einen Diener, Namens Grevin, der sich zum gemeinen Spion seiner Feinde brauchen läßt, einen Oberst, den Marquis von Lambert, der gegen den Jüngling eben so streng ist, als der Lehrer gegen das Kind gewesen war, eine Stiefmutter, die ihn haßt, weil er nicht ihr Sohn ist, ein Weib, das ihn von sich stößt, eine Kaste, den Adel, die ihn verläugnet, Richter, das Parlament von Besançon, die ihn zum Tode verurtheilen, einen König, Ludwig XV., der ihn in die Bastille wirft. Vater, Mutter, Weib, Lehrer, Vorgesetzter, Richter, Adel, König, Alles was ihn umgibt, ist für ihn Hinderniß, Gelegenheit zum Fall, ein harter Stein für seine nackten Füße,

ein Dornstrauch, der ihn blutig ritzt. Familie und Staatsge=
sellschaft sind ihm gleich stiefmütterlich. Auf seinem Lebenswege
findet er nur zwei Dinge, die ihn gut behandeln und lieben,
zwei ungesetzmäßige und gegen die bestehende Ordnung empörte
Dinge: eine Geliebte und eine Revolution.

Wundert euch nun nicht mehr, daß er für die Geliebte alle
häuslichen Bande, für die Revolution alle staatsgesellschaftlichen
zerreißt.

Wundert euch nicht mehr, daß dieser Dämon einer Familie
das Idol eines Weibes, welches sich im Aufstand gegen ihren
Mann befindet, und der Gott einer Nation wird, die sich von
ihrem Könige trennt!

<hr />

V.

Der Schmerz, welchen Mirabeau's Tod einflößte, war
allgemein, war der Schmerz eines Volkes. Man fühlte, daß
etwas von dem öffentlichen Geist mit dieser Seele erloschen war.
Eine befremdende Thatsache, die man nicht verschweigen darf,
und welche nur Unverstand der bloßen unüberlegten Bewunde=
rung der Zeitgenossen zuschreiben könnte, ist, daß der Hof um
Mirabeau trauerte wie das Volk.

Ein unüberwindliches Schamgefühl hindert uns hier, ge=
wisse Geheimnisse zu ergründen, die Schattenseiten des großen
Mannes zu erforschen, welche sich übrigens nach unserer Mei=
nung in dem kolossalen Umriß des Ganzen verlieren; aber so
viel scheint bewiesen, daß in den letzten Zeiten seines Lebens
der Hof einige Gründe zu haben versicherte, seine Hoffnung
auf ihn zu setzen. Es ist offenkundig, daß in dieser Epoche
Mirabeau mehr als einmal dem reißenden Strome der Revo=
lution einen Damm zu setzen suchte, daß er, der mit so sta
Athem Begabte, hinter dem beschleunigten Gange der l

Ideen athemlos zurückblieb, und daß er bei einigen Gelegenheiten diese Revolution, welcher er selbst die Räder geschmiedet hatte, zu sperren versuchte.

Es gibt noch heutzutage Menschen, die der Meinung sind, daß Mirabeau bei längerem Leben der Revolution Einhalt gethan haben würde. In ihrer Einbildung konnte die Revolution durch einen einzigen Mann aufgehalten werden, aber dieser Mann mußte nothwendig Mirabeau sein. Sie ziehen daraus den Schluß, daß der 2. April 1791 den 21. Januar 1793 nach sich gezogen habe, und daß Ludwig XVI. nicht auf dem Schaffot gestorben wäre, wenn Mirabeau das Leben behalten hätte.

Nach unserer Ansicht haben sich hierin Alle getäuscht, sowohl diejenigen, welche damals diese Ueberzeugung hatten, als diejenigen, welche sie heute noch haben, und Mirabeau selbst, wenn er dies durch sich für möglich hielt. Reine optische Täuschung bei Mirabeau und den Andern, wodurch bloß bewiesen wurde, daß ein großer Mann nicht immer einen richtigen Begriff von der Art von Macht hat, welche ihm inne wohnt!

Die französische Revolution war keine einfache Thatsache. Es lag mehr und Anderes in ihr als Mirabeau.

Wenn Mirabeau aus ihr heraustrat, so war sie darum noch kein leerer Raum.

Es lag in der französischen Revolution Vergangenheit und Zukunft. Mirabeau war nur die Gegenwart.

Um hier nur zwei Höhepunkte anzudeuten, so complicirte sich die Revolution in der Vergangenheit mit Richelieu, in der Zukunft mit Bonaparte.

Die Revolutionen haben das Eigenthümliche, daß man sie nicht vernichten kann, so lange sie noch schwanger gehen.

In politischen Dingen übrigens kann der Knoten, den ein Mann geschürzt hat, nicht leicht wieder gelöst werden, als durch einen andern Mann.

Der Mirabeau von 1791 war machtlos gegen den Mirabeau von 1789. Sein Werk war stärker als er.

Auch sind Männer wie Mirabeau keine Schlösser, womit
man die Thüre der Revolutionen schließt. Sie sind nur die
Angeln, in welchen sie sich dreht, um sich zu schließen, wie um
sich zu öffnen. Um diese Thüre zu schließen, zwischen welche
sich alsbald alle Ideen, alle Interessen, alle Leidenschaften
drängen, bedarf es eines Schwertes.

VI.

Wir haben Mirabeau geschildert, was er seiner Familie
und was er der Nation war. Es bleibt uns noch zu untersuchen
übrig, was er der Nachwelt sein wird.

Welche gerechten Vorwürfe man ihm auch machen konnte,
so sind wir doch der Meinung, daß Mirabeau ein großer Mann
bleiben wird.

Vor der Nachwelt absolvirt sich jeder Mensch und jede
Sache durch die ihnen innewohnende Größe.

Heute, wo fast alle Dinge, welche er gesäet hat, ihre meist
ten und gesunden, zum Theil bitteren Früchte getragen haben,
te, wo das Hohe und Niedere seines Lebens durch den Kreis-
f der Jahre aus den Augen entschwunden sind, heute, wo
Genie nicht mehr angebetet noch verflucht wird, heute, wo
r im Leben so furchtbar von einer Extremität zur andern
orfene Mann die ruhige und heitere Haltung gewonnen
welche der Tod den großen historischen Figuren gibt,
, wo sein Andenken, so lange Zeit im Koth geschleift und
em Altar verehrt, aus Voltaire's Pantheon und aus
ts Kloate weggenommen ist, heute können wir mit kaltem
sagen: „Mirabeau ist ein großer Mann." Nicht der Geruch

der Kloake, sondern der des Pantheons ist ihm geblieben. Die unbestechliche Geschichte hat ihm seine im Koth geschleifte Stirne abgewaschen, und der Heiligenschein der Größe ist ihm geblieben.

Nachdem man sich von dem unermeßlichen politischen Resultat, welches die Gesammtheit seiner Fähigkeiten hervorbrachte, Rechnung abgelegt hat, kann man ihn aus dem doppelten Gesichtspunkt als Schriftsteller und als Redner betrachten. Wir halten den Redner für größer als den Schriftsteller.

Der Marquis von Mirabeau, sein Vater, hatte zwei Stylsorten, wie zwei geschnittene Federn in seinem Dintenfaß. Wenn er ein Buch, ein gutes Buch für das Publikum, auf den Effekt, für den Hof, für die Bastille, für die große Stiege des Justizpalastes schrieb, so drapirte sich der gnädige Herr, spreizte sich, blies sich auf und umhüllte seinen schon an sich höchst dunkeln Gedanken mit allen nur möglichen bombastischen Redensarten; es läßt sich kaum beschreiben, in welche platte, schwerfällige und endlose Phrasen ohne Zusammenhang im innern Gewebe, in welchen farblosen und fehlerhaften Styl die natürliche und unbestreitbare Originalität dieses merkwürdigen Schriftstellers, der halb Philosoph, halb Edelmann war, sich dann maskirte. Er zog Quesnay dem Sokrates und Lefranc de Pompignan dem Pindar vor; er verachtete Montesquieu als einen, der nicht fortgeschritten sei, und freute sich darüber, von seinem Pfarrer haranguirt zu werden; er war eine Amphibie, die in den Träumereien des achtzehnten und in den Vorurtheilen des sechzehnten Jahrhunderts lebte. Wenn aber eben derselbe Mann einen Brief schreiben wollte, wenn er das Publikum bei Seite ließ und bloß mit der langen und kalten Miene seines ehrwürdigen Bruders, des Bailli, zu thun hatte, oder mit seiner Tochter, der kleinen Saillanette,* der zartesten Dame, die es jemals gab, oder mit dem freundlichen Köpfchen

* Frau von Saillant.

der Frau von Rochefort, dann machte sich sein von Prätension
eingenommener Geist plötzlich frei; Anstrengung, Mühe und
beengtes Anschwellen verschwanden mit einem Male im Ausdruck, und seine Gedanken ergossen sich in den vertraulichen und
herzlichen Brief so lebhaft, eigenthümlich, bunt, kostbar, ge-
fällig, tief, anmuthig und natürlich, im Gewande des schönen
Styles eines vornehmen Herrn aus der Zeit Ludwig des Vierzehnten, der St. Simon mit allen Eigenschaften des Mannes
und Madame Sevigné mit allen Eigenschaften des Weibes
wiederzugeben verstand. Schon aus den Fragmenten, die wir
mitgetheilt, hat man sich hievon überzeugen können. Ein Brief
des Marquis von Mirabeau ist gegenüber einem seiner Bücher
eine neue Entdeckung. Es kostet Mühe, dies zu glauben; man
hat zwei Sorten Styl, aber nur einen Menschen.

In dieser Beziehung hatte der Sohn einige Aehnlichkeit
mit dem Vater. Man könnte sagen, daß — jedoch mit einiger
Milderung und Beschränkung — derselbe Unterschied zwischen
seiner Art zu sprechen und seiner Art zu schreiben stattfand.
So war der Vater in einem Briefe, der Sohn in einer Rede,
wie er sein sollte. Um völlig er selbst zu sein, ungezwungen
und wie zu Hause, bedurfte der eine seiner Familie, der andere
seiner Nation.

Mirabeau, der schreibt, ist etwas weniger als Mirabeau,
der spricht. Er mag nun die junge amerikanische Republik, die
Unzulänglichkeit ihres Cincinnatus-Ordens darthun und
das Ungeschickte und Unbeständige einer ackerbauenden Ritter-
schaft; oder jenen philosophirenden Kaiser Joseph den Zweiten
wegen der Freiheit der Schelde etwas necken; oder die
geheimen Fächer des Berliner Kabinets durchsuchen und jene
geheime Geschichte daraus bilden, die der französische Hof
auf der Stiege des Justizpalastes verbrennen ließ — eine fur
bare Ungeschicklichkeit! da aus den von Henkershand verbran

Büchern immer Brände und Funken emporsteigen, die bei
nach Willkür auf das verwitterte Dach der großen euro¡
Gesellschaft fortträgt, auf das Zimmergerüste der Mon
und auf alle Häupter voll von brennenden Gedanken, !
überdies noch von Werg vollgestopft, — mag er
jenen Karren voll Marktschreiern, die auf dem Pflas¡
achtzehnten Jahrhunderts ein so großes Gerassel erregte
Necker, Beaumarchais, Lavater, Calonne und Cag
unterwegs mit Schmähungen bedienen, in jedem Buch
das er zu schreiben unternehmen mag, wird sein Gedan
für den Gegenstand ausreichen, aber sein Styl nicht ir
Gedanken genügen. Seine Idee ist beständig groß und er
aber indem sie aus seinem Kopfe heraus will, schwingt.
und schrumpft, als ob sie durch eine kleine Thüre h
müßte, unter dem Ausdrucke zusammen. Nur die b
Briefe an Frau von Monnier, worin er ganz er selbst
er mehr spricht als schreibt, und welche „Reden der Lie
nennen sind, wie seine andern „Reden der Revolution,"
wir ausnehmen. Diese also ausgenommen, ist der St¡
er aus seinem Schreibzeuge nimmt, im Allgemeinen
mäßig, schwülstig, schlecht verbunden, reich am Schl
Sätze, überdies trocken, von eintöniger Färbung mi¡
Masse erzwungener Beiwörter, arm an Bildern, die n¡
Platze und nur selten als eine bizarre Mosaik von Me¡
ohne inneren Zusammenhang erscheinen. Man fühlt seh¡
wenn man ihn liest, daß die Gedanken dieses Manne
gleich denen der gebornen großen Prosaisten aus jener be¡
Substanz bestehen, die sich weich und biegsam zu allen Eiseli
des Ausdrucks hergibt und sich heiß und fließend allei
dungen der Form anpaßt, worein der Schriftsteller sie gie
sie darnach zu bilden; zuerst Lava, dann Granit. Ma¡
wenn man ihn liest, wie viele Dinge leider in seinem

zurückgeblieben sind, daß nur eine Skizze auf dem Papier ist, daß dieses Genie nicht geschaffen war, um sich völlig in ein Buch zu zwängen, und daß ein Federkiel nicht der Conductor war, dieses gewitterschwangere Hirn zu entladen.

Mirabeau, der spricht, ist der ganze Mirabeau. Der sprechende Mirabeau ist das Wasser, das fließt, die Welle, die schäumet, das Feuer, das sprüht, der Vogel, der fliegt, er ist eine Natur, die ihr Gesetz erfüllt. Ein stets erhabenes und harmonisches Schauspiel!

Mirabeau auf dem Rednerstuhl, darüber sind jetzt alle Zeitgenossen einig, ist etwas Großartiges. Da ist Mirabeau er selbst, er ganz, der Allmächtige. Hier kein Schreibtisch mehr, kein einsames Zimmer, keine Stille und Nachsinnen, sondern ein Marmorboden, auf den man stampfen, eine Treppe, die man hinaufrennen, eine Rednerbühne, wie der Käfig eines wilden Thiers, die man im Sturme besteigen und verlassen, wo man tief aufathmen, die Arme kreuzen, die Fäuste ballen, durch Geberden dem Worte Nachdruck geben kann, ein Haufen Menschen, dem man kühn ins Angesicht blicken kann; großer Lärm, den eine noch mächtigere Stimme beherrscht, eine Menge, die den Redner haßt — die Versammlung, umgeben von Andern, die ihn lieben, von dem Volke; rings herum alle diese Intelligenzen, alle diese Geister, alle diese Leidenschaften, alle diese Mittelmäßigkeiten, alle diese Ambitionen, alle diese verschiedenartigen Naturen, die er kennt, aus denen er jeden beliebigen Ton ziehen kann, wie aus den Saiten eines großen Instruments; über ihm aber die Decke des Saals der constituirenden Versammlung, woran seine Augen haften, gleich als suchten sie dort Gedanken; — denn Monarchien werden durch die Gedanken zusammengestürzt, welche von solcher Höhe auf einen solchen Kopf herniederfallen.

Hier ist er auf seinem Boden, dieser Mann! Wie fest

allen Lehren Voltaire's, Helvetius, Diderot's, Bayle's, Montesquieu's, Locke's und Rousseau's zusammengelöthet und in die Mitte Mirabeau's Kopf eingefügt.

Nicht bloß auf dem Rednerstuhl war er groß, sondern auch von seinem Sitze aus. Ein Einwurf galt bei ihm so viel als eine Rede. Er legte oft in ein paar Worte das ganze Gewicht einer Rede. „Lafayette hat eine Armee," sagte er zu Herrn von Suleau, „ich aber habe meinen Kopf." Er unterbrach Robespierre mit folgenden Worten voll tiefen Sinnes: „Dieser Mensch wird es weit bringen, denn er glaubt Alles, was er sagt." Den Abbé Sièyes nannte er einen auf einer Weltkarte reisenden Metaphysiker. Die Nationalversammlung wollte eine Adresse an den König mit den Worten beginnen: „Die Versammlung legt zu Eurer Majestät Füßen u. s. w." — „Die Majestät hat keine Füße," sagte Mirabeau ganz kaltblütig. Manchmal bezeichnete er mit einem Wort, das man dem Tacitus entnommen glaubt, den ganzen Geist, welcher ein regierendes Haus beherrschte. So rief er den Ministern zu: „Sprechen Sie mir nicht von Ihrem Herzoge von Savoyen, dem bösen Nachbar jeder Freiheit."

Oft lachte er auch. Mirabeau's Lachen, ein entsetzliches Ding!

Er spottete über die Bastille. „In meiner Familie," sagte er, „gab es vierundfünfzig Lettres de Cachet, und siebenzehn davon kamen auf mich. Sie sehen, daß man mich wie einen Erstgebornen aus der Normandie behandelte."

Er spottete über sich selbst. Valfond klagte ihn an, er sei am sechsten Oktober durch die Reihen des Regiments von Flandern mit bloßem Säbel gerannt und habe die Soldaten

angeredet. Ein Anderer beweist, daß der Fall Herrn von
Gamaches und nicht Mirabeau angeht. Mirabeau aber setzt
hinzu: „Alles wohl erwogen und geprüft, hat die Anklage des
Herrn von Valfond noch das Aergerliche für Herrn von Gamaches, daß er von selbst jetzt in starken Verdacht kommt, sehr
häßlich zu sein, weil er mir gleich sieht.“

Oft lächelte er auch. Als die Frage wegen der Regentschaft zur Sprache kommt, denkt die linke Seite an den Herzog
von Orleans, die rechte an den damals nach Deutschland aus-
gewanderten Prinzen von Condé. Mirabeau verlangt, daß
kein Prinz Regent sein dürfe, bevor er die Verfassung be-
schworen habe. Herr von Montlosier bemerkt, daß Ursachen
vorwalten können, die einen Prinzen an der Eidesleistung
hindern; zum Beispiel eine Reise über Meer.... — Mirabeau entgegnet: „Die Rede des zuerst Stimmenden soll gedruckt
werden; ich verlange aber den Druckfehler zu bemerken: statt
über Meer lese man über — Rhein.“ — Dieser Witz entschied die Frage. Der große Redner spielte zuweilen auf diese
Weise mit seinem Opfer. Nach den Naturforschern ist im
Löwen etwas von der Katze.

Mitten im schönen Fluß seiner heftigsten populären Deklamationen konnte er sich plötzlich erinnern, wer er sei, und
dann hatte er modern-witzige Einfälle. Es war damals red-
nerischer Modus, irgend eine Verwünschung gegen das Gemetzel in der Bartholomäusnacht, wo sich Gelegenheit fand,
anzubringen. Mirabeau brachte seine Verwünschung wie Jedermann an; er sagte aber nur so hingeworfen: „Der Herr
Admiral von Coligny, der, beiläufig gesagt, mein
Vetter war.“ Dieses „beiläufig gesagt“ war eines
Mannes würdig, dessen Vater schrieb: „Es gibt in meiner
Familie nur eine einzige Mißheirath, die Medi-
ci.“ — Mein Herr Vetter, der Herr Admiral von

Coligny hätte am Hofe Ludwig des Vierzehnten impertinent gelautet, am Hofe des Volkes von 1791 klang es erhaben.

Seine Verachtung war schön; sein Lachen war schön; aber sein Zorn war erhaben.

Hatte man ihn aufzubringen vermocht, hatte man ihm plötzlich eine jener Stachelspitzen in die Weichen gedrückt, die den Redner, wie den Stier, zum Sprunge reizen; geschah dies zum Beispiel mitten in einer Rede, so verließ er plötzlich Alles, gab seine angehäuften Ideen auf und kümmerte sich wenig darum, daß das Gewölbe seines aufgebauten Raisonnements aus Mangel am Schlußstein hinter ihm einfiel; er ließ die reine Frage auf sich beruhen und stürzte sich mit gesenktem Kopfe auf den Nebenpunkt. Wehe dann dem Unterbrecher! Wehe dem Toreador, der nach ihm die Banderilla geschleudert! Mirabeau warf sich auf ihn, faßte ihn um den Leib, hob ihn in die Luft, trat ihn mit Füßen. Er schritt auf ihm hin und her, zermalmte, zerriß ihn. Er packte mit seinem Worte den ganzen Menschen, wer es auch war, groß oder klein, schlecht oder nichts, Koth oder Staub, mit seinem Leben, seinem Charakter, seinem Ehr= geiz, seinen Fehlern und seinen Lächerlichkeiten; er vergaß nichts, schonte nichts, unterließ nichts, er keilte seinen Feind ohne Er= barmen in einen Winkel des Rednerstuhls und erregte bald Zittern, bald Lachen; jedes Wort war ein Schlag, jede Phrase ein Pfeil, er hatte die Wuth im Herzen, es war furchtbar und herrlich zugleich. Es war ein Löwenzorn. Wie schön war der große und mächtige Redner in solchen Augenblicken! Dann mußte man es mit ansehen, wie er die sämmtlichen Wolken der Diskussion weit vor sich hertrieb, und beobachten, wie sein stürmischer Hauch alle Köpfe der Versammlung wirbelig machte! Wunderbar! nie raisonnirte er besser als im Feuereifer. Die heftigste Erbitterung entwickelte, ohne seine Beredsamkeit durch ihre Leidenschaftlichkeit zu stören, in ihm eine Art von höherer

Logik, und er fand in der Hiţe Argumente, wie Andere Metaphern. Mochte er nun seinen Sarkasmus mit stählernen Zähnen gegen die bleiche Stirne Robespierre's loslassen, jenes furchtbaren Unbekannten, der zwei Jahre nachher die Köpfe behandelte, wie Phocion die Reden; oder mit Wuth die langfaserigen Dilemmen des Abbé Maury zerstampfen und sie dann zerseţt, verdreht, in einander verwirrt, halb verschlungen und ganz bedeckt mit dem Schaume seines Zornes der rechten Seite hinspucken; mochte er endlich die Krallen seines Syllogismus in die weiche und schlaffe Phrase des Advokaten Target schlagen: — stets war er groß und erhaben und hatte eine Art von schauerlicher Majestät an sich, die selbst seine wildesten Sprünge nicht zu entfernen im Stande waren. Unsere Väter haben es uns überliefert: wer Mirabeau nicht im Zorn gesehen, hat ihn nie gesehen. Im Zorn erst entfaltete sein Genie seinen Stern und strahlte in seiner ganzen Herrlichkeit. Der Zorn stand diesem Manne gut, wie der Sturm dem Ocean.

Für den, der ihn gesehen, für den, der ihn gehört, sind seine Reden jeţt bloß ein todter Buchstabe. Alles was daran Saillie oder Relief, Farbe, Athem, Bewegung, Leben und Seele war, ist verschwunden. Alles an diesen schönen Reden liegt heute ruhig und ausgestreckt zur Erde. Wo ist der Hauch, der alle diese Ideen wie Blätter im Sturme aufwehen konnte? Wohl ist es noch das Wort, wo aber ist die Bewegung dazu? Wohl ist es das Geschrei, aber der Accent mangelt! Es ist seine Sprache, aber wo ist der Blick? Es ist die Rede, wo aber ist die Geberde zu dieser Rede? Denn man darf behaupten, in einem jeden Redner unterscheiden sich zwei Elemente, der Denker und der Schauspieler. Der Denker bleibt, der Schauspieler verschwindet mit dem Menschen. Deßhalb stirbt Talma ganz und Mirabeau nur halb.

In der constituirenden Versammlung war Etwas, das die

aufmerksamen Beobachter in Schrecken setzte, nämlich der Convent. Für Jeden, der diese Epoche studirt hat, liegt klar am Tage, daß seit 1789 der Convent in der constituirenden Versammlung war. Er lag erst im Keime, als Fötus oder Entwurf. Er war noch nicht bemerkbar für den Haufen, erschien aber bereits dem, welcher zu sehen verstand, fürchterlich. Ein Nichts ohne Zweifel, eine nur etwas dunklere Schattirung des allgemeinen Kolorits; ein Mißton im Orchester; ein krankhafter Ton in einem Jubelchor voll schmeichelhafter Täuschungen; ein Theil, der mit dem Ganzen wenig harmonirte, eine düstere Gruppe in einem dunkeln Winkel; einige Menschen, die gewissen Worten eine gewisse Betonung leihen; dreißig Menschen, nicht mehr als dreißig, die später nach einem furchtbaren Gesetze der Multiplikation sich in Girondisten, in Ebene und Berg, verzweigen — das Jahr 1793, mit einem Ausdruck, ein schwarzer Punkt in dem blauen Himmel von 1789! Alles war bereits in diesem schwarzen Punkt, der 21. Januar, der 31. Mai, der 9. Thermidor, blutige Trilogie! Buzot, der Ludwig den Sechszehnten verschlingen, Robespierre, der Buzot auffressen, Vadier, der Robespierre verzehren sollte, unheilbringende Trinität! Die unbedeutendsten und unbekanntesten unter diesen Menschen, Hebrard und Putraink z. B., zeigten ein seltsames Lächeln bei den Diskussionen, und schienen für die Zukunft einen Gedanken zu bewahren, den sie noch nicht verrathen wollten. Nach unserer Ansicht muß der Historiker Mikroskope besitzen, um der Bildung einer werdenden Versammlung im Bauche einer vorhandenen Versammlung nachzuforschen. Es ist eine Art von Schwangerschaft, die sich in der Geschichte oft wiederholt und nach unserem Dafürhalten noch nicht genügend beobachtet worden ist. In unserem Fall hier war dieser mysteriöse Auswuchs auf der Oberfläche des gesetzgebenden Körpers kein unwichtiger Umstand, weil er das Schaffot für den König

von Frankreich schon ganz fertig in sich trug. Es war natürlich, daß dieser Embryo des Convents im Schooß der constituirenden Versammlung eine monströse Form bereits angenommen
haben mußte. Ein Geierei im Nest eines Adlers. Damals ent-
setzten sich manche hellsehende Köpfe in der constituirenden Versammlung über das Dasein dieser schweigsamen Menschen,
welche sich für eine andere Zeit aufzusparen schienen. Sie
fühlten, daß mancher Sturm in diesen Busen verschlossen liege,
denen nur hie und da ein Hauch entfuhr. Sie frugen sich, ob
diese wüthenden Winde eines Tages entfesselt würden, und was
dann aus allen der Civilisation unentbehrlichen Dingen werden
möchte, die das Jahr 1789 noch nicht entwurzelt hatte. Rabaud-
St.-Etienne, der die Revolution für vollendet hielt und dies
auch ganz laut sagte, witterte unruhig Robespierre, der sie
nicht einmal angefangen glaubte, jedoch es nur ganz leise aussprach. Die gegenwärtigen Zertrümmerer der Monarchie zitterten
vor den zukünftigen Zertrümmerern der Gesellschaft. Diese
Menschen waren, wie alle, welche sich mit Selbstgefühl für die
Zukunft bereit halten, hochtrabend, zänkisch und wegwerfend,
und der geringste von ihnen blickte mit Verachtung auf die
Hauptpersonen der constituirenden Versammlung herab. Die
Nichtigsten und Obscursten warfen nach ihrer Lust und Laune
unverschämte Einwendungen den ersten Rednern hin; aber da
man wußte, daß eine nahe Zukunft sie an die Spitze der Ereignisse
stellen würde, so wagte Niemand ihnen zu erwiedern. In solchen
Augenblicken jagte die künftige Kammer der jetzigen Furcht ein,
dann aber offenbarte sich erst Mirabeau's Kraft als Ausnahme
aufs Glänzendste. Im Gefühle seiner Allmacht und ohne zu
ahnen, daß er so etwas Großes thue, schrie er der düstern Gruppe
zu: „Stille, ihr dreißig Stimmen!" und der Convent schwieg.

Dieser Schlauch der Winde blieb still und verschlossen, so
lange Mirabeau's Fuß auf seiner Oeffnung stand.

Nach seinem Tode brachen die anarchischen Gedanken aus ihrem Hinterhalt hervor.

Im Uebrigen halten wir dafür, daß Mirabeau zu rechter Zeit gestorben ist. Nachdem er selbst starke Stürme im Staat erregt hatte, erdrückte er eine Zeit lang augenscheinlich unter seinem Gewichte alle jene divergirenden Kräfte, welchen die Beendigung der durch ihn begonnenen Zerstörung vorbehalten war; aber gerade durch diesen Druck dehnten sie sich mehr aus, und früher oder später würde sich die revolutionäre Explosion Bahn gebrochen und Mirabeau, so riesenartig er war, hoch in die Lüfte geschleudert haben.

Wir schließen hieraus wie folgt:

Hätten wir über Mirabeau mit einem Worte zu entscheiden, so würden wir sagen: Mirabeau ist nicht ein Mensch, nicht ein Volk, sondern ein sprechendes Ereigniß.

Ein ungeheures Ereigniß, der Sturz der monarchischen Form in Frankreich!

Unter Mirabeau war weder die Monarchie noch die Republik möglich. Die Monarchie schloß ihn aus durch ihre Hierarchie, die Republik durch ihre Gleichheit. Mirabeau ist ein Mann, der nur einer Vorbereitungsperiode angehört. Damit sein Flug sich allmählig entfalten konnte, mußte die gesellschaftliche Atmosphäre sich in jenem eigenthümlichen Zustande befinden, wo nichts Bestimmtes, nichts Festgewurzeltes zum Widerstand vorhanden ist, wo jedes Hinderniß mit Hülfe der Theorien besiegt wird, wo die Prinzipien, welche eines Tages die künftige Gesellschaft begründen sollen, noch ohne Form und festen Halt suspendirt sind und in dem Mittelpunkt, worin sie sich umhertreiben, des Moments warten, um sich niederzuschlagen und als Krystalle anzusetzen. Jede feste Institution dagegen hat Ecken, an denen sich Mirabeau's Genie die Flügel zerschlagen konnte.

Mirabeau hatte einen tiefen Blick in die Dinge, aber ebenso auch in die Menschen. Bei seinem Eintritt in die General-staaten beobachtete er lange Zeit im Stillen innerhalb und außer-halb der Versammlung die damals so malerische Gruppe der Parteien. Er errieth die Unzugänglichkeit Mounier's, Malouet's und Rabaud-St.-Etienne's, die von einer englischen Constitution träumten. Er beurtheilte kalt die Leidenschaft Chapelier's, die Geistesschwäche Petion's, die schlechte literarische Emphase Vol-ney's, den Abbé Maury, der einer Stellung bedurfte; Des-prémesnil und Adrian Duport, welche schlechtgelaunte Parla-mentsglieder, aber keine Volksredner waren; Roland, jene Null, deren Ziffer seine Frau war; Gregoire, der sich im Zu-stand eines politischen Somnambulismus befand. Er durch-schaute mit einem Blick den Grundcharakter Sieyes', so versteckt dieser auch war. Er berauschte mit seinen Ideen Camille Des-moulins, dessen Kopf jedoch nicht stark genug war, sie fassen zu können. Er bezauberte Danton, der ihm ähnlich sah und nur etwas kleiner und häßlicher war. Er empfand keinen an-ziehenden Reiz bei den Guillermys, den Lautrecs und Cazalès, weil derartige Charaktere in den Revolutionen unauflösbar sind. Er fühlte allzugut, daß Alles pfeilschnell vorwärts treiben machte, und daß man keine Zeit zu verlieren hatte. Da er übrigens immer muthvoll dastand und keine Furcht vor den Männern des jetzigen Tages hatte, was selten ist, noch vor denen des morgenden Tages, was noch seltener ist, so war er sein ganzes Leben hindurch kühn gegenüber von den Mächtigen und griff nach und nach zur geeigneten Zeit Maupeou und Terray, Calonne und Necker an. Er näherte sich auch dem Herzog von Orleans, berührte ihn und verließ ihn sogleich wieder. Robespierre blickte er gerade und Marat von der Seite an.

Er war nach und nach auf der Insel Rhé, im Schlosse

If, im Fort Jour und im Donjon von Vincennes eingesperrt gewesen. Er rächte sich für alle diese Kerker an der Bastille.

In seinen Gefängnissen las er den Tacitus. Er verschlang ihn, er nährte sich davon, und als er zur Tribüne von 1789 gelangte, war sein Mund noch voll von diesem Löwenmark. Man merkte dies auch an den ersten Worten, die er sprach.

Er verstand nicht recht, was Robespierre und Marat wollten. Er sah den einen wie einen Advokaten ohne Klienten und den andern wie einen Arzt ohne Kranke an, und glaubte, der Aerger hierüber veranlasse ihr Ausschweifen. Eine Ansicht, die übrigens eine wahre Seite hatte. Er wandte den Dingen, die so laut hinter ihm herschritten, entschieden den Rücken zu. Wie alle radikalen Wiederhersteller hatte er sein Auge viel fester auf die socialen, als die politischen Fragen gerichtet. Sein Werk, ihm angehörig, ist nicht die Republik, sondern die Revolution. Dies beweist aber, daß er der wesentlichste, wahre große Mann jener Zeit gewesen, weil er am meisten hervorragt über Alle, die nach ihm in dergleichen Ideenordnungen groß waren.

Sein Vater, obgleich sein Erzeuger, begriff ihn so wenig, wie der Convent. Er sagte daher von ihm: „Dieser Mensch ist weder das Ende noch der Anfang eines Menschen." Der Vater hatte Recht. Dieser Mensch war das Ende einer Gesellschaft und der Anfang einer neuen.

Mirabeau war für das große Werk des achtzehnten Jahrhunderts so wichtig, wie Voltaire. Beide Männer hatten ähnliche Missionen: die alten Dinge zu zerstören und die neuen vorzubereiten. Die Thätigkeit des einen war zusammenhängend und hat ihn vor den Augen Europa's sein ganzes langes Leben hindurch beschäftigt. Der andere ist nur eine kurze Zeit auf der Bühne erschienen. Um ihre gemeinschaftliche Aufgabe zu lösen, waren Voltaire Jahre und Mirabeau Tage vergönnt.

hat Mirabeau nicht weniger als Voltaire geleistet. Nur nimmt sich der Redner dabei anders aus, als der Philosoph. Jeder greift das Leben des socialen Körpers nach seiner Art an. Voltaire löst auf, Mirabeau zermalmt. Voltaire's Verfahren gleicht einem chemischen Prozeß, das von Mirabeau ist ganz physisch. Nach Voltaire ist eine Gesellschaft aufgelöst; nach Mirabeau ist sie Staub. Voltaire ist eine Säure; Mirabeau ist eine Keule.

VII.

Wenn wir jetzt, um diese von uns versuchte, gedrängte Schilderung Mirabeau's und seiner Epoche zu ergänzen, die Blicke auf uns zurücklenken, so wird es uns klar, daß die sociale Bewegung, die im Jahre 1789 begann, auf ihrer gegenwärtigen Stufe keinen Mirabeau mehr haben kann, ohne daß wir deßhalb mit Genauigkeit sagen könnten, wie die großen politischen Männer der Zukunft beschaffen sein werden.

Die Mirabeaus sind nicht mehr nöthig, daher auch nicht mehr möglich. Die Vorsehung erschafft solche Männer nicht, wenn sie überflüssig sind. Sie streut nicht solche Saat in den Wind.

Und in der That, wozu könnte heut zu Tage ein Mirabeau nützen? Ein Mirabeau ist ein Blitz. Was gibt es noch zu zerschlagen? Wo sind in der politischen Region noch zu hohe Gegenstände, die den Blitz anzögen? Wir leben nicht mehr im Jahre 1789, wo es in der Gesellschaft so viele Dinge außer allem Verhältniß gab.

Gegenwärtig ist der Boden fest nivellirt; Alles ist eben, glatt, verbunden. Eine Gewitterwolke, wie Mirabeau, die über uns hinwegzöge, fände keinen einzigen Gipfel, um sich zu entladen.

Damit wollen wir aber nicht sagen, wir haben keinen Mirabeau nöthig, wir bedürfen keiner großen Männer. Ganz im Gegentheil. Es gibt gewiß noch viel zu thun. Alles ist niedergerissen, nichts ist wieder hergestellt.

In einem Moment, wie der jetzige, theilt sich die Zukunft in zwei Klassen: die Männer der Revolution und die Männer des Fortschritts. Die Männer der Revolution reißen das alte politische Erdreich auf, bilden die Furche, streuen den Samen; aber ihre Zeit ist kurz. Den Männern des Fortschritts wird erst der langsame und mühsame Anbau der Prinzipien zu Theil, die Kenntniß der günstigen Jahreszeit zum Pfropfen dieser oder jener Idee, die tägliche Arbeit, das Begießen der jungen Pflanze, das Düngen des Bodens, die Ernte für Alle. Sie gehen gebückt und gedulbig, trotz Sonnenhitze und Regen, durch das Feld des allgemeinen Wohls, reinigen diese mit Trümmern bedeckte Erde, graben die Stumpen der Vergangenheit heraus, die noch da und dort fest angewachsen sind, entwurzeln die abgestorbenen Stumpen alter Einrichtungen und schaffen Mißbräuche ab, die das schnell wuchernde Unkraut in den Lücken der Gesetzgebung bilden. Sie haben gesundes Auge, unermüdete Füße, thätige Hände nöthig; sie sind wackere, gewissenhafte, oft schlecht belohnte Männer!

Nach unserer Ansicht haben zur jetzigen Frist die Revolutionsmänner ihr Tagewerk vollendet. Noch ganz kürzlich haben sie ihre drei Säetage im Monat Juli gehabt. Mögen sie jetzt die Männer des Fortschritts handeln lassen! Auf die Furche die Aehre!

Mirabeau ist der große Mann der Revolution. Wir erwarten jetzt den großen Mann des Fortschritts.

Wir werden ihn erhalten. Frankreich hat eine zu wichtige Initiative in der Civilisation der Erde, als daß es ihm je an besondern Menschen hiezu fehlen könnte. Frankreich ist die majestätische Mutter aller Ideen, die heut zu Tage bei allen Völkern im Umlauf sind. Man kann sagen, daß die französische Nation seit zwei Jahrhunderten die Welt mit der Milch ihrer Brüste ernährt. Die große Nation hat edles und reiches Blut und einen fruchtbaren Leib; sie ist unerschöpflich in Genies; sie erzeugt aus ihrem Schooß alle großen Intelligenzen, deren sie bedarf; sie besitzt immer Menschen, die den Ereignissen gewachsen sind, und, wenn es nöthig ist, so fehlt es ihr nie an Mirabeaus, um ihre Revolutionen zu beginnen, noch an Napoleons, um sie zu beenden.

Die Vorsehung wird ihr den großen Mann der Gesellschaft, der nicht bloß Politiker ist, und dessen die Zukunft bedarf, gewiß nicht vorenthalten.

Bis zu seiner Erscheinung aber sind alle Menschen, die bis jetzt der Geschichte angehören, nur mit wenigen Ausnahmen klein zu nennen. Freilich ist es betrübt zu sehen, daß die großen Staatskörper allgemeiner Ideen und ausgedehnter Sympathien entbehren; wohl ist es traurig, daß man die Zeit auf Uebertünchungen verschwendet, die man zum Erbauen anwenden sollte; gewiß ist es sonderbar, zu vergessen, daß die wahre Souveränetät nur der Intelligenz gehört, daß man erst das Volk aufklären muß, und daß nur dann, wenn das intelligent sein wird, das Volk souverän sein wird; schändlich, daß die großartigen Prämissen von 1789 gewisse Sätze nachschleppten, wie das Sirenenhaupt den Fischleib, und daß Pfuscher so armselig Gesetze von Gyps auf Ideen von Granit hinflickten; gewiß ist es beklagenswerth, daß die französische Revolution so ungeschickte Geburtshelfer hatte, und dessen ungeachtet ist in der That bis jetzt nichts geschehen, was nicht noch zu verbessern gewesen; denn kein einziges wesentliches Prinzip ist während des revolutionären Gebärens erstickt worden; keine Mißgeburt ist zur Welt ge-

kommen; alle für die zukünftige Civilisation unentbehrlichen
Ideen sind lebenskräftig geboren und gewinnen jeden Tag an
Macht, Gestalt und Gesundheit. Wie waren doch alle diese
Ideen, diese Kinder der Revolution, als das Jahr 1814
herannahte, noch so jung und klein und völlig in der Wiege,
und die Restauration, das muß man zugeben, war ihnen
eine magere und schlechte Amme. Es muß jedoch gleichfalls
zugestanden werden, sie hat keines dieser Kleinen erstickt. Die
Gruppe sämmtlicher Prinzipien ist vollständig geblieben.

In dem Zeitpunkte, worin wir nun leben, ist jede Kritik
möglich, aber der Vernünftige soll dem ganzen Treiben einen
wohlwollenden Blick schenken. Er soll hoffen, vertrauen,
warten. Er soll mit den Männern der Theorie Nachsicht haben,
daß die Ideen so langsam ins Leben treten, so wie den Männern
der Praxis jene beengte, doch heilsame Liebe zum Bestehenden
zu Gute halten, jene Liebe, ohne die sich die Gesellschaft in
allmählige Experimente auflöste; den Leidenschaften sehe er ihre
edlen und fruchtbaren Abschweifungen nach; den Interessen ihre
Berechnungen, welche anstatt der Glaubenslehren die Klassen
an einander ketten; den Regierungen ihr Tappen nach dem
Guten im Dunkeln; den Oppositionen den immer wirksamen
Stachel in der Hand, welcher den Ochsen zum Furchenziehen
antreibt; den Parteien der Mitte die Beschwichtigung, die für
Uebergangsperioden paßt; den äußersten Enden die Thätigkeit,
welche sie der Ideencirculation beibringen, die das eigentliche Blut der Civilisation ist; den Freunden der Vergangenheit die Sorgfalt, die sie für einige alte, noch lebende Wurzeln
beweisen; den Eiferern der Zukunft ihre Liebe zu jenen schönen
Blüthen, die eines Tages herrliche Früchte bringen werden;
den Männern von gesetztem Alter ihre Mäßigung; den jungen
Leuten ihre Geduld; Diesen das, was sie leisten; Jenen das,
was sie leisten möchten; Allen die Schwierigkeit bei all' diesem.

Uebrigens verläugnen wir bei all' dem nicht, wie viel unsere gegenwärtige Epoche Stürmisches und Uneiniges hat. Die Mehrzahl derer, die etwas im Staate leisten, wissen nicht, was sie thun. Sie schaffen in der Nacht, ohne dabei zu sehen. Morgen bei Tagesanbruch werden sie vielleicht über ihr Werk sämmtlich erstaunen. Ob erfreut oder entsetzt, wer weiß es? Es gibt nichts Bestimmtes mehr im politischen Wissen; alle Magnetnadeln täuschen; die Gesellschaft treibt ohne Steuerruder umher; seit zwanzig Jahren hat man ihr schon drei Mal jenen Hauptmast aufgesetzt, der Dynastie genannt und immer zuerst vom Wetter getroffen wird.

Das definitive Gesetz offenbart sich noch an keinem Ding. Die Regierung, in der Art, wie sie besteht, ist noch nicht die Affirmation von etwas Bestimmtem; die Presse, die so groß und überdies so nützlich ist, bildet bloß die stete Negation von Allem. Noch ist keine reine Vorschrift der Civilisation und des Fortschritts erlassen worden.

Die französische Revolution hat für alle socialen Theorien ein ungeheures Buch, eine Art von großem Testament geöffnet. Mirabeau hat sein Wort in dasselbe hineingeschrieben, hierauf Robespierre, dann Napoleon. Ludwig der Achtzehnte hat etwas in demselben radirt; Karl der Zehnte hat das Blatt zerrissen. Die Deputirtenkammer vom 7. August hat es wieder so gut als möglich zusammengeklebt, aber das ist Alles. Das Buch ist da, die Feder ist da. Wer aber wagt es zu schreiben?

Die Menschen der Gegenwart scheinen in der That wenig zu bedeuten; jeder Verständige jedoch sollte die socialen Wallungen mit aufmerksamem Auge betrachten.

Wahrlich, wir haben festes Vertrauen und feste Hoffnung. Ach! wer sollte es nicht fühlen, daß in diesem Aufruhr und Sturm, mitten in diesem Streite aller Systeme und aller

fen, was so viel Dampf und Staub hervorbringt, unter
Schleier, der die kaum modellirte, sociale und provi-
e Statue noch den Augen verhüllt, hinter diesem Ge-
von Theorien, Leidenschaften und Chimären, die sich
euzen, an einander stoßen und unter sich aufzehren, in
finstern Nebel, den nur Blitze hell durchzucken, mitten
)em geräuschvollen Reden der Menschen, die zugleich alle
en mit allen Zungen sprechen, unter diesem heftigen
von Dingen, Menschen und Ideen, den man „das
ehnte Jahrhundert" nennt — wer fühlte nicht, daß
i die Erfüllung eines großen Ereignisses

ott allein bleibt ruhig und vollbringt sein Werk.

Januar 1834.

Die Rückkehr des Kaisers.

Schlaf' nur, wir holen dich! Der Tag wird auch noch kommen!
Wir haben dich als Gott und nicht als Herrn genommen!
Sieh, wie im Auge uns die Mitleidsthräne glüht!
Als Oriflamme soll die Tricolore wehen,
Wir werden nimmermehr zu jenem Stricke stehen,
    Der dich vom hohen Sockel zieht!

Wart' nur! wir wollen dich hochherrlich noch begraben.
Wir werden baldigst wohl auch uns're Schlachten haben,
Womit dein edler Sarg voll Ehren sei umringt,
Europa, Afrika und Asien soll ihn zieren;
Die junge Poesie — vor dich woll'n wir sie führen,
    Wie sie die junge Freiheit singt!
          Ode an die Kolonne. — Oktober 1830.

L.

Als der letzte Kampf gekämpfet
Und die tapf're Riesenschaar
Von sechshundert Feuerschlünden
In den Staub geschmettert war;
Als man Wunde, Roß und Wagen
Sah in wildem Sturze jagen,
Als der stolze Adler fiel;
Als Paris erlag, das kühne,
Unter dieser Heerlawine,
In dem Dampfe, dem Gewühl;

Als nun todt die alte Garde:
Zog, verrathen und allein,
In die große Stadt der große
Kaiser ohne Wache ein;
In dem elysä'schen Schlosse
Stieg er seelenmatt vom Rosse,
Und, nicht Hülfe hoffend mehr,
Doch den Bürgerkrieg verachtend,
Stand, eh' er sie ließ, betrachtend
Seine Stadt, drei Tage er!

Endlich ist sein Haupt gebeuget!
Kein Triumph, kein Jubel mehr!
Selbst sein Ruhm ward zugedecket
Von der Volksgunst Trümmermeer,

Abfall überall und Hassen!
Kaum daß Jemand, durch die Gassen
Eilend, Nachts, nicht tretend nah',
Im Palast den Herren suchend,
Durch das hohe Fenster lugend
Seinen Schatten wandeln sah!

Während dieser ernsten Stunden,
Da sein Unglück er ermaß,
Fragte ihn der stummen Wachen
Auge, das vom Schmerze naß.
Krieger, stets bereit zu Streichen,
Zählten, ach! sie jedes Zeichen,
Das voranging dem Geschick,
Und, dem Tag gleich, der erlischet,
Sahen sie das Reich verwischet
In des Imperators Blick.

Fahret wohl ihr Legionen
Und ihr Siegesfelder auch!
Denn es zog ihn nach dem Schatten
Ein geheimnißvoller Hauch!
Endlos war sein nächtlich Fieber;
Und gespenstisch ging vorüber
Seinem Traum ein Felsenbild;
Schon Sankt Helena, die ferne,
Ihm beschieden durch die Sterne,
Sah die Seele grau'nerfüllt!

Tags die Beute der Gedanken,
Auge starr auf heil'gem Grund,
Stirn' an kalter Scheibe: — „Wieder-
Kehren werd' ich!" sprach sein Mund.

„Wiederkehr' ich, stets der Gleiche,
Kron= und purpurlos zum Reiche,
Heer= und schatzlos, ich allein;
Ob verbannt von Ort zu Orte,
Will ich zieh'n zur selben Pforte,
D'raus ich gehe, wieder ein!

„Einst in Nacht und Wetter werd' ich,
Den ein Sturm vom Himmel trägt,
Um das Haupt den Kranz der Blitze,
Aufsteh'n lebend, freudbewegt.
Meine alten Wehrgenossen,
Von dem Nebelschlaf umflossen,
Werden stracks nach Osten hin
Glänzen seh'n — o Rettungswonne! —
Meinen Blick als Frankreichs Sonne,
Und im Zorn ob England glüh'n!

„Dies Paris, das hoch mich ehrte,
Wird mich in dem Dunkel seh'n;
Tag folgt auf die Leichennächte,
Und mein Volk wird aufersteh'n!
Auferstehen voll Entzücken,
Darf's im Schatten mich erblicken,
Blaß, mit blut'ger Hand, als Mars,
Jagend feile Fremdenhaufen
Mit zerbroch'nen Schwertes Knaufen,
Mit dem Fetzen eines Aar's!"

*

rückehren wirst Du, Sir'! zur Hauptstadt eingezogen,
Doch ohne Sturm und Kampf und ohne Wuth und Streit,
Von einem Achtgespann, durch den Triumphesbogen,
Im kaiserlichen Kleid!

Durch dieses selbe Thor, von Deinem Gott getragen,
Gekrönet, ruhmvoll, hehr, wie Karl der Große war,
Sir', kehrest Du zurück auf feierlichem Wagen,
    Erhaben wie Cäsar.

Auf Deinem gold'nen Stab — ihn tritt kein Sieger nieder —
Erglänzt Dein Adelaar, deß rother Schnabel beißt;
Und Deiner Bienen Schwarm auf Deinem Mantel wieder
    Im Sonnenstrahle gleißt!

Auf hundert Thürmen läßt Paris erglüh'n die Pharen,
Es läßt ertönen laut all seiner Stimmen Schall,
Die Glocken, Trommeln und die Hörner, die Fanfaren
    Erklingen allzumal!

Vergnügt, gleich einem Kind, wenn neu der Tag erglommen,
Gerührt, dem Priester gleich, der tritt zum Hochaltar,
Sir', wird ein zahllos Volk zu Dir man sehen kommen,
    Blaß, zitternd, staunend, starr.

— Volk, das, gehorsam Dir, nähm' das Gesetz der Sparten,
Von Deinem Geist entflammt, berauscht vom Namen schon,
Und das entzücket wogt vom jungen Bonaparten
    Zum alten Napoleon!

Ein neues Heer, entbrannt, daß es zum Ruhm sich hebe,
— Bald wird die bange Welt sein seiner Thaten voll —
Um Deinen Wagen wird es rufen: Frankreich lebe!
    Der Kaiser leben soll!

Wenn sie Dich ziehen seh'n, wird Volk und Krieger beugen
Vor Dir ein Knie, o Haupt vom großen Kaiserreich!
Du aber wirst Dich dann nicht können vorwärts neigen:
    — „Ich bin begnügt mit euch!"

Ein Beifallruf, so sanft und zart, als stolz von Ehren,
Ein Herzensang, ein Schrei, d'rin Lieb' und Jubel weh'n,
Wird füllen ganz die Stadt; doch Du wirst ihn nicht hören,
    Mein tapf'rer Kapitän!

Graubärte, angestaunt, ernstdüst're Grenadiere,
Stumm küssen sie den Grund, wo Deine Rosse geh'n;
Das wird ein Schauspiel sein schön, rührend; aber, Sire,
    Du wirst es dann nicht seh'n!

Denn, Riese! liegend Du, von tiefer Nacht umgeben,
Derweilen um Dich her, zu innigem Verein,
Paris und Frankreich und der Erdkreis sich erheben,
    Wirst eingeschlafen sein!

Wirst eingeschlafen sein, Bild! hehr und stolz und reine,
In jenen dumpfen Schlaf, voll Träume, schwer und bang,
Den Barbarossa schläft auf seinem Stuhl von Steine,
    Sechshundert Jahre lang!

Schwert an der Seite, zu das Aug', die Hand beweget
Vom letzten Kuß, womit sie Bertrand schluchzend deckt,
Auf einem Bett, in dem kein Schläfer je sich reget,
    Wirst Du sein ausgestreckt!

Gleich jenen Kriegern, die, von Dir zum Sieg geführet,
Vor hundert Mauern sich gestellt mit trutz'gem Sinn,
Und die am Abend, von dem Schlachtenwind berühret,
    Sich plötzlich legten hin!

Die Haltung noch bewehrt, die kühne, stolze, stete,
Dem Tode glich sie nicht, dem Schlafe glich sie sehr;
Doch die Reveille, ach! dies Lied der Morgenröthe,
    Erweckte sie nicht mehr!

So kommt es, daß, Dich starr bei seinem Jubel sehend,
Und stumm wie einen Gott, der sich läßt beten an,
Dies liebetrunkne Volk, Dir zuzulächeln gehend,
 Dann nur noch weinen kann.

In jenem Augenblick wirst, Sire, Du regieren
Die Stirnen, Herzen all, die Himmelsodem schwellt;
Es werden Dein Phantom die Nationen führen
 Hoch auf den Thron der Welt!

Unsterblich, hehr uns groß wird nennen Dich der Geister,
Die Gott zu dichten treibt, anbetend knie'nde Schaar,
Des Angedenkens Dir, wegreißend schnöden Kleister,
 Vergolden den Altar.

Von Deinem Ruhm verzieht sich dann die Nebelschichte,
Fortan wird glänzen er in reinem Lichte nur,
Wird überziehen ganz des Frankenvolks Geschichte,
 Ein Tempel von Lasur!

n nun an wirst Du sein der Menschheit Stolz und Wonne,
Für Frankreich, trotz dem Bann, klar, freundlich, seelengroß!
Und für die Fremden, Sir'! auf riesiger Kolonne,
 Ein eherner Koloß!

Du unterdeß . . . . derweil die prunkvoll heil'ge Feier
Führt durch die Stadt umher ein unerhört Geleit,
Das hofft, wenn Du ziehst ein, abwerfen soll den Schleier
 Die längst entschwund'ne Zeit;

Derweil man hören wird an jenem Dom, dem stillen,
Worin das Vaterland die großen Namen ehrt,
Der alten Schlünde Mund wie düstre Doggen brüllen,
 Wenn der Gebieter kehrt;

Derweil Dein Nam', vor dem all Andres muß verschwinden,
Zum Himmel steigen wird großmächtig, schön und licht . . . .
Wirst Du des Wurmes Zahn in Grabesnacht empfinden,
    Der naget Dein Gesicht!

*

Erfolge düst'rer Art! Herolde schwarzer Kunde!
Ihr Larven, die der Herr allein kennt bis zum Grunde!
Wie schrecklich manchmal doch ist eurer Rede Sinn!
Ha! reißt die Blätter ihr, die finstern, nicht dem Buche
Des ew'gen Richters aus, bis voll von Zorn und Fluche
    Ihr uns im Fliehen werfet hin?

Nichts ist vollkommen; es muß jedem Ding was fehlen.
Den Schandpfahl hat der Mensch, das Pantheon die Seelen.
Wie riesig die Heroen: sie faßt die gleiche Macht.
Ach! die Cäsaren all' und Karl die Großen alle,
Den hohen Bergen gleich sind sie, im Doppelfalle,
    Halb nach der Sonne hingekehrt und halb zur Nacht!

Wo ist ein Zeitraum, der so strenge Lehren hätte?
Der Heiland bebt gestürzt auf unsrer Schädelstätte!
Ein alter Thron, ein Fürst von gestern sinkt zugleich!
O welcher Schutt! wie schnell schlägt des Geschickes Hammer
Die Könige! es reißt der Menschensatzung Klammer
    Durch Gottes Rath mit einem Streich!

Aus diesen Trümmern sproßt gar nichts, als du — Gedanke!
Du ew'ge Poesie, in allen Winden schwanke!
So fällt auch, um, wohin sie führen mag der West,
Wohin die Wasserflut, vollkommen frei zu gehen,
Die Feder, keusch und weiß, an der kein Blut zu sehen,
    Vom todten Vogel ab und vom zerstörten Nest!

II.

Sankt Helena! — O Sturz! o Todeskampf! o Lehre!
England für seinen Haß erschöpfend Geist und Ehre,
Zerfleischt am hellen Tag hat es den großen Mann:
Und wieder sah die Welt das Schauspiel aus Homer,
Die Kette, Fels und Glut im afrikan'schen Meer,
     Den Geier und — auch den Titan!

Doch diese Foltern, dies erhab'ne Mißgeschicke,
Die Rache, nie versöhnt, die kalt, mit Puniertücke,
Von unten räderte am Kreuz den großen Mann,
Der Rohheit Hohn, gefühlt von allen edlen Herzen,
Erfüllte nach und nach die Welt mit Mitleidsschmerzen,
Wie eine Quelle füllt ein tiefes Becken an.
Der ganzen Erde Schrei, das Mitleid stolzer Geister,
Erbitterte nur, ha! dich, Englands Henkermeister!
Denn der Bewund'rung Glut, die zwinget jedes Herz,
Macht große Seelen weich und feile sich verstocken.
Ach! wo ein Tapf'rer weint, da lacht ein Feiger. Trocken
     Wird Koth durch Feu'r, und fließend Erz!

*

Doch er blieb stolz, sowie ein Fürst bei seinem Wirthe,
Auf seinem Eiland sprach noch laut der Völkerhirte,
Er sann und gab zu Buch sein ruhmvoll Testament.
Vergessenheit, die gern umhüllen mag Verbannte,
Stieß er zurück, und wenn Europawärts sich wandte
Sein Auge, war's der Blick, in dem ein Strahlmeer brennt.
Doch einst — es schauerte Lannes unter seinem Dome,
Das Adlerdoppelpaar dort auf dem Platz Vendome
Sah zitternd, wie vorbei den Flug ein Rabe lenkt.

Man schaute hin: es lag Sankt Helena im Schatten,
Engländ'sche Schließer mit unreinem Hauche hatten
    Das große Licht in Nacht versenkt!

Geschlafen zwanzig Jahr' hat er auf fernem Strande,
Beim Weidenbaum im Thal, an einer Quelle Rande,
    Ohn' Ehre, ohne Spott;
Bedeckt zwanzig Jahr' von inschriftlosem Steine,
Allein mit der Natur, dem Ocean alleine,
    Allein mit Dir, o Gott!

Hier in der Einsamkeit, nach manchem Ungewitter,
Derweil sein Geist bewegt' uns junge Kraftgemüther,
Derweil Europa warf auf seinen Kerker Schmach,
Derweil die Könige noch, im tiefsten Innern bebend,
Von seinen Schlachten sah'n den Wirbel sich erhebend,
    Der an dem Horizont verworren brüllte nach;

In jenen Nächten, wo das Wasser nur, das fliehet,
Die Seel' im Raume hört, den Raben, welcher ziehet,
    Die Flut, die sich zu Fluten reiht,
Den Wind, der vom Gebirg die Wolkenlasten jaget,
Und was zur Ewigkeit, der dunklen, leise saget
    Die dunkle Unermeßlichkeit;

Wann bebt der Wald, der auf des Hügels Stirne steiget,
Wann sich zum Ocean der Himmel langsam neiget,
Wann brechend seine Well', blaßglänzend wie der Schwan,
Das Meer, d'rin badet sich, was leuchtet in den Räumen,
    Im Schatten scheinet aufzuschäumen,
    Wenn Sternbahn stößt auf Sternebahn;

In jenen Stunden, wo der Frieden herrscht, erfüllte
Thal, Oede, Wind, Gehölz, Gebirge, Sterngebilde,
    Vereint zum Chor, zum göttlichen,

Mohn der Vergessenheit ausstreu'nd auf seinem Grabe,
Geschützt vor Menschenlärm, die heilige Aufgabe,
   Dies große Herz zu sänftigen!

III.

Sonst wenn Dir eine Stadt gefiel, erhabner Schemen!
Sevilla, Regensburg, Warschau, Madrid, zu nehmen,
   Wenn Wien, Neapel Dir, die sonnige gefiel,
Du runzeltest die Brau'n in Deiner Treuen Mitten,
Das war genug gesagt: wie Götter mit drei Schritten
   Stand Deine Kaisergard' am Ziel.

Es faßten nach der Reih', Held! Deine Schlachtdämonen
Verhängnißvollen Griffs der Städte Mauerkronen,
   Der Schlag bei Jena sprengt die Thore von Berlin,
Zum Flug nach Mantua leiht Dir Arcole Flügel,
Marengo führt Dein Heer zur Stadt der Siebenhügel,
   Die Moskowa führt zum Kremlin.

Paris gilt höhern Preis! Das ist die hochgeweihte
Stadt der Erinnerung, das leuchtende, gefeite
   Ziel kühnster Heldenkraft, ein Ziel, dem keines gleich;
Zum Wiedereinzug in Paris, die Thatenwiege,
Muß man rückkehren, Sir'! von jenem düstern Siege,
   Den man gewinnt im Todtenreich.

Muß man der Starke sein, der jeden Haß zum Schweigen
Zwang, der die herrlichste der Seelen nennt sein eigen,
   Muß von Europa man das Herz, der Wölbestein,
Und auf der Glorienwolk', als wie in einem Tempel,
Für die erstaunte Welt ein strahlendes Exempel,
   Mehr als Idol, ein Gott fast sein.

Sonne des Säculums, verdunkelnd seine Sterne,
Muß man, unglückgeprobt, mit reinstem Heldenkerne,
   Daß Lafayette erbleicht und Mirabeau vergeht,
Entsteigen, so wie Du des Südmeers Felsengrunde,
Die Unermeßlichkeit des Oceans im Bunde
Mit eines Grabes Majestät!

IV.

   Frankreich, du Kulm der Nationen,
   Ha! dich demüth'gen ist kein Spiel!
   Mutter der Revolutionen,
   Du, des Ideenreichs Asyl!
   Wozu du hast die Form gegossen,
   D'ran schafft, von deiner Glut durchflossen,
   Das ganze Weltall unverdrossen,
   Gehorcht dir in stolz freud'gem Brauch;
   Gräbt, baut und schmiedet auf dein „Werde,"
   Du denkst, fruchtbar, mit Machtgeberde,
   Ja, Frankreich ist das Haupt der Erde,
   Cyklope, dem Paris das Aug'!

   Vernichten dich? — Tollkühnes Wagen!
   Verbrechen! Wahnsinn! Frevelmuth!
   Es hieße den zukünft'gen Tagen
   Wegstehlen der Gedanken Gut,
   Das Augenlicht der Welt entreißen,
   Denn Alle geh'n in deinen Gleisen,
   In den von dir gezog'nen Kreisen
   Umarmen alle Völker sich!
   Des Zeitgeists Wechseln bist du Meister,
   Dir unterordnen sich die Geister:
   Fürwahr, der Einfall war ein dreister,
   Der Zukunft Haupt zu fällen, — dich!

Dich knebeln? — Könige! verwundert
Werft ihr wohl bald den Knebel fort;
Ein tief Problem ist dies Jahrhundert,
Zu dem nur Frankreich hat das Wort.
Dieses Jahrhundert steht hochragend
Am Zeitstrom, zürnend bald, bald klagend,
Die Wand'rer, die des Wegs ziehn, fragend,
Tribunen, Denker, Fürsten — ach!
Vom Frühroth an sein Räthsel singt es,
Das ungelöste — wem gelingt es? —
Die nicht Begreifenden verschlingt es,
Die neue Sphinx ist grausig wach.

Dich höhnen? — Will von euch bestehen,
Ihr Kön'ge, einer die Gefahr?
Wohlan, so lasse Gott euch sehen,
Was solchen Frevels Strafe war.
Les't unter'm Bogen uns're Kriege:
Wagram, von Pulver schwarz die Züge,
Ulm, Eylau, Danzig, hundert Siege
Zieh'n auf vor euch mit Trommelschlag.
Glaubt dich der Feind dem Tod verfallen,
Den Kaiser heb' in deine Hallen,
Und lasse hier vorüber wallen
All' deinen Ruhm an einem Tag!

Dich höhnen, Mutter! Dir die Schande!
Sind wir, o Himmel, unbewehrt?
Liegt bei Homer am Bücherstande
Kein alt, vom Ahn' ererbtes Schwert?
Die Väter schlafen untrem Moose,
Doch wink', o Frankreich! und die große
Armee entsteigt dem Gräberschooße,
Lebendig wird dein Pantheon!

Sie horchen dem Kanonenknalle,
Stürmen herauf bei deinem Falle;
Vielleicht sind in den Grüften alle
Noch ganz wie dein Napoleon.

Du Held in Deiner Todtenhülle,
Fürst, Genius, Kaiser, Märtyrer!
Zieh' ein denn, in der Zeiten Fülle,
Bei uns und scheide nun nicht mehr!
Zieh' ein mit Deinem vollen Ruhme,
In dessen eh'rner Riesenblume
Zu einem stolzen Heldenthume
Du aller Völker Erz vereinst;
Du, der, wenn Kraft ihn vorwärts rollte,
Vergessend, daß der Donner grollte,
Sein Bild der Welt aufprägen wollte,
Wie Philipps Sohn dem Athos einst.

Den Völkern, jenen allzuträgen,
Eingießend unsern Pflanzensaft,
Wollt'st zeitigen Du mit dem Degen,
Was doch nur reift des Geistes Kraft.
Du tratst, gigantischer Gedanke!
Mit Gott, dem Herrn, selbst in die Schranke;
Gleich Rom, sollt' Herrscher sein der Franke
Vom Tagus bis zum Newastrand;
Nur mit dem Engel einst gerungen
Hat Jakob; — wild im Kampf umschlungen,
Hat Dich Jehova selbst bezwungen,
Gelähmt die Hüfte Gottes Hand.

Ob Dir, dem ruhig starkgemuthen,
Ward nie ein Mensch des Sieges froh:
In Moskau waren's Feuergluten,
Das Schicksal war's bei Waterloo.
Was kümmert's Dich, ob Englands kahle
Ehrsucht mit dem granitnen Mahle
Auf der berühmten Stätte prahle,
Wo Gott Napoleon zerbrach?
Daß es keck fälschend die Geschichte,
Ungläubig selbst, im Angesichte
Der Welt sich einen Sieg andichte
Mit jenes Leuenbildes Schmach?

Wohl mag der Leu im Windesweben,
Das jetzt, Sturm kündend, geht durch's Feld,
Dort auf dem Fußgestelle beben,
Drauf man ihn wankend aufgestellt.
Bis schlägt die Stunde Frankreichs Söhnen,
Laßt eitel ihn die Ehne krönen,
Auf Heldengräber niederhöhnen
Mit seines Hasses Lügenwitz!
Dein Aar — wie ich mir's ahnend sage —
An Frankreichs großem Rachetage
Stürzt ihn mit einem Flügelschlage
Und schwebt entlang gen Austerlitz!

Victor Hugo's

sämmtliche Werke,

übersetzt von Mehreren.

Fünfzehnter Band.

Dritte revidirte Auflage.

Stuttgart:

Rieger'sche Verlagsbuchhandlung.

(A. Benedict.)

1859.

Literatur und Philosophie

in

vermischten Aufsätzen.

Uebersetzt von

Friedrich Seybold.

Ueber Voltaire.

Dezember 1823.

François Marie Arouet, berühmt unter dem Namen Voltaire, ist den 20. Februar 1694 zu Chatenay in einer Familie
vom Richterstande geboren. Er wurde im Jesuitencollegium erzogen, wo einer seiner Vorsteher, der Pater Lejay, ihm, wie
man versichert, prophezeite, er werde die Fahne des Deismus
in Frankreich aufpflanzen.

Arouets Talent erwachte mit der ganzen Stärke und Un-
befangenheit der Jugend. Aber er wurde auf der einen Seite
von seinem Vater beharrlich verachtet, und auf der andern
wirkte sein Pathe, der Abbé von Chateauneuf, durch seine
Gefälligkeit verderbend auf ihn ein. Der Vater verdammte
jedes literarische Studium, ohne zu wissen warum, und folglich mit einer unüberwindlichen Halsstarrigkeit. Der Pathe dagegen war ein Liebhaber von Versen, besonders solchen, die
durch einen gewissen Anflug von Ungebundenheit und Reli-
gionsverachtung gehoben waren, und munterte den jungen
Arouet zu neuen Versuchen auf. Der eine wollte den Dichter
in eine Anwaltskanzlei einzwängen; der andere führte den
jungen Mann in allen Gesellschaften umher. Herr Arouet unter-
sagte seinem Sohn alles Lesen; Ninon de l'Enclos vermachte
dem Zöglinge ihres Freundes Chateauneuf eine Büchersamm-
lung. So erlitt Voltaire's Genie von seiner Geburt an das
Unglück von zwei einander widerstreitenden und auf gleiche
Weise unseligen Einwirkungen. Die eine zielte dahin, das heilige
Feuer, das man nicht auslöschen kann, gewaltsam zu ersticken;

die andere nährte es unbedachtsam, auf Kosten von Allem,
was die geistige und die gesellschaftliche Ordnung Edles und
Achtungswürdiges hat. Das sind vielleicht die zwei entgegengesetzten Triebräder, welche zu gleicher Zeit den ersten Aufflug
jener mächtigen Einbildungskraft in Bewegung gesetzt, und
die Leitung davon für immer verloren haben. Wenigstens kann
man aus ihnen die ersten Seitensprünge erklären, die Voltaire
mit seinem Talent machte, indem ihm auf die angegebene Art
Gebiß und Sporn schmerzhaft angelegt waren.

Auch schrieb man ihm, vom Anfang seiner Laufbahn an,
Verse zu, die ziemlich boshaft und sehr ungebührlich waren,
und ihm eine Haft in der Bastille zuzogen; eine harte Strafe
für schlechte Reime. Während dieser gezwungenen Muße entwarf Voltaire, 22 Jahre alt, sein mattes Gedicht: die Ligue,
später die Henriade, und endigte sein merkwürdiges Drama:
„Oedipus." Nach einigen in der Bastille zugebrachten Monaten
wurde er vom Regenten Orleans auf einmal der Haft entlassen
und ihm ein Gnadengehalt ausgesetzt. Er dankte ihm für seine
gnädige Sorgfalt um ihn in Beziehung auf seinen Unterhalt,
bat ihn aber zugleich, in Betreff seiner Wohnung sich nicht
mehr zu bemühen.

Oedipus ist 1718 mit großem Beifall gespielt worden.
Lamotte, das Orakel dieser Epoche, geruhte zu diesem Triumphe
einigermaßen seine Einwilligung zu geben, und der Ruf Voltaire's ward dadurch begründet. Heutzutage ist Lamotte vielleicht nur dadurch unsterblich, daß er in Voltaire's Schriften
genannt wird.

Das Trauerspiel „Artemire" folgte auf Oedipus; es fiel
durch. Voltaire machte eine Reise nach Brüssel, um daselbst
J. B. Rousseau zu sehen, den man höchst sonderbarer Weise
den Großen genannt hat. Die zwei Dichter schätzten einander
vor ihrer gegenseitigen Bekanntschaft; sie trennten sich als Feinde.

Man hat gesagt, sie seien wechselseitig neidisch auf einander gewesen. Dies wäre kein Zeichen von Ueberlegenheit.

Artemire wurde, überarbeitet, im Jahre 1724 unter dem Namen „Marianne" aufs Neue aufgeführt, und hatte, ohne besser zu sein, einen günstigen Erfolg. Gegen die nämliche Epoche erschien „die Ligue" oder „die Henriade", und Frankreich hatte noch kein episches Gedicht. Voltaire setzte in seinem Gedichte den Namen Mornay anstatt Sully, weil er sich über einen Nachkommen dieses großen Ministers zu beschweren hatte. Diese unphilosophische Rache ist indessen verzeihlich, weil Voltaire, vor dem Palast Sully von einem gewissen Ritter von Rohan auf eine niedrige Weise beschimpft, und von der gerichtlichen Behörde im Stiche gelassen, keine andere Rache dafür auszuüben vermochte.

In gerechtem Unwillen über das Stillschweigen der Gesetze gegen seinen verächtlichen Angreifer zog sich Voltaire, bereits berühmt, nach England zurück, und studirte daselbst Sophisten. Indessen war seine Muße keineswegs verloren, er machte zwei neue Tragödien: „Brutus" und „Cäsar", von denen Corneille mehrere Auftritte anerkannt hätte.

Nach seiner Zurückkunft nach Frankreich gab er nacheinander „Eryphile", das durchfiel, und „Zaire", ein Meisterstück, das er in 18 Tagen verfaßt und geendigt hat, und dem nichts fehlt, als die Farbe des Ortes und ein gewisser Ernst der Schreibart. Zaire hatte einen außerordentlichen und verdienten Erfolg. Das Trauerspiel „Adelaide Duguesclin" (seither der Herzog von Foix) folgte auf Zaire, und wurde bei weitem nicht mit demselben Beifall aufgenommen. Einige weniger wichtige Stücke, „der Tempel des Geschmacks", „die Briefe über die Engländer", und dergleichen folterten einige Jahre hindurch das Leben Voltaire's.

Indessen war sein Name bereits in ganz Euro   annt.

Er zog sich nach Cirey zurück zur Marquise du Chatelet, einer Frau, die nach dem eigenen Ausdrucke Voltaire's, zu allen Wissenschaften, ausgenommen der Wissenschaft des Lebens, Anlage hatte. Daselbst verminderte er das Feuer seiner schönen Einbildungskraft in der Algebra und Meßkunde, schrieb „Alzire", „Mahomet", die geistreiche „Geschichte Karls XII.", sammelte Materialien zum Siècle de Louis XIV., bereitete den Versuch sur les moeurs des nations vor, und sandte Madrigale an Friedrich, den Kronprinzen von Preußen. „Merope", die auch zu Cirey verfaßt worden ist, drückte dem dramatischen Rufe Voltaire's das Siegel auf. Er glaubte damals um den erledigten Sitz des Cardinals von Fleury in der französischen Akademie sich melden zu können. Er wurde aber nicht zugelassen. Er hatte noch nichts als Genie. Indessen einige Zeit nachher fing er an, der Frau von Pompadour zu schmeicheln, und er that dies mit einer so beharrlichen Höflichkeit, daß er den akademischen Lehnstuhl, das Amt eines Kammerjunkers und die Stelle eines Historiographen von Frankreich auf einmal erhielt. Diese Gunst dauerte kurze Zeit. Voltaire zog sich nach einander nach Lüneville, zu dem guten Stanislaus, König von Polen und Herzog von Lothringen, nach Sceaux zur Madame du Main, wo er „Semiramis", „Orest" und „Rome sauvée" verfertigte, und nach Berlin zu Friedrich, der König von Preußen geworden war. In diesem letzten Ruheorte brachte er mehrere Jahre zu, mit dem Titel eines Kammerherrn, dem preußischen Verdienstorden und einem Ruhegehalt. Er ward zu den königlichen Abendtafeln mit Maupertuis, d'Argens und Lamettrie zugelassen. Der letztere war der Atheist des Königs, jenes Königs, der, wie Voltaire selbst sagte, ohne Hof, ohne Staatsrath und ohne Gottesdienst lebte. Es war nicht die erhabene Freundschaft von Aristoteles und Alexander, von Terenz und Scipio. Einige Jahre Reibung reichten hin, um das abzunützen, was die Seele des Despotenphilosophen und die Seele des Sophistendichters miteinander gemein hatten. Voltaire wollte von Berlin entfliehen, Friedrich jagte ihn fort.

Zurückgeschickt von Preußen, zurückgestoßen von Frankreich, brachte Voltaire einige Jahre in Deutschland zu, wo er seine Annales de l'Empire herausgab, die er aus Höflichkeit gegen die Herzogin von Sachsen-Gotha verfaßte. Nachher ließ er sich ganz nahe bei Genf mit Madame Denis, seiner Nichte, nieder.

Der „Waise von China", eine Tragödie, in der noch fast sein ganzes Talent glänzt, war die erste Frucht seines Ruhe-sitzes, wo er im Frieden gelebt hätte, wenn nicht gierige Buch-händler seine verhaßte Pucelle herausgegeben hätten. Noch in diesem Zeitraume und in seinen verschiedenen Wohnsitzen Délices, Tournay und Fernay, machte er das Gedicht „über das Erdbeben zu Lissabon", die Tragödie „Tancred", einige Erzählungen und verschiedene Werkchen. Damals vertheidigte er mit einem Edelmuth, der nur mit zu viel Prahlerei ver-bunden war, Calas, Sirven, la Barre, Montbailli, Lally, beklagenswerthe Opfer der gerichtlichen Mißgriffe. Damals über-warf er sich mit Jean Jacques, verband sich mit Catharina von Rußland, für die er die Geschichte ihres Ahnherrn, Peters des Ersten schrieb, und versöhnte sich mit Friedrich. Zu derselben Zeit begann auch seine Mitwirkung zu der Encyclopädie, einem Werke, bei welchem Männer ihre Stärke zeigen wollten, aber nur ihre Schwäche zur Schau stellten, einem ungeheuren Denk-mal, von dem der Moniteur unserer Revolution ein schreck-liches Seitenstück ist.

Niedergedrückt vom Alter wollte Voltaire Paris wiederum sehen. Er kam in dieses Babylon, das mit seinem Genie sym-pathisirte. Begrüßt durch allgemeinen Freudenruf konnte der unglückliche Greis vor seinem Tode sehen, wie weit sein Werk vorgerückt war. Er konnte seinen Ruhm genießen oder darüber

in Schrecken gerathen. Die Aufregungen dieser Reise auszu-
halten, dazu hatte er nicht genug Lebenskraft, und Paris sah
ihn den 30. Mai 1778 verscheiden. Die Freigeister behaupteten,
daß er den Unglauben mit ins Grab genommen habe. Wir
wollen ihn nicht bis dahin verfolgen.

Wir haben bisher Voltaire's Privatleben erzählt; versuchen wir nun, seine öffentliche und literarische Existenz zu
schildern.

Voltaire nennen, heißt das ganze achtzehnte Jahrhundert
charakterisiren: es heißt mit e i n e m Zug die doppelte historische
und literarische Physiognomie dieses Zeitraumes bestimmen,
die, man sage darüber was man wolle, nur ein Zeitpunkt des
Uebergangs für die Gesellschaft wie für die Dichtkunst war.
Das achtzehnte Jahrhundert wird in der Geschichte immer so
erscheinen, wie wenn es zwischen dem vorhergehenden und nach-
folgenden erstickt wäre. Voltaire ist davon die Hauptperson und
gewissermaßen das Sinnbild, und so wunderbar dieser Mann
war, so scheinen seine Proportionen doch knauserig zwischen
dem großen Bilde Ludwigs des Vierzehnten und der riesigen
Gestalt Napoleons.

Es gibt zwei Wesen in Voltaire, auf sein Leben wirkten
zwei Einflüsse ein, und seine Schriften hatten zwei Resultate.
Auf diese doppelte Wirkung, wovon die eine die Wissenschaft
beherrschte, die andere in den Ereignissen sich kundthat, wollen
wir jetzt einen Blick werfen, und jedes dieser zwei Gebiete von
Voltaire's Genie abgesondert betrachten.

Dabei muß man durchaus nicht vergessen, daß ihre doppelte Macht einander innig beigeordnet war, und daß die
Wirkungen dieser Macht, vielmehr gemischt als gebunden,
immer etwas Gleichzeitiges und Gemeinschaftliches gehabt haben.
Wenn wir gleichwohl die Prüfung abgesondert anstellen, so
geschieht es einzig deßwegen, weil es über unsere Kräfte ginge,

dieses unergreifbare Ganze mit einem einzigen Blick zu umfassen, und wir ahmen hierin das Kunststück der morgenländischen Künstler nach, die, bei dem Unvermögen eine Figur nach ihrer Oberfläche zu malen, gleichwohl eine vollständige Darstellung derselben dadurch bewerkstelligen, daß sie die beiden Halbseiten in e i n e n Rahmen einschließen.

In der Literatur hat Voltaire eines jener Denkmale hinterlassen, deren Anblick mehr durch seinen Umfang in Erstaunen setzt, als durch seine Größe Bewunderung einflößt. Das Gebäude, das er errichtete, hat nichts Erhabenes. Es ist nicht der Palast der Könige, es ist nicht die Herberge des Armen. Es ist ein zierlicher und weitausgedehnter, unregelmäßiger und bequemer Bazar, der im Koth unzählige Reichthümer ausstellt, der Allen ohne Unterschied gibt, was sie wünschen, allen Eitelkeiten, allen Leidenschaften, was ihnen behagt; blendend und übelriechend; für Wollüste Entbehrungen anbietend; bevölkert mit Landstreichern, Krämern und Müßiggängern: wenig besucht vom Priester und vom Dürftigen. Hier glänzende, von einem in Verwunderung gesetzten Haufen unaufhörlich überschwemmte Galerien; dort geheime Höhlen, in die Niemand eingedrungen zu sein sich rühmt. Ihr werdet unter diesen kostbaren Bogengängen tausend Meisterstücke von Geschmack und Kunst, die von Gold und Diamanten glänzen, finden; aber suchet daselbst keine Bildsäule von Erz in alten und ernsten Formen. Ihr werdet daselbst Schmuckgegenstände für eure Gesellschaftszimmer und für eure Boudoirs finden; nur keine Zierrathen, die für die Kirche geeignet sind, müßt ihr dort suchen. Und wehe dem Schwachen, der nur seinem Schicksal sich überläßt, und den Verführungen dieser prächtigen Höhle sich aussetzt! Ungeheurer Tempel, wo man alles das, was nicht Wahrheit ist, glaubt und zu erweisen sucht, und wo alles das, was nicht Gott ist, göttlich verehrt wird!

Gewiß, wenn wir von einem Denkmal dieser Art gern mit Bewunderung reden wollten, so wird man doch nicht verlangen, daß wir mit Ehrerbietung davon reden.

Wir würden eine Stadt beklagen, wo die Volksmenge im Bazar und nur Einzelne in der Kirche sich befänden; und eben so würden wir eine Literatur beklagen, welche Corneille's und Bossuet's Pfade verlassen würde, um in Voltaire's Fußstapfen zu treten.

Wir sind weit entfernt, die Geisteskraft dieses außerordentlichen Mannes in Abrede zu ziehen. Nein! weil, nach unserer Ueberzeugung, dies Genie vielleicht eines der schönsten war, das jemals einem Schriftsteller zu Theil wurde, deßwegen beklagen wir um so bitterer die leichtsinnige und traurige Anwendung. Wir bedauern, für ihn und für die Wissenschaft, daß er diese geistige Macht, die er vom Himmel erhalten hatte, zur Bekämpfung des Himmels verwendete. Wir seufzen über dies schöne Genie, das seine erhabene Sendung nicht begriffen hat, über diesen Undankbaren, der die Keuschheit der Muse und die Heiligkeit des Vaterlandes entweiht hat, über diesen Ueberläufer, der nicht daran dachte, daß der Dreifuß des Dichters seinen Platz bei dem Altar hat. Und (was eine tiefe und unvermeidliche Wahrheit ist) sein Fehler enthielt selbst seine Bestrafung. Sein Ruhm ist viel weniger groß, als er es sein sollte, weil er jede Art von Ruhm versucht hat, sogar den eines Herostratus. Er hat alle Felder urbar gemacht, aber man kann nicht sagen, daß er auch nur eines angebaut habe. Und weil er den strafbaren Ehrgeiz hatte, nahrhafte und giftige Keime in gleichem Maße daselbst auszusäen, so haben, zu seiner ewigen Schande, die Gifte am meisten Frucht getragen. Die Henriade hat, als Kunstwerk betrachtet, einen noch viel geringeren Werth, als die Pucelle (woraus aber gewiß nicht folgt, daß dieses strafbare Werk, auch in seiner schändlichen Schreibart, vorzüglicher sei). Seine Satiren, denen zuweilen höllische Brandmale aufgedrückt sind, stehen hoch über seinen Lustspielen, die unschuldiger sind. Man zieht seine leichten Poesien, in denen seine Schamlosigkeit oft nackt hervortritt, seinen lyrischen Gedichten vor, in denen man hier und da religiöse und ernsthafte Verse findet. *

_ Seine Erzählungen endlich, die wegen der darin ausgedrückten Unglaubigkeit und Zweifelsucht sehr betrübend sind, haben einen höheren Werth als seine Geschichten, wo sich zwar derselbe Fehler etwas weniger wahrnehmen läßt, wo aber der beständige Mangel an Würde mit der Gattung dieser Werke selbst im Widerspruch ist. Was seine Trauerspiele betrifft, wo er sich wesentlich als großer Dichter zeigt, wo er öfters den Grundriß des Charakters auffindet, so kann man, trotz so vieler bewundernswürdiger Auftritte, nicht in Abrede stellen, daß er noch ziemlich weit hinter Racine und besonders dem alten Corneille zurückgeblieben sei. Und hier ist unsere Ansicht um so weniger verdächtig, als eine gründliche Prüfung der dramatischen Werke Voltaire's uns von seiner hohen Meisterschaft im Theater überzeugt hat. Wir zweifeln nicht, daß Voltaire, wenn er, anstatt die kolossalen Kräfte seines Gedankens auf zwanzig verschiedene Punkte zu zerstreuen, sie alle auf denselben Zweck, nämlich die Tragödie, concentrirt hätte, dann Racine übertroffen und vielleicht Corneille erreicht haben würde. Aber er verschwendete das Genie im Witz. Er war außerordentlich geist-

* Der Herr Graf von Maistre bemerkt in seiner ernsten und merkwürdigen Schilderung von Voltaire, daß er in der Ode soviel als Nichts ist, und schreibt mit Recht diese Nullität dem Mangel an Begeisterung zu. In der That war Voltaire, der sich nur mit Widerwillen, und bloß um seine Ansprüche an Universalität zu rechtfertigen, der lyrischen Dichtkunst hingab, jeder tiefen Erhebung fremd; er kannte keine wahre Aufregung, als die des Zorns, und auch dieser Zorn ging nicht bis zum Unwillen, bis zu jener heiligen Indignation, die den Dichter macht, wie Juvenal sagt, facit indignatio versum.

reich. Auch ist das Siegel des Genies mehr dem ungeheuren Ganzen seiner Werke aufgedrückt, als jedem von ihnen besonders. Unaufhörlich von seinem Jahrhundert eingenommen, vernachlässigte er zuviel die Nachkommenschaft, welche alle Betrachtungen des Dichters beherrschen muß. Aus Eigensinn und Leichtsinn, ringend mit seinen launenhaften und frivolen Zeitgenossen, wollte er ihnen gefallen und sich über sie lustig machen. Seine Muse, die an sich so schön gewesen wäre, entlehnte oft ihre Blendwerke von der Ausmalung der Schminke und den Fratzen der Gefallsucht, und man ist beständig versucht, ihm den Rath eines eifersüchtigen Liebhabers zu geben: Erspare dir diese Bemühung, die Kunst ist nicht für dich da, du hast sie nicht nöthig.

Voltaire schien nicht zu wissen, daß es viel Anmuth in der Stärke gibt, und daß das Erhabenste in den Werken des menschlichen Geistes vielleicht auch das Natürlichste ist. Denn die Einbildungskraft kann ihren himmlischen Ursprung offenbaren, ohne zu fremden Kunstgriffen Zuflucht zu nehmen. Sie braucht nur einherzuschreiten, um sich als Göttin zu zeigen. Et vera incessu patuit Dea.

Wenn es möglich wäre, die vielfache Vorstellung, welche die literarische Existenz Voltaire's darbietet, zusammenzufassen, so könnten wir sie nur zu den Wunderdingen zählen, welche die Lateiner monstra nannten. In der That ist Voltaire eine vielleicht einzige Erscheinung, welche nur in Frankreich und nur im achtzehnten Jahrhunderte zum Vorschein kommen konnte. Der Unterschied zwischen seiner Literatur und der des großen Jahrhunderts ist der, daß Corneille, Molière und Pascal mehr der Gesellschaft angehören, Voltaire der Civilisation. Man fühlt, indem man ihn liest, daß er der Schriftsteller eines entnervten und unschmackhaften Zeitalters ist. Er hat viel Angenehmes, aber keine Anmuth, Blendwerk, aber keinen Reiz, Glanz, aber

keine Hoheit mit Würde. Er kann schmeicheln, aber nicht trösten.
Er bezaubert, aber er überzeugt nicht. Die Tragödie ausgenommen, die ihm eigenthümlich ist, gebricht es seinem Talente
an Zartheit und an Freiheit. Man fühlt, daß dies Alles das
Endergebniß einer Organisation ist, und nicht die Wirkung einer
Eingebung, und wenn ein atheistischer Arzt auch gesagt hat,
daß der ganze Voltaire in seinen Flechsen und Nerven sei, so
schaudert ihr, er möchte Recht haben. Vergebens hat übrigens
Voltaire die literarische Obergewalt versucht, ebenso wie ein
anderer neuerer Ehrgeiziger von politischer Obergewalt träumte.
Die unbeschränkte Monarchie schickt sich nicht für den Menschen.
Wenn Voltaire die wahre Größe begriffen hätte, so würde er
seinen Ruhm mehr in die Einheit als in die Universalität gesetzt haben. Die Stärke offenbart sich nicht durch ein beständiges
Verrücken, durch unbestimmte Verwandlungen, sondern durch
eine majestätische Unbeweglichkeit. Die Stärke ist nicht Proteus,
sondern Jupiter.

Hier beginnt der zweite Theil unserer Aufgabe; er wird
aber kürzer sein, weil, Dank sei der französischen Revolution,
die politischen Resultate von Voltaire's Philosophie unglücklicher
Weise schrecklich offenkundig sind. Höchst ungerecht wäre es indessen, nur den Schriften des „Patriarchen von Ferney" diese
verhängnißvolle Revolution zuzuschreiben. Man muß dabei vor
Allem die seit langer Zeit begonnene gesellschaftliche Zersetzung
ins Auge fassen. Voltaire und der Zeitraum, in welchem er
lebte, müssen einander gegenseitig anklagen und entschuldigen.
Zu stark, um seinem Jahrhundert zu gehorchen, war Voltaire
auch zu schwach, um es zu beherrschen. Von dieser Gleichheit
des Einflusses ergab sich zwischen seinem Jahrhundert und ihm
eine beständige Gegenwirkung, ein wechselseitiger Austausch von
Gottlosigkeiten und Thorheiten, eine beständige Ebbe und Fluth
von Neuigkeiten, die in ihren Schwingungen immerfort einen

alten Pfeiler des Staatsgebäudes mit sich fortriß. Man stelle sich die politische Gestalt des achtzehnten Jahrhunderts vor; die Scandale der Regentschaft, die Schändlichkeiten Ludwigs XV.; die Gewaltthätigkeit in dem Ministerium, die Gewaltthätigkeit in den Parlamenten, auf keiner Seite Stärke; die moralische Verderbniß, die stufenweise vom Kopf in das Herz, von den Großen zum Volke hinabstieg; die Hofprälaten, die Putztisch-Abbés, die alte Monarchie, die alte Gesellschaft auf ihrem gemeinschaftlichen Grunde wankend, und den Angriffen der Neuerer nur noch durch den schönen Namen Bourbon * widerstehend; man denke sich Voltaire, gleichsam auf diese in Auflösung begriffene Gesellschaft wie eine Schlange in einen Morast geworfen, so wird man nicht mehr erstaunen über die Wahrnehmung, wie die ansteckende Wirkung seines Gedankens eilends das Ende dieser gesellschaftlichen Ordnung herbeiführt, welche Montaigne und Rabelais in ihrer Jugend und in ihrer Kraft vergeblich angegriffen haben. Er machte die Krankheit nicht tödtlich; aber er entfaltete den Keim davon; er machte ihre Anfälle heftiger. Es bedurfte alles Gifts von Voltaire, um diesen Schlamm in Wallung (Gährung) zu setzen; auch muß man diesem Unglücklichen einen großen Theil der ungeheuren Ereignisse in der Revolution zurechnen. Was diese Revolution an sich betrifft, so mußte sie unerhört sein. Die Vorsehung wollte sie zwischen den furchtbarsten Sophisten und den schrecklichsten Despoten setzen. Bei ihrer Morgenröthe erscheint Voltaire in einem Leichen-Saturnalienfeste;** bei ihrer Neige erhebt sich Bonaparte in einem Gemetzel. ***

* Die allgemeine Entsittlichung muß sehr tiefe Wurzeln getrieben hat da der Himmel gegen das Ende dieses Jahrhunderts Ludwig XVI. vergeblich gesandt hatte, diesen ehrwürdigen Märtyrer, der seine Tugend bis zur Heiligkeit erhob.

** Versetzung der Ueberreste Voltaire's ins Pantheon.

*** Kartätschenfeuer von Saint-Roch.

Ueber Walter Scott.

Bei Gelegenheit des Quentin Durward.

Juni 1823.

Gewiß, es liegt etwas Abenteuerliches und Wunderbares
in dem Talente dieses Mannes, der über seinen Leser verfügt,
wie der Wind über ein Blatt; der nach seinem Belieben ihn
in alle Zeiten und in alle Orte führt; der ihm spielend die
verborgenste Falte des Herzens enthüllt, wie die geheimniß=
vollste Erscheinung der Natur, wie das dunkelste Blatt der
Geschichte; dessen Einbildungskraft alle Einbildungskräfte be=
herrscht und liebkost; der mit derselben in Erstaunen setzenden
Wahrheit die Lumpen des Bettlers, wie den Rock des Königs
beschreibt, alle Gänge einschlägt, alle Verkleidungen annimmt,
alle Sprachen spricht, der Physiognomie der Jahrhunderte das
läßt, was die Weisheit Gottes als unveränderlich und ewig
in ihre Züge gelegt, und was die Thorheiten der Menschen als
abwechselnd und vorübergehend darein geworfen haben; der
nicht so, wie gewisse unwissende Romanschreiber, die Personen
der vergangenen Tage zwingt, sich mit unserer Schminke aus=
zumalen und mit unserem Firniß zu reiben, sondern durch seine
zauberische Kraft die gleichzeitigen Leser nöthigt, den heutzu=
tage so verschmähten Geist der alten Zeiten wenigstens auf
einige Stunden wieder lieb zu gewinnen, wie einen klugen und
geschickten Rathgeber, welcher undankbare Söhne einladet, zu
ihrem Vater zurückzukehren. Der geschickte Zauberer will in=
dessen vor Allem genau verfahren. Er versagt seiner Feder
keine Wahrheit, auch diejenige nicht, die aus dem Gemälde des
Irrthums entspringt, dieses Sohnes der Menschen, den man
für unsterblich halten könnte, wenn seine eigensinnige und

wechselnde Laune nicht eine Beruhigung über |
dauer gewähren würde. Wenige Geschichtschrei
wie dieser Romandichter. Man fühlt, daß er se
Gemälden und seine Gemälde zu Bildnissen m
malt uns unsere Vorfahren mit ihren Leide
Lastern und ihren Verbrechen, aber so, daß d
seit des Aberglaubens und die Gottlosigkeit
nur dazu Anlaß geben, daß die Fortdauer d
die Heiligkeit des Glaubens desto stärker hervort
finden wir gern unsere Altvordern wieder m
edeln und nützlichen Vorurtheilen, wie mit ihre
büschen und ihren guten Brustharnischen. W
stand es, aus den Quellen der Natur und b
unbekanntes Geschlecht zu schöpfen, welches neu
so alt macht, als er es haben will. Walter Sc
der kleinlichen Genauigkeit der Chroniken die ma
der Geschichte und das eindringliche Interesse
ist ein mächtiges und merkwürdiges Genie, w
gangene enträthselt; ein wahrhafter Pinsel, w
unordentlichen Schatten ein getreues Bildniß ze
zwingt, selbst das, was wir nicht gesehen haben
ein gewandter und gründlicher Geist, welcher
Gepräge eines jeden Jahrhunderts und eines
wie ein weiches Wachs, in sich trägt, und bie
die Nachkommenschaft aufbewahrt, wie eine
Erzfigur.

Wenige Schriftsteller haben so gut, wie
Pflichten des Romandichters in Beziehung auf
sein Jahrhundert erfüllt, denn es wäre ein be
Irrthum eines Gelehrten, wenn er über d
Interesse und den nationalen Bedürfnissen zu
bilden, seinen Geist von jeder Einwirkung auf se

rechen, und sein selbstsüchtiges Leben von dem großen
ι der gesellschaftlichen Körperschaft absondern würde. Und
anders soll dies Opfer bringen, als der Dichter? Welche
:e Stimme soll sich im Sturme erheben, als die Stimme
:eyer, die ihn beschwichtigen kann? Und wer anders soll
Haffe der Gesetzlosigkeit und dem Hohne der Gewaltherr-
Trotz bieten, als eben der, dem die altväterliche Weisheit
raft verlieh, die Völker und die Könige mit einander aus-
nen, und der durch die Klugheit der neueren Zeit zugleich
igt ist, dieselben gehörig zu theilen?
Also nicht widerlich süßen Artigkeiten, nicht armseligen
en, nicht schmutzigen Abenteuern weiht Walter Scott
Talent. Etwas mehr bedurfte ein Zeitalter, das so eben
nit seinem Blut und seinen Thränen das außerordentlichste
. aller menschlichen Geschichten geschrieben hatte. Die Zeiten,
iserer krampfhaften Revolution unmittelbar vorangegangen
unmittelbar nachgefolgt sind, waren solche Zeitpunkte der
äftung, wie sie der Fieberkranke vor und nach seinen
llen empfindet. Damals wurden die gemeingräßlichsten,
is ins Dumme gehenden gottlosesten, die am unnatür-
n unflätigen Bücher von einer kranken Gesellschaft, deren
rbener Geschmack und gefühllose Natur jede schmackhafte
heilsame Nahrung verworfen hätte, begierig verschlungen.
erklärt die ärgerlichen Triumphe, die damals von den
jern der Salons und den Patriziern der Krambuden ab-
nackten oder schmutzigen Schriftstellern zuerkannt wurden,
ir nicht einmal nennen mögen, und die heutzutage ge-
zt sind, um den Beifall der Lakaien und das Gelächter
zaffenbirnen zu betteln. Gegenwärtig wird die Volksgunst
mehr vom Pöbel gespendet, sie geht nur aus der Quelle
r, die ihr ein Merkmal sowohl von Unsterblichkeit als auch
Allgemeinheit aufdrücken kann, aus der Zustimmung jener

kleinen Anzahl feiner Geister, erhabener Seelen und ernster Köpfe, welche die gebildeten Völker moralisch darstellen. Dies ist der Beifall, den Scott erlangt hat, indem er aus den Jahrbüchern der Nationen Ausarbeitungen für alle Nationen geliefert, und aus den Festkalendern der Jahrhunderte Bücher für alle Jahrhunderte geschrieben hat. Es gibt eine sichtbare Verwandtschaft zwischen der Form, die ihm eigenthümlich ist, und allen literarischen Formen der Vergangenheit und der Zukunft, und man kann die epischen Romane Scotts als einen Uebergang der gegenwärtigen Literatur zu den großartigen Romanen betrachten, zu den großen Heldengedichten in Versen und in ungebundener Rede, die unser poetischer Zeitrechnungsanfang uns verspricht und uns geben wird.

Was soll die Absicht des Romandichters sein? Er soll in einer anziehenden Fabel eine nützliche Wahrheit ausdrücken. Und wenn einmal diese Grundidee gewählt, diese erläuternde Handlung erfunden ist, muß dann nicht der Verfasser, um sie zu entwickeln, eine Form der Ausführung suchen, die seinen Roman dem Leben ähnlich, die Nachahmung dem Modell gleich macht? Und ist nicht das Leben ein wunderliches Schauspiel, in welchem der Gute und der Schlechte, der Schöne und der Häßliche, der Hohe und der Niedere mit einander vermischt sind, ein Gesetz, das im Bereiche der Schöpfung immerfort gültig sein wird? Muß man sich denn darauf beschränken, ganz finstere Gemälde auszuarbeiten, wie gewisse flämische Maler, oder, wie die Chinesen, ganz helle, da doch die Natur durchaus den Kampf des Lichtes und des Schattens zeigt? Aber die Romanschreiber vor Walter Scott hatten überhaupt zwei Arten von Ausarbeitung, die einander entgegengesetzt waren; alle beide fehlerhaft, gerade weil sie einander entgegengesetzt sind. Die Einen gaben ihrem Werke die Form einer Erzählung, die willkürlich in Kapitel eingetheilt ist, ohne daß man bestimmt errathen

te warum, oder sogar einzig deßwegen, um dem Leser
lung zu verschaffen, wie dies ziemlich unbefangen einge-
den wird in dem Titel Descanso (Ruhe), der von einem
n spanischen Schriftsteller an die Spitze seiner Kapitel geist. * Die Andern haspelten ihre Fabel in einer Reihe von
'fen ab, von denen man annahm, daß sie von den ver-
denen Personen, welche eine Rolle im Roman spielen, ge-
eben seien. In der Erzählung verschwinden die Personen,
Verfasser allein tritt immer hervor; in den Briefen wird
Verfasser unsichtbar, um immer nur seine Personen sehen
assen. Der erzählende Romanschreiber kann dem natürlichen
rräch, der wahrhaften Handlung nicht Platz geben; er muß
hre Stelle eine gewisse eintönige Bewegung des Styls setzen,
wie ein Modell beschaffen ist, wo die verschiedensten Ereig-
dieselbe Form annehmen, und unter welchen die erhabensten
pfungen und die tiefsinnigsten Erfindungen verdunkelt wer-
wie man die rauhen Oberflächen eines Feldes unter der
ze ebnet. In dem brieflichen Roman rührt dieselbe Ein-
zeit von einer anderen Ursache her. Jede Person kommt in
: Reihe mit ihrem Briefe an, nach Art der auswärtigen
uspieler, die, indem sie nur einer nach dem Andern er-
nen können, und nicht befugt sind, auf ihren Marktschreier-
sten zu sprechen, sich nach und nach darstellen, und über
n Köpfen einen großen Zettel tragen, auf welchem das
likum ihre Rolle liest. Man kann den brieflichen Roman
mit den mühseligen Unterhaltungen der Taubstummen
leichen, die sich das, was sie einander zu sagen haben,
selseitig schreiben, so daß ihr Zorn oder ihre Freude immer-
die Feder in der Hand und den Schreibzeug in der Tasche
n muß. Aber ich frage, was wird dann aus dem wohlge-
lten Augenblick eines zärtlichen Vorwurfs, den man auf die

Marcos Obregon de la Ronda.

Post tragen muß? Und der aufbrausende Ausbruch der Leidenschaften, wird er nicht etwas beschränkt zwischen dem gezwungenen Eingang und der höflichen Formel, die der Vortrab und Nachtrab eines jeden von einem gesitteten Manne geschriebenen Briefes sind? Glaubt man, daß das Gefolge der Complimente, das Gepäcke der Höflichkeiten, das Fortschreiten, das Interesse beschleunigen und den Gang der Handlung betreiben? Muß man endlich nicht einen eingewurzelten und unübersteiglichen Fehler in einer Gattung von Composition voraussetzen, die zuweilen die Beredsamkeit selbst eines Rousseau abzukühlen vermochte?

Wir wollen also voraussetzen, daß an die Stelle des erzählenden Romans, wo es scheint, daß man an Alles gedacht habe, nur nicht an das Interesse, indem man den abgeschmackten Gebrauch annahm, jedes Kapitel mit einem Hauptinhalt, der öfters so ausführlich ist, wie die Erzählung von einer Erzählung, vorausgehen zu lassen, wir wollen voraussetzen, daß an die Stelle des brieflichen Romans, dessen Form selbst jede Heftigkeit und Schnelligkeit verbietet, ein schöpferischer Geist den dramatischen Roman setzt, in welchem die eingebildete Handlung in wahren und abwechselnden Gemälden sich abrollt, wie die wirklichen Ereignisse des Lebens sich abrollen; der keine andere Abtheilung kennt, als die der verschiedenen Auftritte, die entwickelt werden müssen; der mit einem Wort ein langes Drama sein soll, wo die Beschreibung die Bühnenverzierungen und die Costüme ersetzen würde, wo die Personen sich durch sich selbst malen, und durch ihr verschiedenes und oft wiederkehrendes Zusammentreffen alle Formen der einzigen Idee des Werkes vorstellen könnten. In dieser neuen Gattung würdet ihr die Vorzüge der beiden alten ohne ihre Nachtheile vereinigt finden. Ihr habt dann die malerischen und in gewisser Art zauberischen Triebfedern des Drama zu eurer Verfügung, ihr

könnt hinter der Bühne die tausend müßigen und vorübergehenden Einzelnheiten lassen, welche der einfache Erzähler, der
seinen Schauspielern Schritt für Schritt folgen muß, wie Kinder
dem Gängelband, weitläufig auseinander zu setzen hat, wenn
er klar sein will; und ihr könnt diese tiefen und plötzlich her-
vortretenden Züge viel fruchtbarer zur Betrachtung benützen,
als ganze Blätter, welche die Bewegung einer Schaubühne
herausspringen läßt, die aber die Schnelligkeit einer Erzählung
ausschließt.

Nach dem malerischen, aber prosaischen Roman von Walter
Scott soll, unserer Ansicht zufolge, noch ein anderer, schönerer
und vollständigerer Roman hervorgebracht werden. Der Roman,
der zugleich Drama und Heldengedicht, malerisch aber poetisch,
reell aber ideal, wahr aber groß ist, wird Walter Scott mit
Homer verschmelzen.

Wie jeder Schöpfer, ist Walter Scott bis jetzt durch unauslöschliche Kunstbeurtheilungen angefallen worden. Wer einen
Morast urbar macht, muß sich's gefallen lassen, die Frösche um
sich her quacken zu hören.

Was uns betrifft, so erfüllen wir eine Gewissenspflicht,
indem wir Walter Scott unter den Romandichtern sehr hoch
stellen, und insbesondere Quentin Durward sehr hoch unter den
Romanen. Quentin Durward ist ein schönes Buch. Es ist schwer,
einen besser gewobenen Roman zu sehen, und moralische Effekte,
die sich an die dramatischen Effekte besser anschmiegen.

Der Verfasser wollte, wie uns scheint, zeigen, wie die
Biederkeit, selbst in einem jungen und armen Geschöpf von
niedriger Herkunft, sicherer ihren Zweck erreicht, als Treulosig-
keit, wäre sie auch von allen Mitteln der Macht, des Reich-
thums und der Erfahrung unterstützt. Er hat die erste dieser
Rollen seinem Schotten Quentin Durward übertragen, einem
Waisen, der mitten unter die vielfältigsten Klippen, in die best-

angelegten Schlingen gerathen war, ohne einen andern Leit-
stern, als eine fast unsinnige Liebe; aber es ist oft der Fall,
daß die Liebe eine Tugend ist, wenn sie wie Narrheit aussieht.
Die zweite ist Ludwig XI. übertragen, einem gewandteren König
als der gewandteste Hofmann, einem alten Fuchs, bewaffnet
mit Löwennägeln, mächtig und schlau, im Schatten wie im
Lichte bedient, unaufhörlich bedeckt von seiner Leibwache, wie
von einem Schilde, und begleitet von seinen Henkern, wie von
einem Schwerte. Diese zwei von einander so verschiedenen Personen wirken so stark auf einander zurück, daß dadurch die
Grundidee mit einer besonders ergreifenden Wahrheit ausgedrückt wird. Der biedere Quentin fördert, indem er treu dem
Könige gehorcht, seinen eigenen Nutzen, ohne es zu wissen,
während die Anschläge Ludwigs XI., bei denen Quentin das
Werkzeug und das Opfer zugleich sein sollte, zu derselben Zeit
zur Beschämung des listigen Alten und zum Vortheil des einfachen jungen Menschen ausschlagen.

Eine oberflächliche Prüfung könnte Anfangs auf die Meinung bringen, daß die Hauptabsicht des Dichters in dem mit
so viel Talent geschilderten historischen Contrast zwischen dem
König von Frankreich, Ludwig von Valois, und dem Herzog
von Burgund, Carl dem Kühnen, bestehe. Diese schöne Zwi-
schenhandlung ist vielleicht in der That ein Fehler in der Ausarbeitung des Werks, weil sie an Interesse mit dem Gegenstande selbst wetteifert; aber dieser Fehler, wenn er es wirklich
ist, benimmt nichts der achtunggebietenden und zugleich komischen Stellung, welche dieser Gegensatz von zwei Fürsten darbietet, von denen der eine, ein geschmeidiger und ehrgeiziger
Gewaltherrscher, den andern verachtet, einen harten und kriegerischen Tyrannen, der auf ihn herabsehen würde, wenn er es
wagte. Alle beide hassen einander; aber Ludwig trotzt dem
Hasse Carls, weil dieser Haß rauh und mild ist; Carl fürchtet

Ludwigs Haß, weil er liebkosend ist. Der Herzog von Burgund ist in der Mitte seines Feldlagers und seiner Staaten unruhig in der Nähe des Königs von Frankreich, der ohne Vertheidigung ist, gleich dem Spürhunde in der Nachbarschaft der Katze. Die Grausamkeit des Herzogs geht aus seinen Leidenschaften hervor, die des Königs rührt von seiner Gemüthsart her. Der Burgunder ist bieder, weil er heftig ist; er hat nie daran gedacht, seine schlimmen Handlungen zu verbergen; er hat keine Gewissensbisse, denn er hat seine Verbrechen vergessen, wie seine Zornesausbrüche. Ludwig ist abergläubisch, vielleicht weil er Heuchler ist; die Religion genügt dem nicht, den sein Gewissen foltert, und der keine Reue empfindet; aber er glaubt umsonst an kraftlose Aussöhnungen; das Andenken an das Böse, das er begangen hat, lebt unaufhörlich in ihm bei dem Gedanken an das Böse, das er zu thun im Begriffe ist, weil man sich immer an das erinnert, was man lang überdacht hat, und weil das Verbrechen, wenn es ein Verlangen und eine Hoffnung gewesen ist, nothwendig auch eine Erinnerung wird Die beiden Prinzen sind andächtig; aber Carl schwört bei seinem Schwert, ehe er bei Gott schwört, während Ludwig sich bemüht, die Heiligen durch silberne Geschenke oder Hofämter zu gewinnen; er mischt Diplomatik in sein Gebet und spielt Ränke selbst mit dem Himmel. Wenn es zu einem Kriege kommt, so prüft Ludwig noch die damit verbundene Gefahr, während Carl sich schon auf den Sieg verläßt. Die Staatsklugheit des Kühnen ist ganz in seinem Arm, aber das Auge des Königs reicht weiter als der Arm des Herzogs. Mit einem Wort: indem Walter Scott die beiden Nebenbuhler in das Spiel mischt, beweist er, um wie viel die Klugheit stärker ist als die Kühnheit, und wie der, welcher nichts zu fürchten scheint, sich vor demjenigen fürchtet, welcher Alles zu fürchten scheint.

Mit welcher Kunst schildert uns der berühmte Schriftsteller den König von Frankreich, wie er mittelst einer erkünstelten Schurkerei bei seinem lieben Vetter von Burgund erscheint, und ihn um Gastfreundschaft bittet, in dem Augenblicke, wo der stolze Lehensmann ihn mit Krieg überziehen will. Und was gibt es Dramatischeres, als wie die Nachricht von einem Aufruhr, der in den Staaten des Herzogs durch die Agenten des Königs genährt worden ist, gleich dem Blitz zwischen den beiden Fürsten in dem Augenblick einschlägt, wo dieselbe Tafel sie vereinigt? So ist der Betrug durch den Betrug vereitelt, und der kluge Ludwig hat sich selbst ohne Vertheidigung der Rache eines mit Recht gereizten Feindes überliefert. Die Geschichte sagt zwar etwas von diesem Allem, aber ich glaube hierin lieber dem Roman, als der Geschichte, weil ich die moralische Wahrheit der historischen vorziehe. Ein noch merkwürdigerer Auftritt ist vielleicht der, wo die beiden Fürsten, welche die weisesten Rathschläge einander noch nicht zu nähern vermochten, sich durch einen Akt der Grausamkeit mit einander aussöhnten, den der Eine aussinnt und der Andere in Ausführung bringt. Zum ersten Mal lachen sie mit einander mit herzlichem Vergnügen; und dies Lachen, das durch eine Todesstrafe erregt ist, löscht für einen Augenblick ihre Zwistigkeit aus. Diese furchtbare Idee erregt eine bebende Bewunderung.

Wir haben die Schilderung des Saufgelages als häßlich und empörend beurtheilen gehört. Es ist, unseres Bedünkens, eines der schönsten Kapitel dieses Buchs. Da Walter Scott es unternommen, jenen berüchtigten Straßenräuber, der den Beinamen Arbenneneber führte, zu schildern, so hätte sein Gemälde einen Fehler gehabt, wenn es nicht Abscheu erregt hätte. Man muß immer unbefangen in den Sinn eines dramatischen Stückes eindringen, und durchaus den Grund der Sachen aufsuchen. Nur auf diese Art sieht man, wie sich das Stück bewegt

und ein Interesse gewährt. Es ist nur Sache der schüchternen
Geister, mit einem starken Gedanken zu unterhandeln, und
wieder zurückzuweichen auf dem Weg, den sie sich vorgezeichnet
haben.

Wir wollen nach dem nämlichen Grundsatz zwei andere
Stellen rechtfertigen, die uns nicht weniger der Betrachtung
und des Lobes würdig scheinen. Die erste ist die Ausführung
jenes Hayrabbin, einer sonderbaren Person, aus welcher der
Verfasser vielleicht noch mehr Nutzen hätte ziehen können. Die
zweite ist das Kapitel, wo der König Ludwig XI., nachdem er
auf Befehl des Herzogs von Burgund verhaftet worden war,
in seiner Gefangenschaft die Bestrafung des Astrologen, der ihn
getäuscht hatte, durch Tristan l'Hermite vorbereiten läßt. Dies
ist eine ausnehmend schöne Idee, uns diesen grausamen König
zu zeigen, wie er noch in seinem Kerker Raum genug für seine
Rache findet, indem er Scharfrichter als letzte Diener in An=
spruch nimmt, und den Rest seines Ansehens durch den Befehl
einer Todesstrafe beweist.

Wir könnten diese Beobachtungen vervielfachen und uns
bemühen zu zeigen, worin das neue Drama Walter Scotts
uns mangelhaft scheine, namentlich in der Entwicklung; aber
der Romandichter hätte ohne Zweifel viel bessere Gründe, sich
zu rechtfertigen, als wir ihn anzugreifen, und gegen einen so
furchtbaren Kämpfer würden wir unsere schwachen Waffen nicht
mit Vortheil versuchen. Wir wollen uns darauf beschränken,
ihm bemerklich zu machen, daß die Aeußerung, die er dem
Hofnarren des Herzogs von Burgund bei der Ankunft des
Königs Ludwig XI. zu Peronne in den Mund gelegt, dem
Hofnarren Franz I. gehört, der sich bei der Reise Carls V.
durch Frankreich im Jahre 1535 so aussprach. Die Unsterblich=
keit dieses armen Triboulet hängt nur an diesem Dictum; man
muß es ihm lassen. Auf gleiche Weise glauben wir, daß das

wißige Auskunftsmittel, das der Astrolog Galeotti anwendet,
um Ludwig XI. auszuweichen, schon einige tausend Jahre vorher von einem Philosophen, den Dionysius von Syrakus hin-
richten lassen wollte, ersonnen war. Wir legen auf diese Bemerkungen nicht mehr Werth, als sie verdienen; ein Romandichter ist kein Chronikschreiber. Wir müssen uns nur wundern,
daß der König in dem Rathe von Burgund das Wort an Ritter
vom Heiligengeistorden richtet, da dieser erst ein Jahrhundert
später von Heinrich III. gestiftet worden ist. Wir glauben sogar,
daß der Orden St. Michael, womit der edle Verfasser seinen
tapfern Lord Crawford ziert, von Ludwig XI. erst nach seiner
Gefangenschaft gestiftet worden ist. Walter Scott möge uns die
kleinen chronologischen Spitzfindigkeiten verzeihen! Indem wir
einen leichten Schulfuchstriumph über einen so berühmten Alter-
thumskenner davon tragen, können wir uns jener unschuldigen
Freude nicht erwehren, die seinen Quentin Durward außer sich
brachte, als er den Herzog von Orleans aus dem Sattel gehoben und Dunois die Spitze geboten hatte, und wir kämen
in Versuchung, ihn über unsern Sieg um Vergebung zu bitten,
wie Carl der Fünfte den Papst. Sanctissime Pater, indulge victori.

.   .

Ueber den Abbé de la Mennais.

Bei Gelegenheit des Versuchs über die Gleichgültig-keit in der Religion

Sollte es wahr sein, daß es in der Bestimmung der
Nationen einen Augenblick gibt, wo die Bewegungen des gesellschaftlichen Körpers nur die letzten Zuckungen eines Sterbenden zu sein scheinen? Sollte es wahr sein, daß man das
Licht aus dem Verstande der Völker allmählig verschwinden
sehen kann, so wie man am Himmel die Abenddämmerung nach

und nach erlöschen sehen kann? Dann — so sagen prophetische
Stimmen — stehen das Gute und das Böse, das Leben und der
Tod, das Sein und das Nichts einander gegenüber; und die
Menschen schweifen vom Einen zum Andern herum, wie wenn sie
zu wählen hätten. Die Thätigkeit der Gesellschaft ist nicht mehr
Thätigkeit, sie ist ein schwacher und zugleich heftiger Schauder,
wie eine Erschütterung des Todeskampfes. Die Entwicklungen
des menschlichen Geistes bleiben stehen, seine Revolutionen be=
ginnen. Der Fluß befruchtet nicht mehr, er verschlingt; die
Fackel erleuchtet nicht mehr, sie verzehrt. Der Gedanke, der
Wille, die Freiheit, diese göttlichen Kräfte, die von der gött=
lichen Allmacht der menschlichen Gesellschaft eingeräumt worden
sind, machen dem Stolze, der Empörung, dem persönlichen
Naturtrieb Platz. Auf die gesellschaftliche Voraussicht folgt jene
tiefe thierische Blindheit, welcher es nicht gegeben ist, die An=
näherung des Todes zu bemerken. Bald führt in der That die
Empörung der Glieder das Zerreißen des Körpers herbei, auf
welche die Auflösung des Leichnams folgen wird. Der Kampf
der vorübergehenden Interessen tritt an die Stelle der ewigen
Glaubenssätze. Etwas Thierisches erwacht in dem Menschen
und verträgt sich brüderlich mit seiner herabgewürdigten Seele.
Er entsagt dem Himmel und wächst pflanzenmäßig tief unter
seiner Bestimmung. Alsdann sind zwei Feldlager in der Nation
abgestochen. Die Nation stellt nur ein hartnäckiges Handgemenge
in einer tiefen Nacht dar, wo kein anderes Licht leuchtet als
der Blitz der Schwerter, die einander stoßen, und der Funke
der Rüstungen, die zerschmettert werden. Die Sonne würde
vergebens über diese Unglücklichen aufgehen, um sie aufmerk=
sam darauf zu machen, daß sie Brüder sind; erpicht auf ihr
blutiges Geschäft, würden sie sich nicht einmal sehen. Der Staub
von ihrem Kampfe verblendet sie.

Alsdann hört, um den feierlichen Ausdruck von Bossuet

zu entlehnen, ein Volk auf Volk zu sein. Die Ereignisse,
die sich mit einer immer wachsenden Schnelligkeit beschleunigen,
schwängern sich immer mehr mit einem düstern Gepräge von
Vorsehung und Verhängniß, und die kleine Anzahl von arg-
losen, den alten Prophezeiungen treu gebliebenen Menschen
blickt furchtsam umher, ob sich nicht Zeichen am Himmel
offenbaren.

Wir wollen hoffen, daß unsere alten Monarchien noch
nicht auf diesem Standpunkte sind. Man behält einige Hoffnung auf Heilung, so lange der Kranke den Arzt nicht zurück-
stößt, und die gierige Begeisterung, welche die ersten Gesänge
religiöser Dichtkunst, die dieses Jahrhundert gehört hat, er-
weckten, beweist, daß es noch eine Seele in der Gesellschaft gibt.

Diesen göttlichen Hauch zu befestigen, diese himmlische
Flamme zu beleben, darauf zielen heutzutage alle wahrhaft
erhabenen Geister hin. Jeder bringt seinen Funken zum allgemeinen Herde, und, Dank sei ihrer edelmüthigen Thätigkeit,
das gesellschaftliche Gebäude kann schnell wieder aufgebaut
werden, wie die zauberischen Paläste der arabischen Erzählungen,
welche eine Legion von Genien in einer Nacht vollendete. Auch
finden wir Andacht in unsern Schriftstellern, und Salbung in
unsern Dichtern. Es erhebt sich von allen Seiten ein ernsthaftes
und sanftes, an Erinnerungen und Hoffnungen reiches Zeitalter. Es fordert seine Zukunft zurück von den angeblichen
Philosophen des letzten Jahrhunderts, die ihre Vergangenheit
gern wieder anfangen möchten. Es ist rein und mithin nach-
sichtig, sogar gegen diese alten und unverschämten Frevler,
welche seine Bewunderung wieder in Anspruch zu nehmen
wagen; aber seine Nachsicht gegen die Schuldigen schließt seinen
Abscheu gegen die Verbrechen nicht aus. Es will sein Dasein
nicht auf Abgründe stützen, nämlich auf Gottesverläugnung und
auf Gesetzlosigkeit; es entsagt der Erbschaft von Todes wegen,

womit die Revolution es noch verfolgt; es kommt zur Religion zurück, weil die Jugend nicht gern auf das Leben Verzicht thut; deßwegen fordert es vom Dichter mehr, als die älteren Zeitalter von ihm erhalten haben. Er gab dem Volke nur Gesetze, und fordert von ihm nur Glauben und Zutrauen.

Einer der Schriftsteller, die am stärksten dazu beigetragen haben, diesen Durst nach religiösen Aufregungen unter uns zu erwecken, einer von denen, die es am besten verstanden, ihn zu stillen, ist unwidersprechlich der Herr Abbé F. de la Mennais. Dieser ehrwürdige Priester war, seit seinen ersten Schritten, auf den Gipfel literarischen Glanzes gekommen, und scheint nur flüchtig dem menschlichen Ruhm in den Weg gekommen zu sein. Er strebt höher. Der Zeitpunkt der Erscheinung des Versuches über die Gleichgültigkeit wird einen Zeitabschnitt dieses Jahrhunderts ausmachen. Es muß ein sonderbares Geheimniß in diesem Buche sein, das Niemand ohne Hoffnung oder ohne Schrecken lesen kann, wie wenn es eine hohe Offenbarung unserer Bestimmung versteckte. Wechselsweise majestätisch und leiden= schaftlich, einfach und prächtig, ernsthaft und heftig, tief und erhaben, wendet sich der Schriftsteller an das Herz mit aller Zärtlichkeit, an den Geist mit allen Kunstgriffen, an die Seele mit aller Begeisterung. Er erleuchtet wie Pascal, er brennt wie Rousseau, er blitzt wie Bossuet. Sein Gedanke läßt in den Geistern immer eine Spur, die er bewirkt hat, zurück; er schlägt alle diejenigen nieder, die er nicht erhebt. Er muß trösten, wofern er nicht zur Verzweiflung bringt. Er macht Alles das welk, was nicht Frucht bringen kann. Es gibt über ein solches Werk keine vermischte Meinung; man greift ihn als einen Feind an, oder man vertheidigt ihn, wie einen Retter. Das ist doch auffallend! Dies Buch war ein Bedürfniß unseres Zeitalters, und die Mode hat sich seinen glücklichen Erfolg zum Geschäft gemacht! Das ist ohne Zweifel das erste Mal, daß die Mode für die Ewigkeit Partei ergriffen hat. Indem man diese Schrift verschlungen, hat man an den Verfasser eine Menge Vorwürfe gerichtet, welche Jeder für sich an sein Gewissen hätte richten sollen. Alle Laster, die er aus dem menschlichen Herzen verbannen wollte, haben geschrien, wie die aus dem Tempel verjagten Krämer. Man hat besorgt, die Seele möchte leer bleiben, wenn er die Leidenschaften daraus vertrieben hätte. Wir haben sagen hören, daß dies herbe Buch das Leben verdüstere, daß dieser mürrische Priester die Blumen aus dem Pfade des Menschen ausreiße. Ich gebe es zu. Aber die Blumen, die er ausreißt, sind solche, die den Abgrund verdecken.

Dies Werk hat noch eine andere Erscheinung hervorgebracht, die in unsern Tagen sehr merkwürdig ist, das ist die öffentliche Erörterung einer theologischen Frage. Und, was sonderbar daran ist, und was man dem außerordentlichen, durch den Versuch u. s. w. veranlaßten Interesse zuschreiben muß, die Leichtfertigkeit der Weltleute und die Befangenheit der Staatsmänner sind eine Zeitlang vor dem scholastischen und religiösen Kampfe verschwunden. Man glaubte einen Augenblick, die Sorbonne zwischen den zwei Kammern aufs Neue hervorkommen zu sehen.

Herr de la Mennais hat, unterstützt in seiner Kraft durch die Kraft von Oben, seine Leser daran gewöhnt, ihn von einem Ende seiner unermeßlichen Composition zum andern die Bürde einer Grundidee, einer ungeheuern und einzigen Idee tragen zu sehen, ohne den Athem zu verlieren. Durchaus offenbart sich in ihm der Besitz eines großen Gedankens. Er entwickelt ihn in allen seinen Theilen, er malt ihn in allen Einzelnheiten aus, erklärt ihn in allen seinen Geheimnissen, beurtheilt ihn in allen seinen Resultaten. Er steigt zu allen Gründen auf, wie er zu allen Folgerungen wieder hinabsteigt.

Werke dieser Art haben unter Anderem auch die wohlthätige

Folge, daß sie gegen Alles das, was die Anführer der un-
glaubigen Sekte Spöttisches und Ironisches geschrieben haben,
einen tiefen Widerwillen einflößen. Wenn man einmal so hoch
gestiegen ist, so will man nicht mehr eben so tief wieder herab-
steigen. Sobald man die Luft geathmet und das Licht gesehen
hat, so kann man nicht in diese Finsterniß und Leere zurück-
gehen. Man ist von einem unaussprechlichen Mitleiden ergriffen,
wenn man Menschen ihren Hauch erschöpfen sieht, um Gott zu
schmieden oder umzublasen. Man ist zu glauben versucht, daß
der Gottesläugner ein besonderes, auf seine eigene Art ge-
bildetes Wesen sei, und daß er mit Recht seine Stelle unter
den Thieren in Anspruch nehmen könne, denn bei der Empörung
des Verstandes gegen den Verstand ist Alles unbegreiflich. Und
dann ist es nicht eine sonderbare Gesellschaft — um eine
Gesellschaft von solchen Einzelwesen, die, Jedes für sich einen
Schöpfer von ihrer Schöpfung, einen Glauben nach ihrer Meinung haben, die über die Ewigkeit verfügen, während die Zeit
sie wegrafft; und welche jene multiplex religio, einen ungeheuren
von einem Heiden erfundenen Ausdruck, zu verwirklichen suchen?
Man möchte wohl sagen, das Chaos verfolge das Nichts.
Während die Seele des Christen, gleich der Flamme, die von
der Laune der Luft vergeblich angegriffen wird, sich unaufhörlich gegen den Himmel erhebt, so ist der Geist dieser Unglücklichen wie das Gewölk, das seine Form und seinen Lauf nach
dem Winde, der es treibt, wechselt. Und man lacht, wenn
man sie ewige Dinge von der Höhe der menschlichen Philosophie beurtheilen sieht, wie man über die Unglücklichen lacht,
die mühsam den Gipfel eines Gebirges ersteigen, um die Sterne
besser zu untersuchen.

Diejenigen, welche den durch so viele Gifte berauschten
Nationen die wahre Nahrung des Lebens und des Verstandes

bringen, müffen fich auf die Heiligkeit ihrer Unternehmung
verlaffen.

Bald oder fpät brängen fich die beffer belehrten Völker
um fie her und fagen ihnen, wie Johannes zu Jefu: **Ad
quem ibimus? verba vitae aeternae habes.** Zu wem follen wir
gehen? Du haft Worte des ewigen Lebens.

.   .

Ueber Lord Byron.
Aus Veranlaffung feines Todes.

Wir find im Juni 1824. Lord Byron ift fo eben geftorben.
Man verlangt unfere Anficht über Lord Byron, und zwar
über den geftorbenen Lord Byron. Was liegt an unferer Anficht? zu was dient das Schreiben, infofern man nicht vor-
ausfetzt, daß es Jedem, wer es auch fei, unmöglich fein werde,
über einen fo großen Dichter und ein fo großes Ereigniß nicht
einige Worte zu fagen, die würdig wären gefammelt zu werden?
Darf man den finnreichen Fabeln des Orients glauben, fo
wird eine Thräne eine Perle, indem fie ins Meer fällt.

Bei dem Standpunkte, in den uns der Gefchmack an
Wiffenfchaften verfetzt, in der friedlichen Region, in die uns
die Liebe zur Unabhängigkeit und zur Dichtkunft geftellt hat,
mußte uns der Tod Byrons fo fchmerzlich treffen, wie ein
häusliches Unglück. Er war für uns einer der Unglücksfälle,
die uns nahe berühren. Wer feine Tage dem Dienfte der Wiffen-
fchaft geweiht hat, fühlt, daß der Kreis feines phyfifchen Lebens
fich um ihn her enger fchließt, während die Sphäre feiner
geiftigen Exiftenz fich vergrößert. Eine kleine Anzahl geliebter
Wefen befchäftigt die Zärtlichkeit feines Herzens, während alle
Dichter, geftorbene und Zeitgenoffen, fremde und Landsleute,
der Zuftände feiner Seele fich bemächtigen. Die Natur hatte

ihm eine Familie gegeben, die Dichtkunst schafft ihm eine zweite. Seine Sympathien, die so wenige Wesen neben ihm erwecken, suchen, mitten durch den Wirbel der gesellschaftlichen Beziehungen, nach Maßgabe der Zeitläufe und der Entfernung, einige Menschen, die er versteht, und von denen verstanden zu werden er sich würdig fühlt. Während in dem eintönigen Kreislaufe der Gewohnheiten und Geschäfte die Menge der Gleichgültigen ihn quetscht und an ihm anstößt, ohne seine Aufmerksamkeit zu erregen, so begründen sich zwischen ihm und den hier und da zerstreuten Menschen, die seine Neigung gewählt hat, innige Verhältnisse und, so zu sagen, elektrische Mittheilungen. Eine liebliche Gedankengemeinschaft befestigt ihn, wie ein unsichtbares und unauflösliches Band, an die von ihm auserlesenen Wesen, die in ihrer Welt eben so abgesondert stehen, wie er in der seinigen; so daß, wenn er zufällig einem von ihnen begegnet, ein bloßer Blick hinreicht, sich einander zu entdecken, ein Wort, um in den Grund ihrer Seelen gegenseitig einzudringen und das Gleichgewicht derselben wieder zu erkennen, und nach einigen Augenblicken sind diese Fremden gegen einander wie zwei von derselben Milch genährte Brüder, wie zwei durch dasselbe Unglück erprobte Freunde.

Es sei uns erlaubt es zu sagen und, wenn man will, uns damit zu rühmen, daß eine Sympathie dieser Art, die wir so eben erklärt haben, uns zu Byron hinzog. Es war gewiß nicht der Reiz, den das Genie dem Genie einflößt; es war zum wenigsten eine aufrichtige Empfindung von Bewunderung, Begeisterung und Dankbarkeit, denn man ist den Männern, deren Werke und Handlungen bewirken, daß das Herz edel schlägt, Erkenntlichkeit schuldig. Als man uns den Tod dieses Dichters meldete, schien es uns, daß man uns einen Theil unserer Zukunft weggenommen habe. Nur mit bitterer Empfindung haben wir darauf verzichtet, mit Byron eine der poetischen Freundschaften zu knüpfen, wie wir solche mit der Mehrzahl der vornehmsten Geister unseres Zeitalters zu unserem großen Vergnügen rühmlich unterhalten haben, und wir haben den schönen Vers an ihn gerichtet, mit dem ein Dichter seiner Schule den edlen Schatten von André Chénier begrüßte:

„Leb wohl, mein junger Freund, den ich nicht kennen lernte."

Weil wir uns so eben ein Wort über Lord Byrons besondere Schule haben entschlüpfen lassen, so wird es vielleicht am Platze sein, hier zu untersuchen, welche Stelle sie in der Gesammtheit der gegenwärtigen Literatur einnimmt, da man sie so angreift, wie wenn sie besiegt werden könnte, und so verleumdet, wie wenn sie verurtheilt werden könnte. Falsche Geister, die jede Frage zu verrücken geeignet sind, suchen unter uns einen sehr sonderbaren Gedanken in Aufnahme zu bringen. Sie haben sich die Vorstellung gemacht, daß die gegenwärtige Gesellschaft in Frankreich durch zwei schlechterdings entgegengesetzte Literaturen ausgedrückt sei; das heißt, daß derselbe Baum auf einmal zwei Früchte von ganz verschiedener Art trage, daß dieselbe Ursache zu gleicher Zeit zwei mit einander unverträgliche Wirkungen hervorbringe. Aber diese Gegner von Neuerungen haben nicht einmal wahrgenommen, daß sie dadurch eine ganz neue Denklehre erschafften. Sie fahren alle Tage fort, die Literatur, die sie klassisch heißen, so zu behandeln, wie wenn sie noch lebte, und diejenige, welche sie romantisch nennen, so wie wenn sie nächstens verloren ginge. Diese gelehrten Redekünstler, die unaufhörlich den Vorschlag gemacht haben, das Vorhandene gegen das Vorhandengewesene umzutauschen, erinnern uns unwillkürlich an den rasenden Roland von Ariost, welcher einen Reisenden ernsthaft bittet, einen Tausch einer todten Stute gegen ein lebendiges Pferd sich gefallen zu lassen. Roland gibt übrigens zu, daß seine Stute todt sei, dies sei aber, setzt er hinzu, ihr einziger Fehler. Aber die

Rolande der angeblich klaſſiſchen Art ſind noch nicht auf dieſer
Höhe in Rückſicht auf Urtheil und Redlichkeit. Man muß ihnen
alſo das, was ſie nicht zugeſtehen wollen, aus dem Kopf
bringen, und ihnen erklären, daß heutzutage nur ei ne Literatur vorhanden iſt, wie nur ei ne Geſellſchaft exiſtirt, daß die
vorhergehenden Literaturen, die allerdings unſterbliche Denkmale hinterließen, haben verſchwinden müſſen und mit den
Zeitaltern, deren geſellſchaftliche Gewohnheiten und politiſche
Aufregungen ſie ausgedrückt haben, wirklich verſchwunden ſind.
Der Geiſt unſeres Zeitalters, vielleicht eben ſo ſchön, als der
Geiſt der berühmteren Epochen, kann nicht derſelbe ſein; und
es hängt eben ſo wenig von den gleichzeitigen Schriftſtellern
ab, eine vergangene Literatur wieder ins Leben zu rufen,* als
es von dem Gärtner abhängt, Herbſtblätter auf Frühlings-
zweigen wieder grün werden zu laſſen.

Man betrüge ſich darin nicht. Vergeblich verſucht insbe-
ſondere eine kleine Anzahl kleiner Geiſter, die allgemeinen
Ideen zu dem jammervollen literariſchen Syſtem des letzteren
Jahrhunderts zurückzuführen. Dieſer natürlich dürre Boden iſt
ſeit langer Zeit ausgetrocknet. Außerdem fängt man nach
Robespierre's Guillotinen nicht wieder Dorat's Madrigale von
vorn an, und im Jahrhunderte Bonaparte's kann man Voltaire nicht fortſetzen. Die wirkliche Literatur unſerer Zeit, die,
deren Schriftſteller auf Ariſtidiſche Art geächtet ſind; die, welche
von allen Federn verſtoßen, von allen Leyern an Kindesſtatt
angenommen iſt; die, welche trotz einer ungeheuren und be-
rechneten Verfolgung alle ihre Talente in ihrem ſtürmiſchen

* Man darf, indem man dies lieſt, nicht außer Acht laſſen, daß man
unter den Worten· Literatur eines Jahrhunderts, nicht bloß die ganze
Maſſe der während dieſes Jahrhunderts hervorgebrachten Werke verſtehen
muß, ſondern auch die allgemeine Ordnung von Ideen und Empfindungen,
welche — meiſtens ohne Vorwiſſen ihrer Urheber ſelbſt — ihre Miſchung
geleitet und gleichſam den Vorſitz dabei geführt hat.

Umkreise aufblühen sieht, wie Blumen, die nur an solchen Orten wachsen, die von Winden hin und her geworfen werden; kurz diejenige, welche von denen, welche unbedenklich entscheiden, wieder aufgefunden wurde, wird von Männern vertheidigt, die mit ihrer Seele denken, mit ihrem Geiste urtheilen und mit ihrem Herzen empfinden; diese Literatur hat nicht den weichen und unverschämten Gang der Muse, die den Kardinal Dubois besang, der Pompadour schmeichelte und unsere Jungfrau von Orleans beschimpfte. Sie fragt weder nach dem Schmelztiegel des Atheisten, noch nach dem Zergliederungsmesser des Materialisten. Sie entlehnt vom Skeptiker nicht die bleierne Wage, deren Gleichgewicht nur durch das Interesse gestört wird. Sie bringt nicht Gesänge für Metzeleien in den Saufgelagen zur Welt. Sie kennt weder Schmeichelei noch Kränkung. Sie leiht der Lüge nichts Verführerisches. Sie nimmt den Täuschungen ihren Reiz nicht weg. Fremd Allem, was nicht ihr wahrer Zweck ist, schöpft sie die Dichtkunst aus den Quellen der Wahrheit. Ihre Einbildungskraft wird durch den Glauben fruchtbar. Sie folgt den Fortschritten der Zeit, aber mit einem gesetzten und abgemessenen Schritte. Ihr Charakter ist ernst, ihre Stimme ist wohlklingend und hell. Sie ist, mit einem Wort, das, was der gemeinschaftliche Gedanke einer großen Nation nach großem Jammer sein muß; traurig, stolz und religiös. Im Nothfall nimmt sie keinen Anstand, sich in die öffentlichen Zwistigkeiten zu mischen, um sie zu beurtheilen oder zu beschwichtigen. Denn wir sind nicht mehr in der Zeit der Hirtengesänge, und die Muse des neunzehnten Jahrhunderts kann nicht sagen:

Non me agitant populi fasces, aut purpura regum.

Indessen bietet diese Literatur, wie alle menschlichen Dinge, selbst in ihrer Feinheit, ihre düstere und ihre tröstende Seite dar. Zwei Schulen haben sich in ihrem Schooße gebildet, welche

die doppelte Lage vorstellen, worin unsere politischen Unglücks=
fälle die Geister wechselseitig hinterlassen haben: die Ergebung
und die Verzweiflung. Alle beide erkannten das an, was eine
spottende Philosophie geläugnet hatte, die Ewigkeit Gottes, die
Unsterblichkeit der Seele, die ursprünglichen Wahrheiten und
die geoffenbarten Wahrheiten; aber die eine, um anzubeten,
die andere, um zu fluchen. Die eine sieht Alles von der Höhe
des Himmels an, die andere aus der Tiefe der Hölle. Die eine
setzt an die Wiege des Menschen einen Engel, den er am Kopf=
kissen seines Sterbebettes sitzend wiederfindet; die andere um=
gibt ihre Schritte mit Dämonen, Gespenstern und unheilbrin=
genden Erscheinungen. Die erste spricht ihm zu, Vertrauen zu
haben, weil er niemals allein ist; die andere setzt ihn in
Schrecken, indem sie ihn unaufhörlich sich selbst überläßt. Alle
beide besitzen gleichmäßig die Kunst, liebliche Auftritte in einer
Skizze zu entwerfen, und furchtbare Gestalten mit einem Stifte
zu zeichnen; aber die erste, die darauf bedacht ist, nie das Herz
zu zerschlagen, gibt noch den düstersten Gemälden einen gewissen
göttlichen Wiederschein; die zweite, die immer zu betrüben
sucht, breitet über die lachendsten Bilder gleichsam einen höl=
lischen Schein aus. Kurz, die eine ist dem Immanuel ähnlich,
der sanft und stark ist, indem er sein Reich auf einem Blitz
und leichten Wagen durchwandert, die andere ist jener stolze
Satan,* der so viele Sterne in seinen Fall fortriß, als er
vom Himmel herabgestürzt wurde. Diese zwei Zwillingsschulen,
die auf dieselbe Grundlage gebaut und, so zu sagen, in der=
selben Wiege geboren sind, scheinen uns insbesondere in der
europäischen Literatur durch zwei berühmte Männer von Geist:
Chateaubriand und Byron, vertreten zu sein.

* Hier ist nur ein einfacher Bericht, der den Titel: „Satanische Schule,"
unter dem ein Mann von Talent die Schule des Lord Byron bezeichnet hat,
nicht rechtfertigen kann.

Beim Ausgang unserer ungeheuren Revolutionen kämpften zwei politische Stände auf demselben Boden. Eine alte Gesellschaft stürzte vollends ein; eine neue Gesellschaft begann sich zu erheben. Hier Trümmer, dort Anlagen. Lord Byron hat in seinen düstern Klaggesängen die letzten Zuckungen der sterbenden Gesellschaft ausgedrückt. Herr von Chateaubriand hat mit seinen erhabenen Eingebungen die ersten Bedürfnisse der wiederbelebten Gesellschaft befriedigt. Die Stimme des einen ist wie der Abschiedsgesang des Schwanes vor seinem Tode; die Stimme des andern ist gleich dem Gesange des Phönix, der von seiner Asche wieder ersteht.

Durch die Schwermüthigkeit seines Genies, durch den Stolz seines Charakters, durch die Stürme seines Lebens ist Lord Byron das Vorbild der Art von Dichtkunst, in welcher er Meister war. Alle seine Werke sind tief gezeichnet mit dem Siegel seiner Eigenthümlichkeit, es ist immer eine düstere und hochmüthige Gestalt, die der Leser in jedem Gedichte gleichsam mitten durch einen Trauerflor gehen sieht. Gleich allen tiefen Denkern, zuweilen in Unklarheit und Dunkelheit verfallen, hat er Worte, welche eine Seele im Innersten ergreifen, Seufzer, welche eine ganze Existenz erzählen. Es scheint, daß sein Herz jedem Gedanken sich öffne, der daraus hervorspringt, wie ein feuerspeiender Berg, welcher Blitze schleudert. Die Schmerzen, die Freuden, die Leidenschaften haben für ihn keine Geheimnisse, und wenn er die wirklichen Gegenstände nur mitten durch einen Schleier sehen läßt, so zeigt er die überwirklichen, idealen Regionen nackt. Man kann ihm den Vorwurf machen, daß er die Anordnung seiner Gedichte völlig vernachlässige; ein bedeutender Fehler, denn ein Gedicht, dem die Anordnung mangelt, ist ein Gebäude ohne Zimmerwerk, oder ein Gemälde ohne Fernschein. Ebenso treibt er die lyrische Geringschätzung der Uebergänge zu weit; und man mag wohl zuweilen wünschen, diefer fo treue Maler der inneren Aufregungen möchte die physischen Beschreibungen weniger phantastisch beleuchten und weniger dunstige Farben auf dieselben auftragen. Sein Genie ist zu oft einem ohne Zweck Spazierengehenden ähnlich, der während des Gehens träumt, und in einer tiefen inneren Anschauung versunken nur ein undeutliches Bild der Gegend, die er durchlaufen hat, zurückbringt. Wie dem auch sei, selbst in seinen weniger schönen Werken erhebt sich diese eigensinnige Einbildungskraft auf Höhen, zu denen man nicht ohne Flügel gelangt. Der Adler heftet vergeblich seine Augen auf die Erde, er behält gleichwohl den erhabenen Blick, dessen Weite bis an die Sonne reicht.* Man hat behauptet, daß der Verfasser des

* In einem Augenblick, wo ganz Europa eine ausgezeichnete Hochachtung dem Genie des Lord Byron, eines, seitdem er todt ist, anerkannt
großen Mannes, erzeigt, wird der Leser neugierig sein, hier einige Stellen
aus dem merkwürdigen Artikel wieder zu lesen, mit dem die Edinburgh
Review, eine in Ansehen stehende Zeitschrift, den berühmten Dichter
bei seinem ersten Auftreten begrüßte. In diesem Tone unterhalten uns
übrigens gewisse Zeitschriften jeden Morgen oder jeden Abend von den vorzüglichsten Talenten unseres Zeitalters:
„Die Gedichte unseres jungen Lords sind von der Art, welche für Götter
und Menschen unerträglich ist. Seine Gedanken sind so platt, daß man sie
mit einem stehenden Waſſer vergleichen kann. Gleichsam zu seiner Entschuldigung erinnert der edle Schriftsteller unaufhörlich daran, daß er minder-
jährig ist Vielleicht will er uns sagen: „Sehet, wie ein Minderjähriger
schreibt" Aber ach! wir erinnern uns alle an die Gedichte des zehnjährigen
Cowley und des zwölfjährigen Pope. Weit entfernt, mit Verwunderung zu
vernehmen, daß schlechte Verse von einem Schüler bei seinem Austritte aus
der Schule geschrieben worden sind, glauben wir dies als etwas sehr Ge-
wöhnliches, und unter zehn Schülern mögen wohl neun sein, die es eben
so gut, oder noch beſſer als Lord Byron thun können....
„Im Grunde ist dies die einzige Rücksicht (die des hohen Ranges des
Verfaſſers), die uns bestimmte, Lord Byron in unserer Zeitschrift aufzu-
führen, und überdies unser Wunsch, ihm zu rathen, daß er die Dichtkunst
aufgebe, um seine Talente beſſer anzuwenden.
„In dieser Absicht wollen wir ihm sagen, daß der Reim und die Zahl

Don Juan von einer Seite seines Geistes der Schule des Verfassers des Candide angehörte. Weit gefehlt! Es ist zwischen dem Lachen Byrons und dem Lachen Voltaires ein bedeutender

der Füße, wenn auch diese Anzahl immer regelmäßig wäre, nicht die ganze Dichtkunst ausmacht; wir möchten ihm gern die Ueberzeugung beibringen, daß ein wenig Geist und Einbildungskraft unerläßlich seien, und daß ein Gedicht, wenn es gelesen werden soll, heutzutage neue oder neu scheinende Gedanken haben muß

„Was seine Nachahmungen der Ossian'schen Gedichte betrifft, so verstehen wir einander darin so wenig, daß wir Gefahr laufen würden, Macpherson zu tadeln, indem wir schlechterdings nur unsere Meinung über die Rhapsodien dieses neuen Nachahmers ausdrücken wollten. Was wir davon sagen können, besteht lediglich nur darin, daß sie dem Macpherson ähnlich sind, und wir sind überzeugt, daß sie vollkommen eben so dumm und langweilig sind, als die von unserem Landsmann.

„Ein großer Theil des Bandes ist dem Bestreben gewidmet, die Beschäftigung des Verfassers während seiner Erziehung zu verewigen. Wir bedauern, einen schlechten Begriff von dem Psalmgesang des Collegs zu geben, wenn wir diese attischen Stanzen hier anführen (Es folgt die Anführung.) ....

„Aber möge auch das Urtheil, das man über die Gedichte des edlen Minderjährigen aussprechen kann, beschaffen sein, wie es wolle, so scheint es uns, daß wir sie, wie wir sie finden, nehmen und uns damit begnügen müssen; denn es sind die letzten, die wir von ihm erhalten werden. Es mag ihm gelingen oder nicht, so ist es sehr unwahrscheinlich, daß er von Neuem sich dazu hergibt, Schriftsteller zu werden So wollen wir denn das Angebotene nehmen und erkenntlich dafür sein. Mit welchem Recht könnten so arme Teufel, wie wir sind, so leckerhaft sein? Es ist zu viel Ehre für uns, von einem Manne in solchem Range, wie dieser Lord, so viel zu empfangen Wir wollen dankbar sein, wir wiederholen es, und mit dem guten Sancho hinzusetzen: „Gott segne den Geber' einem geschenkten Gaul sieht man nicht ins Maul.""

Lord Byron geruhte, sich an diesem elenden Plunder von Gemeinplätzen, dem beständigen Stoffe, den die neidische Mittelmäßigkeit unaufhörlich gegen das Genie vorbringt, zu rächen. Die Verfasser der Edinburgh Review mußten unter den Streichen seiner satirischen Peitsche sein Talent anerkennen. Eine abschreckende Strafe! Wir gestehen indessen, daß wir lieber gesehen hätten, wenn Lord Byron sie mit dem Stillschweigen der Verachtung gestraft hätte. Wenn dieser Rath nicht in seinem Interesse gelegen war so wäre er wenigstens in seiner Würde gelegen.

Unterschied. Voltaire hatte keine Leiden zu erdulden. Hier wäre es Zeit, etwas von dem so gequälten Leben des edlen Dichters zu sagen; aber in der Ungewißheit, in der wir uns über die wahren Ursachen der häuslichen Unglücksfälle, die seinen Charakter verstimmt haben, befinden, wollen wir lieber davon schweigen, damit unsere Feder nicht gegen unsern Willen sich verirre. Da wir Lord Byron nur aus seinen Gedichten kennen, so ist es uns angenehm, ein Leben nach seiner Seele und in seinem Genie bei ihm vorauszusetzen. Wie alle hervorragende Männer, ist er zuverlässig der Verleumbung zur Beute geworden. Nur auf ihre Rechnung schreiben wir die ehrenrührigen Gerüchte, die so lange den berühmten Namen des Dichters begleitet haben.

Uebrigens hat diejenige Person, die durch sein Unrecht gekränkt worden ist, dieses ohne Zweifel im Augenblicke seines Todes zuerst vergessen. Wir hoffen, sie habe ihm verziehen, denn wir gehören zu denen, die nicht denken, daß Haß und Rachgier auf den Grabstein etwas einzugraben haben.

Und wir, laßt uns ihm auch seine Fehler, seine Irrthümer und selbst seine Werke verzeihen, wo er von der doppelten Höhe seines Charakters und seines Talents herabzusteigen schien; laßt uns ihm verzeihen, er ist so edel gestorben! er ist so rühmlich gefallen! Er hatte da das Ansehen eines kriegerischen Vertreters der modernen Muse in dem Vaterlande der antiken Musen. Edelmüthig diente er in dem Hülfsheere des Ruhms, der Religion und der Freiheit; seinen Degen und seine Leyer hat er den Nachkommen der ersten Krieger und der ersten Dichter gebracht, und schon hat die Schwere seiner Lorbeerblume es bewirkt, daß die Wage zu Gunsten der unglücklichen Hellenen sich neigte. Wir und wir besonders sind ihm eine tiefgefühlte Dankbarkeit schuldig; er hat Europa bewiesen, daß die Dichter der neuen Schule, wenn sie schon die Götter heidnischen Griechenlands nicht mehr anbeten, doch immer seine Helden bewundern, und daß sie, wenn sie den Olymp verlassen, wenigstens den Thermopylen niemals entsagt haben.

Der Tod Byrons ist auf dem ganzen Festlande mit Zeichen eines allgemeinen Schmerzes aufgenommen worden. Das Geschütze der Griechen hat seine Ueberreste lange Zeit begrüßt, und eine Nationaltrauer hat den Verlust dieses Fremden wie eine öffentliche Calamität gefeiert. Die stolzen Pforten des Westminsters haben sich von selbst geöffnet, damit der Grabstein des Dichters die Grabstätte der Könige ehren möge. Sollen wir es sagen? Mitten unter diesen ruhmvollen Zeichen allgemeiner Betrübniß forschten wir nach, welches feierliche Zeugniß von Begeisterung Paris, diese Hauptstadt Europas, dem Heldenschatten Byrons zu Theil werden ließ; und wir sahen eine Narrenkappe, die seine Leyer verhöhnte, und Fußgestelle, die seinen Sarg beschimpften. *

Ideen aufs Gerathewohl.

I

Juli 1824.

Alle möglichen Ohren müssen sich wohl gewöhnen, es sagen und wiederholt sagen zu hören, eine Revolution in den Künsten hat stattgefunden. Sie hat in der Dichtkunst angefangen, sie ist in der Musik fortgesetzt worden; jetzt bringt sie die Malerei wieder auf, und in Kurzem wird sie unfehlbar die Bildhauerei und Baukunst, die seit langer Zeit todt sind, wie immerfort

---

* Einige Tage nach der Nachricht vom Tobe des Lord Byron gab man noch auf einem gewissen Boulevardtheater eine abgeschmackte, gemeine Posse, worin der edle Dichter unter dem lächerlichen Namen Lord Dreistern persönlich auf die Bühne gebracht ist.

die Künste bei voller Akademie sterben, wieder zum Leben bringen. Im Uebrigen ist diese Revolution nur ein allgemeiner Rücktritt zu der Natur und zu der Wahrheit, nämlich die Ausrottung des falschen Geschmacks, der seit beinahe drei Jahrhunderten dadurch, daß er an die Stelle aller Realitäten unaufhörlich übereinkunftmäßige Willkür setzte, so viele gute Köpfe verdorben hat. Das neue Zeitalter hat den klassischen Lappen, den philosophischen Lumpen und das mythologische Flittergold entschieden weggeworfen. Es hat den männlichen Rock angezogen und sich von den Vorurtheilen losgemacht, indem es sich mit den Ueberlieferungen genau bekannt machte.

Es erregt Lachen, wenn man hört, wie über eine unausweichlich durch den Lauf der Ereignisse herbeigeführte Veränderung gelehrte Untersuchungen angestellt werden von jenem unzähligen Schwarm von falschen Geistern, von kleinen Doktoren, von großen Schulfüchsen, von plumpen Spaßmachern, von vornehmen Absprechern, von oberflächlichen Kunstrichtern, die auf gleiche Weise tauglich sind über Alles zu vernünfteln, weil sie von Allem gleich wenig verstehen, von mittelmäßigen Künstlern, die das Talent nur durch den Neid, mit dem es sie quält, und die Unmacht, mit der es sie niederdrückt, kennen lernen. Diese guten Leute bilden sich ein, daß sie durch vieles Geschrei, durch heftigen Zorn und wiederholte Bannflüche, ein System von Ideen, die aus der Ordnung der Dinge nothwendig sich ergeben, endlich zerstören oder nach ihrer Einbildung gestalten werden. Sie begreifen nicht, daß, so wie ein Sturm den Zustand des Dunstkreises ändert, eine Revolution den Zustand der Gesellschaft verändert. Man sieht sie in vergeblichen Anstrengungen sich abmühen, um die Literatur und die Künste, die aus dieser Revolution hervorgegangen sind, zu verbessern. Ich wäre wohl begierig zu wissen, wie sie sich benehmen würden, um den Regenbogen wieder anzumalen.

Bis sie diese Aufgabe gelöst haben, wird der Regenbogen glänzen, und dieses Jahrhundert wird das sein, was in seiner Bestimmung liegt.

Die neue Generation lasse also Kunstrichter, seien sie in Aufnahme gekommen oder nicht, mit einer wunderlichen Sicherheit behaupten, daß die Kunst bei uns in gänzlichem Zerfall sich befinde. Man muß sich erinnern, daß die Akademie den Cid verworfen hat; daß die Herren Morellet und Hoffmann dem Verfasser des Génie du Christianisme Tatzen gegeben; daß die Edinburgh Review den Lord Byron wieder in die Schule geschickt hat. Man muß die Mittelmäßigkeit mit aller ihrer kleinen Kraft auf dem Talente liegen lassen. Sie wird es nicht ersticken. Und um Alles zusammenzufassen, gibt es wohl ein unterhaltenderes Schauspiel, als das, einen Mann von Geist von einem Zeitungs- oder Athenäums-Professor niedergedonnert zu sehen? Das ist der Adler in den Klauen des Sperlings.

II.

Dem Ausdruck der Liebe mangelt es bei den Dichtern der alten Schule (gehören sie einer Nation oder einer Epoche, welcher sie wollen) im Allgemeinen an Keuschheit und Schamhaftigkeit. Diese dem ersten Anschein nach unbedeutende Beobachtung knüpft sich indessen an die erhabensten Betrachtungen. Bei einer ernsthaften Untersuchung derselben möchten wir wohl alle heidnischen Gesellschaften und alle abgöttischen Gottesdienste im Grund und Boden dieser Frage finden. Die Abwesenheit der Keuschheit in der Liebe ist vielleicht das charakteristische Merkmal der Gesittungen und der Literaturen, welche das Christenthum nicht gereinigt hat. Nichts zu sagen von den monströsen Dichtungen, durch welche Anacreon, Horaz, selbst Virgil schändliche Ausschweifungen und schimpfliche Gewohnheiten verewigt haben, bieten die verliebten Lieder der alten und neueren heidnischen Dichter, eines Catull, Tibull, Bertin, Bernis, Parny nichts von jener Feinheit, Bescheidenheit und Zurückhaltung, ohne welche die Liebe nur ein thierischer Naturtrieb und ein sinnlicher Trieb ist. Es ist wahr, die Liebe ist bei diesen Dichtern eben so verfeinert als plump. Es ist schwer das, was die Thiere empfinden, witziger auszudrücken; und ohne Zweifel machen diese artigen Schwätzer darum Klaggedichte, weil es zwischen ihren Liebschaften und denen der Thiere einen Unterschied gibt. Sie sind sogar so weit gekommen, das, was das Natürlichste in der Welt ist, in Wissenschaft zu verwandeln; und die Kunst zu lieben ist von Ovid den Heiden im Jahrhundert des August gelehrt worden, wie vom artigen Bernard den Heiden im Jahrhundert Voltaire's.

Mit einiger Aufmerksamkeit erkennt man, daß zwischen den ersten und letzteren Künstlern in Liebe ein Unterschied vorhanden ist. Bis auf eine Schattirung ist die Schminke dieselbe. Alle besingen die materielle Wollust. Aber die heidnischen, griechischen und römischen Dichter sind meistens Herren ähnlich, welche Sklaven befehlen, während die heidnischen französischen Dichter immerfort Sklaven sind, die ihre Gebieterinnen anflehen. Und das Geheimniß der beiden verschiedenen Gesittungen liegt ganz darin. Die gebildeten, aber abgöttischen Gesellschaften von Rom und Athen kannten die himmlische Würde der Frau nicht, welche später den Menschen von Gott, der von einer Tochter Evens auf die Welt kommen wollte, geoffenbart worden ist. Auch hatte die Liebe bei diesen Völkern, indem sie sich nur Sklaven und Buhlerinnen zuwandte, etwas Gebieterisches und Verachtendes. Hingegen in der christlichen Gesittung zielt Alles auf Veredlung des schwachen und schönen Geschlechts; und das Evangelium scheint den Frauen ihren Rang wieder hergestellt zu haben, damit sie die Männer auf die höchst mögliche Stufe von gesellschaftlicher Vervollkommnung führen. Sie sind es, die das Ritterwesen geschaffen haben; und diese wunderbare Anstalt hat bei ihrem Verschwinden aus den neueren Monarchien die Ehre dagegen zurückgelassen, wie eine Seele, die Ehre, diesen Naturtrieb, der auch ein Gesellschaftsaberglaube ist; die einzige Macht, deren Tyrannei der Franzose geduldig erträgt; dieses den alten Frommen unbekannte geheimnißvolle Gefühl, das zugleich mehr und weniger als die Tugend ist. Für jetzt wollen wir das bemerken: die Ehre kannten die Völker nicht, denen das Evangelium noch nicht geoffenbart war, oder bei denen kein moralischer Einfluß der Frauen stattfand. In unserer Gesittung ertheilen die Gesetze dem Manne die erste Stelle, die Ehre räumt der Frau den ersten Rang ein. Darin liegt das Gleichgewicht der christlichen Gesellschaften.

III.

Ich weiß nicht, durch welche seltsame Raserei man heutzutage dem Genie das Recht, das Genie laut zu bewundern, absprechen will; man verhöhnt die Begeisterung, welche der Gesang des Dichters einem Dichter einflößt; und man verlangt, daß diejenigen, die Talent haben, nur von denen, die keines haben, beurtheilt werden. Man möchte sagen, daß wir, seit dem letzten Jahrhunderte, nur noch an literarische Eifersucht gewöhnt seien. Unser neidisches Zeitalter spottet über diese poetische Brüderschaft, die unter Nebenbuhlern so anmuthig und so edel ist. Es hat das Beispiel jener alten Freundschaften vergessen, die sich im Ruhme an einander anschlossen, und es würde jene rührende Anrede, die Horaz an Virgils Schiff richtete, mit einem höhnischen Gelächter aufnehmen.

IV.

Die poetische Composition ergibt sich aus zwei geistigen Erscheinungen, der Betrachtung und der Begeisterung. Die

Betrachtung iſt eine Fähigkeit, die Begeiſterung iſt ein Ge=
ſchenk. Alle Menſchen können, bis auf einen gewiſſen Grad,
nachdenken; ſehr wenige ſind begeiſtert. Spiritus flat, ubi vult.
In der Betrachtung iſt die Seele thätig, in der Begeiſterung
gehorcht ſie; weil die erſte in dem Menſchen iſt, während die
zweite von höherer Abkunft iſt. Der, welcher uns dieſe Kraft
gibt, iſt ſtärker als wir. Dieſe beiden Wirkungen des Gedankens
verbinden ſich innig in der Seele des Dichters. Der Dichter
ruft die Begeiſterung durch die Betrachtung hervor, wie die
Propheten durch das Gebet ſich zur Entzückung erhoben. Weil
die Muſe ſich ihm offenbart, ſo muß er gewiſſermaßen ſeine
materielle Exiſtenz abgelegt und ſein Gemüth in Ruhe und
Stille geſammelt haben. Er muß ſich vom äußerlichen Leben
abgeſondert haben, um das innerliche Leben, das in ihm gleich=
ſam ein neues Weſen entwickelt, vollſtändig zu genießen, und
nur wenn die phyſiſche Welt ſeinen Augen ganz entſchwunden
iſt, kann die ideale Welt ſich ihm offenbaren. Es ſcheint, daß
die poetiſche Exaltation etwas zu Erhabenes für die gemeine
Natur des Menſchen habe. Die Geburt des Genies kann nicht
zu Stande kommen, wenn die Seele ſich nicht im erſten Augen=
blicke von der gemeinen Befangenheit, die man im Leben mit
ſich herumſchleppt, gereinigt hat; denn der Gedanke kann nicht
Flügel nehmen, ehe er ſeine Bürde abgelegt hat. Daher kommt
es ohne Zweifel, daß die Begeiſterung nur auf vorangegangene
Betrachtung ſich einſtellt. Bei den Juden, dem Volk, deſſen
Geſchichte ſo fruchtbar iſt an geheimnißvollen Sinnbildern,
zündete der Prieſter, wenn er den Altar errichtet hatte, das
irdiſche Feuer daſelbſt an, und nur erſt alsdann ſtieg der gött=
liche Strahl darauf herab.

Wenn man ſich gewöhnte, die literariſchen Compoſitionen
unter dieſem Geſichtspunkte zu betrachten, ſo würde die Kritik
wahrſcheinlich eine neue Richtung nehmen; denn es iſt gewiß,

daß der wahre Dichter zwar seine Betrachtungen nach Belieben zu wählen im Stande ist, keineswegs aber das Wesen seiner Begeisterung beherrschen kann. Vielmehr wird er von seinem Genie, das er erhalten und nicht selbst erworben hat, beherrscht; und es ist sonderbar, und vielleicht doch wahr, wenn man sagt, daß man zuweilen dem, was man damals als Dichter geschrieben hat, als Mensch fremd ist. Diese Idee mag auf den ersten Ueberblick ohne Zweifel widersinnig scheinen. Aber es fragt sich doch, bis auf welchen Punkt der Gesang der Stimme und das Gedicht dem Dichter angehöre.

Glücklich ist derjenige, der in seinem Gedanken die doppelte Macht der Betrachtung und der Begeisterung fühlt, die das Genie ist. Sein Jahrhundert, sein Land mag sein, welches es wolle, er mag im Schooße häuslichen Unglücks geboren, oder in eine Zeit von Revolutionen geworfen sein, oder, was noch beklagenswerther ist, in eine Epoche von Gleichgültigkeit; er vertraue der Zukunft! Denn wenn die Gegenwart andern Menschen angehört, so ist die Zukunft sein. Sie ist den auserwählten Wesen beizuzählen, die an einem bezeichneten Tage kommen müssen. Bald oder spät, dieser Tag kommt; und alsdann kann er, genährt von Begeisterungen, dreist der Menge sich zeigen, indem er den erhabenen Ausruf des Dichters wiederholt:

Hier ist mein Aufgangspunkt: Völker, erhebet eure Augen!

V.

Wenn jemals einer literarischen Composition das unauslöschliche Gepräge der Betrachtung und der Begeisterung tief aufgedrückt gewesen ist, so ist es das verlorne Paradies. Eine moralische Idee, die auf einmal die zwei Naturen des Menschen berührt; eine furchtbare Lektion, die in erhabenen Versen gegeben ist; eine der höchsten Wahrheiten der Religion und der Philosophie, entwickelt in einem der schönsten Werke der Dicht nft; die ganze Leiter der Schöpfung von der höchsten bis zur iedersten Stufe durchgegangen; eine Handlung, die mit Jesus nfängt und mit Satan sich endigt; Eva von Neugierde, Mitleien und Unklugheit bis zum Verderben hingerissen; die erste rau in Berührung mit dem ersten Dämon — dies stellt das Werk Miltons dar, ein einfaches und unermeßliches Drama, dessen riebfedern Empfindungen sind, ein zauberisches Gemälde, das uf alle Farben von Licht alle Schattirungen von Finsterniß usenweise folgen läßt; ein außerordentliches Gedicht, das be= aubert und in Schrecken setzt!

VI.

Wenn die Fehler einer Tragödie das Besondere haben, daß ian, um unangenehm davon berührt zu werden, die Geschichte ge='sen haben und die Regeln kennen muß, so merkt die große Zahl er Zuschauer wenig davon, weil sie nur empfinden kann. Auch rtheilt die große Anzahl immer gut. Und in der That, warum ollte man es so schlimm finden, wenn ein tragischer Schriftsteller ianchmal die Geschichte verletzt? Wenn diese Freiheit nicht zu eit getrieben ist, was liegt dann an der historischen Wahreit, insofern die moralische Wahrheit beobachtet ist? Wollt Ihr enn, daß man von der Geschichte das sage, was man von der oetif des Aristoteles gesagt hat, sie lasse sehr schlechte ragödien machen? Seid ein getreuer Maler der Natur und ei Charaktere, und nicht sklavischer Abschreiber der Geschichte. luf der Schaubühne ziehe ich den wahren Menschen der wahren hatsache vor.

VII.

Wenn man mit Aufmerksamkeit und Jahrhundert um Jahriundert in den Jahrbüchern von Frankreich die Kunstgeschichte, ie mit der politischen Geschichte der Völker so eng verbunden it, verfolgt, so ist, so bald man bis auf unsere Zeiten kommt, eine sonderbare Erscheinung auffallend. Nachdem man auf den Fensterscheiben der bewundernswürdigen Hauptkirchen des Mittelalters gleichsam einen Wiederschein der schönen Epoche der großen Lehnbarkeit, der Kreuzzüge, des Ritterwesens, einer Epoche, welche weder im Andenken der Menschen noch auf der Oberfläche der Erde eine Spur hinterlassen hat, die nicht etwas Denkmalartiges hätte, wiedergefunden hat, so kommt man an die Regierung Franz des Ersten, die so unbesonnen die Zeitrechnung der Wiedergeburt der Künste genannt worden ist. Man sieht deutlich den Faden, der dieses witzige Jahrhundert mit dem Mittelalter verbindet. Das sind schon die griechischen Formen, ihre Reinheit und Eigenthümlichkeit abgerechnet; aber es ist immer gothische Einbildungskraft. Die Dichtkunst, die noch natürlich war in Marot, hat doch aufgehört volksthümlich zu sein, um mythologisch zu werden. Man fühlt, daß man von der Straße abgekommen ist. Schon haben die klassischen Studien den Nationalgeschmack verdorben. Unter Ludwig XIII. ist die Ausartung fühlbar; man leidet die Folgen des schlechten Systems, wo die Künste sich verwickelt haben. Es gibt keinen Jean Goujon, keinen Jean Cousin, keinen Germain Pilon mehr; und die fehlerhaften Vorbilder, die ihr Genie mit so viel Anmuth und Zierlichkeit verbesserte, werden wieder schwerfällig und unächt unter den Händen ihrer Nachbildner. In diesen Verfall mischt sich, ich weiß nicht was für ein falscher Florentiner Geschmack, der in Frankreich durch die Medicis naturalisirt worden ist. Alles wird unter dem glänzenden Scepter Ludwigs XIV. gesteigert, aber nichts berichtigt. Im Gegentheil, der Grundsatz der Nachahmung der Alten wird Gesetz für die Künste, und die Künste bleiben kalt, weil sie falsch bleiben. Der Geist dieses berühmten Jahrhunderts ist, man muß es sagen, blendend, aber unvollkommen. Sein Reichthum ist nur Gepränge, seine Größe nur Majestät.

Endlich, unter Ludwig XV. haben alle diese Zweige ihre

Früchte getragen. Die Künste nach den Grundsätzen des Aristoteles fallen aus Abgelebtheit mit der Monarchie nach den
Grundsätzen des Richelieu. Dieser künstliche Adel, den ihnen Ludwig XIV. mittheilte, stirbt mit ihm. Der philosophische Geist
bringt das klassische Werk vollends zur Reife, und in dem Jahrhundert der Schändlichkeiten sind die Künste nur eine Schänd-
lichkeit mehr. Baukunst, Bildhauerei, Malerei, Dichtkunst, Musik,
Alles mit sehr wenigen Ausnahmen, zeigt dieselben Mißgestalten;
Voltaire belustigt eine regierende Buhlerin durch Darstellung
der Qualen einer Märtyrerjungfrau. Dorats Verse kommen für
die Schäferinnen von Boucher zur Welt. Unedles Jahrhundert,
wenn es nicht lächerlich ist, lächerliches, wenn es nicht abscheulich ist; wahrlich, indem es von der Schenke anfängt, um
bei der Köpfmaschine zu endigen, indem es seine Feste mit
Metzeleien und seine Tänze mit der Carmagnole krönt, hat es
nur zwischen dem Chaos und dem Nichts eine Stelle verdient.

Das Jahrhundert Ludwigs XIV. gleicht einer Hofceremonie,
die durch die Etikette geregelt ist; das Jahrhundert Ludwigs XV.
ist ein Kneipengelag, wo der Wahnsinn sich mit dem Laster
paart. Indessen so verschieden sie auf den ersten Anblick scheinen, so ist doch ein inniger Zusammenhang zwischen beiden
Epochen vorhanden. Nehmet die Hofsitte von einer Feierlichkeit
des Prunks hinweg, so wird nur ein Gewühl übrig bleiben;
nehmet von der Regierung Ludwigs XIV. die Würde hinweg,
so habt ihr die Regierung Ludwigs XV.

Glücklicher Weise, und darauf wollten wir kommen, verknüpft nicht dasselbe Band das achtzehnte und das neun-
zehnte Jahrhundert. Sonderbar! wenn man unsere so herbe,
so beschauende und an wunderbaren Ereignissen schon so reiche
Epoche mit den drei vorhergehenden Jahrhunderten und besonders mit seinem unmittelbaren Vorgänger vergleicht, so begreift man Anfangs kaum, wie es kommt, daß es ihnen nach-

folge; und seine Geschichte hat nach der ihrigen das Ansehen
eines verstümmelten Buches. Man ist versucht zu glauben, Gott
habe sich im Jahrhundert geirrt, bei seiner wechselweisen Ver-
theilung der Zeiten. Man kann von unserem Jahrhundert in
das andere keinen Uebergang entdecken. In der That ist keiner
vorhanden. Zwischen Friedrich und Bonaparte, Voltaire und
Byron, Vanloo und Géricault, Boucher und Charlet ist ein
Abgrund: die Revolution.

Geschichtliche Bemerkungen.

Im Alterthum beschäftigten sich große, historische Männer
in den Stunden der Muße und Erholung mit der Geschicht-
schreibung: so Xenophon, der Führer der Zehntausende; so
Tacitus, der princeps senatus. In neueren Zeiten dagegen,
wo die großen geschichtlichen Personen nicht einmal lesen konnten, mußte man die Abfassung der Geschichte den Literaten
und Gelehrten überlassen, die bei all ihrer Gelehrsamkeit und
ihren wissenschaftlichen Kenntnissen ihr ganzes Leben lang den
Interessen unseres Planeten oder, mit andern Worten, der
Geschichte völlig fremd geblieben waren.

Dies ist der Grund, warum die Geschichte, so wie sie von
den Neueren abgefaßt wurde, überall den Stempel des Kleinlichen und Unklaren an sich trägt.

Bei einer Zusammenstellung der alten und neueren Geschichtschreiber verdient die Bemerkung eine Stelle, daß die
frühesten Geschichtschreiber des Alterthums nach Traditionen,
die neueren dagegen nach Chroniken ihre Geschichtswerke ab-
faßten.

Die Alten folgten bei ihrer Verfahrungsweise der großen
monarchischen Idee, daß das Leben eines Menschen oder selbst

die Existenz ganzer Jahrhunderte noch lange nicht das Wesen
der Geschichte begründe, daß es vielmehr hiezu größerer, im
Andenken der Menschen fortlebender Beispiele bedürfe. Daher
der frische kräftige Lebensathem, der die Geschichte der Alten
durchweht. Sie ist, was sie sein soll, ein vollständiges, lebendiges Tableau großer Männer und großer Begebenheiten, und
nicht, wozu man sie in unsern Tagen verhunzt hat, ein lang-
weiliges Lebensregister einiger Menschen, oder ein trockenes
Protokoll etlicher Jahrhunderte.

Die neueren Historiker, denen die Chroniken als Geschichts-
quellen dienten, sahen in den Büchern nichts weiter, als den
trockenen Buchstaben; sie fanden nichts darin, als was gerade
auf dem Papier stand; widersprechende Thatsachen und Zeit-
angaben, die sie zu berichtigen und in Ordnung zu bringen
suchten. Sie schrieben mit großem Aufwand von Gelehrsamkeit,
ohne sich jedoch viel mit Thatsachen und noch weniger mit deren
Folgen abzugeben. Sie verbreiteten sich über die Ereignisse,
nicht nach dem moralischen Interesse, das sie hatten, sondern
nur nach der größern oder geringern Wichtigkeit in Bezug auf
die Ereignisse ihres eigenen Jahrhunderts. Dies ist auch der
Grund, warum die meisten unserer Geschichtswerke mit chronologischen Abrissen beginnen und mit Zeitungsnachrichten endigen.

Man hat ausgerechnet, daß ein Mensch achthundert Jahre
lang, alle Tage vierzehn Stunden, in e i n e m fort lesen müßte,
um nur die Geschichtswerke durchzulesen, welche sich auf der
königlichen Bibliothek in Paris finden. Unter diesen Werken
darf man mehr als zwanzigtausend, meistens in mehreren
Theilen, zählen, welche allein die französische Geschichte behandeln, von Rovou, Fantin-Desodoards und Anquetil an, bis
zu den trefflichen Chronikenschreibern Froissard, Comines und
Jean de Troyes, von denen wir allerlei höchst wichtige Nach-
richten erfahren, als: „daß heute Se. königliche Majestät von

einer Unpäßlichkeit befallen wurde," und: „daß vorgestern ein Mann in der Seine ertrank."

Unter den angeführten Werken befinden sich vier, welche allgemein unter dem Namen der vier großen Geschichten Frankreichs bekannt sind: die von Dupleix, welche kein Mensch mehr liest; die von Mézeray, welche man immer lesen wird, nicht sowohl wegen ihrer Genauigkeit und historischen Treue, als wegen ihres originellen und satirischen Tons, der bei französischen Lesern das beste Empfehlungsmittel ist; die des Jesuiten Daniel, eines trefflichen Schlachtenerzählers, der in dem Zeitraum von zwanzig Jahren ein Geschichtswerk zu Stande brachte, das kein anderes Verdienst, als das der Gelehrsamkeit, aufweisen kann, und in welchem der Graf von Boulainvilliers nicht weniger als zehntausend Unrichtigkeiten auffand; und endlich die von Vély, fortgesetzt von Villaret und Garnier.

„Es finden sich manche gute und gelungene Partien in Vély's Werk," — sagt Voltaire, dessen Urtheile von hohem Werth sind, — „er hat alle Ansprüche auf Lob und Anerkennung; nur sollte sein Styl dem Gegenstande mehr angemessen sein. Um eine gute Geschichte von Frankreich zu liefern, reicht man mit einer freien Unterscheidungsgabe und mit Geschmack allein noch nicht aus."

Villaret, der früher Schauspieler gewesen, schreibt in einem prätentiösen, schwülstigen Styl; er ermüdet durch eine fortwährende Affektation von Empfindsamkeit und Energie; er ist häufig nachlässig und selten unparteiisch. Garnier hat mehr Räsonnement und gelehrte Bildung, ist aber darum kein besserer Schriftsteller; seine Manier ist matt, sein Styl schleppend und weitschweifig.

Der Unterschied zwischen Garnier und Villaret ist bloß der Uebergang vom Mittelmäßigen zum Schlechten, und wenn es die erste Lebensbedingung für ein Werk ist, daß es sich lesen läßt, so dürfen wir die Arbeit dieser zwei Schriftsteller mit Fug und Recht als gar nicht vorhanden betrachten.

Ueberhaupt ist es eine unvollständige Arbeit, die Geschichte einer einzelnen besonderen Nation zu schreiben, ein Werk ohne Anfang und ohne Ende, folglich mangelhaft und ungeformt. Nur in den wohlgefugten Abtheilungen einer allgemeinen Geschichte finden gute Lokalgeschichten ihre Stelle. Nur zwei Aufgaben gibt es, die eines Historikers würdig sind: die Chronik, das Journal oder die Universalgeschichte. Tacitus oder Bossuet.

Gehen wir von einem beschränkteren Gesichtspunkt aus, so hat Comines in sechs Zeilen eine ziemlich gute Geschichte von Frankreich geschrieben: „Gott hat nichts in dieser Welt erschaffen, weder Menschen noch Thiere, dem er nicht seinen Gegensatz beigegeben hätte, um es in Furcht und Demuth zu erhalten. Darum hat er Frankreich und England zu Nachbarn gemacht."

Frankreich, England und Rußland sind gegenwärtig die drei Riesen Europas. Seit unseren neueren politischen Bewegungen haben diese Kolosse jeder eine eigenthümliche Stellung eingenommen: England erhält sich, Frankreich erholt sich, Rußland erhebt sich. Letzteres Reich, in jugendlicher Kraft dastehend unter den abgelebten Reichen des alten Continents, wächst und erstarkt seit einem Jahrhundert mit einer bemerkenswerthen, reißenden Schnelligkeit. Seine Zukunft dürfte ein unermeßliches Gewicht für die Geschicke der Menschheit haben. Es ist nicht unmöglich, daß eines Tages seine Barbarei über Europa hereinbricht und unsere Civilisation zertrümmert, und Rußlands Boden scheint wilde Völkerschwärme für unsere gesitteten Länder in seinem Schooße zu bergen.

Diese Zukunft Rußlands, so bedeutungsvoll für Europas Schicksal, verleiht auch seiner Vergangenheit eine hohe Wichtig-

keit. Um mit einiger Sicherheit errathen zu können, was dieses
Volk einst sein wird, ist vor allen Dingen erforderlich, sorgfältig zu untersuchen, was es früher gewesen ist. Nichts aber
ist schwieriger, als ein solches Studium. Ein dunkler Weg führt
zum Ziele; man verliert sich in einem Chaos von verworrenen
Ueberlieferungen, von unvollständigen Sagen und Erzählungen,
von Widersprüchen, von verstümmelten Chroniken. Die Vergangenheit dieser Nation ist trübe und finster, wie ihr Himmel,
und in ihren Annalen gibt es der Steppen und Einöden so
viele, wie in ihrem weiten Gebiete.

Eine gute Geschichte von Rußland zu liefern, ist darum
nichts weniger, als eine leichte Sache. Es ist kein unbedeuten-
des Wagestück, sich hineinzustürzen in diese nachtumhüllten
Zeiten, um unter so vielen sich kreuzenden und widersprechenden
Thatsachen und Erzählungen zum Quell der Wahrheit hindurch-
zudringen. Muthig und entschlossen muß sich der Geschichtschreiber dem Ariadne Faden anvertrauen, der durch diese däda-
lischen Labyrinthe leitet; muß die Finsterniß zerstreuen, die
darüber lastet; seine mühsame Gelehrsamkeit muß helles, lebendiges Licht werfen auf alle Dunkelheiten dieser Geschichte. Eine
umsichtige und gewissenhafte Kritik wird es sich angelegen sein
lassen, aus den Resultaten und Wirkungen die nothwendigen
Ursachen herauszuconstruiren. Die ganze Haltung des Werke
muß die noch unbestimmten und schwankenden Physiognomie
der handelnden Personen, so wie der verschiedenen Zeitepoche
in feste klare Umrisse zu bringen suchen. Ja, fürwahr, es i
keine leichte Aufgabe, alle diese Ereignisse, die seit so lang
Zeit aus dem Lauf der Jahrhunderte verschwunden sind,
Ordnung zu bringen und vor unsern Augen vorüberzuführ

Der Geschichtschreiber mußte nach unserer Ansicht — r
er anders seine Aufgabe vollständig lösen   mehr Aufm
samkeit auf jenen Zeitabschnitt wenden, welcher dem Ein

der Tartaren vorausgeht, und dürfte wohl einen ganzen Band seines Werkes der Geschichte jener nomadischen Stämme widmen, die Rußlands Oberherrlichkeit anerkennen. Diese Arbeit würde zweifelsohne ein helles Licht auf die alte Civilisation werfen, die aller Wahrscheinlichkeit nach in früheren Zeiten im Norden existirt hat, und der Geschichtschreiber könnte dabei Klaproths gelehrte Untersuchungen benützen.

Zwar hat schon Lévesque — wir gestehen es — in zwei Banden, die seinem großen Werke angehängt sind, die Geschichte jener tributpflichtigen Völkerhorden erzählt; nichtsdestoweniger aber erwartet diese Materie noch immer ihren eigentlichen Geschichtschreiber. Dieser müßte auch freier und unumwundener, als Lévesque, und hauptsächlich mit mehr Treue, gewisse Epochen von großem historischem Interesse behandeln, wie z. B. die berüchtigte Regierungszeit Katharinens. Ein Geschichtschreiber, der dieses Namens würdig ist, würde mit dem glühenden Eifer eines Tacitus und mit der Ruthe eines Juvenal diese gekrönte Buhlerin brandmarken, welcher die hochmüthigen Sophisten des letztvergangenen Jahrhunderts eine Abgötterei erwiesen, die sie ihrem Gott und ihrem Könige verweigerten; im vollsten gräßlichsten Lichte würde er sie hinstellen, diese königsmörderische Königin, die ihr Boudoir mit den Gemälden eines Gemetzels und eines Brandes schmückte. *

Es unterliegt durchaus keinem Zweifel, daß eine gute Geschichte von Rußland die lebhafteste Aufmerksamkeit erwecken müßte. Rußlands künftiges Geschick ist ein Gegenstand, der heutigentags zu ernstlichen Betrachtungen auffordert. Schon mehr als einmal entführten wilde Völkerhorden den Ländern des

* Das eine dieser Gemälde stellte die Niedermetzelung der Polen in der Vorstadt Prag, das andere die Verbrennung der ottomanischen Flotte bei Tschesme vor. Dies waren die einzigen Gemälde, welche in dem Feuer Katharinens ausgenommen wurden.

Nordens, und ergossen sich, gleich verwüstenden Gießbächen, über den Süden Europas. Die Franzosen unserer Tage haben unter anderen Wundern gesehen, wie in den Gärten der Tuilerien Pferde sich tummelten, die zuvor am Fuß der chinesischen Mauer geweidet hatten, und der unerhörte Wechsel im Lauf der Begebenheiten dürfte in unsern Tagen die Nationen des Südens wohl veranlassen, an einen zweiten Alexander den Wunsch des Diogenes zu richten: „Gehe uns aus der Sonne!"

———————

Eine geschichtliche Abhandlung über die Lage der Juden im Mittelalter dürfte kein uninteressantes Werk abgeben. Sie waren sehr verhaßt, aber sie waren auch sehr gehässig; sie waren sehr verachtet, sie waren aber auch sehr verächtlich. Das gottesmörderische Volk war auch ein Volk von Räubern. Trotz der Bemerkungen des Rabbinen Beccai machten sie sich nicht den leisesten Gewissensscrupel daraus, die Nazarener, wie sie die Christen nannten, nach Herzenslust auszuplündern. Was Wunder, daß sie oft die Opfer ihrer eigenen elenden Begehrlichkeit wurden? Während der ersten Kreuzfahrt Peters des Eremiten thaten die Kreuzfahrer im aufgeregten Eifer das Gelübbe, alle Juden, welche sie auf ihrem Wege finden würden, zu ermorden; und sie hielten, was sie gelobt. Dieses Verfahren war eine blutige Wiedervergeltung für die Niedermetzlungen, welche die Juden nach den Berichten der heiligen Schrift begangen hatten. Suarez bemerkt bloß, „die Hebräer hätten ihre Nachbarn aus einer wohlverstandenen Frömmigkeit ermordet; dagegen hätten die Kreuzfahrer die Hebräer aus einer übel verstandenen Frömmigkeit niedergemetzelt."

Auf dieses Beispiel von Haß lassen wir ein Beispiel der Verachtung folgen.

Im Jahre 1262 fand vor dem König und der Königin von Aragon eine merkwürdige Besprechung statt zwischen dem gelehrten Rabbiner Zechiel und dem Bruder Paul Cyriakus, einem sehr kenntnißreichen Dominikaner. Nachdem der jüdische Doktor seine ganze Gelehrsamkeit ausgekramt, den Toldos Jeschut, den Targum, die Archive des Sanhedrin, den Niffachon Vetus, den Talmud, und Gott weiß was noch, citirt hatte, machte die Königin dem Streit plötzlich mit der Frage ein Ende: „Warum denn die Juden so stänken?“

Dieser Haß und diese Verachtung verminderten sich jedoch mit der Zeit. Im Jahre 1687 wurden die Controversstreitigkeiten des Israeliten Orobio und des Armeniers Philipp Limborch gedruckt. Wir lesen darin, wie der Rabbine dem „sehr berühmten und sehr gelehrten Christen“ allerlei Einwürfe macht, und wie dagegen der Christ die Behauptungen des „sehr gelehrten und sehr berühmten Juden“ widerlegt. In demselben siebenzehnten Jahrhunderte erlebte man es, daß der Professor Rittangel zu Königsberg und der Genfer Geistliche Antoine zur mosaischen Religion übergingen; ein Beweis, daß das Vorurtheil gegen die Juden dazumal nicht so stark war.

Heutzutage gibt es sehr wenige Juden, die wirklich Juden, sowie sehr wenige Christen, die wirklich Christen sind. Man hat keine Verachtung, keinen Haß mehr, weil man keinen Glauben mehr hat. Unermeßliches Unglück! Jerusalem und Salomo sind abgelebte Sachen; Rom und Gregor VII. sind zu den Todten verwiesen. Es gibt nur noch ein Paris und Voltaire.

„Der Mann mit der Maske,“ der in der Provinz Khorassan lange Zeit die Rolle eines Gottes spielte, war früher Kanzleischreiber Abon Moslems gewesen, der unter der Regierung des Khalifen Almanzor Gouverneur von Khorassan war.

Nach dem Verfasser des Lobtarikh hieß er Hakem Ben Haschem. Unter der Regierung des Khalifen Mahadi, des dritten Abassiden — um das Jahr 160 der Hegira — wurde er Soldat, und schwang sich bald zum Führer und Haupt einer Sekte empor. Die Narbe, die ihm von einer Verwundung mit einem eisernen Pfeil geblieben war, hatte sein Gesicht sehr entstellt; er verhüllte es daher mit einem Schleier, und erhielt davon den Beinamen Burcaï, b. h. der Verschleierte. Seine Verehrer waren der festen Ueberzeugung, dieser Schleier diene einzig und allein dazu, den vernichtenden Glanz seines Antlitzes zu verbergen. Khondemir, der ihm, übereinstimmend mit Ben Schahnah, den Namen Hakem Ben Atha gibt, fügt noch den Titel Mocanna bei — was im Arabischen einen Verlarvten bedeutet — und behauptet, er habe eine goldene Maske getragen. Im Vorübergehen sei uns die Bemerkung erlaubt, daß ein irischer Dichter die goldene Maske in einen silbernen Schleier verwandelt hat. Abou Giafar al Thabari gibt eine Uebersicht seiner Lehre. Als indessen die Empörung dieses Betrügers von Tag zu Tag beunruhigender wurde, sandte Mahadi den Emir Abusaid gegen ihn aus, der dem verschleierten Propheten eine entscheidende Niederlage beibrachte, ihn aus Meru verjagte, und ihn zwang, sich hinter den Mauern von Nekhscheb, der Stadt, wo er geboren ward, und wo er nun auch sterben sollte, einzuschließen. Während der Emir die Stadt belagerte, belebte und entflammte der Betrüger den Muth seiner fanatischen Armee durch Wunder, die noch unglaublich scheinen. Jede Nacht ließ er aus der Tiefe eines Brunnens eine Leuchtkugel aufsteigen, welche, nach Khondemir's Angabe, mehrere Meilen im Umkreis Helle und Klarheit verbreitete; dies verschaffte ihm den Beinamen Sazendeh Mah, b. h. der Mondmacher. Endlich, als er sich aufs Aeußerste gebracht und keine Hoffnung mehr vor sich sah, vergiftete er den Ueberrest seiner Anhänger während eines Bankets; er selbst, um glauben zu machen, er sei gen Himmel emporgestiegen, erstickte sich in einer mit fressenden Materien angefüllten Kufe. Von Schahnah behauptet, seine Haare seien nicht verzehrt und oben schwimmend gefunden worden. Er setzt noch bei, daß eine von seinen Beischläferinnen, die sich versteckt hielt, um der Vergiftung zu entgehen, diese allgemeine Mordscene überlebt, und dem Emir Abusaid die Thore von Nekhscheb geöffnet habe. Der verlarvte Prophet, den unwissende Chronikenschreiber mit dem Alten vom Berge verwechselt haben, hatte für seine Fahnen die weiße Farbe gewählt, aus Haß gegen die Abassiden, deren Standarte schwarz war. Seine Sekte erhielt sich noch lange Zeit nach dem Tode ihres Stifters, und ein launischer Zufall fügte es, daß unter den Turkomannen der Parteiname Weiße und Schwarze gerade zu der nämlichen Zeit aufkam, wo die Bianchi und Neri Italien in zwei große Faktionen spalteten.

––––––––

Voltaire, als Geschichtschreiber, ist oft bewundernswürdig; er läßt die Thatsachen sprechen. Die Geschichte ist nichts für ihn, als eine große Sammlung von Münzen mit doppeltem Gepräge. Er hat die ganze Geschichte fast überall auf die bekannte Phrase in seiner „Abhandlung über die Sitten" zurückgebracht: „Es finden sich darin theils entsetzliche, theils lächerliche Dinge vor." In der That wird diese Behauptung durch die gesammte Geschichte der Menschheit gerechtfertigt. Im weiteren Verlauf des erstgenannten Werkes setzt er sofort hinzu: „Montecuculi's Mundschenk wurde geviertheilt: da habt ihr das Entsetzliche!" „Carl V. wurde von dem Parlament von Paris für einen Rebellen erklärt: da habt ihr das Lächerliche!" Hätte übrigens Voltaire sechzig Jahre später geschrieben, so würde er mit diesen beiden Schlagwörtern wohl schwerlich mehr ausgereicht haben. Hätte er zum Beispiel geschrieben: „Der König von Frankreich und dreimalhunderttausend französische Bürger wurden guillotinirt, erschossen, ertränkt …" oder der National-convent erklärt Pitt und Coburg für Feinde des menschlichen Geschlechts ….." was für Phrasen würde er wohl diesen ge-schichtlichen Thatsachen angehängt haben? Marat vor dem Richterstuhl Voltaire's, die Wirkung vor dem Richterstuhl der Ursache — fürwahr, es müßte ein interessantes Schauspiel sein.

Es dürfte übrigens einige Ungerechtigkeit mit unterlaufen, wenn man in den Annalen der Weltgeschichte nichts als Gegen-stände des Entsetzens und Lachens finden wollte. Demokrit und Heraklit waren Narren, der Eine wie der Andere, und ihre beiderseitige Narrheit würde, in e i n e m Menschen vereint, noch lange nicht einen Weisen machen. Darum verdient Voltaire schweren Tadel; dieser herrliche Geist schrieb die Geschichte der Menschen nur, um seinen Geifer gegen die ganze Menschheit auszuspritzen. Vielleicht würde er dieses Unrecht nicht begangen haben, hätte er sich als Geschichtschreiber auf Frankreich be-schränkt. Das Nationalgefühl würde die herbe, verwundende Spitze seines Geistes abgestumpft haben. Es ist bemerkenswerth, daß Hume, Titus Livius, überhaupt alle Nationalhistoriker, die liebreichsten, leutseligsten von den Geschichtschreibern sind. Dieses, manchmal schlecht begründete, Wohlwollen gewinnt den Leser für ihr Werk. Was mich betrifft, so dünkt mir der kos-mopolitische Geschichtschreiber größer und erhabener und behagt mir mehr; ich hasse aber darum den vaterländischen Historiker durchaus nicht. Der erstere ist der Mann der gesammten Mensch-heit, der zweite der Mann der Cité. Der Geschichtschreiber, der, gleich einem Hausvater im Großvaterstuhl, die Geschichte seines Landes und Volkes erzählt, ergötzt mich oft, selbst in seiner einseitigen Parteilichkeit, und meines Erachtens ist es eine Art edlen Stolzes, der mich anspricht, wenn jener Araber zu Ha-gyage sagt: „Ich kenne nur Geschichten von meinem Lande."

Voltaire hat stets die Jronie an seiner Seite, wie die Marquis der damaligen Zeit ihren Degen. Es ist etwas Feines, Brillantes, Schimmerndes, Allerliebstes um diese Jronie, sie glänzt und gleißt wie Gold und Diamanten, aber sie tödtet.

In der Sprache eines jeden Volks finden sich gewisse eigenthümliche Ausdrücke, deren Deutung der Schriftsteller nur im Geist der Nation aufzufinden vermag. Das Wort „Barbaren," das einem alten Römer, wenn er von den Galliern spricht, recht gut ansteht, würde im Munde eines Franzosen höchst übel lauten. Ein ausländischer Geschichtschreiber würde wohl nie gewisse, durch den Geist und Charakter der Einwohner bedingte Ausdrücke zu erfinden vermögen. So sagen z. B. wir Franzosen, Heinrich der Vierte habe sein Volk mit väterlicher Güte beherrscht; dagegen spricht eine chinesische Inschrift, die von den Jesuiten entziffert wurde, von einem Kaiser, der mit einer „mütterlichen" Güte regierte. Wahrlich eine ächt chinesische und ganz allerliebste Nüance!

An einen Geschichtschreiber.

Ihre Beschreibungen von Schlachten übertreffen bei weitem die staubigen und verworrenen, jeder Perspektive, jedes Desseins, alles Colorits ermangelnden Gemälde, die uns Mézeray hinterlassen hat, sowie die endlosen Bülletins des Pater Daniels. Erlauben Sie uns jedoch eine Bemerkung, die — wie wir glauben — Ihnen bei der Fortsetzung Ihres Werkes nicht ohne Nutzen sein dürfte.

Wenn Sie auf der einen Seite der Manier der Alten sehr nahe gekommen sind, so haben Sie sich andererseits des hergebrachten Schlendrians der neueren Historiker noch nicht ganz erwehrt; statt die Massen vor das Auge des Lesers zu führen, geben Sie sich noch zu sehr mit Einzelnheiten ab. Sagen Sie selbst, was kann es uns interessiren, daß Brissac einen Angriff auf Andelot machte, daß Lanoul vom Pferd stürzte, daß Montpensier über den Bach setzte? Die meisten dieser Namen, die hier zum erstenmal in dem Werke vorkommen, bringen Verwirrung in eine Stelle, wo der Verfasser nicht klar genug sein kann, und wo er das Gemüth des Lesers durch eine rasche Aufeinanderfolge von Gemälden mit sich fortreißen sollte. So aber sieht sich der Leser gezwungen anzuhalten, er muß erst nachsuchen, wohin dieser oder jener Name gehört, um dem Faden der Handlung gehörig folgen zu können. Das war aber nicht die Art und Weise des Polybius, und nach ihm des Tacitus, der zwei vorzüglichsten Schlachtenmaler des Alterthums. Diese großen Geschichtschreiber geben uns zuerst ein lebhaftes natürliches Bild, eine genaue Uebersicht von der Stellung der beiden Armeen: das Heer war im Halbzirkel aufgestellt, es bildete die Form eines Adlers mit ausgebreiteten Schwingen; nun folgen die Einzelnheiten. Die Spanier bildeten die erste Linie, die Afrikaner die zweite, die Numidier standen auf den beiden Flügeln, die Elephanten bewegten sich an der Spitze der Schlachtordnung u. s. w. Würden wir aber — wir fragen Sie selbst — würden wir, statt dieser großen Massenzeichnungen, im Tacitus lesen: Vibulenus hat einen Angriff auf Rusticus gemacht, Lentulus ist vom Pferde gestürzt, Civilis setzt über den Fluß, so dürfte es zwar leicht möglich sein, daß dieses kleine Bülletin für die Zeitgenossen höchst klar und interessant sein könnte; wir zweifeln aber sehr daran, ob es bei der Nachwelt gleiche Gunst gefunden haben würde. Und das ist ein Fehler, in welchen die meisten unserer neueren Geschichtschreiber gefallen sind: die Gewohnheit, die Chroniken zu lesen, macht sie vertraut mit den untergeordneten Personen der Geschichte, die gar nicht darin auftreten sollten; das Verlangen, Alles zu sagen, da sie doch nur das Interessante berichten sollten, verleitet sie, solche unbedeutende Nebenfiguren bei den wichtigsten Vorkommenheiten handelnd auftreten zu lassen. Daher kommt es, daß sie uns Beschreibungen liefern, welche sie selbst recht gut verstehen mögen, sie und die Gelehrten, weil sie die Leute, die da eine Rolle spielen, genau kennen. Nicht so ist es der Fall mit dem größten Theile der Leser. Diese, welche durchaus keine Verpflichtung haben, zuvor die Chroniken zu lesen, wenn sie eine Geschichte lesen wollen, finden in derartigen Beschreibungen nichts als leere Namen und entsetzliche Langeweile. Ueberhaupt soll der Geschichtschreiber der Nachwelt nur dasjenige mittheilen, was sie interessiren kann. Dazu genügt aber nicht, wenn einer einen Angriff gut ausgeführt hat, oder vom Pferde gestürzt ist; man muß gekämpft haben mit Händen und Zähnen wie Kynägiros, gestorben sein wie Assas, oder die starrenden Speere der feindlichen Reihen in seiner Brust begraben haben wie Arnold von Winkelried.

Auszug aus dem Courrier Français.

Donnerstag, den 14. September 1792 — Jahr IV. der Freiheit. Nro. 257.

„Die Municipalität von Herespian, Departement de l'Herault, hat ihrem Pfarrer, Herrn François, eröffnet, daß die Gemeinde für die Zukunft keinen ehelosen Geistlichen mehr haben wolle. Auf diese Eröffnung hat der Pfarrer François auf eine Weise geantwortet, die alle Hoffnungen seiner Beichtkinder übertroffen hat. Er, der Pfarrer, hofft fünf Söhne zu bekommen; der erste soll Jean Jacques Rousseau heißen; der zweite Mirabeau; der dritte Petion; der vierte Brissot; der fünfte Jakobinerklubb. Der treffliche Geistliche wird seinen Patriotismus seinen Kindern vermachen, und wird diese der Obhut des Vaterlandes empfehlen, das über alle tugendhafte Bürger wacht."

Nach einer Lektüre des Moniteur.

Pröethes und Cheftris, zwei alte Philosophen, von denen man meines Wissens gar nicht mehr spricht, stritten sich einst über einen Satz, der in unsern Tagen beinahe der Vergessenheit anheimgefallen ist. Es handelte sich nämlich darum, ob es einem Menschen möglich wäre, auf einmal und zu gleicher Zeit aus voller Kehle zu lachen und heiße Thränen zu vergießen. Der Streitpunkt blieb damals unentschieden, und diente zu nichts weiterem, als die gegenseitige Feindschaft zwischen den Schülern Heraklits und den Anhängern Demokrits noch unversöhnlicher zu machen. Seit dem Jahr 1789 jedoch ist die Frage bejahend entschieden. Ich kenne ein Werk in Folio, lches dieses Phänomen zuwegbringt, und es ist der Sache ganz angemessen, daß die Lösung einer philosophischen Streitfrage sich in einem Folioband vorfindet. Dieses Werk in Folio aber ist der Moniteur. Wollt ihr lachen, o schlagt nur den Moniteur auf; wollt ihr weinen, leset den Moniteur; wollt ihr lachen und weinen zugleich, der Moniteur kann euch dazu verhelfen.

Mit so viel Nachsicht, mit so viel Unparteilichkeit man auch die Epoche unserer politischen und gesellschaftlichen Wiedergeburt beurtheilen mag, nie wird man umhin können, die Art und Weise, wie jenes Zeitalter der Vernunft unser Zeitalter der Aufklärung vorbereitete, höchst sonderbar zu finden. Die

Akademien, die Collegien waren zerstört; die Universitäten, die Pflanzschulen der Wissenschaften, aufgelöst; hervorragendes Genie und Talent wurde mit dem Tode bestraft, wie hoher Rang und großes Vermögen. Indessen fanden sich immer noch Redner, die in elenden Winkelkneipen aufgeblüht, oder Dichter, die von einer Krambude ausgespieen waren, um den Verfall, den Untergang der Künste zu preisen und zu rühmen. Auf unsern Theatern, von denen alle klassischen Meisterwerke verbannt waren, brüllte man entsetzliche Rhapsodien aus der Gegenwart herab, oder man deklamirte ekelerregende Lobgedichte auf die sogenannten Bürgertugenden. So eben schlage ich ganz zufällig den Moniteur auf und stoße auf das Schauspielverzeichniß vom 4. Oktober 1793. Die Affiche ist ganz geeignet, die nachstehenden Betrachtungen, welche sich mir beim Lesen aufgedrungen haben, zu rechtfertigen:

„Théâtre de l'Opéra-Comique National La première représentation de: *La Fête civique*, comédie en cinq actes.

„Théâtre National: *La Journée de Marathon, ou le Triomphe de la Liberté*, pièce heroïque en quatre actes.

„Théâtre du Vaudeville: *La Matinée et la Veillée villageoise; le Divorce; l'Union villageoise.*

„Théâtre du Lycée des Arts: *Le Retour de la flotte nationale.*

„Théâtre de la République: *Le Divorce tartare*, comédie en cinq actes.

„Théâtre français, comique et lyrique: *Buzot, roi du Calvados.*"

In diesen zwölf Linien ist die Revolution vollständig charakterisirt. Unmoralische Gesetze werden der Sache höchst angemessen in unmoralischen Paraden gerühmt; Tod und Grab sind das Sujet der komischen Oper. Ich hätte übrigens den edlen Namen eines Dichters gegenüber den Verfassern jener traurigen Farcen nicht brandmarken sollen; die Guillotine, nicht die Bühne winkte damals dem Dichter.

Nach dem Abscheulichen kommt das Lächerliche. Der Leser braucht nur ein Blatt umzuschlagen. Er befindet sich in einer Sitzung der Jakobiner. Der Gegenstand der Berathung ist folgender: „Da die Section vom rothen Kreuze befürchtet, ihr bisheriger Name möchte das Gift des Fanatismus dauernd erhalten, so erklärt sie dem Conseil, daß sie dafür den Namen der Section von der rothen Mütze annehmen werde." Ich bürge für die genaue und wörtliche Citation dieser Erklärung.

Will man das Gräßliche und Lächerliche zumal? Man lese nur einen Brief des Repräsentanten Dumont an den National-Convent, datirt vom 1. Oktober 1793. Er lautet wörtlich folgendermaßen: „Bürger Collegen! Ich schilderte Ihnen vor zwei Tagen die grausame Lage, in welcher sich die Sansculotten von Boulogne befänden, sowie das verbrecherische Verfahren der Verwaltungsräthe und der Municipalbeamten. Das Nämliche nun muß ich Ihnen von Montreuil sagen. In dieser letzteren Stadt habe ich übrigens von meinem trefflichen und bewährten Gegenmittel — der Guillotine — gehörigen Gebrauch gemacht. Auf dieses Verfahren hin, das den Beifall aller Patrioten erhielt, hatte ich die süße Befriedigung, mit eigenen Ohren zu hören, wie zu Montreuil die Luft von dem Ruf wiederhallte: „Es lebe der Berg!" Vierundvierzig Karren haben vor meinen Augen die Personen abgeführt, welche....."

Der Moniteur, ein Buch, das so reichen Stoff zum Nachdenken darbietet, ist beinahe der einzige Vortheil, den wir von dreißig Jahren des Unglücks und des Jammers gewonnen haben. Unsre schmutzige, blutgetränkte Revolution hat uns in ihm ein in seiner Art einziges unverwüstliches Denkmal hinterlassen, und zwar ein Denkmal von Papier und Dinte.

Der Hermelinmantel des ersten Präsidenten des Pariser Parlaments wurde mehr als einmal durch gewöhnlichen oder juridischen Mord mit Blut befleckt; und die Geschichte wird es als eine bemerkenswerthe Thatsache aufbewahren, daß Simon de Bucy, der erste, der dieses Amt verwaltete, und für den es im Jahre 1440 gestiftet wurde, sowie Bochard de Saron, der diese Würde als der Letzte bekleidete, beide als Opfer revolutionärer Unruhen fielen. Ein sonderbares Zusammentreffen der Umstände, ernsten Nachdenkens würdig.

———

Jeder Geschichtschreiber, der sich durch die Geschichte bestimmen läßt und seinen Stoff nicht zu beherrschen weiß, wird unvermeidlich in der Fluth der Einzelnheiten versinken und untergehen.

Sindbad, der Seefahrer, oder irgend eine andere Person aus „Tausend und eine Nacht," fand eines Tages, am Rand eines Gießbaches, einen kraftlosen Greis, der nicht mehr gehen konnte. Der gutmüthige Seemann lud ihn mitleidig auf seine Schultern; da klammerte sich aber der Alte mit einer so wahrhaft teuflischen Kraft an, daß es dem armen Matrosen nimmer gelang, diese unwillkommene Last von sich abzuschütteln. Ganz derselbe Fall ist es mit jedem Waghals, der es sich einfallen läßt, die Vergangenheit auf seinen Rücken zu nehmen, um sie über den Lethe hinüberzuschaffen, d. h. wer es unternimmt, Geschichte zu schreiben. Die wunderliche Alte zeichnet ihm aus kleinlicher Laune und Grillenhaftigkeit eine schwierige Bahn, voller Krümmungen, vor. Gehorcht der Sklave willig ihrem Eigensinn, und hat er nicht den Muth und die Kraft in sich, sich selbst einen geraderen und kürzeren Weg zu bahnen, so versenkt sie ihn mit boshaftem Hohn in den Wellen des Stromes.

Kritische Bruchstücke.

Aus Veranlassung eines politischen, von einer Frau verfaßten Werkes.

Im December 1819.

Der Baile* Molino fragte eines Tages den berühmten Achmed Pascha, warum denn Mahomet seinen Verehrern den Genuß des Weines verböte? Warum er uns den Wein verbiete? rief der Eroberer von Candia:** „ich denke, damit er uns desto besser schmecke." Es ist etwas Wahres in dieser Antwort: das Verbot würzt und erhöht den Genuß des Verbotenen. Es verleiht der Sauce etwas Pikantes, wie Montaigne sagt; und wie jener große Cato nach seiner Frau sich sehnte, sowie sie nicht mehr bei ihm war, wie Martialis seiner Geliebten

---

* Dies war der Titel der ehemaligen venetianischen Residenten in Konstantinopel.   Anmerk. des Uebers.

** Achmet Pascha Kiuprili, Sohn des ebenso berühmten Mahomed Kiuprili, war Groß-Wessir unter Mahomet IV. und eroberte nach langer hartnäckiger Vertheidigung die der Republik Venedig gehörige Insel Candia (Creta) im Jahre 1669.   Anmerk. des Uebers.

zufang: „Galla, nega, satiatur amor;" so glauben wir, gibt es
keinen Punkt, in welchem sich die Menschen aller Zeiten und
aller Orte so oft als die wahren und würdigen Söhne der
guten Mutter Eva gezeigt haben.

Ich möchte es deßwegen nicht haben, daß man den Frauen
das Schreiben verböte; das wäre gerade das rechte Mittel, um
zu bewirken, daß sie Alle die Feder ergriffen. Nein, im Gegentheil, man sollte es ihnen ausdrücklich befehlen, wie jenen
Gelehrten auf den deutschen Universitäten, welche ganz Europa
mit ihren gelehrten Commentaren überschwemmten, und von
denen man kein Wort mehr hört, seitdem ihnen der gemessene
Befehl zugekommen ist, wenigstens ein Buch des Jahres zu
liefern. *

In der That ist der reißende Aufschwung, den der weib-
liche Geist in seiner Entwicklung seit einiger Zeit genommen
hatte, eine sehr beachtungswerthe, aber noch zu wenig beachtete
Thatsache. Unter Ludwig XIV. hatte man Liebhaber und über-
setzte den Homer; unter Ludwig XV. hätte man bloß noch
Freunde, und commentirte Newton; unter Ludwig XVI. kommt
nun ein weibliches Wesen, das Montesquieu verbesserte, und
zwar in einem Alter, wo Andere noch kein Kleid für eine
Puppe machen können. Und nun frage ich, wohin soll das
Alles führen? Was bedeuten diese Zeichen und Wunder? was
werden diese neuen Revolutionen, die sich vor unsern Augen
vorbereiten, mit sich bringen?

Es gibt eine Idee, die Tag und Nacht mit mir herum-
geht, die mich und meine alten Freunde schon oft beschäftigt
hat; eine Idee, die so einfach, so natürlich ist, daß mich nur
der einzige Umstand in Erstaunen setzt, wie man sich noch nicht
darüber verständigt hat, und zwar in einem Jahrhundert, in

---

* Woher ist dem Verfasser diese interessante Nachricht zugekommen?
Anmerk. des Uebers.

dem man sich über Alles verständigt, und wo die Volksver-
besserer für Alles Mittel und Rath wissen.

So oft ich nämlich diese stufenweise sich entwickelnde Eman-
zipation des weiblichen Geschlechts ins Auge faßte, kam mir
immer der Gedanke in den Kopf, wohin es wohl kommen
könnte, wenn es plötzlich irgend einem gewaltigen Geist ein-
fiele, diese andere Hälfte der Menschheit, die sich bis jetzt mit
der Herrschaft in Küche und Keller begnügte, in die politische
Wagschale zu werfen? Oder könnten nicht die Frauen selbst der
ewigen Herrschaft der Männer überdrüssig werden? Regieren
wir wirklich so gut, daß ihnen alle Hoffnung benommen wäre,
noch besser zu regieren? oder lieben sie die Herrschaft so wenig,
daß wir vernünftigerweise annehmen könnten, sie hätten nie
ein Verlangen darnach gefühlt? Fürwahr! je mehr ich über die
Sache nachdenke, desto klarer wird es mir, daß wir am Rande
eines Abgrundes stehen. Zwar haben wir Männer Kanonen
und Bajonette für uns, während den Frauen, wie wir wähnen,
keine großen Umwälzungsmittel zu Gebote stehen. Damit mag
sich Mancher beruhigen; mir, ich gestehe es, mir macht es bange.

Auf der Straße, welche von Neapel nach Torre del Greco
führt, steht ein Denkstein, den Fonseca errichten ließ, mit der
bekannten Inschrift: „Posteri, Posteri, vestra res agitur." Torre
del Greco ist von dem Erdboden verschwunden; aufrecht steht
noch der prophetische Stein.

Und so schreibe auch ich diese Zeilen nieder, in der Hoffnung, daß sie, wenn nicht von meinem Jahrhundert, doch
wenigstens von der Nachwelt gelesen werden. Und ist einmal
das Unglück, das ich ahnend vorhersehe, wirklich hereinge-
brochen, dann ist es gut, wenn unsere Enkel wenigstens erfahren, daß in dieser neuen Troja eine zweite Kassandra lebte,
und von einer Dachkammer, Rue Mézières Nr. 10, das nahende
Unheil verkündete. Oder sollte das rasche Verhängniß es wollen,

daß ich es noch selbst erlebte, wie die Männer zu Sklaven der Weiber werden und das Universum am Spinnrocken sitzt: nun, dann kann ich mir wenigstens auf meinen Scharffinn etwas zu Gute thun; und wer weiß es? ich wäre vielleicht nicht der erste ehrliche Kerl, der sich über ein öffentliches Unglück mit dem Gedanken tröstet, daß er es vorausgesagt habe.

II.

„Die Politik," sagte Karl **XII.**, „ist mein Schwert." „Sie ist die Kunst zu betrügen," dachte Macchiavelli. Nach Frau von M... wäre sie das Mittel, die Menschen durch Klugheit und Tugend zu regieren. Die erste Erklärung verräth einen Narren, die zweite einen Schurken; die der Frau von M... ist die einzige, welche auf einen edlen Sinn schließen läßt. Nur Schade, daß diese Definition, so alt sie auch ist, doch selten eine Anwendung gefunden hat.

Nachdem Frau von M... diese Definition aufgestellt hat, verbreitet sie sich über den Ursprung der Gesellschaften. Jean Jacques läßt sie durch einen Pfahlpflanzer, Vitruv durch eine gewaltige Windsbraut entstehen, wahrscheinlich weil die Herleitung aus dem Familiensystem ihnen allzu einfach und natürlich dünkte. Mit jenem gesunden Menschenverstand, der oft mehr leistet, als das Genie der Philosophen, begnügt sich Frau von M... damit, die Grundursache der Gesellschaften in der Natur des Menschen aufzusuchen, in seinen Neigungen und Begierden, in seiner Schwäche, in seinen Bedürfnissen. Dieser ganze Abschnitt verräth sehr viel Gelehrsamkeit und Scharffinn. Es ist wirklich interessant zu sehen, wie eine Frau bald Locke und Seneca, bald den „Geist der Gesetze" und den Gesellschaftsvertrag anführt; was aber noch mehr als dieses unsere Beobachtung verdient, das ist der Ausdruck von redlicher Treuherzigkeit und vernünftigem Anstand, an den wir gar nicht mehr gewöhnt sind, und der so auffallend mit jenem aufgeblasenen, rohen Tone contrastirt, den die Lehrer des Menschengeschlechts seit geraumer Zeit angenommen haben.

Im Verlauf ihres Werkes handelt nun die Verfasserin von den Häuptern der Gesellschaften. Man hat schon gar viel über die Pflichten der Könige geschrieben, weit mehr als über die Pflichten der Völker. Man hat alle mögliche Schilderungen eines guten Fürsten entworfen; Jeder glaubte sich darin versuchen zu müssen; es ging damit, wie mit jenen Pyramiden, die am Rande der mexikanischen Straßen aufgeführt sind, wo jeder Reisende es für seine Pflicht hielt, seinen Stein dazu herbeizuschleppen. Jeder Dummkopf, jeder Schulbube wollte die Lenker der Nationen abpinseln. Man könnte behaupten, die Philosophen selbst haben sich alle mögliche Mühe gegeben, um neue Tugenden, die sie auf die Schultern der Fürsten legten, zu erfinden; sie thaten dies wahrscheinlich deßwegen, weil die Fürsten mehr als andere den Versuchungen und Schwachheiten der menschlichen Natur ausgesetzt sind; sie wollten ihnen dabei ein unerreichbares Ideal aufstellen, dessen Verwirklichung sie nach Kräften anstreben sollten. Frau von M... hat sich von dergleichen Bizarrerien frei zu erhalten gewußt. Sie behauptet, ein Fürst könne gut sein, ohne deßwegen übermenschliche Eigenschaften zu besitzen. Sie bildet sich nicht zuerst das Ideal eines vollkommenen Königthums, um das Königthum, wie es in der Wirklichkeit besteht, zu verschreien, noch bedient sie sich des letzteren, um das Königthum an sich in Verruf zu bringen; ein logischer Irrthum, in welchem die ganze Philosophie des achtzehnten Jahrhunderts befangen war. Als wollte sie alle Verpflichtungen eines Fürsten in einen Ueberblick zusammenfassen, führt die Verfasserin die Vorschrift an, welche Gustav Adolph von seinem Vater erhielt. Die Geschichte erwähnt mehrere ähnliche Vorschriften, welche Könige ihren Nachfolgern hinterließen; die genannte ist übrigens deßwegen hauptsächlich merkwürdig, weil sie vielleicht die einzige ist, welche der Thronfolger wirklich befolgt hat. Wir theilen unsern Lesern einige Stellen daraus mit.

„Des Fürsten ganze Klugheit, sein ganzes Bestreben geht dahin, weder selbst zu täuschen, noch sich täuschen zu lassen.

„Er bedenke, daß das vergossene Blut des Unschuldigen, so wie das erhaltene Blut des Bösewichts nach Rache schreien, das eine wie das andere.

„Nie erscheine er unruhig oder niedergeschlagen, außer wenn einer seiner treuen Diener sterben oder einen Fehler sich zu Schulden kommen lassen sollte.

„Stets handle er so, daß er sich des göttlichen Beifalls versichert halten kann.“

Karl IX. geht in dieser Vorschrift nur leise über die Gefahr weg, welche den Fürsten von den Schmeichlern droht. Vielleicht fühlen die Könige die nachtheiligen Folgen der Schmeichelei weniger, als ihre Unterthanen. Auch dürfte hier Montesquieu eine Veranlassung finden, seine Theorie vom Klima in Anwendung zu bringen; sie dient ihm als eine Art Nachschlüssel, womit er alle historische Probleme aufzuschließen versteht. Je weiter wir uns dem Süden nähern, würde Montesquieu sagen, desto häufigere Beispiele von Favoritenherrschaft werden wir finden.

Unter dem entnervenden Himmel von Asien und Afrika leiten die Fürsten nur selten selbst die Staatsangelegenheiten. Dagegen sehen wir bei den nordischen Völkern, wo ein spannendes Klima herrscht, mehr Tyrannen als Günstlinge. Diese Bemerkung dürfte übrigens in sich zusammenfallen, wenn wir in der Geschichte dieser Völker besser unterrichtet wären. Wir sind gar zu sehr aufgelegt, aus Allem eine Wissenschaft zu machen, sogar aus unserer Unwissenheit.

In einem alten Manuscript aus dem dreizehnten Jahrhundert, das Philipp von Mayzières zugeschrieben wird, findet sich eine Stelle, welche als Ergänzung zu der Vorschrift des schwedischen Monarchen dienen kann. Hier spricht die Königin „Wahrheit" in dem Traum, den der alte Pilger dem weißen Falken mit dem goldenen Schnabel und den goldenen Füßen erzählt, zu Karl VI.:

„Hüte dich, mein Sohn, vor jenen Kavalieren, welche die Gewohnheit haben, durch allerlei Pfiffe und Kniffe die Könige zu rupfen, die immer das Sprüchwort des Marschalls Bouciquault auf der Zunge haben und sprechen: „Nur im Meere kann man fischen, und nur der König kann geben.'" Diese Leute werden von dir rühmen, du seiest tapfer und freigebig, wie Alexander, bis sie von dir so viel Wasser für ihre Mühle abgezapft haben, daß es für siebenunddreißig Mühlen hinreichen würde 2c."

Ich führe diese Stelle an, 1) weil man daraus ersieht, daß man in jenen gothischen Zeiten nicht auf so knechtische Weise mit den Königen sprach, als man uns gerne weis machen möchte; 2) weil sie uns über den Ursprung eines Sprüchworts belehrt, was den Alterthümlern von Interesse sein dürfte; 3) weil sie zur Lösung einer hydraulischen Frage dienen kann, indem wir hier erfahren, daß es schon im Jahre 1389 Wassermühlen gab, was zu wissen für Diejenigen immer gut sein dürfte, denen noch unbekannt ist, daß die Wassermühlen schon seit undenklicher Zeit existiren.

III.

Nachdem Frau von M . . . zuerst von den Gesellschaften im Allgemeinen gehandelt hat, widmet sie nun ein besonderes Kapitel dem Kriege, d. h. dem gewöhnlichsten Verhältnisse, das zwischen den verschiedenen menschlichen Gesellschaften besteht.

Dieses Kapitel mußte einer Frau keine geringe Schwierig-
keiten darbieten. Aber auch hier, wie in ihrem ganzen Werk,
entwickelt Frau von M.... ganz ungemeine Kenntnisse. Mit
viel Glück weist sie den Unterschied zwischen erlaubten und un-
gerechten Kriegen nach; ganz richtig zählt sie den letzteren alle
Eroberungsversuche bei.

„Der Unterschied zwischen einem Eroberer und einem
Straßenräuber —" sagt ein ausgezeichneter Schriftsteller, den
Frau von M... anführt — „besteht darin: daß der erstere
ein erlauchter, der andere ein niedriger Dieb ist; der eine erhält für seine Gewaltthaten Lorbeerkränze und Weihrauch, der
andere den Strick."

Fürwahr es gehörte eine starke Dosis Philosophie dazu,
um diese Stelle mit derselben Hand niederzuschreiben, welche
die Besitznahme von Schlesien unterzeichnete!

Die Verfasserin kommt nun auf das bekannte Axiom zu
sprechen: „Das Geld gibt dem Kriege Nachdruck," ein Axiom,
welches Frau von M... dem Quintus Curtius zuschreibt,
das sich übrigens auch bei Vegetius, bei Montecuculi, bei
Santa-Cruz, sowie bei allen Autoren finden wird, die über
den Krieg geschrieben haben. Hier gewinnt nun Frau von M...
einen Anhalt und bemerkt: „es ist nicht das Geld, s :
das Eisen. Man schlägt sich nicht mit Thalern, sondern t
Soldaten; die ganze Frage läßt sich auf den Punkt zur[i]
bringen, ob es leichter sei, Soldaten ohne Geld oder   t
Geld zu halten. Das erstere Mittel ist das ökonomischere.
scheint jedoch nicht, als ob es Sully's Geschmack behagt hätte."

Ich las unlängst im Hugo Grotius folgende Definition
vom Krieg: „Der Krieg ist der Zustand derjenigen, welche
ihre gegenseitigen Differenzen auf dem Wege der Gewalt aus-
zugleichen suchen." Offenbar paßt diese Definition eben so gut
auf das Duell.

Aber, hat man zu den Duellanten gesagt, ihr geht lachend in den Tod, ihr schlagt euch aus bloßem Vergnügen. Ganz dasselbe war früher der Fall mit dem Kriege. Vor der Revolution mordete man sich nicht anders, als mit dem Hut in der Hand. Als der große Conbs einen Sturm auf Lerida machte, marschirten sechsunddreißig Violinspieler an der Spitze der stürmenden Colonnen, und auf den Schlachtfeldern von Ettingen und Klostersevern sah man junge Offiziere in seidenen Strümpfen und weißgepuderten Perücken gegen die Batterien anrücken, nicht anders als ginge es auf einen Ball.

Jean Jacques Rousseau, ein eigentlicher Don Quixote in Paradoxen, kam eines Tags auf den Einfall, eine Wahrheit zu behaupten. Das war für ihn etwas ganz Neues. Er benahm sich dabei, wie wenn es nicht ganz richtig damit aussähe; er suchte nach Autoritäten, gleich den Leuten, welche keine vernünftigen Gründe für ihre Behauptungen finden können. Und so citirte er in Beziehung auf die Verwerflichkeit des Duells die Alten. Wahrscheinlich hatte Rousseau den Quintus Curtius nicht gelesen. Er hätte sonst finden müssen, daß kein Festgelag bei Alexander vorüberging, ohne daß etliche Einzelkämpfe zwischen den Gästen stattgefunden hätten. Was war ferner der Kampf des Eteokles und Polynices anders als ein Duell? Und wenn wir einen Blick auf die Iliade werfen, so dürfen wir mit Wahrscheinlichkeit annehmen, daß Agamemnon schwerlich sein Schwert in der Scheide gelassen haben würde, wenn Minerva den Sohn der Thetis nicht an den Ohren gezupft hätte.

Aber, wenden die Philosophen ein — man denke an die Griechen! Ja, ja die Griechen! Es ist allerdings wahr, die Griechen schlugen sich nicht wie unsere Altvordern, mit Kampfrichtern, Sekundanten und Zeugen; allein wollt ihr wissen, was diese gefeierten Griechen, mit denen man immer und ewig

angerückt kommt, in diesem Punkt thaten? Die Griechen machten
die Sache noch beſſer, ſie mordeten ſchlechtweg. Ihr braucht
nur Plutarch im Leben des Kleomenes nachzuſchlagen. Man
erſchlug ſeinen Mann meuchlings; und ein ſolches Verfahren
hatte durchaus keine weiteren Folgen. Er legte ihm einen
Hinterhalt, ſagt der Geſchichtſchreiber mit dem ruhigſten Tone
von der Welt, gerade wie man heutzutage ſagen würde: „Er
hat ihm einen Eid geſchworen.“

Man könnte ſich vielleicht zu dem Schluſſe berechtigt
glauben, in dem Bisherigen ſei eine Vertheidigung des Duells
ausgeſprochen. Dem iſt aber nicht ſo; ich habe mir bloß ein
Vergnügen daraus gemacht, eine der tauſend und aber tauſend
Inconſequenzen des menſchlichen Lebens aufzudecken: es war
eine rein philoſophiſche Beſchäftigung. Man verwundert ſich
darüber, daß unſere Geſetze das Duell nicht verbieten. Ich
dagegen bin erſtaunt, daß die Geſetze es noch nicht förmlich
autoriſirt haben. In der That, warum ſollten unſere Thorheiten nicht eben ſo gut ein Patent erhalten, als unſere Laſter,
und iſt es nicht eine wahrhafte Ungerechtigkeit, den Duellanten
zu verbieten, was ſo vielen ehrlichen Leuten erlaubt iſt, nämlich dem Geſetz-Codex zu entſchlüpfen, indem man ſich in das
Budget flüchtet?

IV.

Wenn es wahr iſt, daß es keine Geſellſchaften ohne Krieg
gibt, ſo iſt es ebenſo richtig, daß ſich die Kriege nicht ohne
Armeen führen laſſen. Daher iſt Frau von M.... vollkommen
gerechtfertigt, wenn ſie ſich in dem folgenden Kapitel mit den
Einzelnheiten eines Feldzugs beſchäftigt. Frau von M . . . .
iſt meines Wiſſens die erſte Schriftſtellerin, welche nach der
Ritterin von Eon dieſe Materie behandelt hat; nicht als wollte

ich damit eine Vergleichung zwischen Frau von M . . . . und der Amazone des letzten Jahrhunderts anstellen; meine Bemerkung deutet einzig und allein eine bibliographische Zusammenstellung an.

Wie alle militärischen Schriftsteller, so zeigt sich auch Frau von M . . . . als eine große Verfechterin des unbedingten Gehorsams; das ist eine Frage, die schon häufig Gegenstand philosophischer Erörterungen gewesen ist; ihre vollständige Lösung findet sie jedoch alle Tage auf dem Exercierplatz von Grenoble.

Man findet bei Hobbes eine Meinung über diesen Gegenstand, welche Frau von M . . . . hätte anführen können, die sich jedoch durch nichts auszeichnet, als durch ihre Sonderbarkeit. „Wenn unser Herr," sagt Hobbes, „uns eine verbrecherische Handlung befiehlt, so müssen wir sie vollziehen, wenn nur diese Handlung nicht uns zur Last gelegt werden kann." Das heißt mit andern Worten: Herr Hobbes macht den Egoismus zur Norm für das menschliche Handeln.

Frau von M . . . . führt, nach dem Vorgange von Folard, einige Eigenschaften an, welche ein ächter Feldherr besitzen soll. Was mich betrifft, so kann ich ein gewisses Mißtrauen gegen so hohe Anforderungen, die bloß durch Ausnahmen in der Natur verwirklicht werden könnten, nicht unterdrücken. Es ist was Entsetzliches, nur das Namensregister von den vorbereitenden Studien zu sehen, welche ein künftiger General betreiben soll; und doch — wie viele treffliche Feldherren gab es, welche nicht einmal lesen konnten? Man sollte glauben, die erste Bedingung, die conditio sine qua non, für jeden Mann, der sich für das Kriegshandwerk entscheidet, müßten gute Augen, oder wenigstens ein starker gesunder Körperbau sein. Aber auch hier zeigt uns die Geschichte eine Menge großer Krieger, die einäugig oder hinkend waren, Philipp von Macedonien

war einäugig, hinkend und sogar einhändig: Agesilaus, König
von Sparta, war hinkend und verwachsen; Hannibal war einäugig; Bajazet und Tamerlan, die zwei größten Kriegshelden
ihrer Zeit, waren der eine einäugig, der andere hinkend; der
Marschall von Luxemburg war buckelig. Und um unsere Ideen
hierüber vollends ganz zu verwirren, so hat die Natur uns
die Erscheinung eines ganz blinden Feldherrn gezeigt, der an
der Spitze seines Heeres marschirte, seine Truppen in Schlachtordnung aufstellte und große Siege davon trug. Ein solcher
war Ziska, der Anführer der Hussiten.

V.

Mit welchem Aufwand von Emphase unsere Historiker die
Geschichte schreiben! Glaubt an das Zeug nicht, meine Freunde!

„Der Senat geht dem aus der Schlacht bei Cannä ent-
ronnenen Consul Varro zum Willkomm entgegen und dankt
ihm, daß er die Republik nach so schwerem Unglück nicht auf-
gegeben ....." Was beweist dies? Nichts weiter, als daß
die Faktion, welche die Ernennung Varro's zum Consul bewirkt hatte, um den Fabius Maximus vom Commando zu
verdrängen, noch immer mächtig genug war, um des Aus-
reißers Varro Bestrafung zu hintertreiben. Sie verlangte sogar, man solle ihn zum Diktator ernennen, nur damit nicht
Fabius, der einzige Mann, der im Stande war, die Republik
von dem drohenden Untergang zu erretten, an die Spitze der
Angelegenheiten käme. Dies Alles ist unglücklicherweise sehr
natürlich; Heroisches kann ich durchaus nichts darin finden.
Glaubt man z. B. nicht, daß, wenn Bonaparte nach dem
Rückzug von Moskau es verlangt hätte, ihm sein ganzer Senat
in Masse entgegen gegangen sein würde?

„Der Senat erklärt, daß er die Gefangenen nicht aus-

andere ehrliche Leute, die gar keine Römer sind; er ward hart, weil er nicht arm erscheinen wollte. Konnte man denn wirklich mit Fug und Recht die Soldaten der Feigheit anklagen, die sich von Sonnenaufgang bis in die Nacht hinein geschlagen und nicht weniger als siebzig tausend Todte auf dem Schlachtfeld zurückgelassen hatten? Das sind die Thatsachen, und in der Geschichte gelten Thatsachen mehr als leere Phrasen. Man sehe über diesen Gegenstand auch Jolard nach.

Dagegen wird man uns das Zeugniß Montesquieu's entgegenhalten. Montesquieu hat ein sehr schönes Buch geschrieben „über die Größe und den Verfall der Römer," aber er hat dabei den einzigen Umstand vergessen, daß Hannibals Cavalerie unthätig im Sattel stehen blieb, als er nahe vier Meilen von Rom sich gelagert hatte. Es bleibt immer etwas Wunderliches, wenn ein Franzose bei den Römern allerlei Dinge vorfindet, wovon weder Sallust noch Cicero, weder Tacitus noch Titus Livius ein Wort wissen. Und doch hätten die Römer etwas mit uns gemein; sie haben stets die beste Meinung von sich und machen sich die größten Complimente, thun aber nie das Gleiche gegenüber von Andern.

Die Geschichtschreiber, welche nichts als glänzen wollen, sehen überall Verbrechen oder Genie; sie brauchen Riesen, also ihre Riesen gleichen den Graffen; von vorn sind sie groß, von hinten klein. Im Allgemeinen ist es eine angenehme Beschäftigung, die wahren Ursachen der Ereignisse aufzusuchen, man kann sich des Erstaunens nicht erwehren, wenn man zu der Quelle des Flusses gelangt. Noch immer erinnere ich mich, welches Vergnügen ich in meiner Kindheit empfand, als ich

Urſachen und den Wirkungen ſtattfindet. Die Peſt wurde durch eine Krähe nach Italien gebracht, und beim Aufſchneiden einer Maus entdeckte man den Galvanismus.

Der Herzog von Berry iſt ermordet worden: kaum ſind, ſechs Wochen vorüber. Noch iſt die Gruft von Saint-Denis nicht wieder verſiegelt und ſchon regnet es mit Leichenreden und Apologien auf das friſche Grab. Aber Alles das iſt verdrehtes, verzwicktes, mangelhaftes Zeug, ſchlecht gedacht und ſchlecht geſchrieben; platte oder klingende Lobhudeleien; nichts von Ueberzeugung, von innerem Gefühl, von wahrem aufrichtigem Schmerz. Und doch war der Stoff ſo ſchön! Wann wird man es endlich den winzigen Geiſterchen unterſagen, einen erhabenen Gegenſtand zu verpfuſchen? In den Tempeln des Alterthums waren beſondere heilige Gefäße aufbewahrt, die von keinen ungeweihten Händen getragen werden durften.

Und wahrlich, wo könnte der Dichter einen erhabeneren, reichhaltigeren Stoff für ſich finden, als in dieſem frommen, kriegeriſchen Leben, das ſo viele beklagenswerthe Ereigniſſe

* Ich glaubte den ganzen nachſtehenden Aufſatz, der in einer jetzt vergeſſenen Zeitſchrift anonym erſchienen war, hier wörtlich wieder geben zu müſſen. Zwingen konnte mich nichts dazu, aber ich war der Meinung, es dürfte in dem Anblick der politiſchen Leidenſchaften einer früheren Epoche etwas Unterrichtendes und Belehrendes für die politiſchen Leidenſchaften der jetzigen Zeit liegen. In dieſem Aufſatz ſteigert ſich der Schmerz bis zur Wuth, das Lob bis zur Apotheoſe, die Unnatürlichkeit und Uebertriebenheit aller Gefühle bis zum Wahnſinn. So war im Jahr 1820 die Geiſtesverfaſſung eines jungen Jakobiten von ſiebzehn Jahren, der jedoch frei von allem Eigennutz nur den Eingebungen ſeiner innerſten Ueberzeugung folgte. Der Aufſatz enthält, wir wiederholen es, eine warnende Lehre für jeden politiſchen Fanatismus. Der Leſer wird in dieſem Bande noch auf manche ähnliche Stellen ſtoßen; auch ihnen möge dieſe Anmerkung gelten.

umfaßt, als in diesem heldenmüthigen, ächt chriſtlichen Tod, der so viele verhängnißreiche Folgen nach ſich zieht? Ein erhabener Triumph iſt dem großen Schriftſteller vorbehalten, der uns die allzu kurze Laufbahn und den ritterlichen Charakter desjenigen aufzeichnet, der vielleicht der letzte Abkömmling des großen Ludwig ſein wird. Ausgeſtoßen ſeit ſeiner früheſten Jugend von dem Boden der Heimath, mußte der Prinz lange vor der Zeit dem rohen Waffenhandwerk ſich ergeben. Die erſten und lange einzigen Vorrechte, die er ſeinem erhabenen Range verdankte, waren Verbannung und Proſcription. Aus einem königlichen Palaſt trat er hinaus in das Feld des Krieges, ſchlief bald unter den Zelten Oeſterreichs, bald irrte er auf Englands Flotten umher, und ward ſo eine Reihe von Jahren hindurch mit ſeiner ganzen Familie ein auffallendes Beiſpiel von der Unbeſtändigkeit des Glücks und der Undankbarkeit der Menſchen. Lange Zeit mußte er unter ausländiſchen Heerführern Soldaten bekämpfen, welche mit der Beſtimmung geboren waren, unter ihm zu dienen; aber nie verläugneten ſeine Beharrlichkeit und ſeine Tapferkeit das Blut und den Namen ſeiner Ahnen. Er zeigte ſich ſtets als den würdigen Zögling des Erben der Condés, der verbannt geweſen war gleich ihm, — als den würdigen Führer jener alten Schaar von Edeln, die mit ihren Königen geächtet waren. In jenen kriegeriſchen Zeiten wog das Brod des Soldaten in ſeinen Augen das fürſtlichſte Mahl auf, und in Ermangelung eines königlichen Lagers wußte er bei Tag die Kanone zu erobern, die ihm bei Nacht als Ruheſtätte dienen ſollte. Endlich zurückgekehrt in die Mitte der Völker, welche ſeine Väter regiert hatten, ſollte es ihm nicht vergönnt ſein, ruhig und in Frieden des Glücks ſich zu erfreuen, das eine erlauchte Verbindung für ihn dauernd, für unſere Nachkommen ewig begründen zu wollen ſchien. Wehe! vier Jahre waren ihm unter Wohlthaten

in edler Zurückgezogenheit und Einfachheit verschwunden, da
fiel der jüngste der letzten Bourbonen, die Liebe und die Hoffnung der ganzen Nation, unter dem Dolche eines Franzosen,
er, den ein von einem Mamelucken bewachter Korse während
der elf Jahre seiner argwöhnischen Tyrannei nicht erreichen
konnte!

Dieser würdige Sprößling des großen Bearners, bestimmt,
unsere tapferen und getreuen Heere zu befehligen, ist gestorben
in der schönsten Blüthe, in der vollsten Kraft des Alters, nicht
einmal mit dem Troste, gleich Epaminondas auf seinem Schilde
zu verscheiden.

Und wenn dann der Geschichtschreiber eines so edlen Lebens
die letzte Verzeihung, das letzte Lebewohl des Hinscheidenden
angeführt hat, dann ist es seine Pflicht, zurückzugehen oder
vielmehr herabzusteigen zu den Ursachen und Urhebern dieses
abscheulichen Verbrechens. Hat er dann das im Dunkeln schlei-
chende Verbrechen enthüllt, dann möge er hören, wie das ver-
zweifelnde Frankreich ausrufen wird, gleich jener römischen
Kaiserin: „Ich weiß jetzt, woher die Schläge kommen!"

Wir wollen uns hier nicht in eine Erörterung einlassen,
die unsere Kräfte übersteigen würde, aber wir sind der Ansicht,
daß es eine hohe und wichtige Aufgabe für den Geschichtschre
des ermordeten Herzogs von Berry ist, den Beweggrü
nachzuspüren, welche den elenden Mörder zu seinem Verb
veranlaßten: Ist Louvel ein Fanatiker? Von welcher Ar
sein Fanatismus? Gehört er zu der Klasse der überspan
uneigennützigen Mörder, wie Sand, Ravaillac, Clement?
er nicht vielmehr einer jener Verworfenen, die man für
Fanatismus bezahlt, und denen man noch außer dem b
genen Lohne Versicherungen von Protektion und Siche   t
den Kauf gibt?... Wir wollen unsern Befürchtung
weitere Worte geben. Man hat heutzutage kein I

selbst über die unerhörtesten Dinge zu erstaunen. Wir müssen
es mit ansehen, wie fluchwürdige Verbrecher vor den Augen
von ganz Europa ihre Straflosigkeit zur Schau tragen, die
wohl noch abscheulicher ist, als ihre Verbrechen, und eine scham-
lose Frechheit an den Tag legen, die noch entsetzlicher ist, als
ihre Straflosigkeit.

. Um übrigens seinen Gegenstand durchaus und völlig zu
erschöpfen, wird der künftige Geschichtschreiber des Herzogs von
Berry noch eine andere, zwar bemüthigende, aber nichtsbesto-
weniger unerläßliche Aufgabe zu erfüllen haben: ich meine die
Vertheidigung dieses heldenmüthigen Prinzen gegen die perfiden
Insinuationen und abscheulichen Verleumdungen, womit die
den legitimen Thronen feindselig gesinnte Faktion sein Andenken
bereits anzuschwärzen sich bemüht. Zu andern Zeiten und unter
andern Umständen wäre ein solches Bemühen eine Beleidigung
gegen den hohen Verstorbenen gewesen, dessen Herzensgüte,
Tapferkeit und Freimüthigkeit sich nur mit den Tugenden des
großen Heinrichs vergleichen lassen. Aber in unseren Tagen,
wo eine königsmörderische Faktion den verabscheuungswürdigsten
Idolen huldigt, sind da die wahren Liberalen, die ächten Royalisten nicht verpflichtet und verbunden, jeden Tag, selbst den
edelsten Ruhm, die unbeflecteste Ehre, den untadelhaftesten
Ruf gegen die schamlosen Deklamationen dieser wahnsinnigen
Partei zu vertheidigen? Haben wir nicht jeden Tag neue Beleidigungen zu rächen, die man sich gegen Männer, wie Piche-
gru oder Cathelineau, Moreau oder Larochejacquelein erlaubt?
und bei jedem neuen Angriff, den man auf solche berühmte
Männer macht, beginnen wir von Neuem unsere traurige Vertheidigung, wenn wir auch nicht die Hoffnung hegen dürfen,
daß uns eine Stimme voll edeln Unwillens unterbrechen und,
wie jener alte Grieche, ausrufen werde: Wer wagt es noch,
den Alciden zu beschimpfen?

Vor nicht gar langer Zeit ist eine Sammlung von Briefen der Frau von Grafigny über Voltaire und Ferney erschienen. Dieses Werk hält bei weitem nicht das, was sein Titel verspricht. Voltaire's Name, an der Spitze irgend eines Buches, erweckt eine lebhafte und so gespannte Erwartung, daß diese nur schwer befriedigt werden kann. Man sollte glauben, Voltaire's Privatleben müßte dem Leser eine Menge ergötzlicher und interessanter Einzelnheiten darbieten, wenn nur der Charakter dieses außerordentlichen Schriftstellers treu aufgefaßt und gezeichnet, und mit seiner ganzen originellen Beweglichkeit, mit allen seinen Ungleichheiten und rauhen Ecken wiedergegeben würde. Auch glaube ich, daß der feine und zarte Pinsel einer Frau, mehr als jeder andere, dazu geeignet wäre, die Menge verschiedener Nüancen, aus denen die moralische Physiognomie eines universellen Menschen wie Voltaire besteht, richtig aufzufassen; hauptsächlich dürfte dies der Fall sein in Bezug auf seine Verbindung mit der herrischen Marquise von Chatelet. Es müßte etwas Pikantes für eine Frau gehabt haben, und würde ihr wahrscheinlich leichter als einem Manne gelungen sein, die Ursachen dieser bizarren Zuneigung auseinander zu setzen und zu entwickeln, einer Zuneigung, welche einen Mann von Genie zum Sklaven einer geistreichen Frau machte, und so lange Zeit dem ewigen Hader und den ermüdenden Zänkereien Widerstand leistete, welche ganz unversehens und fast unausgesetzt den Jähzorn der Einen, so wie den Stolz des Andern in Wallung brachten. Wäre die Sammlung von Voltaire's Briefen an seine verehrungswürdige Emilie nicht vernichtet worden, so könnten wir uns noch der Hoffnung überlassen, den Schlüssel zu diesem Räthsel aufzufinden; die Briefe der Frau von Grafigny geben uns hierüber durchaus keinen befriedigenden Aufschluß.

Zu ihrer Ehre wollen wir annehmen und behaupten, daß die Verfasserin der peruvianischen Briefe dieselben nicht mit der Absicht geschrieben habe, sie eines Tages drucken zu lassen. Dem Herausgeber kann man darum nicht viel Dank wissen, daß er das Manuscript aus dem Portefeuille des Herrn von Bouffleurs hervorgezogen hat. Frau von Grafigny hat keine Beobachtungsgabe, hauptsächlich wenn es sich von großen Männern handelt. Ihr Styl, der, gelinde ausgedrückt, geschmacklos ist, entleidet dem Leser das Interesse für ihren Gegenstand. Frau von Grafigny kam im Jahre 1738 nach Cirey, und theilte von hier aus ihrem Freund Devaux, dem Vorleser des Königs Stanislaus von Polen, ihre Betrachtungen über die Bewohner dieses Schlosses mit. Herr Devaux, den sie in der Innigkeit ihrer Korrespondenz Pampan und manchmal mit verdoppelter Zärtlichkeit Pampichon nennt, erhält hier vertraute Mittheilungen über Voltaire und seine Marquise, welcher sie verschiedene Spottnamen gibt, von denen immer einer abgeschmackter ist, als der andere, z. B. Atys, dein Idol, Dorothee u. s. w. Sie übermacht ihm ferner ein detaillirtes, in einem albernen, geschraubten Styl abgefaßtes Tagebuch über alle ihre Beschäftigungen. Hat sie den Sonnenaufgang gesehen? „Nein, sie war bei der Morgentoilette der Sonne," wie sich Frau v. Grafigny auszudrücken beliebt. Ein anderes Mal beginnt sie ihre Epistel an Herrn Devaux mit den Worten: „Ich bin so artig, Dir zu schreiben 2c." Indessen würde man Unrecht haben, wenn man das Buch durchaus verwerfen wollte. Unter vielen Wiederholungen und Einzelnheiten, welche allerdings einen schlechten Geschmack verrathen, enthalten die Briefe der Frau v. Grafigny doch manche interessante, bisher unbekannte Thatsachen; und die hier zum ersten Male gedruckten Bruchstücke von Voltaire, die dem Werke zum Anhang dienen, verdienen schon an und für sich die Aufmerksamkeit des Lesers.

Mehrere unter diesen fünfzig Episteln gewähren ein hohes Interesse, sie sind beinahe alle an ausgezeichnete Personen des vorigen Jahrhunderts gerichtet, wie z. B. an die Herzoginnen von Maine und Aiguillon, die Herzoge von Richelieu und von Praslin, den Kanzler von Aguesseau, den Präsidenten Hénault u. a. m. Insbesondere bilden die Briefe an die Herzogin von Maine eine noch nie erschienene, wahrhaft ergötzliche und interessante Correspondenz. Außerdem befindet sich in dieser Sammlung auch ein Brief an den Papst Benedikt XIV., in italienischer Sprache, und unterzeichnet: il devotissimo Voltaire. Das kann nun heißen: „Euer Heiligkeit Andächtigster," oder: „Euer Heiligkeit Ergebenster;" vielleicht das Eine wie das Andere, oder, was das Wahrscheinliche ist: Keines von beiden. Wer Citate aus dieser Correspondenz wünscht, für den theilen wir hier ein in Form und Wendung gar niedliches Billet an den damaligen Minister Grafen von Choiseul mit. Man wird in diesen wenigen Worten die ganze Art dieses an neuen und pikanten Ideen immer reichen Mannes erkennen; es müßte in der That schwer sein, auf eine originellere Weise den gezwungenen und ceremoniösen Formeln des Hoftones auszuweichen. Hier das Billet:

„Sie werden mich entschuldigen, wenn ich mir die Freiheit nehme, Ihnen das mitzutheilen, was mir kürzlich mit Herrn Makartney begegnet ist, einem bei all seiner Jugend doch schon sehr klugen und unterrichteten, dabei aber bescheidenen englischen Gentleman. Er ist sehr reich und außerordentlich anspruchlos, wird aber bald seine Stimme im Parlament so laut ertönen lassen, als irgend ein Anderer. Er machte mir streitig, daß Sie einiges Wohlwollen für mich hegten. Da wurde ich hitzig, ich rühmte mich Ihres hohen Schutzes; er hat mir geantwortet, wenn ich die Wahrheit sagte, so würde ich mir die Freiheit nehmen, Ihnen zu schreiben. **Ich habe ein heißes**

Blut: verzeihen Sie daher, Monseigneur, dem Eifer, der Anhänglichkeit, dem tiefen Respekt des Alten vom Berge."

Man sieht, der „alte freie Schweizer" kann ein trefflicher Hofmann sein. In dem größten Theil der übrigen Briefe wird man die sich mittheilende Heiterkeit, lebendiges, oft auch unbesonnenes Urtheil, die gewandte Schmeichelei, den bald sanften, bald beißenden Spott finden, woran man die unnachahmliche Weise des prosaischen Voltaire leicht erkennt. Unter der geringen Anzahl von Gedichten, die unter den prosaischen Stücken vorkommen, ist folgendes, an die bekannte Mademoiselle Raucourt, noch nie gedruckt worden:

Raucourt, tes talens enchanteurs
Chaque jour te font des conquêtes;
Tu fais soupirer tous les coeurs,
Tu fais tourner toutes les têtes.
Tu joins au prestige de l'art
Le charme heureux de la nature,
Et la victoire toujours sûre
Se range sous ton étendard.
Es-tu Didon? es-tu Monime?
Avec toi nous versons des pleurs,
Nous gémissons de tes malheurs,
Et du sort cruel qui t'opprime.
L'art d'attendrir et de charmer
A paré ta brillante aurore;
Mais ton coeur est fait pour aimer,
Et ton coeur ne dit rien encore.
Défends ce coeur de vains désirs
De richesse et de renommée,
L'amour seul donne le plaisir,
Et le plaisir est d'être aimée.
Déjà l'amour brille en tes yeux,

Il naîtra bientôt dans ton âme;
Bientôt un mortel amoureux
Te fera partager sa flamme.
Heureux, trop heureux cet amant
Pour qui ton coeur deviendra tendre,
Si tu goûtes le sentiment
Comme tu sais si bien le rendre.

In der That ganz allerliebste Verse. Doch muß ich offen
ßen, daß ich wenig Sympathie für diese Gattung von Poesie
. Da lobe ich mir meinen Homer.

――――――

eber einen im Jahre 1820 erschienenen Dichter.

Mai 1820.

I.

Ihr werdet lachen, ihr Leute von Welt, ihr werdet die
eln zucken, ihr Gelehrten, meine Zeitgenossen, denn ich
es euch unter uns, es gibt vielleicht keinen einzigen in
: Mitte, der einen richtigen Begriff hat von dem, was ein
ter ist. Wird man ihn in euren Palästen finden? oder in
n Studirstuben? Was vor allen Dingen das Gemüth eines
ters anbelangt, ist es nicht, wie ein beredter Mund sich
ber ausdrückt, die erste Bedingung: nie den Preis
er niedrigen Handlung oder den Lohn einer
e berechnet zu haben? Dichter meines Jahrhunderts,
t sich ein solches Gemüth unter euch? Findet sich in euren
en der Mann, der das „os magna sonaturum" besitzt, den
b, der die Kraft in sich fühlt, nur Großes zu verkünden,

die ferrea vox, die Stimme von Eiſen? der Mann, der ſich beugen wird vor den Launen eines Tyrannen, oder dem Geſchrei einer wüthenden Partei? Gleicht ihr nich Gegentheile Alle den Saiten einer Leier, deren Ton mit Wetter ſich ändert?

II.

Ich will offen und ohne Rückhalt ſprechen: man wird euch Freigelaſſene finden, bereit der Zügelloſigkeit das Wo reden, nachdem ſie den Despotismus vergöttert haben; U läufer, bereit der Gewalt zu ſchmeicheln, nachdem ſie Anarchie beſungen; — Unſinnige, die noch geſtern un mäßige Ketten geküßt haben und nun heute, gleich der Schl in der Fabel, ihre Zähne an dem Kappzaum der Geſe brechen wollen; aber einen Dichter wird man vergebens euch ſuchen. Denn für Diejenigen, welche ſelbſt den Titel entehren, gibt es keinen wahren Dichter, ohne geraden S ohne reines Herz, ohne ein edles, erhabenes Gemüth. Ic euch dies, nicht in meinem Namen — denn ich bin nich nein, im Namen jedes denkenden, vernünftigen Weſens! es ſelbſt, wie übel müſſen die Worte — ich wähle ein ſpiel aus dem Alterthum — wie übel müſſen die W „Dulce et decorum est pro patria mori,“ in dem Munde fließenden Feiglings lauten! und ſo will ich es denn geſt ich habe bis jetzt rings um mich her nach einem Dichte ſucht, aber keinen gefunden, und ſo bildete ſich in me Innern ein Ideal, das ich gerne lebendig vor euch hin möchte, und wie der blinde Milton bin ich oft verſucht, Sonne zu beſingen, die mir zu ſchauen verwehrt iſt.

III.

Eines Tags öffnete ich ein Buch, das erſt ganz ku ſchienen war, ohne den Namen des Verfaſſers, mit d

fachen Titel: „Poetische Meditationen." Das Buch war in
Versen geschrieben.

Ich fand in diesen Versen einige Aehnlichkeit mit Andreas
Chénier. Im Weiterlesen stellte ich unwillkürlich eine Vergleichung zwischen dem Verfasser dieses Buches und dem unglücklichen Dichter der „jungen Gefangenen" an. Bei beiden
dieselbe Originalität, dieselbe Frische der Ideen, derselbe Aufwand von neuen und wahren Bildern; nur ist der Eine ernster
in seinen Gemälden, und ich möchte sagen, mystischer; der
Andere zeigt mehr Heiterkeit, mehr Anmuth, dabei aber auch
weniger Geschmack und Feile. Beide begeistert die Liebe. Aber
bei Chénier tritt dieses Gefühl stets in profanem Gewande auf;
bei dem Andern ist die irdische Leidenschaft fast immer durch
die göttliche Liebe verklärt und gereinigt. Der Erstere bemüht
sich, seiner Muse die einfachen und ernsten Formen der antiken
Muse zu geben, während der Zweite, der oft in den erhabenen
Styl der Patriarchen und Propheten verfällt, es nicht verschmäht, der träumerischen Muse Ossians zu lauschen, oder
den phantastischen Göttinnen Klopstocks und Schillers zu hul-
digen. Fasse ich nun diese im Ganzen ziemlich unerheblichen
Unterscheidungspunkte zusammen, so erscheint mir der Erste als
ein Romantiker unter den Klassikern, der Zweite als ein
Klassiker unter den Romantikern.

IV.

Da habt ihr nun einmal Gedichte eines Dichters, Poesien,
die wirklich Poesie sind!

Ich las dieses ausgezeichnete Buch von Anfang bis zu
Ende, und trotz der Nachlässigkeiten, trotz der neuen Ausdrücke
und Wendungen, trotz der Wiederholungen und der Dunkelheit,
die ich da und dort bemerkt, fühlte ich mich doch versucht, dem
Verfasser zuzurufen: „Muth gefaßt, junger Mann! Du bist

sich feindlich entgegenstehender Kräfte. Je mehr diese K
im Gleichgewicht erhalten, desto ungewisser wird der
des Kampfes, desto stärker der Wechsel von Furcht 1
nung, desto höher steigt das Interesse. Man darf jed.
Interesse, das aus der Handlung erwächst, nicht n
andern Interesse verwechseln, welches der Held ei1
Tragödie einflößen soll, und welches in nichts Andere
als in einem Gefühl von Schrecken, von Bewunderu1
von Mitleiden. So könnte z. B. die Hauptperson ein
Interesse erregen, weil ihr Charakter edel, ihre Lage
ist, und doch könnte dem Stücke selbst alles Interesse
weil es keinen Wechsel von Furcht und Hoffnung herv

II.

Wenn in einem dramatischen Werke die Ungewißheit der Ereignisse nicht mehr ihren Grund in der Ungewißheit der Charaktere hat, so ist es keine Tragödie der Kraft, sondern eine Tragödie der Schwäche, es ist, wenn man so will, das Schauspiel des menschlichen Lebens; große Wirkungen neben kleinen Ursachen. Es sind Menschen. Aber auf den Brettern braucht man entweder Engel oder Riesen.

III.

Es gibt Dichter, denen es ein Leichtes ist, dramatische Triebfedern zu erfinden; aber es mangelt ihnen das Verständniß oder die Fähigkeit, dieselben in Bewegung zu setzen. Sie gleichen jenem griechischen Künstler, der nicht die Kraft besaß, den Bogen zu spannen, den er verfertigt hatte.

IV.

Die Liebe sollte auf dem Theater stets den vorderster Reigen führen, vor all den leeren Beweggründen, die g   l lich die Neigungen und Leidenschaften der Menschen best   . Sie ist das Kleinlichste, was es auf Erden geben kann, sobald sie nicht mehr das Höchste ist. Man wird mir einwenden, dieser Hypothese zufolge dürfte sich der Cid nicht mit Don Gormas schlagen. Der Einwurf trifft nicht. Cid kennt Ximene, er will sich lieber ihren Zorn, als ihre Verachtung zuziehen, weil Verachtung der Tod der Liebe ist. Die Liebe wird in großen Seelen zu einer himmlischen Achtung.

V.

Wir glauben die Bemerkung machen zu müssen, daß die dramatische Entwicklung im „Mahomet" weit mangelhafter ist, als man insgemein glaubt. Um sich hievon zu überzeugen, braucht man diese Tragödie nur mit dem Britannicus zu vergleichen. Die Situation in beiden Stücken ist beinahe dieselbe. In beiden Tragödien verliert ein Tyrann seine Geliebte in dem Augenblick, wo er ihres Besitzes ganz gewiß zu sein glaubt. Das Stück von Racine läßt allerdings einen traurigen Eindruck im Gemüthe zurück, aber es mangelt ihm nicht das beruhigende Element, weil man fühlt, daß Britannicus gerächt, und Nero eben so unglücklich ist, als seine Schlachtopfer. Dagegen bleibt bei Voltaire das Herz, das nimmer sich täuscht, niedergeschlagen und zerknirscht; und in der That ist Mahomet durchaus nicht bestraft. Seine Liebe zu Palmira ist nichts als eine kleinliche Schwäche in seinem Charakter, ein lächerliches Mittel in der Handlung. Wenn der Zuschauer sieht, wie dieser Mann über seine Größe nachdenkt in dem Augenblick, wo sich seine Geliebte vor seinen Augen erdolcht, dann muß man wohl fühlen, daß er sie nie geliebt, daß er sich, ehe zwei Stunden vorüber sind, über ihren Verlust getröstet haben wird.

Racine hat einen besseren Stoff gewählt als Voltaire. Für den tragischen Dichter gibt es einen tiefen und wesentlichen Unterschied zwischen dem römischen Kaiser und dem Kameeltreiber-Propheten. Nero kann verliebt sein, Mahomet nicht. Nero ist ein Phallus, Mahomet ein Gehirn.

VI.

Es ist das Eigenthümliche gut gewählter Stoffe, daß sie ihren Schöpfer in der Höhe erhalten; Berenice ließ Racine nicht fallen; Lamotte konnte Ines nicht fallen machen.

VII.

Der Unterschied, welcher zwischen der deutschen und der französischen Tragödie besteht, kommt daher, daß die deutschen

Dichter eine ganz neue Schöpfung beabsichtigten, während die Franzosen sich damit begnügten, die alten zu verbessern. Die meisten unserer Hauptwerke sind zu der Höhe, auf welcher wir sie gegenwärtig erblicken, erst gelangt, nachdem sie zuvor von den ersten Männern mehrerer Jahrhunderte bearbeitet waren.

Die deutsche Tragödie ist nichts anderes, als die Tragödie der Griechen, versteht sich mit denjenigen Modificationen, welche die Verschiedenheit der Epochen mit sich bringen mußte. Die Griechen wollten gleichfalls die Pracht der Scenerie mit dem Spiel der Bühne in Einklang bringen; daher ihre Masken, ihre Chöre, ihre Costüme. Aber da bei ihnen die Künste, welche mit allen Wissenschaften Hand in Hand gehen, sich in dem ersten Zustand der Kindheit befanden, so wurden sie bald wieder zu jener Einfachheit zurückgeführt, welche wir so sehr bewundern. Man lese in Servius nach, was auf dem Theater der Alten nöthig war, um eine Veränderung der Dekoration zu bewirken.

Ganz umgekehrt bedienten sich die deutschen Dichter, die des Genusses aller neueren Erfindungen theilhaftig waren, eines jeden Mittels, das ihnen zu Gebot stand, um die Mängel und Fehler ihrer Tragödien damit zu bedecken. Da sie nicht zum Herzen sprechen konnten, sprachen sie zu den Augen. Wohl ihnen, hätten.sie sich dabei innerhalb angemessener Grenzen zu bewegen gewußt! Daher kommt es aber, daß die meisten deutschen oder englischen Stücke, welche man auf unsere Bühne versetzt, hier weit weniger Effekt hervorbringen, als wenn man sie liest; man behält die Fehler, welche sich in Bezug auf Anordnung des Stücks und auf Haltung der Charaktere darin vorfinden, bei, und nimmt ihnen dagegen den theatralischen Pomp, der zum Ersatz für jene Mängel dienen sollte.

Frau von Stael schreibt den Vorzug der französischen

Tragödiendichter vor den deutschen noch einer andern Ursache zu; und ihre Bemerkung ist nicht ohne Grund. Die großen Männer Frankreichs waren unter einem und demselben Licht- und Brennpunkt vereinigt, während die bedeutenden Geister Deutschlands zerstreut waren, der eine da, der andere dort. Mit zwei Männern von Genie ist es, wie mit den zwei Flüssigkeiten auf der elektrischen Batterie; man muß sie in gegenseitige Berührung bringen, wenn sie Funken geben sollen.

VIII.

Man kann wahrnehmen, daß es zwei Arten von Tragödien gibt: die eine gründet sich auf Gefühle, die andere auf Ereignisse. Die erstere betrachtet die Menschen unter dem Gesichtspunkt der natürlichen zwischen denselben bestehenden Verhältnisse; die zweite dagegen unter dem Gesichtspunkte der gesellschaftlichen Verhältnisse. Bei der einen erwächst das Interesse aus der Entwicklung einer jener erhabenen Neigungen, denen der Mensch als Mensch unterworfen ist, z. B. der Liebe, der Freundschaft, der elterlichen oder kindlichen Liebe; bei der andern handelt es sich um einen politischen Willen, der sich entweder die Vertheidigung oder den Umsturz der bestehenden Einrichtungen zum Ziele gesetzt hat. Im ersten Falle muß sich der Mensch augenscheinlich passiv verhalten, das heißt: er kann sich dem Einfluß der äußeren Objekte nicht entziehen: ein Eifersüchtiger z. B. muß eifersüchtig sein, ein Vater muß für seinen Sohn Furcht haben; wie diese Eindrücke herbeigeführt werden, darauf kommt es wenig an, wenn sie Interesse erwecken; die Theilnahme des Zuschauers wird durch das Gefühl der Furcht oder des Verlangens stets rege erhalten. Im zweiten Fall dagegen ist die Rolle eine wesentlich aktive, weil es hier ein unwandelbarer Wille ist, und der Wille nur durch Handlungen sich manifestiren kann. Man kann diese zwei Arten von Tragödien, die eine mit einer Statue, welche aus Stein gehauen, die andere mit einer Statue, welche gegossen wird, vergleichen. Im ersten Fall ist der Stein vorhanden; damit er zur Statue wird, braucht es weiter nichts, als daß er einem äußeren Einfluß unterworfen wird; im zweiten Fall muß das Metall die innere Eigenschaft besitzen, das Modell, welches es ausfüllen soll, zu durchdringen. In dem Maße, wie sich eine Tragödie mehr oder weniger diesen beiden Grundtypen nähert, gehört sie mehr oder weniger zu der einen oder andern Klasse. Der innere Organismus der Verstandes-Tragödien muß von starker Beschaffenheit sein, wenn sie sich halten wollen; dagegen brauchen sich die Gefühlstragödien kaum an einen strengen Plan zu binden. Man vergleiche in dieser Beziehung Mahomet und den Cid.

IX.

Wir lesen heute, den 27. April 1819, folgende beachtungswerthe Worte von C.:

„Eines überrascht mich an den Arbeiten dieser jungen Männer, welche sich gegenwärtig zu der Bühne drängen: sie sind noch gar leicht über ihre eigenen Leistungen zufrieden gestellt. Um nur so bald als möglich den Lorbeerkranz auf ihr Haupt setzen zu können, verlieren sie eine kostbare Zeit, die sie einem angestrengten Nachdenken weihen sollten. Sie machen Glück, aber ihre Nebenbuhler freuen sich über ihre Triumphe. Seid wachsam! seid wachsam! ihr junges Geschlecht! haltet eure Kräfte zusammen; ihr werdet sie nöthig haben am Tage der Schlacht. Die schwachen Vögel nehmen ihren Flug in einem Zug; die Adler flügeln, ehe sie sich auf ihren Fittigen in die Lüfte erheben."

Ich will nichts Anderes, als was die ganze Welt will, was die ganze Welt verlangt: Gewalt für den König, und Garantien für das Volk.

Und in diesem Punkt unterscheide ich mich gar sehr von gewissen ehrlichen Leuten aus meiner Bekanntschaft, welche sich ganz laut zu derselben Maxime bekennen, denen es aber, sobald es zu einer Anwendung kommen soll, an allem entschiedenen Willen gebricht; dieser will nur die eine, jener die andere Hälfte des obigen Grundsatzes; das heißt: der Eine will ein wenig Despotismus, der Andere viel Freiheit. Es geht ihnen, wie meinem verstorbenen Großoheim, der beständig den bekannten Lehrsatz der salernitanischen Schule im Munde führte: „Wenig essen, aber oft!" der aber für den Hausbrauch nur die erste Hälfte des Satzes gelten ließ.

Ich fand dieser Tage bei Cicero folgende Stelle: „Der Redner muß bei jeder Rechtssache die Gründe für und wider auseinandersetzen; in omni causa duas contrarias orationes explicari; das paßt gerade für ein Jahrhundert, dachte ich, in welchem man zwei Arten von Gewissen entdeckt hat, ein Gewissen des Herzens und eines des Magens.

Was nun das Gewissen des Redners anbelangt, so muß er nach Cicero sein ein „vir probus dicendi peritus." In Betreff seiner Sitten — was ich hier schreibe, soll nichts als eine Art Unterweisung für die jungen Leute in Gymnasien sein — so weiß man, wie einfach die Sitten im Alterthum waren. Uebrigens haben wir durchaus keinen Grund zu der Annahme, daß die Redner es anders gemacht, als die Krieger. Nachdem Achilles und Patroklos die bittersten Thränen um Briseis ver-

goſſen, führte Achilles — wie dies bei Homer und Madame
. Dacier ausführlich zu leſen iſt,* die ſchöne Diomede, des weiſen
Phorbas Tochter, in ſein Zelt, und Patroklos überläßt ſich dem
ſüßen Schlummer in den Armen der jungen Iphis, einer Ge=
fangenen von der Inſel Scyros. Dabei fällt mir Petrarka ein,
der, nach dem Verluſte ſeiner Laura, in ſeinem ſiebzigſten
Jahre vor Schmerz ſtirbt, mit Hinterlaſſung eines Sohnes und
einer Tochter.

Was ſoll ich von Athen ſagen, dieſer Stadt der Urbanität
und der Beredſamkeit, wo die Väter ihre Söhne zu Aſpaſia in
die Schule ſchickten? — „Was haſt du mit den hundert Tha=
lern angefangen, welche dir die Ohrfeige eingetragen, die du
geſtern von Midias bei vollem Theater erhielteſt?" rief Aeſchi=
nes dem Demoſthenes zu. „Wie, ihr Männer von Athen, ihr
wollt die Stirne eines Mannes bekränzen, der ſich freiwillig
dem Schimpf und der Schmach ausſetzt, um einträgliche An=
klagen gegen ſeine Mitbürger zu ſchmieden? Ich verſichere euch,
das iſt kein Kopf, was dieſer Menſch auf den Schultern trägt,
das iſt ein Pachtgut!"

Und nun vollends der römiſche Ton, was ſoll ich von
dieſem ſagen? Von den Complimenten, welche ſich die Scaurus
und Catulus, in Gegenwart der geſammten Canaille von Rom,
gegenſeitig machten? Man hört mich nicht, ich bin Kaſſandra,
rief Sextius. Da ich nicht gewiß bin, ob mein Buch nur männ=
liche und nicht auch andere Leſer finden wird, ſo ſehe ich mich
genöthigt, hier des Markus=Antonius beißende Antwort zu
unterdrücken. Aber bei dem Triumphzuge Cäſars, der eben=
falls ein Redner war, ſangen ſeine eigenen Soldaten den Spott=
Refrain: „Bürger, verſteckt Eure Weiber!" Urbani, claudite
uxores, moechum calvum adducimus!

Bei dieſer Gelegenheit fühle ich mich zu der Erklärung ge=

* Man vergleiche Homers Iliade, B. IX, B. 663—668.

drungen, daß ich recht von Herzen bedaure, nicht im Alter-
thume geboren zu sein, ich gehe sogar mit dem Gedanken um,
ein großes, dickes Buch gegen mein Jahrhundert zu schreiben.
Im Vorbeigehen gesagt, mein Herr, mein Buchhändler läßt Sie
bitten, gütigst einige kleine Subscriptionen auf dieses Werk zu
unterzeichnen.

Und fürwahr, es muß eine schöne Zeit gewesen sein, wo
man das Volk, wenn es Hunger hatte, mit einer langen platten
Fabel abspeiste. O tempora! o mores! rufen ihrerseits unsere
Pfarrer aus.

Ja, es müssen schöne Zeiten gewesen sein, mein Herr, wenn
einer nur nicht einäugig war oder buckelig, oder hinkend,
oder krummbeinig, oder blind.

Ferner, wenn man nur nicht allzu schwach, noch allzu mächtig, oder allzu schlecht, noch allzu gut war.

Und hauptsächlich, was allerdings einige übertriebene
Strenge verräth, wenn man nur die Vorsicht gebrauchte, sein
Haus nicht auf eine Anhöhe zu bauen.

Dann, wenn Alles dies der Fall war, und man anders
nicht durch den Aussatz oder die Pest hinweggerafft wurde,
dann konnte man mit Fug und Recht erwarten, ruhig in seinem
Bette zu sterben, was übrigens in der That durchaus kein Hel-
dentod ist.

Fühlte man vollends ein wenig Anlage zu einem großen
Manne in sich — wie z. B. Sie, mein Herr, oder ich — das
heißt: spürte man den edlen Drang in sich, seinem Vaterlande
durch irgend eine tapfere Handlung oder eine außerordentliche
Erfindung nützlich zu werden — ein Drang, der, wie jeder-
männiglich bekannt ist, durchaus zu nichts verbindet — dann,
mein Herr, gab es nichts auf der Welt, worauf ein solcher
ehrlicher Bürger nicht Anspruch machen konnte; sogar der Tod
durch Henkershand konnte ihm zu Theil werden, wie dem

henienſer Phocion; oder ward ihm, wie Duilius, dem Ueber-
nder der karthagiſchen Flotte, die Ehre zu Theil, daß er unter
organg eines Flötenbläſers und zweier Laternenträger durch
: Stadt nach ſeiner Wohnung geleitet wurde, ungefähr wie
unſern Tagen der gelehrte Eſel.

April 1819.

Nach meinem Dafürhalten dürften ſich aus einer Ver-
leichung zwiſchen Leſage und Walter Scott, dieſen beiden Kory-
äen des Romans, nützliche Betrachtungen ergeben. Leſage
, wie ich glaube, geiſtreicher, Walter Scott origineller; der
ne weiß auf das Vortrefflichſte das Leben und die Begeben-
iten eines einzelnen Menſchen zu erzählen; der Andere zeich-
t mit der Geſchichte eines Individuums zugleich ein ganzes
olk, eine ganze Zeitepoche; der Erſte macht ſich über Zeit,
t und Sitten luſtig, und zeichnet dieſelben auf das Treueſte;
r Zweite verdankt dieſer Treue, an die auch er ſich mit ge-
ſſenhafter Strenge hält, den magiſchen Schimmer, der über
ne Gemälde ausgebreitet iſt. Bei beiden ſind die Charaktere
t Kunſt gezeichnet; aber bei Walter Scott ſcheinen ſie beſſer
halten, weil ſie hervorragender ſind und mehr Friſche und
atürlichkeit haben. Leſage opfert häufig das Gewiſſen ſeiner
elben dem Komiſchen einer Intrigue auf, während Walter
cott ſeinen Helden einen ſtrengeren Charakter verleiht; ihre
undſätze, ſogar ihre Vorurtheile haben etwas Edles, was
mal daraus hervorgeht, daß ſie ſich nie vor den Ereigniſſen
ugen. Man erſtaunt nach Durchleſung eines Romans von
ſage über die verſchwenderiſche Abwechslung, die durch den
nzen Plan des Werkes hindurchgeht; noch mehr aber erſtaunt
an beim Schluſſe eines Walter Scott'ſchen Romans über die
nfachheit des Entwurfs; dies kommt daher, daß der Erſtere

seine Imagination auf die Begebenheiten an und für sich, der Zweite auf die Einzelnheiten derselben verwendet. Der Eine malt das Leben, der Andere das Herz. Die Lektüre von Lesage's Werken verschafft in gewisser Beziehung Kenntnisse des Schicksals; Walter Scott dagegen lehrt Menschenkenntniß.

———

„Einen trefflicheren, aber auch wunderlicheren Menschen gab „es unter dem lateinischen Volke nicht. Er hatte eine eigene „Sammlung von Socken angelegt, und wenn wir ihm in der „Hitze des Streites irgend eine Behauptung streitig machten, „rief er seinem Diener zu: — „Hem, hem, hem, Dave, bring „mir den Socken der Mäßigkeit, den Socken der Gerechtigkeit, „den Socken des Plato, oder den des Aristoteles," je nach den „Materien, die gerade Gegenstand der Besprechung waren. „Hundert Dinge dieser Art machten mich immer von ganzem „Herzen lachen, und noch heutigen Tages geht es mir so, wie „wenn ich bei ihm wäre." — Die gelehrten Socken des Giraldo Giraldi verdienen gewiß eben so gefeiert zu sein, als Kants Perücke, welche bei dem Tode des Philosophen um 30,000 Gulden verkauft wurde, und für welche man auf der Leipziger Messe nur noch 1200 Thaler bezahlte; ein triftiger Beweis, nach meiner Ansicht, daß der Enthusiasmus für Kant und seine Ideologie im Sinken begriffen ist. Man könnte diese Perücke in ihrem Preiswechsel als einen Thermometer für das Sinken oder Steigen des kantischen Systems betrachten.

.   ———

April 1820.

Das literarische Jahr kündigt sich höchst mittelmäßig an. Kein interessantes Buch, kein kräftiges Wort; nichts Belehrendes, nichts Aufregendes. Es wäre denn doch einmal Zeit, daß einer aus dem großen Haufen hervorträte und spräche: „Seht

mich, hier bin ich!" Es wäre Zeit, daß ein tüchtiges Buch, ein
vollendetes Lehrsystem erschiene, ein Homer oder ein Aristoteles.
Die Müßiggänger hätten dann wenigstens Veranlassung darüber
zu streiten; dies würde sie abschleifen.

Aber was soll die Literatur des Jahrganges von 1820 bedeuten? Sie ist noch trivialer, als die von 1810, und um so un-
verzeihlicher, da kein Napoleon mehr vorhanden ist, der die ausgezeichneten Geister für sich verwendete, um sie zu Generalen zu
machen. Wer weiß es? Ney, Murat, Davoust wären vielleicht
große Dichter geworden. Sie schlugen sich, wie man schreiben
sollte.

Elende Misere unserer Zeit! Viel Versgeklingel, aber keine
Poesie, Vaudevilles die Fülle, aber kein Theater. Talma —
das ist das Einzige, was wir haben. Ein Molière wäre mir
lieber.

Man verspricht uns einen neuen Roman von Walter Scott,
„das Kloster." Er thut wohl daran, daß er sich sputet, denn
unsere Scribler scheinen von einer wahren Wuth besessen zu sein,
schlechte Romane zu liefern. Es liegt da ein ganzer Ballen von
solchen Machwerken vor mir; ich werde mich jedoch wohl hüten,
ihn zu öffnen; denn ich bin nicht gewiß, ob ich nur das darin
finden würde, um was jener Hund bei Rabelais, der an einem
Bein nagte, bat: „nichts, als ein klein wenig Mark."

Das literarische Jahr ist mittelmäßig; das politische hat
unter blutigen Wahrzeichen begonnen. Der Herzog von Berry
ist in der Oper erdolcht worden. Ueberall nichts als Revolutionen.

Die Ermordung des Herzogs von Berry ist eine Tragödie.
Auch an einer Parodie dazu fehlt es nicht.

„Es hat sich in diesen Tagen aus Veranlassung des Herrn
Decazes ein großer politischer Streit entsponnen. Herr Donnadieu ist gegen Herrn Decazes aufgestanden, Herr d'Argout

gegen Herrn Donnadieu, und Herr Clausel de Coussergues gegen Herrn d'Argout.

Wird sich am Ende auch Herr Decazes noch darein mischen? Alle diese Kämpfe erinnern uns an jene alten Zeiten, wo tapfere Ritter irgend einen treulosen Riesen vor seinem Schlosse zum Kampfe herausforderten. Beim Schalle des Horns erschien ein Zwerg. So haben auch wir der Zwerge schon mehrere erscheinen gesehen; noch immer aber warten wir auf den Riesen.

Das politische Ereigniß des Jahres 1820 ist die Ermordung des Herzogs von Berry, das literarische Ereigniß irgend ein Vaudeville. Das Mißverhältniß ist doch allzu stark. Wann wird einmal dieses Jahrhundert eine Literatur erhalten, die sich auf gleichem Niveau mit der socialen Bewegung hält? wann wird es Dichter erhalten, die so groß sind, als seine Ereignisse?

Ohne Zweifel ist die innigste Ueberzeugung von meiner Unwissenheit daran Schuld, daß mich immer ein Zittern überfällt, so oft ich mich einem gelehrten Haupte nähere, daß ich mich in ehrerbietiger Entfernung halte beim Anblick eines gelehrten Buches. Als es mir in den Sinn kam, den Kritiker zu machen, verstand ich immer so viel vom Lateinischen, um zu wissen, was unter dem genus irritabile zu verstehen sei, und hatte Geist und Erfahrung genug, um zu begreifen, wie dieses Prädikat auf die Gelehrten wenigstens ebenso gut passe als auf die Dichter. Da ich nun keinen Ausweg erblickte und mich genöthigt sah, mein kritisches Talent bei einer oder der andern dieser beiden das genus irritabile ausmachenden Klassen auszuüben, so gelobte ich mir, meine Jurisdiktion immer nur auf die Letztere zu beschränken, weil diese in der That die einzige ist, welche die Abgeschmacktheit oder die Unwissenheit eines Kritikers nicht zu beweisen vermag. Ihr könnt einem Dichter

Alles sagen, was Euch in den Kopf kommt, ihr könnt das
schlimmste Urtheil über ihn fällen, ihr könnt ihm sogar Fehler
andichten, die er gar nicht hat. Wird er böse, so braucht ihr
nur Aristoteles zu citiren, Quintilian, Longin, Horaz, Boileau.
Haben ihn alle diese großen Namen noch nicht eingeschüchtert,
dann appellirt an den Geschmack. Was wird er jetzt noch zu
antworten wissen? Der Geschmack gleicht jenen alten ländlichen
Gottheiten, denen man um so größere Ehrfurcht zollte, je weniger man wußte, wo sie zu finden wären, oder unter welcher
Form man sie verehren sollte. Ein ganz anderer Fall aber ist
es mit den Gelehrten. „Das sind Leute,“ wie Laclos sagte,
„welche handgreifliche Schläge austheilen,“ und es ist eine höchst
unangenehme Geschichte für einen ehrwürdigen Journalisten,
der in der Regel von einem Gelehrten nichts an sich hat, als
die Pedanterie, wenn er von irgend einem aufgebrachten Gelehrten die Ruthenstreiche zurückbekommt, die er ihm unbesonne-
ner Weise zugedacht hatte. Man nehme noch hinzu, daß es in
der Welt nichts Fürchterlicheres geben kann als den Zorn eines
Gelehrten, der auf seinem Lieblings-Terrain angegriffen wird.
Diese Gattung von Menschen schimpft immer in Folio; es ist,
als ob die Sprache nicht genug derbe Ausdrücke für sie hätte,
um ihren Unwillen damit auszudrücken. So erzählt Visdelou,
jener platonische Liebhaber der Lexicologie, in seinen „Supple-
menten zu der orientalischen Bibliothek,“ daß die chinesische
Kaiserin Uu=Heu mehrere Verbrechen begangen habe; so habe
sie ihren Gemahl, ihren Bruder, ihre Kinder ermordet; das
allerärgste aber, was sie beging, und was unser Berichterstatter
ein unerhörtes Attentat nennt, war das, daß sie allen Gesetzen
der Grammatik zum Hohn den Befehl ergehen ließ, man solle
sie Kaiser und nicht mehr Kaiserin nennen.

Jedermann hat schon von Jean Alary gehört, dem Er-
finder „des philosophischen Steins der Wissenschaften." Für den
Maler, der es unternehmen wollte, eine Zeichnung dieses berühmten Mannes zu entwerfen, folgen hier einige Details
über denselben: „Alary trug, sogar während er sich bei Hof
aufhielt, einen langen, dichten Bart, einen hohen, viereckigen
Hut, von einer Form, die der damaligen Zeit gar nicht angehörte, und einen langen doppelten Mantel von langhaarigem
Plüsch, der ihm bis über die Knöchel herunterfiel, und den er
öfters während der größten Sommerhitze trug. Diese Tracht
unterschied ihn von anderen Leuten, und machte ihn unter dem
Volke bekannt, das ihn ganz laut den kothigen Philosophen
schimpfte, worüber sich jedoch, wie Colletet bemerkt, seine Bescheidenheit nie beleidigt fühlte."

Colletet nannte Alary den kothigen Philosophen, Boileau
dagegen nannte Colletet den kothigen Poeten. Man sieht daraus,
daß dazumal Geist und Wissen, diese heutzutag so gefürchteten
Dämonen, sehr arme Teufel waren. Was in unseren Zeiten
den Dichter und den Philosophen besudelt, ist nicht die Armuth, sondern die Verkäuflichkeit, nicht der Schmutz, sondern
der Morast.

———

Eine gewisse Leichtigkeit in dem, was man herkömmlicher
Weise den Briefstyl nennt, betrachtet man gegenwärtig in
Frankreich, und zwar mit vollem Rechte, als nothwendige
Ergänzung einer anständigen Erziehung. In der That läßt
sich das Genre, dem man diesen Namen gibt — wenn es anders
wirklich ein Genre genannt werden kann — in der Literatur
mit jenen Allmenden vergleichen, zu deren Anbau Jedermann
berechtigt ist. Dies rührt daher, daß das Brief-Genre mehr
von der Natur als von der Kunst abhängt. Die Produktionen

dieser Gattung, mögen sie nun eine Form haben, welche sie
wollen, gleichen den Blumen, welche von selbst wachsen, während alle anderen Leistungen des menschlichen Geistes mit Gebäuden verglichen werden können, welche vom Grund bis zum
Giebel nach allgemeinen Gesetzen und besonderen Combinationen
aufgeführt werden müssen. Die meisten Brief-Schriftsteller
wußten es selbst nicht, daß sie Schriftsteller waren: sie verfer-
tigten ihre Werke, wie der schon oft angeführte Herr Jourdain,
welcher Prosa schrieb, ohne es zu wissen. Sie schrieben keineswegs, um zu schreiben, sondern weil sie Verwandte und Freunde
hatten; sie thaten es in Geschäften oder aus Zuneigung. Bei
ihrer Korrespondenz waren sie durchaus nicht von dem Drang
nach Unsterblichkeit eingenommen; sondern ganz bürgerlich waren
es die materiellen Sorgen des Lebens, welche sie dabei im Auge
hatten. Ihr Styl ist einfach, wie jede Vertraulichkeit, und diese
Einfachheit ist es, die ihren Werken einen eigenen Reiz verleiht.
Wir sind der Meinung, daß es eine unmögliche Sache ist, die
wesentlichen Elemente des Briefstyls zu bestimmen und auseinan-
ander zu setzen; die anderen Arten von Schriftstellerei haben
gewisse Regeln; diese hat bloß Geheimnisse.

Satiriker und Moralisten.

Wer, gestachelt von dem edlen Dämon der Satire, sich's
zur Aufgabe macht, seinem Jahrhundert harte Wahrheiten zu
sagen, der sollte, um desto siegreicher das Laster niederzu-
schmettern, frei und offen den Lasterhaften angreifen; um ihn
recht zu brandmarken, sollte er ihn nennen; dieses Recht aber
kann er nur dann in Anspruch nehmen, wenn er sich ebenfalls
nennt. Schon dadurch versichert er sich in gewisser Hinsicht des
Sieges; denn je mächtiger sein Feind ist, desto glänzender zeigt

sich sein Muth, und immer muß die Macht vor dem Muthe
weichen. Außerdem will die Wahrheit laut und offen ausgesprochen sein, und eine anonyme Medisance ist vielleicht nieder-
trächtiger, als eine Verleumdung, deren Urheber seinen Namen
nennt. Ein Anderes ist es mit dem friedlichen Moralisten, der
sich nur darum in das laute Gewühl der Gesellschaft mischt, um
in der Stille die Lächerlichkeiten und Verirrungen derselben zum
Vortheile der gesammten Menschheit zu beobachten. Prüft er
auch das Thun und Lassen der Individuen im Besonderen, so
bezieht sich doch seine Kritik nur auf die Gattung im Allgemeinen. Seine Wissenschaft ist also durchaus unschädlich, weil
er die ganze Welt zu heilen sucht, ohne den Einzelnen zu ver-
letzen. Um jedoch seines heilsamen Amtes mit Nutzen zu warten, muß es seine erste und hauptsächlichste Vorsichtsmaßregel
bleiben, sein Incognito streng zu wahren. Mögen wir eine
noch so gute Meinung von uns selbst haben, immer lebt ein
gewisses Gefühl in uns, vermöge dessen wir das Verfahren
eines Jeden, der unsern Charakter zu erforschen sucht, als ein
feindseliges betrachten. Es ist dies das Gefühl unserer Schwäche,
die wir so viel als möglich verborgen wissen möchten. Wenn
wir nun durch die Umstände genöthigt sind, mit einem Menschen zu leben, den wir als einen überlästigen Aufpasser betrachten, dann werden wir unsere Handlungen in den Schleier
der Heuchelei kleiden, und alle seine Mühe ist verloren. Können
wir ihm aber aus dem Wege gehen, so werden wir ihn als
eine mürrische überlästige Person ausschreien und Jederman
von dem Umgang mit ihm zurückscheuchen. Der philosophisc
Beobachter kann, nach der Art der alten Mimen, seine J
nur dann ausfüllen, wenn er eine Maske trägt. Wir
den ungeschickten Tölpel nicht sehr freundlich empfangen,
mit der Thüre in's Haus fiele und also begänne: Ich bin h
um eure Fehler aufzuzeichnen und eure Laster zu studiren.

muß, wie Horaz sagt, Heu auf die Hörner stecken, sonst werden wir insgesammt ein Zetergeschrei erheben. Und wer das Feld des Lächerlichen, das einen so ungeheuren Raum in Frankreich einnimmt, für seine psychologischen Studien benützen und bearbeiten will, der muß sich in der Gesellschaft verstecken, nicht offen zeigen; er muß Alles bemerken, ohne selbst bemerkt zu werden, und darf nie den Ausspruch Mahomets vergessen:
„Mein Reich ist aus, wenn man den Menschen kennt.“

Man darf Voltaire nicht nach seinen Komödien, Boileau nicht nach seinen Pindarischen Oden und Rousseau nicht nach seinen närrischen Allegorien beurtheilen. Die Kritik soll sich nicht boshafter Weise an die Schwächen machen, welche sich oft bei den ausgezeichnetsten Talenten vorfinden, eben so wenig als die Geschichte die Schwachheiten mißbrauchen darf, welche wir fast bei allen großen Charakteren bemerken können. Ludwig XIV. würde sich für entehrt gehalten haben, hätte ihn sein Kammerdiener ohne Perücke erblickt; Turenne zitterte wie ein Kind, wenn er sich allein im Dunkeln befand; und von Cäsar weiß man, daß er sich vor dem Umfallen fürchtete, als er seinen Triumphwagen bestieg.

Im Jahre 1676 war Corneille, der Mann, den die Jahrhunderte nicht vergessen werden, von seinen Zeitgenossen vergessen, bis Ludwig XIV. zu Versailles mehrere seiner Tragödien aufführen ließ. Diese Erinnerung des Königs erweckte die Gefühle des großen Mannes zu dankbarer Anerkennung, noch einmal schlug Corneille's Ader frisch und lebendig empor, und der letzte Freudenschrei des Greises war vielleicht einer der schönsten Gesänge des Dichters:

So ist es wahr, und stolz darf ich es künden;
Du hast, o Fürst, zum Leben mich geweckt:
Aus vierzigjährigem Todesschlummer steigen
Hellas und Latiums Helden nun hervor.
Und nimmer schließt sich ihnen Thalias Heiligthum.
Der Glücksstern meiner jungen Nebenbuhler
Verdunkelt nimmer meiner Muse Glanz.

.   .   .   .
.   .   .   .

So hat der hundertjährige Sophokles
Athen entzückt, so heiß noch sprudelte
Das Blut in des erhabenen Greises Adern,
Als in dem heil'gen Haine Oedipus
All seiner Richter Stimmen ihm gewann.

Diese Verse haben immer einen tiefen, rührenden Eindruck auf mich gemacht. Corneille, der von der Mißgunst verfolgte, von der Gleichgültigkeit verachtete Corneille, läßt darin die ganze stolze Schwermuth seiner erhabenen Seele durchschimmern. Er war sich seiner Kraft bewußt, und nichts mußte ihm bitterer sein, als sich verkannt zu sehen. Diesem männlichen Geiste hatte die Natur in einem hohen Grade das Gefühl seiner eigenen Würde verliehen. Man kann übrigens selbst urtheilen, wie sehr die ewigen Angriffe seiner Zoilusse auf seine Ideen influi-
mußten, wenn man bedenkt, daß sie ihn dazu brachten,
einem gewissen Gefühl von Ueberzeugung die schweren
rte auszusprechen:

Sed neque Godaeis accedat Musa tropaeis
Nec Capellanum fas mihi velle sequi.

Verse ähnlichen Inhalts, die Corneille in vollem Ernste niedergeschrieben hat, sind ein bitteres Epigramm gegen sein Jahrhundert.

Ueber André de Chénier.

1819.

Ein wahrhaft poetisches Werk ist so eben erschienen. Und obschon der Verfasser nicht mehr unter den Lebendigen weilt, so regnet es doch mit Kritiken. Mit wenigen Werken sind die sogenannten Kenner roher verfahren, als mit diesem Buche. Es handelt sich nicht darum, einen Lebenden zu martern, einen jungen Mann zu entmuthigen, ein aufkeimendes Talent zu er= sticken, eine Zukunft zu morden, eine Morgenröthe zu trüben. Nein, diesesmal spritzt die Kritik unerhörter Weise ihren Geifer auf einen Sarg! Warum? Mit zwei Worten läßt sich diese Frage beantworten. Der Dichter ist gestorben, es ist wahr, aber in ihm lebt eine neue Poesie auf. Das Grab des Dichters kann der Wiege seiner Dichtung keine Schonung verschaffen.

Was uns betrifft, so überlassen wir gerne Anderen den traurigen Muth, über diesen jungen, in der vollen Blüthe seiner Kraft hinweggerafften Löwen zu triumphiren. Man schmähe diesen incorrecten, zuweilen barbarischen Styl, den vagen und unzusammenhängenden Ideengang, die übersprudelnde Einbildungskraft, die ungestümen Träume eines erwachenden Talentes; man ziehe los gegen diese Manier, einen Satz zu verstümmeln und, so zu sagen, auf griechische Art zuzuschnei= den; gegen die Anwendung von Worten. aus alten Sprachen in ihrer ganzen ursprünglichen Bedeutung; gegen alle seine wunderlichen Einfälle 2c. In jedem dieser dem Dichter zur Last fallenden Fehler liegt vielleicht ein Keim zur Vervollkommnung der Dichtkunst. Auf jeden Fall sind diese Fehler durchaus nicht gefährlich, und hier handelt es sich darum, einem Manne Ge= rechtigkeit widerfahren zu lassen, der nie seines Ruhmes sich er=

freut hat. Wer wird es noch wagen, seine Unvollkommen-
heiten und Mängel ihm vorzuwerfen, wenn er weiß, daß das
Beil der Revolution noch ganz blutig auf seinen unvollendeten
Arbeiten liegt?

Wenn man überdies bedenkt, wer derjenige war, dessen
Erbschaft wir jetzt an uns nehmen, so wird nicht leicht ein
Lächeln um unsern Mund spielen können.

Wir erblicken vor uns einen jungen Mann, voll Edelsinns
und Bescheidenheit, für alle sanften Regungen des Herzens
offen und empfänglich, einen Freund des Wissens, einen be-
geisterten Bewunderer der Natur. Und zu derselben Zeit bricht
die Revolution herein, die Wiedergeburt der antiken Zeiten
wird proklamirt. Chénier sollte getäuscht werden, und er ward
es. Und wer von uns, ihr junges Geschlecht, hätte sich nicht
ebenfalls täuschen lassen? Er folgt dem Phantome, er ergreift
die Sache jenes Volkes, das im Zustand einer wahnsinnigen
Trunkenheit am Rande von Abgründen hinwandelt. Erst als
es zu spät war, öffnete man die Augen: die Beirrten schauten
zurück; da war es aber nicht mehr Zeit zurückzutreten, es blieb
nichts mehr übrig, als mit Ehren zu sterben. Glücklicher als
sein Bruder, zeugte Chénier auf dem Schaffot gegen sein Jahrhundert.

Er hatte sich zur Vertheidigung Ludwigs XVI. angeboten,
und als die Seele des königlichen Märtyrers zum Himmel emporgestiegen war, verfaßte er jenes Schreiben, die letzte Be-
rufung an das Volk, das aber kein Gehör fand in dem Gewissen der Henker.

Dieser Mann, so würdig unserer innigsten Sympathie,
hatte nicht die Zeit, um sich zu einem vollkommenen Dichter
heranzubilden; aber wenn wir die Bruchstücke durchlaufen, die
er uns hinterlassen hat, so stoßen wir auf einzelne Partien,
die alle Mängel vergessen lassen. Wir wollen Einiges hievon

herausheben. Zuerst das Gemälde von Theseus, der den Cen-
tauren umbringt.

> Schon macht er sich bereit des Helden Haupt zu spalten:
> Doch schnell gewahrt's des Aegeus tapfrer Sohn,
> Rasch stürzt er zum Altar, ergreift ein brennend Scheit,
> Furchtbar und wild ertönt sein Kampfesruf,
> Kühn schwingt er sich dem Ungeheuer auf den Rücken.
> Gewaltig packt er es am mähnenart'gen Haare,
> Er reißt zurück sein Haupt, und wie zum Schmerzgeschrei
> Des Ungeheuers Rachen sich gewaltsam öffnet,
> Stößt Flammenbrand und Tod er in den offnen Schlund. *

Diese Stelle liefert einen Beweis von dem, was die Originalität der alten Dichter ausmacht, Einfachheit und Natürlich-
keit bei Größe und Erhabenheit. Außerdem ist die Handlung
lebendig; alle Nebenumstände sind mit Glück benützt, die
Epitheta sind malerisch. Was fehlt dieser Stelle noch? Etwa
ein eleganter Zuschnitt? Offen gestanden, so ziehen wir eine
solche „Barbarei" jenen Versen vor, die kein anderes Verdienst
haben, als eine untadelhafte Mittelmäßigkeit.

Ovid beschreibt eine ähnliche Scene mit folgenden Worten:

> **Nec dicere Rhoetus**
> Plura sinit, rutilasque ferox per aperta loquentis
> Condidit ora viri, perque os in pectore flammas.

Hieraus kann man sehen, wie Chénier nachahmt. Er

---

* Die Worte des Originals lauten folgendermaßen:

> Il va fendre sa tête;
> Soudain le fils d'Égée, invincible sanglant,
> L'aperçoit, à l'autel prend un chêne brûlant,
> Sur sa croupe indomptée, avec un cri terrible,
> S'élance, va saisir sa chevelure horrible,
> L'entraîne, et quand sa bouche ouverte avec effort
> Crie, il y plonge ensemble et la flamme et la mort.

thut es als Meister. Er selbst sagt von den sklavischen Nach-
ahmern:

Es kommt die Nacht, der Körper bleibt, der Schatten flieht. *

Man lese auch noch die Verse über die Apotheose des
Herkules:

Er steigt hinauf, zu seinen Füßen liegt
Des Helden Ehrenkleid, das zott'ge Löwenvließ;
Gen Himmel schaut das Aug', die Hand ruht auf der Keule;
So wartet er des Lohns, im Götterrath zu sitzen.
Es bläst der Wind und heult, der Holzstoß leuchtet
Rings um den Helden, und die rasche Flamme
Trägt zum Olymp empor die Seele des Alciden. **

Wir geben diesem Gemälde den Vorzug vor dem des Ovid,
der den Herkules auf dem Scheiterhaufen liegend darstellt, mit
einem so ruhigen Gesicht, als läge er auf einem festlich ge-
schmückten Ruhebette. Wir wollen nur noch bemerken, daß die
Vorstellung des Ovids heidnisch, die des André Chénier christ-
lich ist.

Chénier's Idyllen sind die am wenigsten ausgearbeiteten
.rtien in seinen Werken, und doch sind uns wenige Gedichte
'n französischer Sprache bekannt, deren Lektüre anziehender
re; dies rührt von der Wahrheit der Einzelnheiten, von dem

---

* Im Original:

La nuit vient, le corps reste et son ombre s'enfuit.

** Im Original:

Il monte, sous ses pieds
Etend du vieux lion la dépouille héroïque,
Et l'oeil au ciel, la main sur la massue antique,
Attend sa récompense et l'heure d'être un dieu.
Le vent souffle et mugit, le bûcher tout en feu
Brille autour du héros et la flamme rapide
Porte aux palais divins l'âme du grand Alcide.

Reichthum der Bilder her, welche die Poesie des Alterthums
so besonders charakterisiren. Man hat schon die Behauptung
aufgestellt, eine Ekloge von Virgil könnte Stoff für eine ganze
Gemäldegalerie darbieten.

Aber vor Allem zeigt sich Chénier's Talent am glänzend-
sten in der Elegie. Hier ist er durchaus Original, hier läßt
er alle seine Nebenbuhler weit hinter sich. Vielleicht führt uns
unser vertrauter Umgang mit dem Alterthum zu weit; vielleicht
haben wir mit zu viel Wohlgefallen die ersten Versuche eines
unglücklichen Dichters gelesen; indessen wagen wir es zu glauben,
und nehmen durchaus keinen Anstand, es offen zu sagen, daß
André de Chénier, trotz seiner Fehler, bei uns stets als Vater
und Meister der wahren Elegie gelten wird. Hier fühlt man
sich von tiefem Schmerz ergriffen, wenn man sieht, wie dies
junge Talent ganz selbstständig und mit reißend schnellen
Schritten einer hohen Vollkommenheit entgegenging. An der
Brust des Alterthums genährt und auferzogen, mangelte ihm
nichts, als eine vertraute Bekanntschaft mit seiner Mutter-
sprache; außerdem fehlte es ihm weder an Urtheilskraft, noch
an Belesenheit, am wenigsten an jenem Geschmack, den man
den Instinkt für das wahre Schöne nennen könnte. So sieht
man denn auch, wie an die Stelle seiner Fehler bald kühne,
erhabene Schönheiten treten, und wenn er auch noch zuweilen
die Fesseln der Grammatik abwirft, so geschieht dies nur nach
Lafontaine's Art, um seinem Styl mehr Bewegung, Grazie
und Energie zu geben.

An einen Uebersetzer Homer's.

Große Dichter gleichen hohen Gebirgen; sie haben r
Echos. Ihre Gesänge wiederhallen in allen Sprachen; denn

Name lebt in Aller Munde. Mehr als irgend ein Anderer, hat Homer seinem unermeßlichen Rufe das Glück oder das Unglück zu verdanken, eine ganze Menge von Dollmetschern gefunden zu haben. Unter allen Völkern haben unwissende Abschreiber und geschmacklose Uebersetzer sich erfrecht, die Gesänge dieses Dichter-Heros zu entstellen; und von Accius Labeo an, der ausrief:

Crudum manduces Priamum Priamique puellos,

„Roh nur koste den Priamus du, und des Priamos Söhne," bis auf den köstlichen Zeitgenossen Marot's, der den Sänger des Peliden sagen läßt:

Lors, face à face, on vit ces deux grands ducs
Piteusement sur la terre étendus,

seit den Zeiten des Grammatikers Zoilus bis auf unsere Tage herab, haben es eine Anzahl von Pygmäen versucht, die Keule des Herkules zu lüpfen.

Folgen Sie mir, mein Herr, mischen Sie sich nicht unter diese Zwerge. Noch liegt Ihre Uebersetzung im Schreibpulte; Sie können von Glück sagen, daß Sie noch Zeit haben, dieselbe zu verbrennen.

Eine Uebersetzung Homer's in französischen Versen! Es ist etwas ganz Unnatürliches, Unhaltbares, mein Herr. Ich kann es Ihnen nicht bergen, der Gedanke an Ihre Uebersetzung hat etwas Empörendes für mich.

Fürwahr ich werde sie nicht lesen, gewiß nicht. Ich habe genug an der Furcht davor. Es ist meine innigste Ueberzeugung, die ich hier ausspreche, daß eine metrische Uebersetzung Homer's in diesem oder jenem Versmaß, von diesem oder jenem Verfasser, mir als ein aberwitziger, unmöglicher Versuch, als ein Unding erscheint. Und ich darf hierüber ein Wort mitsprechen, der ich (was ich freilich bis diesen Tag auf das sorgfältigste verheimlicht) vier oder fünftausend Verse aus

Horaz, Lucan und Virgil in französischen Reimen wiedergegeben habe, und daher nur allzu gut weiß, was ein Hexameter
verliert, wenn man ihn in einen Alexandriner ummodelt.

Und nun vollends Homer, mein Herr! was denken Sie,
den Homer zu übersetzen!

Wissen Sie wohl, daß gerade und allein die Einfachheit
Homer's die Klippe war, woran jeder Zeit seine Uebersetzer ge-
scheitert sind? Madame Dacier hat diese Einfachheit zur Platt-
heit; Lamotte-Houdard zur Trockenheit; Bitaubé zur Abgeschmacktheit verhunzt. Franz Porto meint, man müßte ein
zweiter Homer sein, um den Ersten würdig zu loben. Welche
Ansprüche dürfte man demnach an einen Uebersetzer desselben
machen?

Es gilt heutzutage nicht mehr als ein Zeichen von Originalität, wenn man absichtlich gegen die Regeln der Grammatik verstößt; nur allzu viele Schriftsteller haben uns diese Art
von Originalität entleidet. Ebenso muß man es vermeiden, aus
geringfügigen Einzelnheiten Vortheil zu ziehen, was immer
etwas Gesuchtes und Affektirtes verräth. Man überlasse der
Art schülerhafte Anziehungsmittel jenen Leuten, die in einem
Komma irgend eine tiefe Bedeutung suchen, oder in einen Ge-
dankenstrich hohe Betrachtungen legen, die in Allem Geist finden
und über Nichts eine Masse Gelehrsamkeit auskramen, und die
erst noch ganz vor Kurzem, aus Veranlassung jener Piqueurs,
welche ganz Paris in Aufregung brachten, Männer aus allen
Jahrhunderten und Ländern aufs Tapet brachten, von Caligula
an, welcher Fliegen, bis auf Don Quixotte, welcher Mönche
spießte.

Campiſtron, und ebenſo Lagrange-Chancel hatten ſchon frühe Anlage zur Dichtkunſt gezeigt, und doch haben ſich Beide darin nie über das Mittelmäßige erhoben. Es iſt auch in der That ein ſeltener Fall, daß ſolche frühzeitige Talente zur vollen Reiſe des Genies ſich entwickeln. Das iſt eine Thatſache, von der wir uns alle Tage beſſer überzeugen können. Wir ſehen junge Leute, welche im neunzehnten Jahre mit ſchriftſteleriſchen Arbeiten hervortreten, wie ſie Racine mit fünfundzwanzig nicht geliefert hätte; aber mit fünfundzwanzig haben ſie auch bereits den höchſten Gipfel ihres Talents erſtiegen, und mit dem achtundzwanzigſten iſt die Hälfte ihres Ruhms wiederum dahin. Man wird uns einwenden, Voltaire habe ja auch von ſeiner früheſten Kindheit an Verſe gemacht; man vergeſſe aber nicht, daß Campiſtron und Lagrange-Chancel mit fünfzehn Jahren ſchon in den Salons bekannt waren und für kleine Genies galten, während in demſelben Alter Voltaire ſich bereits auf der Flucht aus ſeinem väterlichen Hauſe befand; überhaupt darf der Adler nicht im Käfig aufgezogen werden, ſollte es auch ein vergoldeter Käfig ſein.

Ein Schriftſteller, deſſen Haupteigenſchaft die Originalität iſt, wird immer verlieren, ſo oft er außer dem Zuſammenhang citirt wird. Seine Gemälde und Anſichten, als Ausflüſſe eines ganz eigenthümlich organſirten Geiſtes, wollen gerade an der Stelle betrachtet ſein, wo der Verfaſſer ſie hingeſtellt hat, mit all ihren Veranlaſſungen, mit all ihren Folgen. Im Werke ſelbſt trägt das den einzelnen Partien angepaßte Colorit zur Harmonie des Ganzen bei; reißt man aber der Art Stellen aus ihrem Zuſammenhang, ſo erſcheint eben dieſes Colorit als unangemeſſen und bildet eine ſchreiende Diſſonanz mit der übrigen Umgebung, in welcher es erſcheint. Der Styl des

Kritikers, der einfach und fließend sein soll, oft aber ins Platte und Gemeine herabsinkt, bildet einen widrigen Contrast mit dem vollen, kühnen, oft trotzigen Styl des Verfassers. Ein Citat aus irgend einem großen Dichter oder Schriftsteller, in die schimmernde, zierliche und bürgerliche Prosa eines Kritikers eingerahmt, macht einen ähnlichen Effekt, wie etwa eine Figur von Michel Angelo auf den angemalten Schüsseln des Herrn Trolling.

Es ist schwer, sich eines Vorurtheils gegen die bei unsern Schriftstellern eingerissene Manier zu erwehren, wenn man sieht, wie Männer von ganz verschiedener und oft sogar entgegengesetzter Geistesrichtung sich zur Abfassung eines und desselben Werkes verbinden. Cowley, den der Marquis von Twickenham aufforderte, sich bei seinen Arbeiten mit irgend einem obscuren Dichter zu vereinigen, gab Seiner Herrlichkeit zur Antwort: „Ein Esel und ein Pferd an einem Wagen gäben ein schlechtes Gespann ab." Zwei Schriftsteller gehen oft, sobald sie gemeinschaftlich arbeiten, des ganzen Talents verlustig, das der Einzelne, wäre er für sich geblieben, hätte entwickeln können. Es ist rein unmöglich, daß zwei Köpfe einen und denselben Gegenstand auf die eine und dieselbe Weise auffassen; und doch ist die absolute Einheit der Auffassung das erste und hauptsächlichste Erforderniß eines schriftstellerischen Werkes. Im entgegengesetzten Falle durchkreuzen sich die Ideen der verschiedenen Mitarbeiter, ohne einen Vereinigungspunkt finden zu können, und es ergibt sich daraus für das Ganze ein unvermeidlicher Mißton, der den Leser anwidert, ohne daß er sich den eigentlichen Grund dieses Mißbehagens angeben kann. Alle ausgezeichneten Schriftsteller des Alterthums, wie der neueren Zeit, haben stets allein gearbeitet, und gerade in diesem Umstande finde ich den wahren Grund ihrer Vortrefflichkeit.

Walter Scott versteckt sich hinter dem angenommenen Namen eines Jedediah Cleisbotham. Ich sehe nicht ab, warum man ihn darob tadeln will.

Wenn ein Dummkopf zur Celebrität gelangt, so kann er keine zwei Seiten drucken lassen, ohne seinen Namen auf das Titelblatt zu setzen, in der guten Hoffnung, seine persönliche Achtung würde dem Buche Haltung verschaffen, während oft umgekehrt eben dieses Buch ihn um den Ruf seines Namens bringt. Der Mann von Verdienst, hat er sich einmal seinen Antheil an Ruhm errungen, verschmäht es nicht selten, seine neuen Schriften mit seinem Namen zu zieren. Er besitzt hinlängliches Selbstgefühl, um zu wissen, wie das Gewicht seines Namens das freie unbefangene Urtheil bestechen dürfte; er ist bescheiden genug, um dies nicht zu wollen; und so zieht er es vor, wieder in sein früheres Dunkel zurückzutreten, um auf diese oder jene Art, in diesem oder jenem Fache menschlichen Wissens neuen Ruhm sich zu gewinnen. Es verräth eine großsprecherische Prahlerei, jenes Betragen der Homerischen Helden, wenn sie, bevor sie zum Zweikampf schreiten, ihre Namen und endlosen Stammtafeln herableiern; da lobe ich mir jene französischen Ritter, welche mit geschlossenem Visir kämpften und erst dann ihr Gesicht sehen ließen, wenn sie die Kraft ihres Armes erprobt hatten.

———

Wie viele Unglückliche, die etwas weit Besseres hätten thun können, haben sich schon in den Kopf gesetzt, sie seien zum Schriftstellerthum berufen, weil sie nach Durchlesung eines schönen Buches zu sich selbst gesagt hatten: „So konnte ich es auch machen!" Damit war aber nichts bewiesen, als daß das Werk wirklich unnachahmlich war. Es ist in der Literatur wie in der Moral: je schöner eine Schrift, eine Handlung ist, desto leichter scheint sie zu sein. Es ist ein unbekanntes Gefühl im

erzen des Menschen, das ihn gar zu leicht das Wollen für
is Vollbringen nehmen läßt. So hält er es für leicht, zu
erben wie d'Assas, oder zu schreiben wie Voltaire.

— ——— ———

Sir Walter Scott ist ein Schottländer; dies würden wir
jon aus seinen Romanen zur Genüge ersehen. Seine aus-
ßließliche Vorliebe für schottische Gegenstände beweist seine
ebe für Schottland. Leidenschaftlich eingenommen für die alten
itten seines Vaterlandes, ist er stets bemüht, die treuesten
childerungen derselben zu liefern, und seine fromme Bewun-
rung für den nationalen Charakter seines Volkes geht so
eit, daß er auch seine Fehler auf das Umständlichste beschreibt.
ine Irländerin, Lady Morgan, ist, so zu sagen, als eine
itürliche Rivalin Walter Scotts zu betrachten, insofern sie,
eich ihm, sich vorgenommen zu haben scheint, nur vaterlän-
sche Gegenstände zu behandeln; aber ihre Schriften verrathen
ch weit mehr Begierde nach eigener Celebrität, als Zuneigung
id Liebe für das Land ihrer Geburt, und weit weniger Na-
nalstolz als persönliche Eitelkeit. Lady Morgan scheint mit
ebe die Irländer zu schildern; aber es ist hauptsächlich e i n e
länderin, an deren Gemälde sie durchweg ihre schönsten und
ühendsten Farben verschwendet; und diese Irländerin ist —
selbst. Miß O'Hallogan im O'Donnell und Lady Clannare
Florence Maccarthy ist Niemand als Lady Morgan, die sich
bst beweibraucht.

Sprechen wir es offen aus, neben den sprechenden lebens-
irmen Gemälden Walter Scotts sind die Skizzen der Lady
organ nichts als matte, frostige Versuche. Die historischen
imane dieser Dame lassen sich allerdings lesen; die roman-
hen Geschichten des Schotten dagegen muß man bewundern.
r Grund hievon ist einfach: Lady Morgan hat Takt genug,

um das, was sie sieht, zu beobachten; sie besitzt ein hinläng-lich gutes Gedächtniß, um ihre Beobachtungen zu behalten, und die gehörige Feinheit, um das Behaltene wiederzugeben; weiter geht aber ihr Wissen nicht. Daher stoßen wir bei ihr auf Cha-raktere, die trotz der guten Anlage doch aller Haltung ermang-eln; neben einem Zug, dessen Wahrheit uns überrascht, weil sie ihn nach der Natur kopirt hat, stoßen wir auf einen andern, der uns durch seine Unnatürlichkeit anwidert; warum? Sie hat ihn selbst erfunden. Walter Scott dagegen stellt einen Charakter hin, ohne oft mehr als e i n e n Zug desselben aufgefaßt zu haben; in einem einzigen Wort erblickt er den ganzen Charakter, und sein Gemälde ist fertig. Seine ausgezeichnete Urtheilskraft läßt ihn durchaus nicht auf Abwege gerathen, und seine Schöpfungen sind stets so treu und wahr, wie seine Beobachtungen. Wenn das Talent sich zu einem Höhepunkt emporgeschwungen hat, dann ist es mehr als Talent: und so können wir die ganze Parallele in die zwei Worte zusammenfassen: Lady Morgan ist eine Frau von Geist; Walter Scott ist ein Mann von Genie.

Trauet nicht jenen Leuten, die immer die Lorgnette an den Augen haben und überall, wo sie gehen und stehen, ausrufen: „Ich beobachte mein Jahrhundert!" Bald vergrößern ihre Gläser die Gegenstände, und dann halten sie eine Katze für einen Tiger; bald verkleinern sie, und dann kommt ihnen ein Tiger wie eine Katze vor. Man muß mit seinen eigenen Augen beobachten. So sollte namentlich der moralische Schriftsteller nur die Er-gebnisse seiner unmittelbaren Erfahrung aufstellen, wenn er anders das unaussprechliche von Addison so hochgepriesene Glück genießen will, eines Tages in der Bibliothek eines Unbekannten sein Buch zu finden, wie es, in Saffian gebunden und mit vergoldetem Schnitt, an mehreren Stellen mit Zeichen ver-sehen ist.

Eine weitere Bedingung für den Moralisten, von der wir bereits an einem andern Orte gesprochen haben, ist die, daß er den Individuen, welche er studirt, unbekannt bleibe: er muß bei ihnen, wie ebenfalls Addison bemerkt, aus- und eingehen, so frei und ungenirt, wie ein Hund, eine Katze oder ein anderes Hausthier. Wir theilen in dieser Beziehung ganz die Ansicht des Spectateur. Der Beobachter, welcher das Publikum mit seiner Aufgabe bekannt macht, gleicht dem in einen Pfauen verwandelten Argus, der stolz ist auf seine hundert Augen, mit denen er doch nicht mehr sehen kann.

Leute, welche an sich selbst nichts zum Bewundern finden, werden des Bewunderns überhaupt gar bald müde. Im Innersten beinahe aller Menschen regt sich ein gewisses Gefühl des Neides, das jeden Ausdruck eines verdienten Lobes zurückdrängt, oder die Regung eines gerechten Enthusiasmus in die gehörigen Schranken zurückweist. Der gewöhnlichste Mensch wird dem ausgezeichnetsten Werke eine ziemlich laue Anerkennung widerfahren lassen, damit man ihn nicht für unfähig halte, ein ähnliches zu liefern. Er wird das Lob eines Andern für einen Eingriff in seine eigenen Rechte halten, und er wird das Genie eines Dichters nur in soweit anerkennen, als sein eigenes dadurch nicht gefährdet wird. Ich spreche hier aber nicht von solchen, die selbst Schriftsteller sind, sondern bloß von den Lesern und von solchen, die größtentheils nie die Feder zur Hand nehmen werden. Außerdem gehört es nicht zum guten Ton, seinen Beifall laut werden zu lassen; die Bewunderung verleiht der Physiognomie einen lächerlichen Ausdruck, und eine Aufwallung der Begeisterung kann den Faltenwurf einer Kravatte in Unordnung bringen.

Und das sind die hochwichtigen Gründe, woraus wir uns

die traurige Thatsache erklären müssen, daß unsterbliche   inn‹
die Zierde und Ehre ihres Jahrhunderts, ein Leben vou
mer und Unannehmlichkeit dahin schleppen, daß das ‹
entmuthigt wird und erlischt, daß ein Camoens betteln
daß ein Milton im Elend verschmachtet, daß andere n‹
glücklichere und vielleicht noch größere, von denen wir n‹
einmal etwas wissen, dahinsterben, unbekannt und ruh
gleich Lampen, die, in einer Gruft angezündet, alsbald
erlöschen.

Und während dem Genie die verdienteſten Auszeichnung
verweigert werden, muß es sehen, wie es von einer Maſſe v
Menschen überflügelt wird, für deren Berühmtheit sich k‹
Grund auffinden läßt, und deren Ansehen im höchſten Fa
ein usurpirtes iſt; es muß zusehen, wie eine kleine ‹ ‹zc
mehr oder minder unbedeutender Scribler, welche für den
genblick die öffentliche Meinung leiten, die Mittelmäßigk‹
welche sie nicht fürchten, erheben und aufmuntern, währe
sie die Ueberlegenheit des Genies, vor dem sie zurückschreck‹
unterdrücken. Das Alles iſt aber ein leeres eitles Beginne‹
Es mag zwar solchen kleinen Geiſtern hie und da geling‹
ein hohes Gemüth zu verderben, die Exiſtenz eines groß
Menschen zu vergiften; aber die Zeit und der Tod werden ‹
recht richten zwischen diesen und jenen. Es iſt mit der Berüh‹
heit in der öffentlichen Meinung, wie mit Flüſſigkeiten u
verschiedenem Gewicht in einem und demselben Gefäß. Schütt‹
man die Flasche hin und her, so wird es einem leicht geling‹
die verschiedenen Flüſſigkeiten untereinander zu mischen; lä
man aber das Gefäß ruhig ſtehen, dann werden sie langſa
und von selbſt die Stelle wieder einnehmen, welche ihre Schw‹
und die Natur ihnen anweisen.

Wer könnte sich wohl eines düsteren und schmerzlichen Ge=
fühls erwehren, wenn er an das nunmehr unvermeidliche Er=
löschen der erlauchten Familie Condé denkt, die, ohne jemals
die Krone zu tragen, doch von jeher so strahlend hervorragte
unter allen königlichen Geschlechtern Europas und in Frank=
reich eine Art militärischer Dynastie gegründet hatte, die ge=
wohnt war, inmitten des Feldlagers oder auf der Wahlstatt
ihren Thron aufzuschlagen? Wenn, was Gott verhüten wolle!
in einigen Jahren neue politische Zuckungen neue bürgerliche
Kriege herbeiführen sollten, dann dürfte leicht der Fall ein=
treten, daß wir Alle, die wir noch der Sache der Monarchie
dienen, verjagt, verbannt, geächtet würden; aber wir würden
nicht mehr Condéer sein, wie die Sieger von Biberach und
Berstheim, denn für diese treuen, heimath= und zufluchtlosen
Krieger war der Name ihres sechzigjährigen Führers, der große
Name Condé, ein zweites Vaterland geworden.

Das Gemälde der Leidenschaften, die so wechselnd und
veränderlich sind, wie das menschliche Herz, ist eine unerschöpf=
liche Quelle neuer Wendungen und Ideen. Nicht derselbe Fall
ist es mit dem sinnlichen Vergnügen. Hier ist Alles materiell,
und habt ihr gehörig Alabaster und Rosen und Schnee ange=
bracht, so braucht ihr nichts weiter zu thun.

Wer ein Vergnügen oder ein Interesse darin findet,
mannigfaltigen Veränderungen zu beobachten, welche Zeit 1
Umstände in dem Geiste einer Nation hervorbringen, der b
in dem gegenwärtigen Augenblicke seine Betrachtung einer lit
rarischen Erscheinung zuwenden, die ihren Ursprung in
anderen, aber politischen Erscheinung hat, ich meine in
französischen Revolution. Das literarische Frankreich theilt sic

heutzutage in zwei große Faktionen; die eine kämpft unter dem Banner des Genius unseres Jahrhunderts; die andere hängt einer noch allzu mächtigen Meinung an, einer Meinung, die wir als unfruchtbare Erbschaft aus dem Jahrhundert Voltaire's überkommen haben, und die sich mit all dem Strahlenglanz aus der Regierungsperiode Ludwigs XIV. noch immerfort umgeben will. Sie ist es, die nichts für Poesie anerkennt, als was in der regelrechten Form des Verses erscheint; gleich Galilei's Richter will sie es nicht haben, daß die Erde sich drehe, daß das Talent schaffe; sie schreibt dem Adler vor, nur mit wächsernen Flügeln sich in die Lüfte zu schwingen; sie ist es, die in ihrer blinden Bewunderung neben Männern von unsterblichem Verdienst, die sie übrigens, wären sie in unsern Tagen erschienen, ebenfalls verfolgt hätte, allerlei verschollene, indifferente Namen anführt, um sich ihrer als Autoritäten gegen die literarischen Erscheinungen der Zeit zu bedienen; mit einem Wort: die im Namen des verstorbenen Corneille einen wieder-auflebenden Corneille verfolgen würde.

Diese entmuthigende und ungerechte Parteimeinung verdammt jede Originalität als eine Ketzerei. Jammernd kreischt sie, die Herrschaft der Wissenschaften sei vorüber, die Musen seien verbannt und kehren nimmer wieder; und jeden Tag ertönen neue Leyern und ihre Harmonien übertäuben das licht-scheue Eulengeschrei, und ein neuer ruhmvoller Tag bricht an für Frankreichs Poesie. Die Morgenröthe einer großen literarischen Aera steigt herauf, und diese abgelebte Ansicht möchte haben, daß unsere Epoche, so hell schimmernd in ihrem eigenen Strahlenglanz, nur der matte Wiederschein zweier vorangegangener Epochen wäre. Die verderbliche Literatur des vergangenen Jahrhunderts hat diese durchaus unpoetische Ansicht wie ein todschwangeres Miasma in unser Jahrhundert her-übergehaucht, und wenn wir der Wahrheit die Ehre geben wollen, so müssen wir leider zugestehen, daß sie es ist, welcher bei weitem der größte Theil unseres literarischen Publikums anhängt. Die Führer, welche ihr das Dasein gegeben, sind nicht mehr, aber immer noch beherrscht sie die Masse, gleich einem entmasteten Schiffe erhält sie sich noch immer auf der Oberfläche. Indessen erhebt sich eine Schaar junger Geister, voll Kraft und Muth, die ihre Bibel, ihren Homer, ihren Dante studirt, die an den Quellen der Begeisterung ihren Durst gestillt, und den Ruhm unseres Jahrhunderts begründen werden. Diese jungen Männer werden die Häupter einer neuen und reinen Schule sein, einer Schule, die mit den Alten einen edlen Wettkampf eingehen, nicht aber sie befeinden wird, — die Häupter einer poetischen Grundansicht, die eines Tags auch auf die Masse übergehen wird. Bis dahin werden sie der Kämpfe noch manche zu bestehen haben; aber mit dem Muth des Genies werden sie die Widerwärtigkeiten, die den Ruhm zu begleiten pflegen, ertragen. Der alte hergebrachte Schlendrian wird nur langsam vor ihnen zurückweichen; aber es kömmt der Tag, wo er gänzlich verschwinden wird, um ihnen Platz zu machen, gleich der abgetrockneten Rinde einer alten vernarbten Wunde.

———

Alle jene wichtigthuenden Menschen, die in der Grammatik, in der Versifikation, in der Prosodie so hellsehend, in der Poesie so blind sind, erinnern mich immer an Aerzte, welche die kleinste Faser der menschlichen Maschine kennen, die Seele aber und die Tugend läugnen.

———

Jede Leidenschaft ist beredt; jeder Mensch, der selbst überzeugt ist, überzeugt auch Andere; um Thränen zu entlocken, muß man selbst weinen; der Enthusiasmus ist ansteckend, will man behaupten,

Stellt eine Mutter vor euer Tribunal und nehmt ihr ihr Kind; lasset alle Redner der Welt für sie sprechen; ihr werdet ruhig euer Todesurtheil sprechen und sagen: „Lasset uns zu Mittag speisen!" Nun höret aber die Mutter an. Woher kommt es, daß sie den Schmerzesschrei, die Thränen zu finden wußte, die euer Herz rührten, daß das Urtheil euern Händen entfiel? Man hat Cicero's Beredsamkeit, Cäsars Gnade als etwas Außerordentliches gepriesen; wenn nun Cicero des Ligarius Vater gewesen wäre, was würde man dann wohl dazu gesagt haben? Es wäre die einfachste, natürlichste Sache von der Welt gewesen.

Und in der That, es gibt eine Sprache, die nicht täuscht, die alle Menschen verstehen, die allen Menschen verliehen ist, es ist die Sprache gewaltiger Leidenschaften, die Sprache großer Ereignisse: „sunt lacrymae rerum"; es gibt Augenblicke, wo alle Gemüther sich verstehen, wo ganz Israel sich erhebt, ganz, wie ein einziger Mann.

„Was ist Beredsamkeit?" fragt Demosthenes. „Handlung, Handlung und noch einmal Handlung." — Aber es ist in der Moral wie in der Physik: um eine Bewegung hervorzubringen, muß man selbst die Fähigkeit dazu besitzen. Wie theilt sie sich aber mit? Der Grund hiefür liegt höher; es mag euch genügen, daß die Sache sich einmal so verhält. Wollt ihr rühren, seid selbst gerührt; weinet, und ihr werdet Thränen hervorlocken; hier ist ein Zirkel, in den euch Alles zurückführt, aus dem ihr nicht herauskommen könnt. Und fürwahr, ich frage euch, wozu sollte uns die Gabe, unsere Ideen Anderen mitzutheilen, dienen, wenn uns, gleich der trojanischen Kassandra, die Fähigkeit versagt wäre, uns Glauben zu verschaffen? Welches war der schönste Augenblick für den römischen Redner? Der, als die Volkstribunen ihm ihr Veto entgegenwarfen. „Quiriten," rief er, „ich schwöre, daß ich die Republik gerettet habe," und das gesammte

Volk erhob sich und rief: „Wir schwören, daß er die Wahrheit gesprochen."

Und diese Bemerkungen, die wir so eben in Beziehung
auf die Beredsamkeit ausgesprochen haben, finden ihre Anwendung mit auf alle übrigen Künste; denn sind die Künste etwas
Anderes, als dieselbe Sprache, nur auf eine verschiedene Weise
ausgesprochen? Und weiter, was sind unsere Ideen? Empfindungen, und zwar vergleichende Empfindungen. Was sind die
Künste? nichts Anderes, als die verschiedene Art und Weise,
wie wir unsern Ideen einen Ausdruck zu verschaffen suchen.

Jean Jacques Rousseau, nachdem er eine strenge Selbst-
prüfung angestellt und sich mit dem Ideal, das wir Alle in
unserem Herzen tragen, verglichen hatte, entwarf einen Er-
ziehungsplan, in welchem er seinen Zögling vor allen seinen
Fehlern, aber auch vor allen seinen Tugenden verwarnte. Der
große Mann wurde es nicht gewahr, daß er seinen Emil,
während er ihm Alles gab, was ihm mangelte, zu gleicher Zeit
auch dessen beraubte, was er selbst besaß. Und fürwahr, dieser
Mensch, erzogen unter Lachen und Freuden, würde einem Athleten gleichen, der fern von der Arena und ihren Kämpfen auferzogen wurde. Um ein Herkules zu werden, muß man die
Schlangen schon in der Wiege erstickt haben. Du willst ihm den
Kampf der Leidenschaften ersparen; aber heißt denn das leben,
wenn man dem Leben ausweicht? „Was heißt Existiren?" fragt
Locke. „Fühlen." Groß ist derjenige Mensch, der viel gefühlt,
viel gelebt hat, und oft durchlebt man in wenigen Jahren mehr
als ein Menschenleben. Man täusche sich nicht: die hohen
Tannen wachsen nur in der Region der Stürme. Athen, die
Stadt der ewigen Gährung, hatte tausend große Männer auf-
zuweisen; Sparta, die Stadt der Ordnung, nur einen einzigen
Lykurgos, und selbst Lykurgos war vor seinen Gesetzen geboren.

Auch ist eine Thatsache, daß die meisten großen Männer

inmitten gewaltiger Volksgährungen aufgestanden ████████
Homer im heroischen Zeitalter Griechenlands; Virgil ████ ███
Triumvirat; Offian unter dem Zusammensturz █████ █████
landes und seiner Götter; Dante, Ariosto, Tasso ██████████
neuen krampfhaften Zuckungen Italiens; Corneille ███ ██████
zu den Zeiten der Fronde, und endlich Milton, ███ ███ ███
Revolutionshymne anstimmte, am Fuße des blutigen Schaffots
von Whitehall.

Und forschen wir nun näher nach den besonderen Schick-
salen dieser großen Männer, so sehen wir sie im beständigen
Kampfe mit einem sturmbewegten, elenden Leben: Camoens
durchschifft alle Meere, seine Louisiade in der Hand; d'Ercilla
schreibt seine Gedichte auf Wildthierhäuten in den ████████
Mexiko's. Solche aber, welche ihr körperliches Leiden ████ ████
Seelenleiden abzieht, führen ein stürmisches Leben, ████████
sie von einer Charakterreizbarkeit verzehrt ██████, ███ ███ █████
und ihren Umgebungen zur Last macht. █████████ ███ ███
welche nicht vor der Zeit sterben, welche die ██████ ██████████
keit ihres eigenen Geistes nach und nach aufzehrt, ██████████
oder die dem Kummer unterliegen, wie Molière ███ Racine;
oder den Schrecken ihrer eigenen Einbildungskraft, ███ ███
unglückliche Tasso.

Nehmen wir nun den von dem ganzen ████████ ████
nommenen Grundsatz an, daß große Leidenschaften ██████ ████
ner machen, so werden wir zu gleicher Zeit die ████████ ███
Satzes zugeben, daß, so wie es mehr oder minder ████ ████
denschaften gibt, auch verschiedene Abstufungen des Genies sich
finden.

Und forschen wir nun weiter, was wohl am ████████
sein dürfte, die Gewalt unserer Leidenschaften oder ██████ ███
gierden aufzuregen, die wiederum nichts Anderes sind als ████
oder minder starke Aeußerungen unserer Willenskraft, ████

jenem festen, gewaltigen Willen, vermöge deffen der Menjch nur ein Ziel feines Beftrebens für fein ganzes Leben kennt, vermöge deffen er Alles will oder nichts, wie Cäfar:

So werden wir vor allen Dingen zugeben müffen, daß, wenn es eine Kraft gibt, die fähig ift, einen folchen Willen in einem edlen, charakterfeften Gemüthe zu erwecken, diefe Kraft wohl das Höchfte fein müffe, was es im Menjchenleben gibt.

Es ift aber dies die große erhabene, von allen Zeiten und Völkern einftimmig anerkannte Wahrheit, vor welcher fich die ganze Philofophie des Alterthums und der große Plato felbft gebeugt haben, die Wahrheit: „Das Genie ift die Tugend!"

Ihr Dichter, habet immer einen moralifchen Endzweck vor Augen, vergeffet nie, daß eure Schriften zufällig in die Hände eines Kindes kommen könnten. Habt Mitleid mit den zarten Blondköpfchen.

Man follte vor der Jugend noch mehr Achtung haben, als vor dem Alter.

Der Mann von Genie foll nie vor irgend einer Schwierigkeit zurückfchrecken; gewöhnlichen Menfchen gehören leichte Waffen; große Athleten müffen den Ceftus des Herkules fchwingen.

Entwurf einer Tragödie.

Zwei von Alexanders des Großen Nachfolgern, Kaffander und Alexander, Polyfperchon's Sohn, find in offenem Kampf begriffen um die Herrfchaft Griechenlands. Der Erftere hat

sich auf der Burg von Athen verschanzt, der Zweite lagert
unter den Mauern derselben. Athen, in der Mitte zwischen
zwei so mächtigen Feinden und jeden Augenblick mit seinem
Untergang bedroht, ist noch überdies durch innere Zwietracht
auf das Heftigste aufgeregt. Das Volk neigt sich zur Partei
Alexanders, der ihm die Wiedereinführung der Volksregierung
verspricht; der Senat hält es mit Kassander, der bereits die
aristokratische Regierungsform hergestellt hat. Daher der wüthende
Haß des Volkes gegen Phocion, der an der Spitze des Senats
stand und der launischen Willkür des großen Haufens stets mit
das Entschiedenste entgegentrat. In dieser Krisis, wo es sich
eben so gut um seinen eigenen Kopf, wie um die Existenz des
Staates handelt, läßt sich Phocion einzig von dem Interesse seiner
Mitbürger leiten; er denkt an Nichts, als an die Rettung der
Republik; auf dieses Ziel hin arbeitet er mit all der Umsichtigkeit und Selbstverläugnung, die schönen Seelen eigen ist.
Die Mittel, welche er zur Rettung seines Vaterlandes anwendet, gebraucht man zu seinem eigenen Untergang. Es gelingt
ihm, die beiden Nebenbuhler zu bestimmen, daß sie das Gebiet
von Attila verlassen und die Stadt schonen, aber in diesem
Moment wird er des Verraths angeklagt, vor das versammelte
Volk geführt und zum Giftbecher verurtheilt. Hier, in wenigen
Worten die ganze Handlung der Tragödie; sie ist einfach und
doch erhaben. Wir haben hier das Gemälde heftiger Volksbewegungen und den Anblick einer unglücklichen Tugend, oder
mit andern Worten, die schönste herrlichste That, die ein Mensch
vor den Augen der Welt begeben kann, ein Schauspiel würdig
der Götter!

Auf der einen Seite der Haß des Volks, die Feinde und
Neider Phocions, sein unvorsichtiger Edelmuth, der den letzteren
die Waffen gegen ihn in die Hand gibt, endlich Alexander und
seine Armee; auf der andern Seite Kassanders Truppen, die

Partei der gutgesinnten Bürger, das alte Ansehen des Senats, und die ewige Macht der Tugend, die Phocion jedesmal, so oft er sich der Menge gegenüber befindet, den herrlichsten Triumph zusichert. Auf diese Weise gestaltet sich das theatralische Gleichgewicht; die Handlung entwickelt sich in Folge unerwarteter, plötzlich eintretender Ereignisse; die Mittel des Angriffs und des Widerstandes stehen in einem solchen gegenseitigen Verhältnisse, daß eine ängstliche Spannung des Gemüths möglich gemacht wird.

Wenn z. B. im dritten Akt Phocion furchtlos sich in das Lager Alexanders, seines Feindes, begibt, und denselben bestimmt, eine Unterredung mit Kassander anzunehmen, so muß ein so muthvoller Schritt zu der Hoffnung berechtigen, daß die Undankbarkeit des Volks dadurch entwaffnet und seinen Anklägern der Mund gestopft würde. Aber Phocion hat sich dem Tode ohne Bevollmächtigung ausgesetzt; er hat, um das Volk zu retten, ein Dekret eben dieses Volks, das ihn seiner obrigkeitlichen Stelle entsetzt, verachtet, ein Dekret übrig , dem der Senat seine Sanktion verweigert hatte. Währ nun der Zuschauer glaubt, die Handlung gehe einem glücklichen entgegen, wird er plötzlich gewahr, daß die Gefahr j erst drohendsten wird. Das Volk befindet sich in vollem fuhr, es belagert Phocion in seiner Behausung, keine ht auf Rettung zeigt sich. Der Senat ist zu schwach, und   nber zu ferne. Es bleibt nichts mehr übrig, als zu sterben. Man fordert Phocion auf, seine Sklaven zu bewaffnen und sein Leben so theuer als möglich zu verkaufen. Aber der große Mann weist den Vorschlag zurück. Das Volk stürzt auf die Scene mit dem Wuthgeschrei: Nieder mit ihm! Nieder mit ihm! Phocion behauptet seine Fassung. Die Redner reizen die Wuth des Volks noch mehr auf; Phocion will zu der Menge sprechen: da er aber sieht, daß der Tumult sich verdoppelt, und daß es ihm so nicht gelingen kann, die Verirrten zu menschlichen Gefühlen zurückzubringen, da besteigt er sein Tribunal; und mit diesem Schritt ist die höchste theatralische Revolution fertig. Das ist nicht mehr der betagte Greis, der sich gegen eine zügellose Volksmasse um sein Leben vertheidigt, das ist ein hoher Richter, der die Empörer mit dem Donner seines Spruches niederschmettert. Die Mörder werfen sich vor Phocion auf die Kniee. Der Greis, auf das Schmerzlichste getroffen von der Undankbarkeit seiner Mitbürger, verlangt keine Rache von ihnen, bittet sie nicht um das Leben, er will nur noch einen Tag, um sie retten zu können. So hat sich die Scene geändert; das Volk ist beruhigt; die beiden Könige schicken sich an, nach der Stadt zu kommen, um einen Waffenstillstand abzuschließen; alle Furcht für Phocion scheint verschwunden zu sein. Da tritt mit einem Male Agonides auf und macht den Vorschlag, sich der beiden Könige mit Gewalt zu bemächtigen und so dem Leiden Griechenlands ein Ende zu machen. Bei diesem Vorschlag, dessen Vortheile er nur allzu gut auseinanderzusetzen weiß, entsteht neue Ungewißheit. Man fühlt sogleich, welchen Eindruck Phocions Gutachten bei einem Volke hervorbringen werde, unter welchem Aristides es nicht zweimal wagen durfte, die Gerechtigkeit dem Nutzen vorzuziehen. Phocion sieht recht gut die Schlinge, die ihm gelegt ist, aber er läßt sich nicht irre machen. Er thut, was Aristides nicht gewagt hätte; er bleibt treu der Sache des Rechts gegen die Sache des Nutzens. Die Zusammenkunft der beiden Könige wird abgebrochen, und Phocion, vor die Volksversammlung berufen, wird angeklagt, eine Gelegenheit zur Rettung des Staats versäumt zu haben.

Von nun an eilt die Handlung rasch ihrem Ende entgegen. Phocion soll so eben vor diese Versammlung geschleppt werden, die aus einem Haufen von Sklaven und allerlei fremden von seinen Feinden aufgestifteten Leuten bestand, als man die Nach-

richt erhält, Kaſſander komme ihm von der Akropolis herab zu
Hülfe. Der Greis, obwohl man die Geſetze verletzte, um ſeine
Verurtheilung zu bewirken, will doch nur dem Geſetze ſeine
Rettung zu verdanken haben. Er ſelbſt geht ſeinen Befreiern
entgegen und nöthigt ſie zum Rückzug nach der Burg; ſofort
ſtellt er ſich wieder vor der Volksverſammlung. Schon ſollte er
freigeſprochen werden, als plötzlich Alexanders Armee unter den
Mauern der Stadt erſcheint. Da bricht das Volk in neue Empörung aus, die Autorität des Senats wird verachtet, Phocion
verurtheilt. Er nimmt den Becher, und trinkt ruhig und ernſt
das tödtliche Gift.

Dieſe Tragödie könnte ſchön ausfallen, übrigens dürfte ihr
Erfolg nur in einem Gefühl der Hochachtung beſtehen, das ſie
bei den Zuſchauern erwecken wird. Sie würde das Gemüth kalt
laſſen; auf dem Theater iſt eine Liebesgeſchichte mehr werth,
als die ganze Weltgeſchichte.

Schon früher hat Campiſtron Phocion's Tod auf die Bühne
gebracht. Sein Stück, wie alle übrigen dieſes Dichters, iſt gut
angelegt und nicht übel durchgeführt. Ein gewiſſer Grad von
Erfindungsgabe läßt ſich in ſeinen Charakteren nicht verkennen;
aber er verſteht es nicht, ihnen eine durchgängig feſte Haltung
zu geben. Dies begegnet nicht ſelten einer Klaſſe von Leuten,
die gleich ihm die Welt nicht aus eigener Anſchauung und Beobachtung kennen, und die ſich dann einbilden, man könne die
Liebe mit Ausrufungen und die Tugend mit Maximen bewirken.

So ſpricht in einer ſonſt gut geſchriebenen Unterredung
(wenn man anders den Tragödienſtyl Voltaire's für einen guten
Styl anerkennt), welche zwiſchen dem Tyrannen und Phocion
ſtattfindet, der letztere folgende eines ächten Bramarbas würdige
Worte:

Un homme tel que moi, loin de s'humilier,
  Conte ce qu'il a Fait pour se justifier;

Chaqu' instant est marqué par quelqu'

plötzlich aber besinnt er sich, und fügt
die eben so lächerlich ist; als seine
hinzu:

Mais que dis-je? où m'emporte un mc
Est-ce à moi de conter la gloire de
D'en retracer 'le cours quand Athènes
J'en rougis, je suis prêt à me désavo
Prononce: j'aime mieux mourir que

Und im Fortgang der Tragödie, b
wie er den sterbenden Phocion noch
bringen soll, ergreift er den Ausweg
redung mit dem Tyrannen bitten zu l
von dieser Bitte sehr überrascht, und
Neugierde. In dem Augenblicke jedoc
zu Phocion begeben will, wird er eilen
Empörung Statt findet. Bei dieser
natürlich, die Unterredung abzubeste
und da er den Tyrannen nicht findet,
danken, welche Gründe wohl den Ty
möchten, nicht zu erscheinen, und meh
aus Furcht vor ihm. Nach dieser Ent
wahrhaft komischen Gutherzigkeit:

Sans armes et mourant je le force à
Que le sort d'un tyran, justes dieux!

Endlich hat noch der sterbende Ph
ganzen fünften Akts mitten unter dem
abspaziert, eine Unterredung mit seiner

als guter Familienvater, eifrigst beschäftigt, ihr einen Mann zu verschaffen. Dieser Auftritt ist wirklich höchst sonderbar. Wißt ihr wohl, auf wen seine Wahl fällt? Auf den Sohn des Tyrannen. Man sollte meinen, er könnte seiner Tochter einen Mann aus dem Aermel heraus schütteln, wie es im Sprüchwort heißt:

Et voulant, en mourant, vous choisir un époux,
Je ne trouve que lui qui soit digne de vous.

Noch seltsamer vielleicht lautet die Antwort der Tochter:

Qu'entends-je! ô ciel! seigneur, m'en croyez-vous capable?
Je ne vous cèle pòint qu'il me paraît animable.

Und eben diese Chrysis ist es, die, als sie ihren Vater und Gemahl sterben sieht, mit einer höchst rührenden Naivetät ausruft:

O fortune contraire,
J'ose après de tels coups défier ta colère!

Sie geht ab, und der Vorhang fällt. In einem ähnlichen Fall ist Corneille erhaben; er läßt die Eurydice sagen:

Non, je ne pleure pas, madame, mais je meurs.

Im Jahre 1793 bot Frankreich ganz Europa die Stirne, die Vendée bot Frankreich die Spitze. Frankreich war größer als Europa, die Vendée größer als Frankreich.

December 1820.

Jeder junge Mann, der sich in unseren Tagen zu politischen Ideen erhebt, muß sich in einer seltsamen politischen Lage befinden. Im Allgemeinen sind unsere Väter Bonapartisten, unsere Mütter dagegen Royalisten.

Unsere Väter sehen in Napoleon nur den Mann, der ihnen ihre Epauletten verschaffte, unsere Mütter sehen in Bonaparte nur den Mann, der ihnen ihre Söhne raubte.

Für unsere Väter ist die Revolution das Höchste, was das Genie einer Versammlung, das Kaiserreich das Höchste, was das Genie eines Mannes bewirken konnte. Für unsere Mütter ist die Revolution eine Guillotine, das Kaiserreich ein Mordschwert.

Wir Söhne, die wir unter dem Consulat geboren wurden, wuchsen alle auf den Knieen unserer Mütter groß, während unsere Väter im Feldlager standen. Nur zu oft waren sie durch die wilde Eroberungslust eines einzigen Menschen ihrer Gatten, ihrer Brüder beraubt; da richteten sie die liebevollen Mutteraugen auf die frischen acht- oder zehnjährigen Kindsgesichter, und diese Augen füllten sich mit Thränen, wenn sie daran dachten, wie wir im Jahre 1820 achtzehn Jahre alt, und 1825 Obersten oder todt sein würden.

Der Jubel, womit Ludwig XVIII. im Jahre 1814 begrüßt wurde, war ein Freudengeschrei der Mütter.

Ueberhaupt gibt es wenige junge Leute von unserer Generation, die nicht zugleich mit der Muttermilch den Haß gegen die zwei stürmischen Perioden, welche der Restauration vorangingen, eingesogen hätten. Der Kaminfeger für die Kinder von 1802 war Robespierre, für die Kinder von 1815 war es Bonaparte.

Erst vor Kurzem behauptete ich in Gegenwart meines Vaters mit Feuer meine Vendéer-Ansichten. Mein Vater hörte mir schweigend zu; darauf wendete er sich zu General L....., der auch da war, und sagte zu diesem: „Lassen wir die Zeit gewähren. Das Kind theilt die Meinung seiner Mutter; der Mann wird der Ansicht des Vaters sein."

Diese Prophezeiung machte mich sehr nachdenklich.

auch die Erfahrung den Eindruck, den der erste Anblick der
Dinge bei unserem Eintritt ins Leben in uns hervorgebracht
hat, bis zu einem gewissen Punkte anders gestalten, der
redliche Mann wird sicher vor Irrthum sein, wenn er nur alle
diese Modifikationen der strengen Prüfung seines Gewissens unter-
wirft. Ein gutes Gewissen wird ihn vor jeder schlimmen Richtung, die seine Tugend gefährden könnte, bewahren. Im Mittelalter herrschte der Aberglauben, daß jede Flüssigkeit, in welcher
längere Zeit ein Saphir gelegen, ein Präservativ gegen die
Pest, das gelbe Fieber, den Aussatz und „gegen alle Abarten
dieser Krankheiten" sei, wie Jean Baptiste de Rocoles uns be-
richtet.

Dieser Saphir aber ist das Gewissen.

Lightning Source UK Ltd.
Milton Keynes UK
UKHW010748210219
337655UK00005B/577/P